Kreta

Sabine Neumann
Horst Schwartz

Inhalt

Wiege Europas – Urlaub auf Kreta

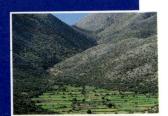

Landeskunde im Schnelldurchgang	16
Geographie und Naturraum	19
Der erste Eindruck: Berge	19
Schluchten, Höhlen und Hochebenen	19
300 Sonnentage garantiert – Klima	22
Flora und Fauna	23
140 endemische Pflanzen – Flora	23
Kri-kri macht sich rar – Fauna	26
Handel und Wandel – Wirtschaft	27
Schlechte Bedingungen für die Landwirtschaft	27
Thema Die Kunst der Rosinenherstellung	28
Tourismus	32
Souvenirs aus Fernost	33
Streitfall EU-Mitgliedschaft	34
Thema Umweltaktivitäten einer Hotelgruppe	34
Kluft zwischen Tradition und Moderne	36
Unterentwickeltes Umweltbewußtsein	36
Geschichte und Kultur	38
Die Welt der Mythen	38
Deutung der Mythen	39
Jungsteinzeit (6500–3100 v. Chr.)	41
Vorpalastzeit (ca. 3100–2100 v. Chr.)	41
Ältere Palastzeit (2100–1700 v. Chr.)	42
Jüngere Palastzeit (1700–1400 v. Chr.)	42
Nachpalastzeit (1400–1100 v. Chr.)	44
Griechische Epoche (1100–67 v. Chr.)	44
Römische Zeit (67 v. Chr. – 395 n. Chr.)	45
Erste byzantinische Zeit (395–824)	45
Einfall der Araber (824–961)	45

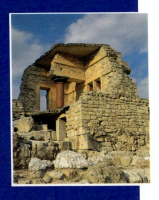

Zweite byzantinische Zeit (961–1204)	46
Venezianische Herrschaft (1204–1669)	46
Osmanische Herrschaft (1669–1898)	48
Kretas Selbständigkeit (1898–1913)	50
Thema Die ›Kleinasiatische Katastrophe‹	51
Kreta und Griechenland seit 1913	52

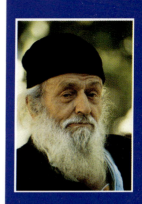

Der Tradition verpflichtet: Kirche auf Kreta 54

Halbautonomer Status	55
Thema Gemalte und gebaute Theologie	56
Der Papas – Gemeindepfarrer und Würdenträger	58

Facetten kretischen Alltags 59

Ohne Mitgift keinen Mann	59
Das Patriarchat lebt	60
Tip Kreta-Knigge	61
Musik und Tanz	64
Thema Der Sirtaki ist kein kretischer Tanz	65
Gastfreundschaft	66

Die kretische Küche 68

Nicht nur Greek Salad	68
Fisch ist teurer als Fleisch	69
Getränke und Nachspeisen	70
Thema Das Kafenion	71

Reisen auf Kreta

Mittelkreta – Höhepunkte minoischer Kultur

Iraklion – Kretas Hauptstadt 76

Stadtrundgang: Am Hafen	76
Über die Hauptstraße zur Marktgasse	80

Thema Weltliteratur aus Kreta – Kazantzakis und seine Romane	82
Vom Bembo-Brunnen zu Kazantzakis' Grab	83
Archäologisches Museum Iraklion (AMI)	85
Rundgang: Neolithikum, Vorpalastzeit, Palastzeit	87
Jüngere Palastzeit	88
Von der Nachpalastzeit bis zur orientalisierenden Zeit	91
Minoische Sarkophage und Fresken	92
Weitere Sammlungen	92

Knossos – Disneyland für Kunstliebhaber 93

Entstehungsgeschichte 94
Deutungen 94

Thema Minoischer Stierspringerkult 96

Rundgang: Vom Prozessionskorridor zum Piano Nobile 97
Durch den Magazinkorridor zum Einweihungsareal 98
Durch das Zollhaus zur Schatzkammer 99
Der königliche Wohnbezirk 100

Auf dem touristischen Highway von Iraklion nach Malia 102

Von Anissaras bis Limin Chersonissou 102
Ursprüngliche Bergdörfer 104
Stalida und Malia 104
Minoischer Palast von Malia 105
Weitere Ausgrabungen und Orte 106

Abstecher in die Heimat El Grecos 108

Agia Pelagia und Fodele 108
Fodele und El Greco 108
Rückweg über die Old Road 110

Nach Anogia und auf die Nida-Hochebene 111

Künstliches Dorf Arolythos 111
Minoisch: Tylissos und Sklavokambos 111
Wiederaufgebautes Anogia 112
Nida-Hochebene und Ida-Höhle 114
Sendoni-Höhle 116

In die Weinberge Kretas: Nach Archanes und Umgebung — 117

- Weinzentrum Archanes — 117
- Grabfunde auf dem Hügel Fourni — 119
- Das Menschenopfer von Anemospilia — 120
- Jouchtas – der schlafende Zeus — 120
- Minoisches Landgut Vathypetro — 121
- Myrtia und Thrapsano — 121
- **Thema** Das minoische Menschenopfer — 122
- Agios Pandeleimon und Kato Karouzana — 124

Die Messara-Ebene — 126

- Von Iraklion nach Agia Galini — 126
- Agii Deka — 126
- Antikes Gortys und moderner Marktflecken Mires — 127
- **Thema** Das Gesetz von Gortys — 129
- Ein Abstecher nach Lendas — 130
- Phaistos und Agia Triada — 131
- Von Agia Galini zu den Höhlen von Matala — 133
- Zwillingsorte Kamilari und Pitsidia — 137
- Einstiges Hippie-Paradies Matala — 137
- Von Agia Galini an die Hänge des Ida-Gebirges — 138
- Kamares und Kamares-Höhle — 138
- **Thema** Kreter lieben das Handeln — 140
- Gastfreundliche Klöster — 142
- Zaros und Rouvas-Schlucht — 142

Ostkreta – Von der Lassithi-Ebene bis Vaï

Agios Nikolaos und die Mirabello-Bucht — 146

- Stadtbummel durch Agios Nikolaos — 147
- Elounda und Spinalonga — 151
- Leprainsel Spinalonga — 151
- Panagia Kera und Kritsa — 153
- **Thema** Alte kretische Webwaren — 154
- Auf die Katharo-Hochebene und nach Lato — 155

Ausflug auf die Lassithi-Hochebene	156
Handwerkerdorf Limnes	156
Die Lassithi-Ebene	158
Agios Georgios	160
Zur Dikti-Höhle bei Psychro	161
Thema Russetos und sein ›Imperium‹	162
Trapeza-Höhle bei Tzermiado	163
Über den Seli-Ambelou-Paß nach Mochos	163

Von Agios Nikolaos nach Ierapetra und zur Südküste	166
Istro und minoisches Gournia	166
Stadtbummel durch Ierapetra	167
Von Ierapetra Richtung Osten	168
Tip Panos kennt jeden Stein	169
Von Ierapetra Richtung Westen	171

Sitia und der äußerste Osten	173
In Mochlos die Zeit vergessen	173
Stadtbummel durch Sitia	173
Toplou, das Kanonenkloster	175
Itanos, Vaï und Palekastro	178
Thema Ikonostassias	180
Durch das ›Tal der Toten‹ nach Kato Zakros	181
Staubpiste nach Xerokambos	185

Westkreta – Grandezza und rauhe Berge

Rethymnon – Kretas geistiges Zentrum	188
Stadtrundgang: Vom Hafen zur Kirche der vier Märtyrer	188
Tip Gastliche Fortezza	192

Abstecher von Rethymnon nach Osten	193
Arkadi – Symbol des Widerstands	193
Thema »Freiheit oder Tod« – Kreta unter osmanischer Herrschaft	194
Töpferdorf Margarites	196

Melidoni-Höhle bei Perama	197
Rückweg über Bali	198

Abstecher von Rethymnon nach Westen 199

Georgioupolis und Kournas-See	199
Drapano-Halbinsel	201

Zu Traumstränden und Klöstern an der Südküste 201

Nekropole von Armeni	201
Spili, Preveli und Plakias	202

Chania – Kretas schönste Stadt 207

Stadtrundgang: Rund um den Hafen	208
Tip Zu Hause im Doma	211
Vom Hafen zum Stadtpark	212

Halbinsel Akrotiri 216

Venizelos' Grab	216
Drei Klöster: Agia Triada, Gouverneto und Katholiko	217
Thema Eleftherios Venizelos – griechischer Staatsmann und Kreter	218
Badestrände zwischen Stavros und Kalatas	219
Nach Souda und Aptera	220

Von Chania aus in den Nordwesten 222

Deutscher Soldatenfriedhof bei Maleme	222
Schätze im Kloster Gonia	224
Kastelli-Kissamos	226
Fahrt nach Phalassarna	227

Durch die Samaria-Schlucht in die Sfakia 228

Von Chania aus zur Omalos-Hochebene	230
Durch die Samaria-Schlucht	231
Von Agia Roumeli nach Chora Sfakion	236
Tip Laissez-fâire in Loutro	238

Von Chania nach Chora Sfakion und Frangokastello 240

Vrysses und Alikambos	240

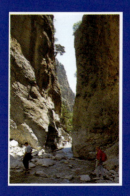

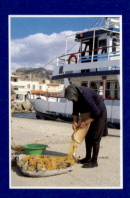

Drama in der Katre-Schlucht	241
Durch die Imbros-Schlucht	241
Tip Autofahren auf Kreta	242
Frangokastello	242

Von Chania aus in den äußersten Südwesten — 246

Zur Bucht von Sougia	246
Über Kandanos nach Paleochora	248
Szene-Treff Paleochora	249
Thema Operation »Merkur« – Der deutsche Überfall auf Kreta	250
Abstecher nach Chrissoskalitissa und Elafonissi	252
Überfahrt nach Gavdos	253

Tips & Adressen

Adressen und Tips von Ort zu Ort	259
Reiseinformationen von A bis Z	289
Kleiner Sprachführer	308
Glossar	311
Literaturauswahl	313
Abbildungsnachweis	314
Register	315

Verzeichnis der Karten und Pläne

Kretas Verwaltungsbezirke	16
Stadtplan Iraklion	78/79
Grundriß des AMI	86
Grundriß Knossos/›Piano Nobile‹	98/99
Von Iraklion nach Malia	102/103
Grundriß Malia	106
Nach Agia Pelagia und Fodele	109
Nach Anogia und auf die Nida-Hochebene	114/115
Nach Archanes und Umgebung	118
Gortys	127
Grundriß Phaistos	131
Die Messara-Ebene	134/135
Agios Nikolaos und die Mirabello-Bucht	146
Stadtplan Agios Nikolaos	150
Auf die Lassithi-Hochebene	159
Nach Ierapetra und an die Südküste	170/171
Stadtplan Sitia	174
Nach Sitia, Vaï und Kato Zakros	176/177
Grundriß Kato Zakros	184
Stadtplan Rethymnon	189
Von Rethymnon nach Arkadi und Bali	197
Von Rethymnon zur Drapano-Halbinsel	199
Über Armeni nach Preveli und Plakias	204
Stadtplan Chania	208
Akrotiri-Halbinsel	216
Von Chania nach Phalassarna	226/227
Durch die Samaria-Schlucht und in die Sfakia	229
Von Chania nach Chora Sfakion und Frangokastello	243
Über Kandanos nach Paleochora	246/247

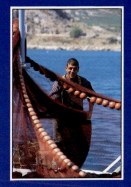

Wiege Europas – Urlaub auf Kreta

Eine Entdeckungsreise, die niemals endet

Wenn der Ferienflieger in kühner Kurve zur Landung auf Kreta ansetzt und die Insel plötzlich aus dem Blickfeld der Reisenden verschwindet – auf der einen Seite sehen sie nur das überraschend türkisblaue Meer, auf der anderen Seite den strahlendblauen Himmel –, dann denkt so mancher, daß sein letztes Stündlein geschlagen habe... Doch schon bald nach der Landung weicht der Kurzanflug von Angst dem Gefühl von Enttäuschung. Das soll der Flughafen der Inselhauptstadt Iraklion sein? Dieses Durcheinander von Koffern mehrerer gleichzeitig gelandeter Maschinen, das Gerufe, Gedränge und Geschiebe... Den Flughafen von Chania prägt das gleiche Chaos. Schnell lernen die Besucher, daß die Kreter griechisches Improvisationstalent perfektioniert haben. Das Verlassen des Flugzeugs, Kofferausgabe, Transfer vollziehen sich in Hektik, durch die die Spannung noch gesteigert wird. Aber es funktioniert! Und spätestens beim ersten Kaffee stellt sich die Gelassenheit ein, die für einen Kreta-Urlaub hilfreich ist. Jetzt kann die Entdeckungsreise beginnen. Es gibt Kreta-Besucher, für die sie niemals endet. Aber oft ist der Weg zu den schönsten Entdeckungen, die Kreta aufweist, versperrt. Zu viel Negatives ist geschehen, seitdem die Insel vom Tourismus entdeckt worden ist: Ohne Plan, ohne Konzept wurde drauf losgebaut, wurden Landschaften zerstört und Orte zersiedelt. Nur einen Fehler haben die Kreter vermieden: Hochbauten wie an der Costa del Sol sind auf Kreta nicht zu finden. Dafür um so mehr nach Touristengeschmack Maßgeschneidertes mit griechischem Akzent – umgekehrt wäre es manchem Urlauber lieber! Und selbst abseits der touristischen Zentren sind Schäden auszumachen. ›Alternativ-Touristen‹, oder wie immer man sie auch nennen mag, haben ihre Lebensweise in Orte getragen, in denen man noch nicht einmal das Verhalten der Kreter in den Städten verstand, geschweige denn die Sitten der Gäste.

All diese Enttäuschungen bleiben auch den Kreta-Gästen nicht erspart, die mit der Fähre anreisen. Aber sie haben Zeit, sich an kretische Verhältnisse zu gewöhnen. Schon die Überfahrt ist ein richtiger Ferientag. Die Urlauber an Deck werden auf das eingestimmt, was sie sich von den Ferien im Süden versprechen: auf Sonne von einer Kraft, wie sie sie von Daheim kaum kennen, auf das Licht der Ägäis, das sich nicht beschreiben läßt. Wer zum ersten Mal nach Kreta kommt, tauscht schon auf dem Schiff Erfahrungen mit Kreta-Kennern aus. Kontakte mit Griechen, Kretern auf der Heimfahrt werden geknüpft. Ihr Lächeln ist offen, die Augen sind auffallend blau. Man sagt »Du« zueinander und trinkt ein Glas Wein. Wenn dann die Silhouette von Kreta am Horizont auftaucht, wirkt sie schon seltsam vertraut. Während sich das Fährschiff in den Hafen schiebt, verstärkt sich beim Anlegemanöver noch das Gefühl, irgendwo anzukommen, wo man ›zu Hause‹ ist. Beim zweiten Mal schon steht ein Kreter am Kai, nimmt den Besucher in den Arm und sagt: *»O philo mou!«* (»Mein Freund!«) Noch immer gilt die Behauptung, daß es unmöglich ist, in Griechenland im allgemeinen und auf Kreta im besonderen keine Freunde zu finden. »Der Grieche hat keine Mauern um sich«, schreibt Henry Miller in ›Der Koloß von Maroussi‹, »er gibt und nimmt ohne Einschränkung.« Auch die Besucher von heute werden diese Erfahrung machen. Aber genau hier, im zwischenmenschlichen Miteinander, spielt sich vielleicht noch die tragischste Entwicklung ab: Offenheit und Gastfreundschaft werden genausooft mißbraucht, wie sie mit Berechnung eingesetzt werden. Natürlich gilt das nicht für alle Kreter und alle Besucher, aber leider schon für viel zu viele. Die innigen Umarmungen bei Ankunft und Abschied sowie das »Mein Freund!« geraten aus diesem Grund leicht zur Farce. Dennoch ist den Kretern die Gastfreundschaft – die unbezahlte, versteht sich – noch immer heilig. Ein verblüffendes Beispiel schildert Erhart Kästner in seinen Kreta-Aufzeichnungen, die er als Besatzungssoldat während des Zweiten Weltkrieges machte. Mit einem Kriegskameraden besuchte er den damals noch bewohnten Ort Samaria in der gleichnamigen Schlucht und verbrachte ein paar Tage unter dem Schutz der Sippe Viglis, die die Schlucht beherrschte. Erst später erfuhr er, daß deutsche Soldaten zur selben Zeit in der Schlucht Jagd auf Partisanen gemacht hatten, zu denen auch die Familie Viglis gehörte. Anstatt die deutschen Besucher als Geiseln zu nehmen, krümmten ihnen die Partisanen kein Haar.

Die Greuel des Krieges und der deutschen Besatzung sind zwar nicht vergessen, aber für die Kreter kein Grund, deutsche Gäste nicht besonders herzlich zu empfangen. Aus den Feinden von einst sind längst Freunde geworden. Viele ehemalige Soldaten, die während der Besatzungszeit Orts- oder Dorfkommandanten waren, werden noch immer bei Besuchen in ›ihrem‹ Dorf mit großen Festen gefeiert. In dieses Bild paßt, daß George Psychoundakis, im Krieg Melder bei den Partisanen (worüber er ein äußerst lesenswertes Buch geschrieben hat, ›The Cretan Runner‹), zwei Jahrzehnte lang den deutschen Soldatenfriedhof von Maleme gepflegt hat. Und der Abt des in der Nähe liegenden Klosters Gonia erklärte sich nach dem Krieg ohne Zögern bereit, die Gebeine der deutschen Gefallenen so lange im Kloster aufzubewahren, bis sie auf dem erst zu schaffenden Soldatenfriedhof bei Maleme endgültig beigesetzt werden

konnten. Dabei hatten die Deutschen sein Kloster verwüstet und die Mönche ins Gefängnis geworfen.

Mitten im Gespräch mit einem Kreter kann es passieren, daß dieser plötzlich voller Stolz eine Waffe hervorzieht. Waffen gibt es in vielen Haushalten. So manches Verkehrsschild ist von Geschossen durchsiebt, weil es als Zielscheibe herhalten mußte. Und wenn die Schafhirten in der Nida-Ebene ihre Feste feiern, verleihen sie ihrer Lebensfreude durch eifriges Schießen in die Luft Ausdruck. Nach wie vor sind die Kreter ein kriegerisches Volk, oder besser: ein wachsames. Sie haben nie Eroberungskriege geführt, sondern sind immer zur Verteidigung oder zum Widerstand gezwungen worden. Die Liste der Eroberer ist lang. Sie reicht von den Doriern und Römern über Byzantiner, Araber, Venezianer und Türken bis zu den Deutschen. Spötter behaupten, daß die Touristen die Eroberer von heute sind. Ihnen begegnen die Kreter zwar aufmerksam, aber doch häufig reserviert. Aus den Griechen wird nie eine devote Dienstleistungsnation. Kretische Kellner sind stolz, was ihnen oft als Arroganz ausgelegt wird. Dabei reisen viele Deutsche mit ausgebreiteten Armen nach Kreta, um den modernen Alexis Sorbas zu umarmen. Die unsterbliche Figur aus der Feder des kretischen Schriftstellers Nikos Kazantzakis hat das Kreta-Bild der Deutschen nachhaltiger geprägt als alles andere. Das Buch haben wohl nur wenige gelesen, aber den gleichnamigen Film von Michael Cacoyannis mit Anthony Quinn in der Hauptrolle verehren viele als Kultfilm.

Daß die heutigen Verhältnisse auf Kreta von denen der Filmhandlung weit entfernt sind – es sei denn, man nistet sich in irgendeinem Bergdorf ein –, enttäuscht viele Urlauber. Eher stimmen Wirklichkeit und Mythos des (Trivial-)Romans überein, dessen Fernsehverfilmung die Briten Mitte der 1970er Jahre wie ein Suchtmittel verschlangen und dessen Ausstrahlung zum ›Straßenfeger‹ wurde: *Who Pays the Ferryman?*, eine dramatische Liebesgeschichte vor dem Hintergrund der touristischen Entwicklung des Fischerdörfchens Elounda. Die Zutaten beider Geschichten sind gleich: kretische Landschaft, das einfache Leben im Dorf, Gastfreundschaft, Liebe, Eifersucht und Tod. Während es schwerfällt, Alexis Sorbas und seine archaische Welt noch heute aufzuspüren, begegnet man den Helden von ›Who Pays the Ferryman?‹ – der Titel ist eine Anspielung auf den Fährmann Charon, der in der griechischen Mythologie die Toten gegen Geld über den Fluß Acheron setzt – auf Schritt und Tritt.

Die Befürchtung, daß der Fischerort Elounda nach dem ersten Bauboom als solcher nicht mehr wiederzuerkennen ist, wurde Wirklichkeit. Kreta hat sich zur modernen Ferieninsel gewandelt, mit allen Vor- und Nachteilen, die eine solche Entwicklung nach sich zieht.

Doch für einen ausschließlichen Badeurlaub hat die Insel zu viel zu bieten: Kreta ist so reich an kulturellem Erbe vergangener Epochen, daß die Ferien leicht zur Studienreise geraten. Klassisch-griechische Kunst- und Bauwerke von Bedeutung, Tempel und Statuen z. B., wird der Urlauber freilich vergebens suchen. Statt dessen hat Kreta einzigartige Zeugnisse der ersten Hochkultur auf europäischem Boden zu bieten. Und die faszinierenden Relikte der Minoer sind nur hier, in Kretas Museen, zu sehen. Im Gegensatz zu früher sind die Kreter jetzt dazu übergegangen, ihre Besucher durch entsprechende Hinweisschilder auf ihr kulturelles Erbe hinzuweisen. Das gilt nicht nur für minoische

Das Kafenion – Domäne der Männer

Zeugnisse, sondern auch für die Bauten aus griechischer, römischer, byzantinischer, venezianischer und türkischer Zeit. Kreta ist so reich an Schätzen und Naturschönheiten, daß man die Insel bei einem kurzen Aufenthalt nur entdecken, aber nicht kennenlernen kann – zumal die eindrucksvollsten Begegnungen abseits der touristischen Trampelpfade warten. Dort ist Kreta auch keine heile Welt mehr, aber eine intakte. Auch wer mobil ist und mit Bus oder Mietwagen auf Kreta herumreist, wird niemals die ganze Insel erkunden können. Bei jedem Besuch wächst das Verständnis für die Inselbewohner und ihre Probleme, für ihre Traditionen und ihr Leben von heute. Und gleichzeitig wächst das Gespür dafür, wie die Worte gemeint sind: »Mein Freund, mein Freund!«

Landeskunde im Schnelldurchgang

Fläche: 8331 km²
Einwohner: 600 000
Hauptstadt: Iraklion
Sprache: Griechisch
Währung: Euro (€)
Zeit: OEZ (MEZ + 1 Std.)

Lage

Kreta liegt auf dem 34. und 35. nördlichen Breitengrad und zwischen dem 23. und 26. östlichen Längengrad. Die Entfernung zu Afrika beträgt 300 km, zu Asien 175 km und zum europäischen Festland 100 km. Mit 8331 km² – 6,31 % der Landfläche Griechenlands – ist Kreta die größte der 1300 griechischen Inseln, von denen 170 bewohnt sind. Nach Sizilien, Sardinien, Zypern und Korsika ist Kreta die fünftgrößte Insel im Mittelmeer. Die Gesamtlänge von Kretas Küsten beträgt über 1000 km. In der Länge mißt Kreta 255 km, die Breite schwankt zwischen 12 km und 56 km. Kreta ist von 30 kleinen Inseln umgeben, von denen allerdings nur die südlichste, Gavdos, ständig bewohnt ist.

Landesnatur

Kretas Landschaften sind von Bergen, Schluchten, Hochebenen und Höhlen geprägt. Es gibt vier Hochgebirgsmassive: das Ida-Gebirge (höchster Gipfel: Timios Stavros,

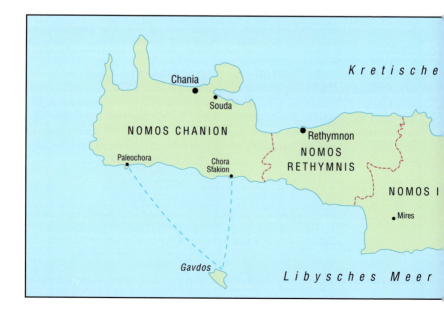

2456 m), die Weißen Berge, Levka Ori (Pachnes, 2452 m), das Dikti-Gebirge (Dikti, 2148 m) und das Sitia-Gebirge (Afendis Stavromenos, 1476 m). Die spektakulärste der vielen Schluchten ist die Samaria-Schlucht, mit 16 km Länge der längste Cañon Europas. Die bekannteste der Schwemmland-Hochebenen ist die Lassithi-Hochebene, die im Gegensatz zu den anderen Hochebenen der Insel (Askifou, Omalos, Katharo und Nida) ganzjährig bewirtschaftet wird. Von den etwa 3000 Höhlen sind die Ida-Höhle über die Nida-Ebene und die Dikti-Höhle auf der Lassithi-Hochebene berühmt für die reichen archäologischen Funde, die hier geborgen wurden. Die kretische Flora ist bekannt für ihren Artenreichtum: Auf der Insel gedeihen 140 endemische Arten: Pflanzen, die ausschließlich auf Kreta vorkommen.

Geschichte
Die ersten Spuren menschlicher Besiedlung Kretas gehen auf das 5. Jt. v. Chr. zurück. In der Bronzezeit entwickelte sich hier die erste Hochkultur auf europäischem Boden: die Kultur der Minoer. Ihre größte Leistung war der Bau von riesigen Palästen, von denen der Palast von Knossos der bedeutendste ist – und wegen seiner heute umstrittenen Rekonstruktion auch der bekannteste. Um 1100 v. Chr. eroberten Dorier die Insel und errichteten voneinander unabhängige Stadtstaaten. 67 v. Chr. – 395 n. Chr. war Kreta in römischer Hand, Hauptstadt der Provinz *Creta et Cyrene* war die von Griechen gegründete Stadt Gortys. Als 395 das Römische Reich geteilt wurde, fiel Kreta dem Oströmischen Reich zu und blieb – von einer fast 140jährigen arabischen Zwischenzeit abgesehen – bis 1204 bei Byzanz. Nach der Eroberung Konstantinopels im Verlauf des 4. Kreuzzugs erhielt Bonifatius II., Markgraf von Montferrat, Kreta als Beute, der die Insel aber an Venedig verkaufte. Die Venezianer erklärten Candia, das heutige Iraklion, zu ihrer Hauptstadt. 1669 eroberten die Türken die Insel und hielten

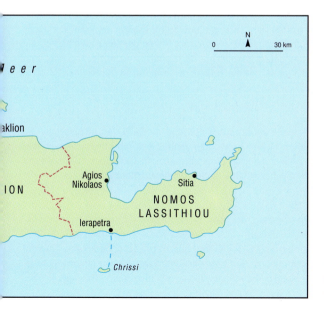

Die 4 Regierungsbezirke (nomoi) Kretas

ihre Herrschaft über alle Aufstände hinweg bis 1898 aufrecht. Nach einer 15jährigen Zwischenperiode kretischer Teilautonomie wurde die Insel 1913 mit Griechenland vereint. Im Zweiten Weltkrieg überfielen deutsche Truppen die Insel, die sie bis 1944/45 besetzt hielten. Seit dem Beitritt Griechenlands zur Nato ist Kreta ein strategisch wichtiger Nato-Stützpunkt.

Politik und Verwaltung

Kreta ist eine von zehn Regionen im zentralistisch verwalteten Griechenland. Die Insel ist in vier Regierungsbezirke *(nomoi)* unterteilt: Iraklion (mit dem gleichnamigen Verwaltungssitz, in dem 130 000 Kreter wohnen – Iraklion löste 1971 Chania als Inselhauptstadt ab), Chania (Verwaltungssitz Chania: 60 000 Einwohner), Rethymnon (Verwaltungssitz Rethymnon: 20 000 Einwohner) und Lassithi (Verwaltungssitz Agios Nikolaos: 8000 Einwohner). Weitere große Städte sind Ierapetra (9000 Einwohner) und Sitia (7000 Einwohner), insgesamt gibt es 1300 Gemeinden *(kinotites)* auf Kreta. Die Bezirksvorsteher *(nomarches)* werden von Athen bestimmt. Jeder Bezirk ist noch einmal in vier bis sieben Provinzen *(eparchies)* unterteilt. Traditionsgemäß wird auf Kreta erheblich stärker links gewählt als im übrigen Griechenland. Neben der konservativen *Nea Dimokratia* (Traditionsfarbe: blau) und der *Panhellenischen Sozialistischen Bewegung* (PASOK, Farbe: grün) hat die *Kommunistische Partei Griechenlands* (KKE, Farbe: rot) auf Kreta eine starke Anhängerschaft. Beim Stimmenanteil, den die PASOK in Griechenland gewinnen kann, stehen unter allen 56 griechischen Wahlbezirken die vier kretischen an erster und zweiter (Iraklion und Lassithi) bzw. fünfter und sechster Stelle (Rethymnon und Chania).

Wirtschaft und Tourismus

Kreta fehlt es an Bodenschätzen und an einer nennenswerten Industrie. Die industrielle Produktion beschränkt sich auf den Nahrungsmittelbereich. 44 % der landwirtschaftlichen Nutzfläche dienen dem Olivenanbau, außer Olivenöl werden vor allem Tafeltrauben, Rosinen und Wintergemüse exportiert. Neben der Landwirtschaft ist der Tourismus das zweite Standbein der kretischen Wirtschaft. Von den ca. 12,5 Mio. ausländischen Urlaubern, die jedes Jahr nach Griechenland reisen, fahren fast 2,5 Mio. nach Kreta.

Bevölkerung

Etwa 540 000 Einwohner leben auf der Insel, das sind ca. 5,4 % der griechischen Gesamtbevölkerung, die knapp 11 Mio. Einwohner zählt. Die durchschnittliche Bevölkerungsdichte beträgt 72 Einwohner/km^2. Zum Vergleich: In Griechenland insgesamt sind es 83 Einwohner/km^2. Nahezu 100 % der Kreter sind orthodoxe Christen.

Klima und Reisezeit

Mit etwa 300 Sonnentagen gehört die Insel zu den wolkenärmsten Gebieten Griechenlands. Die angenehmste Reisezeit ist die Periode von Anfang April bis Ende Juni. Auch die Monate September und Oktober sind geschätzte Urlaubsmonate. Obwohl der Winter auf Kreta relativ mild ist, hat sich ein Wintertourismus noch nicht etablieren können. Die meisten Hotels, Restaurants und Geschäfte öffnen ab Ostern.

Geographie und Naturraum

Der erste Eindruck: Berge

Kretas Landschaften sind ebenso schön wie abwechslungsreich. Sie sind geprägt von hohen Bergen und tiefen Schluchten, Hochebenen und Höhlen. Vier Hochgebirgsmassive verteilen sich auf der Insel. Der höchste Gebirgszug ist das **Ida-Gebirge**, von den Kretern *Psiloritis* genannt. Denselben Namen trägt auch der höchste Gebirgsstock dieses Massivs, dessen höchster Gipfel, **Timios Stavros**, eine Höhe von 2456 m erreicht. Fast über den gesamten Inselwesten erstrecken sich die **Weißen Berge** *(Levka Ori)* mit über 1000 Gipfeln. Von den 40 Zweitausendern der Weißen Berge ist der **Pachnes** mit 2452 m der höchste Gipfel. 2148 m weist der **Dikti** auf, höchste Erhebung des Lassithi- oder **Dikti-Gebirges** *(Oros Dikti)* im Osten der Insel. Noch weiter östlich liegt das vierte Massiv, das **Sitia-Gebirge**, dessen Gipfel **Afendis Stavromenos** nur 1476 m mißt.

Die Bergmassive aus Kalkstein entstanden vor über einer halben Million Jahren, im Tertiär, und bilden ein Bindeglied im dinarischen und taurischen Gebirgsbogen, der sich von der Peloponnes bis nach Kleinasien zieht. Tektonisch ist Kreta nie zur Ruhe gekommen, wie die vielen Erdbeben – die letzten 1926 und 1970 – eindrucksvoll bezeugen. In der Antike hat sich die Insel im Westen um mehrere Meter gehoben und im Osten gesenkt. Im Südwesten bei Chora Sfakion beträgt der Unterschied im Küstenverlauf sogar 50 m! Bei einer Bootsfahrt ist die alte Küstenlinie hoch über dem Meer genau zu erkennen.

Höhlen, Schluchten und Hochebenen

Im Südwesten liegen auch die markantesten der durch Erosion gebildeten **Schluchten**, die die steile Felsküste in Nord-Süd-Richtung zerschneiden – übrigens ein Grund dafür, daß der Bau einer durchgängigen Küstenstraße im Süden unmöglich ist. Über Jahrtausende hinweg gruben Niederschläge und Schmelzwasser diese Cañons in das kretische Kalksteingebirge. Der bekannteste und wohl auch imposanteste Cañon ist die Samaria-Schlucht: Über eine Länge von 16 km schneidet sie die Levka Ori bis zu 1 km tief ein. Sie ist die längste Schlucht Europas.

Eine weitere Eigentümlichkeit der kretischen Landschaft sind die **Hochebenen**. Es handelt sich dabei um äußerst

fruchtbare Karstwannen *(Poljen)*. Die bekannteste der Schwemmland-Hochebenen ist die Lassithi. In 850 m Höhe dehnt sie sich über eine Fläche von 72 km² aus. Im Unterschied zur fast gleich großen Askifou-Hochebene nördlich von Chora Sfakion, zur wesentlich kleineren Omalos-Hochebene in den Weißen Bergen, zur Katharo-Hochebene bei Kritsa und zur vergleichsweise winzigen Nida-Hochebene oberhalb von Anogia, ist die Lassithi-Ebene besiedelt und wird ganzjährig bewirtschaftet.

Den gleichen Naturkräften, die die Schluchten schufen, verdankt Kreta die zahlreichen Grotten und **Höhlen**. Insgesamt sind es über 3000, aber niemand weiß, wieviele noch unentdeckt sind. Die Höhlen spielten in der Mythologie der Insel und in ihren Religionen eine große Rolle, viele von ihnen dienten als Kultstätte – und wurden damit zu herausragenden Fundstätten für die Archäologen. Besonders reich waren die Funde in der Kamares-Höhle, deren Eingang von der Messara-Ebene her gut zu sehen ist. Auch die Ida-Höhle über der Nida-Ebene, in der Zeus aufgewachsen sein soll, war in minoischer wie späterer Zeit ein Ort der Verehrung. Im Gegensatz zu diesen beiden Höhlen läßt sich die Dikti-Höhle in der Lassithi-Ebene leicht erreichen. Eine Besichtigung der Tropfsteinhöhle, ebenfalls eine bedeutende Kultstätte und nach der Mythologie Zeus' Geburtsort, wird auch für archäologisch nicht interessierte Urlauber zum Erlebnis.

Von den **Tiefebenen** ist vor allem die Messara-Ebene als größte und fruchtbarste Ebene der Insel zu erwähnen. Wegen ihrer Fruchtbarkeit ist sie schon seit vorgeschichtlicher Zeit besiedelt, demzufolge finden sich hier, inmitten einer hochentwickelten Landwirtschaft, besonders viele Zeugnisse vergangener Kulturen.

300 Sonnentage garantiert – Klima

Kreta darf sich rühmen, die sonnigste aller europäischen Ferienregionen zu sein, liegt die Insel doch mit der nördlichen Sahara auf gleicher Höhe. Die Kreter kennen eigentlich nur zwei ausgeprägte Jahreszeiten: Sommer und Winter. Frühling und Herbst sind nur kurze Übergangsperioden.

Der **Winter** bringt die Regenzeit mit heftigen, aber meist kurzen Schauern. Er dauert von Dezember bis März und ist sehr mild; die Temperatur sinkt fast nie unter 0° Celsius. Die Schneefallgrenze liegt bei 700 m, wobei in Westkreta bei entsprechenden Höhenlagen mehr Schnee fällt als in Ostkreta. Der Winter eignet sich sehr gut für Wander- und Studienreisen. Die meisten Museen und archäologischen Stätten sind ganzjährig geöffnet, seit einigen Jahren machen auch mehrere Hotels entlang der Nordküste keine Winterpause mehr.

Mit etwa 300 Sonnentagen im Jahr gehört die Insel zu den wetterbeständigsten Gebieten Griechenlands. Im **Hochsommer** kann es unerträglich heiß werden – besonders an der Südküste, und dort an vollkommen windgeschützten Stränden. An der Nordküste sorgt im Sommer der Nordwind *Meltemi* dafür, daß die Hitze erträglich bleibt. Der Meltemi nimmt an Stärke mit höher werdendem Sonnenstand zu (bis zu Windstärke vier oder fünf) und läßt abends – bedingt durch eine sich über der Sahara aufbauende Nebelwand, die den aus dem Norden kommenden Wind bremst

◁ *Askifou-Hochebene*

– ganz nach. Ohne den frischen Meltemi kann es im Mai und Juni an der Nordküste Kretas heißer sein als im Juli oder August. Seltener wird Kreta von dem schwächeren, aber heißen Südwind *Chirocco* heimgesucht, der Sand aus Afrika herüberbläst. Er weht stunden-, häufig auch tagelang, manchmal sogar im Winter. Ähnlich dem Föhn empfinden ihn Einheimische und Urlauber meist als unangenehm.

Die angenehmste **Reisezeit** für Kreta ist die Periode von Anfang April bis Ende Juni, denn dann ist es (meist) noch nicht so heiß, und die Landschaft ist noch nicht so verdorrt. Auch September und Oktober sind geschätzte Urlaubsmonate. In der Hauptsaison und in der Zeit um Ostern muß vor allem in den touristischen Zentren mit überfüllten Hotels und Stränden gerechnet werden.

Selbst in der Hochsaison leidet kaum ein Hotel unter Wassermangel. In so manchem Ort außerhalb der Touristensiedlungen muß das Wasser hingegen mit Tankwagen herbeigefahren und rationiert werden, denn Wasser ist auf Kreta Mangelware. Wie mühselig sich die Wasserversorgung für die Landwirtschaft gestaltet, zeigen die ausgedehnten Schlauch- und Rohrsysteme, die sich kilometerweit über Stock und Stein schlängeln und mit denen die Bauern Brunnenwasser auf ihre Felder leiten.

Flora und Fauna

140 endemische Pflanzen – Flora

Die Schluchten Kretas sind für Flora und Fauna von großer Bedeutung: Hier gedeihen die meisten der etwa 140 endemischen Pflanzenarten – Pflanzen, die ausschließlich auf Kreta vorkommen. Dazu zählen Lilien, Glockenblumen und Enzian-Verwandte. Die Felsen der Samaria-Schlucht gehören zu den letzten Lebensräumen für den kretischen **Diktamo** (*Origanum dictamnus*). Diese Pflanze war einst so begehrt, daß die Literatur Kretas überreich ist an Geschichten über junge Burschen, die ihr Leben riskieren, um den Diktamon zu pflücken. Dem aus ihm gewonnenen Tee wurde wundersame Wirkung in allen Situationen des Lebens zugeschrieben – als Aphrodisiakum, zur Geburtshilfe und zur Pflege von Wunden.

Recht rar geworden sind die wilden **Zypressen** (*Cypressus sempervirens*), die ebenfalls in der Samaria-Schlucht gut gedeihen. Im Gegensatz zur landläufig bekannten Art treiben ihre Äste fast waagerecht aus. Früher bedeckten sie, obwohl nicht endemisch, weite Teile der Insel, bis sie dem seit Jahrtausenden anhaltenden Raubbau nicht mehr standhalten konnten. Die minoischen Säulen in den Palästen auf Kreta, heute verbrannt und nur in Knossos durch farbig bemalten Beton ersetzt, waren aus ihrem Holz geschnitzt. Kretische Zypressenstämme wurden in alten Zeiten sogar exportiert; auch im Palast von Mykene wurden sie als Baumaterial eingesetzt. In venezianischer und türkischer Zeit wurden gar ganze Wälder für den Schiffsbau abgeholzt. Zur wei-

Asphodelus fistulos

Gemeiner Drachenwurz

Bocksbart

Phlomis fructiosa

Kretische Zistrose

teren Dezimierung trugen immer wieder Waldbrände bei, die in einigen Fällen sogar mehrere Jahre wüteten. Was heute beim Abstieg in die Samaria-Schlucht Schatten spendet, ist bei aller Schönheit nur noch ein kümmerlicher Rest des einstigen Baumbestandes; seit 1962 darf kein Baum mehr gefällt werden.

Charakteristisch für Kreta sind die **Olivenbäume**, die sich in weiten Flächen durch die Landschaft ziehen, aber auch der Johannisbrotbaum, die Kermes-Eiche, der Erdbeerbaum (ein Strauch mit lederartigen Blättern, dessen Früchte an Erdbeeren erinnern), Ginster, die **kretische Zistrose** *(Cistus villosus)* mit großen, rötlichen Blüten, aus der man wohlriechendes Harz gewinnt, und vor allem die **Phrygana**. Das ist ein dichter, nur 10 oder 20, selten 50 cm hoher Bewuchs von Pflanzen, zu dem der Hartlaubwald – wie die Gariguen auf Korsika oder die Tomillares in Spanien – degeneriert ist, als er sich der sommerlichen Trockenheit anzupassen hatte. Gleichzeitig wehren Dornen, Stacheln und lederartige Blätter, unterstützt von ungenießbaren ätherischen Ölen oder gallenbitterem Milchsaft, jeglichen Verbiß durch weidendes Vieh ab. In den Phrygana-Polstern verstecken sich unter anderem Lilien, Hyazinthen, Alpenveilchen, verschiedene **Orchideenarten** wie der kretische Ragwurz und der hochwachsende Affodill, die als Samen, Zwiebeln, Knollen oder Wurzelstöcke die Trockenzeit überdauern und am Ende der Winterregenzeit im März bis in den Mai gemeinsam mit Zistrosen und Ginster ihre ganze Blütenpracht entfalten. Zur einzigartigen, unvergeßlichen Duftmischung der Phrygana in der Blütenperiode gehören auch **Kräuter** wie Majoran, Kamille und Lavendel, Thymian, Rosmarin und Salbei.

Auch zahlreiche ›importierte‹ Pflanzen haben sich auf Kreta eingenistet, der australische Eukalyptus beispielsweise, die mehrere Meter hoch wachsende Agave aus Mexiko, Feigenkakteen und das aus dem Orient stammende Rohr *(Arundo donax)*, das vor allem im Nordwesten Kretas Plantagen vor Wind schützt. Zu den Besonderheiten der kretischen Flora zählen die **kretischen Palmen** *(Phönix theophrasti)* am Strand von Vaï, die den Dattelpalmen gleichen und bis zu 15 m groß werden können, und die **immergrünen Platanen** (von den Botanikern *Varietas cretica* genannte Abart der im gesamten östlichen Mittelmeerraum und auch auf Kreta wachsenden *Platanus orientalis*), von der Kreta aber nur einige wenige Exemplare vorweist. Die berühmteste Platane steht in Gortys: In ihrem Schatten sollen Zeus und Europa Minos gezeugt haben…

Knorrig: Olivenbaum

Kri-kri macht sich rar – Fauna

Zahlreichen Zugvögeln dient Kreta als unverzichtbarer Zwischenstopp, wenn sie im Herbst auf dem Weg von Europa nach Afrika sind und im Frühjahr zurückkehren. Auf der Insel leben stolze **Raubvögel**. In den Bergen und Schluchten bauen Geier ihren Horst, u. a. auch der Lämmergeier, eine auf Kreta anzutreffende Unterart.

Der Stolz der Kreter ist der Goldadler: mit seiner Kraft und Würde vergleichen sich die Männer häufig in ihren Liedern. Unter den Säugetieren sind Hasen, Igel und Fledermäuse auf Kreta ebenso beheimatet wie Dachse, Marder, Wiesel und die kretische Wildkatze *(Fellis silvestris-agrius)*. Zu ihnen gesellt sich eine nur auf Kreta lebende Mäuseart mit Stacheln *(Acomus minus)*.

Nur ein paar hundert Exemplare der **kretischen Wildziege** *(Capra aegagrus cretica)* haben sich in der Samaria-Schlucht erhalten, von den Kretern Agrimi oder Kri-kri genannt. Wanderer bekommen sie normalerweise nicht zu Gesicht, was ins Blickfeld von Fernglas oder Kamera gerät, sind meist verwilderte Hausziegen, denn die Wildziegen machen sich rar: Tagsüber weichen sie mit ihrer Herde in abgelegene Verstecke aus, häufig auch in Höhlen, zum Weiden kommen sie nur noch nachts hervor, wenn alle Touristen verschwunden sind, der Rummel in der Samaria-Schlucht abgeklungen ist. Wer die Kri-kri mit ihrem gelb-braun-grau gestreiften Tarnfell dennoch von nahem betrachten will, sollte die Stadtparks von Chania und Rethymnon aufsuchen. Zu minoischer Zeit muß die Wildziege auf Kreta eine alltägliche Erscheinung gewesen sein. Darstellungen in der Kunst belegen, daß die Minoer sie als heiliges Tier verehrten. Um die Agrimia vor dem Aussterben zu bewahren, wurden in den 70er Jahren auf den unbewohnten Inseln Dia, Agii Theodori und Agii Pantes vor Kretas Nordküste Reservate für Wildziegen eingerichtet.

Die kretische Bergziege Kri-kri ist nur noch in Reservaten anzutreffen

Handel und Wandel – Wirtschaft

Kreta ist alles andere als eine reiche Insel. Es fehlen Bodenschätze, und eine nennenswerte Industrie hat sich auch nicht etabliert. Die industrielle Produktion beschränkt sich im wesentlichen auf die Verarbeitung von Nahrungsmitteln: Konservenherstellung, Getränkeproduktion, Pressen von Olivenöl und die Verarbeitung von Rosinen. Wichtigster Zulieferer für die Industrie ist demzufolge die Landwirtschaft, die sich aber auch nur unter erschwerten Bedingungen behaupten kann. Als eine der beiden Hauptsäulen trägt sie die Inselwirtschaft, die zweite ist der Tourismus. Er sichert zwar vielen Bewohnern Verdienst und Brot, und die Nachfrage nach Kretas Stränden und Sehenswürdigkeiten ist ungebrochen. Doch beschneidet das Überangebot an touristischen Dienstleistungen sowie der damit verbundene unerbittliche Konkurrenzkampf vielen im Fremdenverkehr Beschäftigten das Einkommen derart, daß es kaum den ungeheuren Einsatz lohnt.

Was viele Besucher vielleicht erstaunt: Die Fischerei zählt nicht zu den wichtigen Erwerbszweigen. Denn entgegen einer weitverbreiteten Meinung ist die Ägäis alles andere als fischreich! Außerdem zeigt heute der jahrelang betriebene Raubbau durch das Fischen mit Dynamit seine Auswirkungen. Ein Volk von Fischern sind die Kreter also nicht. Der Fischfang wird meist von kleineren Kaiki-Booten aus betrieben, von denen über 1000 vor allem an der Nordküste in Chania und Iraklion vor Anker liegen. Nur etwa 100 Trawler ergänzen die Fischfangflotte. Auch in der Forstwirtschaft ist kein Geld zu verdienen, nur 2% der Inselfläche ist bewaldet.

Schlechte Bedingungen für die Landwirtschaft

Wenn sich Griechenland, wie so oft zu hören ist, in vielen Bereichen noch immer »auf halbem Weg vom Entwicklungs- zum Industrieland« befindet, hat Kreta diese Wendemarke noch längst nicht erreicht. Arbeiten im Durchschnitt 25 % der Griechen in der Landwirtschaft, beträgt die Zahl auf Kreta noch immer mindestens das Doppelte. Zumindest gibt die Hälfte der knapp 200000 erwerbstätigen Kreter an, in der Landwirtschaft tätig zu sein; doch darf vermutet werden, daß sich viele auf die eine oder andere Weise ein Zubrot im Tourismus verdienen (müssen).

Die Rahmenbedingungen für die Landwirtschaft sind auf der Insel äußerst schlecht. Nur ein Drittel des Gebietes kann landwirtschaftlich wirklich genutzt werden, abgesehen von den Küstengebieten und Hochebenen liegen die meisten Anbauflächen auf Hügeln und Bergen. Der Boden ist steinig und nährstoffarm. Die Bearbeitung wird durch **Wassermangel** und **rückständige Arbeitsmethoden** zusätzlich erschwert. Der Einsatz von Maschinen lohnt nur in den seltensten Fällen, da der Grundbesitz oft nur kleine Parzellen umfaßt. Das Mitgift-System *(prika)* und eine Erbteilung über Generationen hinweg trugen dazu bei, daß 87 % der landwirtschaftlich genutzten Fläche von Klein- und Kleinstbetrieben bearbeitet werden. Die durchschnittliche Größe liegt nur bei 3,1 ha, in Gesamtgriechenland immerhin bei 3,6 ha. Im europäischen Vergleich wird eine Landwirtschaft erst ab 6 ha als rentabel erachtet.

Die Kunst der Rosinenherstellung

Als es 1923 nach der »Kleinasiatischen Katastrophe« zum großen Bevölkerungsaustausch zwischen Griechenland und der Türkei kam, blieb auch Kreta nicht verschont: Im ›Tausch‹ mit 22 000 Kretern türkischer Abstammung kamen 34 000 Flüchtlinge griechischer Abstammung aus Kleinasien auf die Insel. Sie waren bettelarm, brachten aber eine Fertigkeit mit, die für Kretas Wirtschaft große Bedeutung erlangt hat: die Kunst, aus Trauben Rosinen, genauer Sultaninen, zu machen.

Rosinen sind getrocknete Weinbeeren. Sultaninen, das Wort kommt aus dem Türkischen, sind große, hellgelbe Rosinen von kernlosen Weinbeeren mit dünnen Schalen. Korinthen dagegen sind eine kleinere, fast schwarze Variante, die ebenfalls aus kernlosen Weinbeeren gewonnen wird. Die Trauben, die für die Sultaninenproduktion verwendet werden, sind so reich an Zucker, daß sie zur Weinherstellung nicht geeignet sind. In erster Linie sind die Sultaninen für den Export bestimmt, der Eigenbedarf der Kreter an dem süßen Trockenobst ist gering. In guten Jahren werden 100 000 t verschifft, damit ist Kreta viertgrößter Rosinen-Exporteur der Welt. Hauptabnehmer ist Deutschland.

Einer der höchsten Feiertage auf Kreta, das Marienfest am 15. August, bildet alljährlich den Auftakt zur Rosinenherstellung direkt in den Weingärten. Je nach Sonnenschein vergehen 10–15 Tage, bis die Trauben zu Rosinen getrocknet sind. Bis zum 20. September, so die Faustregel, sollte die Rosinenherstellung abgeschlossen sein, denn spätestens dann wird die Gefahr zu groß, daß anhaltende Regenfälle die gesamte Ernte vernichten. Da es natürlich mitunter auch Anfang September regnet, haben sich die Rosinenproduzenten eine besondere Vorrichtung zum Trocknen ausgedacht: Metallständer, die bei Bedarf mit Planen abgedeckt werden können. Wenn die Beeren auf ihnen getrocknet sind, fallen sie durch das Gestell und werden vom Boden aufgeklaubt.

Bevor die Trockengestelle, die am Rand der Weingärten aufgestellt werden, in Mode kamen, trockneten die Weinbauern die Trauben einfach auf ebenem Boden. Für dieses Verfahren bedeutete schon ein Gewitter eine Katastrophe! Da Rosinen um so länger halten, je trockener sie sind, werden sie zuweilen am Boden auf Folien nachgetrocknet – oder sogar im Ofen. Damit Feuchtigkeit und Luft beim Versand kein Unheil anrichten können, werden die Rosinen in den meisten Fällen noch gepreßt. Vor dem Pressen werden häufig Lorbeerblätter in Schichten zwischen die Rosinen gelegt, um ihnen ein besonders gutes Aroma zu verleihen. Die Rosinenherstellung ist von den Kretern zur wahren Kunst entwickelt worden!

Archaisch: Feldarbeit bei Arvi

Im Gegensatz zu den Anbaumethoden ist das bäuerliche **Genossenschaftssystem** auf Kreta hochentwickelt. Allerdings handelt es sich dabei nicht um Einrichtungen wie z. B. die deutschen Maschinenringe, sondern ausschließlich um Absatzorganisationen, die die Produkte gemeinschaftlich vertreiben. Schätzungsweise 700 Genossenschaften haben sich aus diesem Grund gebildet, die meisten davon im landwirtschaftlichen Sektor.

Die Aufteilung der landwirtschaftlichen Fläche nach Anbauarten spricht für sich: 44 % dienen dem **Olivenanbau**! 14 Mio. Olivenbäume – manche Schätzungen gehen sogar bis zu 24 Mio. – erbringen 40 % der gesamten griechischen Olivenproduktion! Diese Zahlen verraten nicht die Mühe, die dahinter steckt. Nur die zu industrieller Größe entwickelten Betriebe setzen Maschinen ein, z. B. an langen Stangen befestigte Rotoren, mit deren Hilfe die Oliven in rund um die Bäume aufgespannte Netze fallen. Doch die Kleinbetriebe und die privaten Besitzer von Olivenhainen ernten die kostbaren Früchte wie zu minoischer Zeit: Jeder Baum wird von Hand geschüttelt oder mit Stangen abgeklopft. So treffen sich Verwandte und Freunde auch heute noch zur Olivenernte, um gemeinsam die Bäume zu schütteln und die Früchte aus den Netzen zu klauben.

Ein neuer Ölbaum braucht ein Dutzend Jahre, bis sich die Ernte zum ersten Mal rentiert, im Schnitt ergibt ein Baum gut 3 l Öl (gut 1 l mehr als in Italien und Frankreich üblich, und immerhin noch einen halben Liter mehr als die Olivenbäume auf dem griechischen Festland). Viele der über 600 Ölmühlen der Insel werden genossenschaftlich betrieben. Das kretische **Olivenöl** zählt zu den besten Sorten Europas, ja sogar der Welt. Wie sehr die Kreter auf ihr Olivenöl schwören, belegt folgende Zahl: Während der statistische Verbrauch in ganz

Griechenland pro Kopf und Jahr 23 kg Olivenöl beträgt, wird der Prokopf-Verbrauch auf Kreta mit über 30 kg angegeben! Untersuchungen bescheinigen den Kretern denn auch eine – im europäischen Vergleich – weit über dem Durchschnitt liegende Gesundheit, besonders Magen-, Herz- und Kreislauferkrankungen treten erheblich seltener auf.

Seit der EG-Mitgliedschaft drängt billigeres und schlechteres Olivenöl (und Mais-, Soja-, Raps- und Sonnenblumenöl) auf den kretischen Markt – und wird häufig Touristen, z. T. mit kretischem Öl verschnitten, serviert. Kein Tavernenwirt würde das bei einem Einheimischen wagen, denn dieser schmeckt den Unterschied sofort!

Eine ähnliche Entwicklung hat es auch beim berühmten und beliebten Schafskäse, dem Feta, gegeben. Aus EU-Mitgliedsländern importierter Schafskäse ist für die kretischen Wirte preiswerter als heimische Ware. So ziert in den meisten Fällen Feta aus Dänemark, Schleswig-Holstein oder dem Allgäu den »griechischen Salat«. Allerdings ist der importierte Käse, im Gegensatz zum Olivenöl, nicht von schlechterer Qualität als der kretische.

Von steigender Bedeutung für die kretische Landwirtschaft ist das Exportgeschäft mit **Tafeltrauben**, obwohl für ihren Anbau bislang nur 14 % der landwirtschaftlichen Fläche zur Verfügung stehen. Die Region von Archanes bei Iraklion ist das größte Anbaugebiet für Tafeltrauben ganz Griechenlands. Hier wird vor allem die Rozaki-Traube angebaut, charakteristisch für die Rozaki-Gegend sind die hochstämmigen Weinstöcke, die das Pflücken erleichtern. Auch Weiß- und Rotwein von bester Qualität werden von Archanes exportiert, der Ausstoß wird auf 4000 t jährlich geschätzt. Ansonsten hält sich der Weinexport in Grenzen, die Produktion deckt eigentlich nur den Eigenbedarf. Im gro-

Orangenernte bei Fodele

Schafzüchter auf der Nida-Hochebene

ßen Stil wiederum werden Rosinen ausgeführt.

Auch wenn der Eindruck bei der Fahrt über das Land täuscht: Nur 2 % der Anbaufläche bleiben dem **Gemüseanbau** vorbehalten. Die größten Anbauflächen breiten sich rund um Iraklion, in der Messara-Ebene und vor allem bei Ierapetra aus. Es werden Tomaten und Gurken, aber auch Auberginen und Artischocken gepflanzt und vor allem an der Südküste ganzjährig in Gewächshäusern gezüchtet. Auf dem EU-Markt erzielt kretisches ›Wintergemüse‹ gute Preise.

Der **Obstanbau** ist auf 1,6 % der Gesamtanbaufläche begrenzt. Für den Export werden Orangen, Mandarinen und Zitronen und Bananen gezogen. Die größten Orangen-, Mandarinen- und Zitronenplantagen liegen an der Westküste Nordkretas und rund um Fodele. Die Bananen – auffallend klein, süß und schmackhaft – und Melonen werden vor allem in den Gewächshäusern an der Südküste produziert. Die Ernte von Äpfeln, Kirschen und Feigen deckt nur den Eigenbedarf und ist nicht für die Ausfuhr bestimmt.

Der **Ackerbau** auf Kreta beschränkt sich auf den Getreideanbau in der Messara-Ebene und auf Kartoffeln, die allerdings nur in wenigen Gebieten gepflanzt werden. Der durch den Tourismus verursachte hohe Bedarf an Mehl und Kartoffeln kann nicht auf der Insel, sondern nur durch Importe gedeckt werden.

Auf ganz Kreta gibt es nur rund 18 000 Stück **Vieh**, 84 000 Schweine, aber über 300 000 Ziegen und weit über 600 000 Schafe. Zwar fügen Ziegen und Schafe der Vegetation große Schäden zu, doch als Lieferanten für handwerkliche Erzeugnisse wie Lederwaren, Wolldecken und Pullover sind sie für das Souvenirgeschäft unentbehrlich geworden. In der Nida-Ebene stehen noch die kleinen, aus hohen Bruchsteinen aufgeschichteten Rundhäuser (*mitado* oder *koumos*), in denen die Ziegen- und Schafhirten den Sommer über Quartier beziehen. Hier werden nicht nur Schafe geschoren, die Hirten stellen auch noch Schafs- und Ziegenkäse her.

Tourismus

Von den etwa 12,5 Mio. ausländischen Urlaubern, die alljährlich nach Griechenland reisen, wählen 2,5 Mio. Kreta als Reiseziel. Unter ihnen sind 500 000 deutsche Gäste. Allerdings schwanken die Zahlen stark. Im vom Golfkrieg geprägten Jahr 1991 kamen erheblich weniger Touristen, als die Türkei 1994 von Bombenattentaten heimgesucht wurde, konnten sich die Kreter vor Urlaubsgästen kaum retten.

Niemand weiß genau, wieviele Gästebetten der seit fast zwei Jahrzehnten ununterbrochen anhaltende Bauboom der Insel bisher beschert hat. Die Zahl der Hotelbetten wird auf 113 000 geschätzt, hinzu kommen 62 000 Betten in Appartementhäusern und Privatquartieren. Häufig wird schwarz gebaut, und mitunter sprengt ein Hotelier unerlaubt eine Strandpartie in die unwirtliche Felsküste. Die Bettenbelegung ist in der langen Saison, die von März/April bis weit in den Oktober hineinreicht, sehr unterschiedlich. Deshalb versucht die **Griechische Zentrale für Tourismus** (EOT) mit Hilfe von EU-Mitteln, die Saisonzeiten zu entzerren und die Touristenströme von den Hauptorten an der Nordküste ein wenig umzulenken. Doch neue Konzepte, wie z. B. Initiativen zur Etablierung des Winterurlaubs oder neue Urlaubsformen wie »Ferien auf dem Lande«, setzen sich nur langsam durch.

Die Nachteile von Kretas rasanter touristischer Entwicklung liegen auf der Hand. Die Verdienstmöglichkeiten im Dienstleistungsgewerbe locken viele junge Leute vom Land in die Touristenorte, die **Landflucht** hat sich ins Extrem gesteigert: Heute gleichen zahlreiche kretische Inlandsdörfer Geisterorten. Dagegen sind die **Bodenpreise** in den touristischen Gebieten, wozu heute mit Ausnahme archäologisch geschützter Zonen nahezu der gesamte Küstenbereich zählt, in die Höhe geschossen. Das gleiche gilt für die **Lebenshaltungskosten** in den Küstenorten. Auf dem Land können sich die Preise noch auf einem erheblich niedrigeren Niveau halten. Der Lebensstandard ist dort allerdings dementsprechend: Wer auf Kreta viel übers Land fährt, wird auch viel Armut sehen.

Badeartikel in Agios Nikolaos

Viele Kleinunternehmer haben sich bis an ihr Lebensende verschuldet, um sich als Hotelier, Autovermieter oder Inhaber eines Souvenirgeschäftes eine Scheibe vom Tourismuskuchen abschneiden zu können. Das gilt auch für die Hersteller von landestypischen Souvenirs.

Souvenirs aus Fernost

Von einer Souvenir-Industrie zu sprechen, wäre übertrieben, denn die meisten Fabrikanten sind Klein- und Kleinstbetriebe. Viele der Hersteller von **Webwaren** beispielsweise arbeiten nur mit einem einzigen Webstuhl – meist sind es Frauen in den Bergdörfern Kretas, die die von ihnen gearbeiteten Schafwolldecken und Wandteppiche vor der eigenen Haustür ausbreiten und verkaufen. Ihr Webstuhl steht vor dem Haus, und während sie auf Kunden warten, lassen sie das Schiffchen unermüdlich hin- und hergleiten. Mit der traditionellen kretischen Webtechnik, in der einst Aussteuerstücke – Bettüberwürfe und Kissenbezüge, Wandbehänge, Brottücher, Tischdecken und Teppiche – hergestellt wurden, haben die klaren, einfachen Formen von heute nichts mehr gemein (s. S. 154). Immer häufiger sind die heute feilgebotenen, modernen Webwaren von Synthetik-Fasern durchsetzt – das ist dann geschickt dazwischen gemogelte, imitierte Importware aus Fernost für diejenigen, die sich nicht auskennen oder keinen besonderen Wert auf das Original legen. Das gilt auch für einen großen Teil der **gehäkelten Souvenirs** – Spitzendeckchen, Umhängetücher oder Bordüren –, die Kreta-Urlaubern auf Schritt und Tritt angepriesen werden.

Dritter Schwerpunkt der Souvenir-Industrie sind **Lederwaren** – Schuhe und

Spinnerin in Anogia

Stiefel, Taschen, Rucksäcke und Gürtel –, die erstaunlich preiswert angeboten werden. Der Konkurrenzkampf zwingt die Verkäufer – die in vielen Läden auch gleichzeitig die Hersteller sind – zu Niedrigpreisen, die die Käufer dann noch durch das übliche Herunterhandeln unterbieten. Die Gewinnmargen sind deshalb äußerst gering. Selbst maßgefertigte Sandalen, wie sie beispielsweise in Rethymnon und Chania angeboten werden, kosten nur einen Bruchteil der Fabrikerzeugnisse daheim.

Was an **Keramik** fabriziert wird – Schmuckteller, Vasen, Krüge und Figuren, oft schlechte Nachbildungen historischer Kunstwerke –, ist in den meisten Fällen nicht sehr geschmackvoll, stellt aber einen wichtigen Zweig kretischer Souvenirproduktion dar. Auch Gebrauchskeramik, wie sie die kretische Keramikindustrie in großer Stückzahl auf den Markt wirft, ist ein weit verbrei-

Umweltaktivitäten einer Hotelgruppe

Wo man es zuläßt, daß Plastikfolien aus der Landwirtschaft über Felder und Berge wehen, wo wilde Müllhalden als unvermeidbar akzeptiert werden – da ist Umweltschutz nicht gefragt. Die Kreter sind in diesem Punkt nicht besser und schlechter als andere Griechen. Es müssen schon einige günstige Faktoren zusammentreffen, ehe sich hier etwas ändert.

Dies glückliche Zusammenspiel von Faktoren traf vor einigen Jahren auf die *Grecotels* zu, Griechenlands größte Hotelkette, die u. a. auch mehrere Häuser auf Kreta unterhält. *Faktor eins:* Mari Daskalantonakis, Tochter des Haupteigners der Hotelkette, trat nach ihrem Ökonomiestudium in London als Geschäftsführerin in das Familienunternehmen ein und erkannte sehr schnell, daß der Tourismus für Kreta nicht ausschließlich eine hervorragende Einnahmequelle darstellt, sondern auch erhebliche Umweltbelastungen mit sich bringt. Sie begann, sich innerhalb und außerhalb ihrer Hotels für den Schutz der Natur einzusetzen. *Faktor zwei:* Die Gesellschaft bewarb sich bei der EU um eine finanzielle Unterstützung und erhielt Zuschüsse, mit denen umfassende Umweltuntersuchungen in den sechs kretischen Hotels vorgenommen werden konnten. *Faktor drei:* Mari Daskalantonakis fand dafür die richtige Partnerin, Maria Valerga, eine junge Biologin, die sie zur ersten Umweltbeauftragten in der griechischen Tourismusbranche ernannte.

tetes, preiswertes Mitbringsel. Die besonders formschönen Produkte der traditionellen Töpferorte Thrapsano und Margarites werden auch in den Städten verkauft.

Streitfall EU-Mitgliedschaft

Trotz der Verdienstmöglichkeiten, die der Tourismus den Kretern bringt, sind diese – wie alle Griechen – über die EU-Mitgliedschaft nicht sehr glücklich. Auch wenn die Ursachen nicht im gemeinsamen Markt begründet sind, ging es den Griechen vor ihrem Beitritt 1981 besser als heute. Damals betrugen die Durchschnittslöhne 44 % der EG-Durchschnittsverdienste, heute sind es nur noch 33 %. Importwaren für den täglichen Bedarf wie z. B. Kleidung, Kosmetika und Lebensmittel sind für viele Familien sehr teuer geworden, Luxusgüter von Autos bis zur Unterhaltungselektronik werden mit hohen Luxussteuern belegt.

Die **Inflation** haben die Griechen auf ihrem Weg zum Euro gut in den Griff bekommen. Allerdings klagen jetzt Kreter und Kreta-Touristen unisono über höhere Preise – Urlauber merken das an den

Vierter Faktor: In Judith Smith-Spala, einer auf Kreta verheirateten Engländerin, wurde eine PR-Beauftragte gewonnen, die für eine entsprechende Öffentlichkeit der Umweltmaßnahmen sorgte. Das tatkräftige Damentrio startete eine Umweltkampagne, die in Griechenland nicht nur ohne Beispiel, sondern auch noch ohne Nachahmer ist.

Der Maßnahmen-Katalog in den acht kretischen Ferienhotels ist umfangreich: Schutz und Reinigung von Wasser und Boden durch biologische Kläranlagen, Einschränkung von Herbiziden und Pestiziden und Kontrolle der Strand- und Badewasserqualität durch die Institution der *Blauen Flagge,* Energiesparmaßnahmen durch Solaranlagen, Isolierung der Wände und Fenster, Einbau von Energiesparlampen, automatische Abschaltung von Beleuchtung, Müllreduzierung durch Verwendung von umweltfreundlichen Materialien in allen Bereichen, Abschaffung von Dosengetränken und Einwegflaschen (soweit dies in Griechenland überhaupt möglich war) und von Kleinpackungen auf dem Frühstücksbuffet und in den Badezimmern sowie schließlich intensive Umweltschutz-Schulungen für die Hotelmitarbeiter.

Auch außerhalb der Hotels werben die drei engagierten Damen für den Umweltschutz, halten Vorträge an Schulen und in Erwachsenenbildungsstätten. In westeuropäischen Hotels zählen die *Grecotel*-Maßnahmen inzwischen zum Kleinen Einmaleins des Umweltschutzes. Auf Kreta muß das Engagement für die Umwelt erst noch starke Widerstände überwinden. Da traf es sich gut, daß – *fünfter Faktor* – der Reiseveranstalter TUI an den *Grecotels* beteiligt ist, dessen Umweltbeauftragter Dr. Wolf Michael Iwand für Unterstützung und auch den notwendigen Druck sorgte: Besonders viele *Grecotel*-Urlauber sind TUI-Kunden, und das Buchungsverhalten deutscher Urlauber wird, wie Analysen belegen, von Umweltschutzmaßnahmen in ihren Ferienhotels positiv beeinflußt. 1993 wurden die Aktivitäten der *Grecotels* mit dem 7. Internationalen Umweltpreis des Deutschen Reisebüroverbandes (DRV) ausgezeichnet.

gestiegenen Nebenkosten. Aber viele der wirtschaftlichen Probleme Griechenlands und damit auch Kretas sind nicht EU-bedingt, sondern hausgemacht. Da es seit Jahrzehnten üblich ist, daß Politiker vor den Wahlen Arbeitsplätze versprechen, die sie praktisch nur in den ihnen unterstellten Behörden einrichten können, leidet Griechenland unter einem völlig aufgeblähten **Beamtenapparat**. An der Verstaatlichung zahlreicher vom Konkurs bedrohter Großbetriebe, die in den 80er Jahren zur Sicherung der Arbeitsplätze vorgenommen wurde, trägt die Wirtschaft schwer, weil die meisten dieser Betriebe nicht rentabel arbeiten.

Mittlerweile ist die finanzielle Belastung eines vierköpfigen Normalhaushalts in Griechenland so hoch, daß kaum eine Familie ohne eine **Zweitbeschäftigung** auskommt. Auf Kreta wird der zusätzliche Arbeitsplatz zumeist im Tourismus gesucht – auch hier entwickelt sich ein bedenklicher Konkurrenzdruck. So sind ›Alternativ-Touristen‹ nicht mehr gern gesehen, die sich ihren Lebensunterhalt (illegal) in den Obst- und Gemüseplantagen der Südküste verdienen. Und obwohl die Kreter im allgemeinen weltoffen, tolerant und gastfreundlich sind, begegnen sie den Bewohnern ehemaliger Ostblockstaaten wie z. B. Ex-Jugoslawen, Polen oder Russen zunehmend mit offener Feindschaft. Ihnen und vor allem Albanern werden die Eigentumsdelikte angelastet, die auf Kreta zwar noch nicht besorgniserregend angestiegen sind, aber auch längst keine Ausnahme mehr bilden. Einzig die Roma-Sippen, die an den Schnellstraßen bei Iraklion und bei Chania ihre Lager aufgeschlagen haben und einen fliegenden Handel mit Teppichen, Korbwaren und Gartenmöbeln über Land betreiben, werden von der Bevölkerung und auch vom Staat toleriert: Sie besitzen griechische Pässe und sind ganz legal nach Kreta gekommen.

Kluft zwischen Tradition und Moderne

Eine zweite, tiefe Kluft hat sich zwischen Alt und Jung, Stadt und Land aufgetan. Während die Bevölkerung in den Städten und Tourismusorten westlichen Einflüssen (die Kreter titulieren ihn immer noch als »Einfluß aus Europa«, als gehörten sie nicht dazu) aufgeschlossener gegenüberstehen, lehnen vor allem ländliche Familiensippen jedes Verhalten ab, daß nicht ihrem bewährten Verhaltensmuster entspricht. Diese Spannung zwischen Tradition und (vermeintlichem) Fortschritt spüren Besucher allenthalben bei Fahrten über die Insel. Um das Land vor der Monokultur Tourismus und der damit einhergehenden Überfremdung zu bewahren, mehren sich in letzter Zeit auch in Griechenland tourismuskritische Stimmen. Doch Gegenströmungen zum Massentourismus, wie sie in vielen anderen Urlaubsländern schon auffallend stark geworden sind, werden noch nicht verzeichnet. Die Ansätze zu einem ›sanfteren‹ sozialverträglichen Tourismus auf Kreta sind bescheiden und beschränken sich auf einige wenige Bergwander- und Naturerlebnis-Arrangements. Sie haben in die Programm- und Ausflugsgestaltung der großen internationalen Reiseveranstalter bislang kaum Zugang gefunden.

Unterentwickeltes Umweltbewußtsein

Das Umweltbewußtsein ist auf Kreta noch sehr unterentwickelt, wenn überhaupt vorhanden. In den Tourismuszentren wird Wasser, an sich auf Kreta knapp und kostbar, verschwendet. Daß Ausflugsbusse mit laufenden Motoren eine halbe Stunde und länger auf die

Rückkehr der Ausflügler warten, ist – wie bei allen Busunternehmen europäischer Länder – wohl berufsbedingt. Die Kadaver überfahrener Katzen und Hunde auf der Schnellstraße zwischen Agios Nikolaos und Rethymnon werden oft tage- oder gar wochenlang nicht beseitigt, ebensowenig wie der aus den Autos geworfene Abfall in den Straßengräben entfernt wird. Achtlos wird Müll in die Landschaft gekippt, und selbst dort, wo es offiziell eingerichtete Mülldeponien gibt, wird der nicht getrennte Müll einfach verbrannt. Nicht brennbare Gegenstände verrotten. Abwässer fließen noch an vielen Stellen ungeklärt ins Meer (auch wenn jetzt mit EU-Mitteln durch den Bau von Kläranlagen zum Teil schon Abhilfe geschaffen wurde). Programme zur Abfallvermeidung oder zumindest zur Mülltrennung gibt es weder in den normalen Haushalten noch bei den touristischen Leistungsträgern. Einzig die Gruppe der *Grecotels* hat für Bedienstete und Gäste ein umfassendes Umweltprogramm entwickelt (s. S. 34).

Wie vielerorts im Mittelmeerraum trifft man auf Kreta häufig auf wilde Müllkippen am Straßenrand

Geschichte und Kultur

Die Welt der Mythen

Die minoische Kultur war bereits 800 Jahre versunken, als etwa 850–750 v. Chr. Homer und andere Dichter begannen, mythische Überlieferungen schriftlich festzuhalten. Erscheinen uns die Mythologien in ihrem erzählerischen Reichtum heute als kühne, mitunter allzu kühne Erklärungsversuche der Welt der Götter und ihrer Beziehungen untereinander, der Naturgewalten und des immerwährenden Kreislaufs der Natur, so enthalten sie dennoch so viele historische Tatsachen, daß es nicht abwegig ist, sie einer geschichtlichen Darstellung voranzustellen.

In der griechischen Mythologie spielt Kreta eine Schlüsselrolle. **Zeus** ist auf Kreta geboren! Doch sein Vater **Kronos** behandelte seine Kinder gar nicht väterlich, weil seine Eltern Gaia und Uranus, Erde und Himmel, vorausgesagt hatten, daß ihn als König des Himmels später einmal eines seiner Kinder vom Thron verdrängen werde. Deshalb verschlang er alle seine Nachkommen unmittelbar nach ihrer Geburt – mit Ausnahme von Zeus: Rhea hatte den Säugling in Sicherheit gebracht und ihrem Gatten Kronos statt dessen einen mit Windeln umwickelten Stein überreicht, den dieser ahnungslos hinunterschluckte. Damit Kronos durch das Weinen des Neugeborenen keinen Verdacht schöpfte, mußten die Kureten, kretische Kriegsdämonen, mit ihren Waffen vor der Ida-Höhle, in der Zeus versteckt gehalten wurde, kräftig Lärm schlagen. Als Zeus dann erwachsen war, zwang er seinen Vater, seine einst verschlungenen Geschwister zu erbrechen. Mit deren Hilfe und der der Zyklopen besiegte er die Titanen und Giganten, stürzte Kronos vom Thron und bestieg den Olymp.

Zeus, der schon mit Hera Athena gezeugt hatte, verliebte sich in die phönizische Prinzessin **Europa,** die er in Stiergestalt nach Kreta entführte, wo sie ihm drei Söhne gebar. Einer davon war **Minos.** Um seinen Brüdern Rhadamanthys und Sarpedon zu beweisen, daß er nach dem Willen der Götter Herrscher über Kreta werde, erbat sich Minos von seinem Onkel Poseidon, dem Herrscher der Meere, ein Zeichen – ein Stier von nie gesehener Schönheit tauchte aus den Meereswellen auf. Doch Minos opferte diesen Stier nicht wie versprochen Poseidon, sondern betrog den Gott, indem er einen anderen Stier opferte.

Stierkopfrhyton aus Knossos (AMI, Saal IV)

Der erboste Poseidon ließ sich daraufhin einen teuflischen Plan einfallen: Er sorgte dafür, daß sich Minos' Gattin **Pasiphae,** Tochter des Sonnengottes Helios und Mutter von Ariadne und Phaidra, in den schönen Stier verliebte. Damit die Liebe Erfüllung fand, schuf der am kretischen Hof im Exil lebende Daedalus eine hölzerne Kuh, die mit der Haut einer echten verkleidet wurde und in die Pasiphae hineinkroch, um sich dann von dem Stier begatten zu lassen. Als Frucht dieser Liebe brachte Pasiphae den **Minotaurus** zur Welt, ein Ungeheuer zwar in Menschengestalt, aber mit Stierkopf und Appetit auf Menschenfleisch. Rätselhafter Weise ließ Minos dem Bastard das Leben, sperrte ihn aber in ein von Daedalus erbautes Labyrinth.

Von Athen, das ihm tributpflichtig war, verlangte Minos alle drei Jahre sieben Jungfrauen und sieben Jünglinge, um den Hunger des gefräßigen Minotaurus zu stillen. Als **Theseus,** Sohn des Königs Aigeus von Athen, als einer der zu opfernden Jünglinge nach Kreta kam, verliebte er sich in **Ariadne,** die Tochter von Minos. Diese überließ ihm ein Fadenknäuel, damit er es im Labyrinth entrollen und sich so eine Spur für seinen Rückweg legen könne. Theseus tötete den Minotaurus, und mit Hilfe des Ariadne-Fadens fand er den Weg zurück ins Freie. Gemeinsam mit Ariadne versuchte er nach Athen zu fliehen, doch bei einem Zwischenstopp auf Naxos erschien ihm die Göttin Athene im Traum. Sie bedeutete ihm, daß Ariadne Dionysos versprochen sei, deshalb ließ Theseus die noch schlafende Ariadne auf Naxos zurück.

Theseus tötet den Minotaurus (Darstellung des 5. Jh. v. Chr.)

Aus Kummer über den Verlust Ariadnes vergaß Theseus, das für seine erfolgreiche Rückkehr vereinbarte Zeichen, ein weißes Segel, zu setzen. Als **Aigeus** ein schwarzes Segel am Horizont erblickte, glaubte er, sein Sohn sei tot, und stürzte sich voller Verzweiflung ins Meer. Seitdem trug das Meer seinen Namen: Ägäisches Meer.

Um der Rache des Minos zu entgehen, der ihm die Flucht Ariadnes, den Tod des Minotaurus und Beihilfe zum Ehebruch anlastete, entwarf der Baumeister **Daedalus** für sich und seinen Sohn Flügel. Auf mit Wachs und Vogelfedern bezogenen Schwingen erhoben sich Vater und Sohn in die Lüfte, doch **Ikarus** näherte sich im Höhenrausch zu sehr der Sonne, das Wachs auf den Flügeln schmolz, und Ikarus stürzte ins Meer. Daedalus begrub seinen Sohn auf der nächstgelegenen Insel, die wie das Meer nach Ikarus benannt wurde: Ikaria und die Ikarische See.

Deutung der Mythen

Was wollen uns die Mythen sagen? Welche geschichtlichen Ereignisse, bzw. welche Welterklärungen verbergen sich dahinter? Wie viele andere griechische Mythen thematisiert der Kronos-Zeus-

Mythos vordergründig den Generationskonflikt zwischen Vater und Sohn. Das Neue kann sich gegen das Alte nur durchsetzen, wenn es dieses vernichtet. Das deutet hintergründig auf den Wandel einer Zeitvorstellung hin: Die in Kronos repräsentierte Naturzeit mit ihrem gestaltlosen ewigen Werden und Vergehen wird mit dem in Zeus und seiner ›Götterriege‹ verkörperten Herrschaftsanspruch in eine soziale, von Menschen organisierte Zeit überführt. Menschliche Zeitmaße und -organisation treten der naturalen der Tages- und (in griechischer Vorstellung nur zwei) Jahreszeiten zur Seite.

Minos versündigt sich, indem er dem Gott Poseidon nicht den versprochenen Stier opfert, sondern einen minderwertigen Ersatz. Dies Vergehen will gesühnt sein, denn auch die Götter stehen in engem sozialen Kontakt zueinander, der durch mehr oder minder strenge Regeln geordnet ist. Auffallend ist, daß Minos für diese Hybris nicht direkt bestraft wird, sondern über den Umweg der Untreue seiner Gattin Pasiphae. Und diese, Gipfel aller Strafen, verliebt sich nicht in einen ebenbürtigen Nebenbuhler, sondern in ein Tier. Man darf annehmen, daß sich die Mythenerzähler keine größere Tabuverletzung vorstellen konnten. Aber warum gerade diese Bestrafung? Vielleicht war sie erforderlich, um von dem Minotaurus ein Schreckensbild zu zeichnen, wie man es sich schlimmer nicht vorstellen konnte.

In der Schilderung des Labyrinths, in dem Minotaurus lebte und schließlich besiegt wurde, geht die mythologische Erzählung wiederum auf einen historischen Kern zurück: Wissenschaftler nehmen an, daß das mythische Labyrinth und der historische Palast von Knossos identisch sind. Dort herrschte Minos – historisch gesehen kein einzelner Herrscher, sondern ein dem ägyptischen Pharao vergleichbares Herrschaftsprinzip – über ein Reich, das 100 Städte umfaßt haben soll. Mit Hilfe seiner Flotte gründete er auf den griechischen Inseln und dem Festland neue Siedlungen. Nach der Überlieferung war das eine schöne heile Welt: Denn die Siedlungen waren allesamt friedlich, reich und der Kunst hingegeben. Gerühmt wurde Minos' Gerechtigkeit, die der Herrscher dem Mythos nach auch als Richter in der Unterwelt unter Beweis stellt. Die Entführung der Europa durch Zeus in Stiergestalt ist leicht zu deuten: als Kulturtransfer von Ost nach West. Die kulturellen Wurzeln Europas, damals beschränkt auf einen Teil des antiken Griechenlands, liegen in Mythos und Geschichte im Orient.

Der Theseus-Minotaurus-Mythos verweist darauf, daß die Athener den Minoern tributpflichtig waren und die minoische Vorherrschaft in der Ägäis zu überwinden suchten. Hier zeichnet die mythologische Schilderung eine historische Konfliktsituation nach, die zweifelsfrei belegt ist.

Mit Daedalus wird uns eine der schillerndsten Personen der griechischen Mythologie vorgestellt. Er verkörpert gleichermaßen das Ideal des Künstlers wie des Wissenschaftlers und ist damit der Prototyp eines Universalgenies wie nach ihm nur noch Leonardo da Vinci. Der Sturz des Ikarus darf als deutliche Warnung an menschliche Allmachtsphantasien verstanden werden: Die Segnungen der Technik können angesichts menschlicher Hybris in ihr Gegenteil umschlagen.

Daß geographische Erscheinungsformen wie Inseln und Meere – in anderen Mythen auch Städte, Landschaften und Berge – mit mythischen Namen belegt bzw. aus diesen abgeleitet werden, verweist auf eine Schlüsselfunktion mythischer Welterklärung: Unvertrautes macht die mythische Erzählung vertraut, und dem Unbekannten versucht sie, den Schrecken zu nehmen.

Jungsteinzeit (6500–3100 v. Chr.)

Die frühesten, auf Kreta nachgewiesenen Spuren menschlicher Besiedlung datieren auf das 7. Jt. v. Chr. (Neolithikum) und legen die Vermutung nahe, daß die Siedler aus dem kleinasiatischen Raum, wahrscheinlich aus Anatolien, stammten. Bei Knossos und Phaistos entstehen in dieser Zeit erste Ansiedlungen, darauf deuten die bislang ältesten Tonwaren-Funde hin. Sie sind von Hand hergestellt und wurden im offenen Feuer gebrannt. **Ton- und Marmor-Idole,** ausgestellt im Archäologischen Museum von Iraklion (AMI, Saal I) belegen, daß im Neolithikum eine Fruchtbarkeitsgöttin verehrt wurde.

Vorpalastzeit (ca. 3100–2100 v. Chr.)

Aus noch unbekannten Gründen setzt im 4. Jt. eine neue Einwanderungswelle – vermutlich ebenfalls aus Kleinasien – ein. Die Zuwanderer mischen sich friedlich mit den Einwohnern Kretas. Sie bringen das **Kupfer** mit, später kommen Kenntnisse über Bronzelegierungen hinzu. Außerdem wird die **Töpferei** erheblich verfeinert und wahrscheinlich ebenfalls aus Anatolien die Töpfer-

Statuette eines Adoranten: Vom Verbreitungsgrad dieser Grabbeigabe werden häufig Rückschlüsse auf den Übergang vom Matriarchat zum Patriarchat gezogen

scheibe auf Kreta eingeführt. Zum ersten Mal tauchen Schnabelkannen auf, wie sie in Anatolien bereits gebräuchlich waren. Sie begleiten die Entwicklung der **Keramik** in der gesamten minoischen Epoche. Parallel zur Keramik entwickeln sich andere Kunstformen, z. B. die **Steinkunst,** die hervorragende Steingefäße hervorgebracht hat (siehe die Funde der Insel Mochlos und der Messara-Ebene im AMI) und die **Schmuckherstellung,** die einen verblüffend hohen Stand der Technik verrät.

Ältere Palastzeit (2100–1700 v. Chr.)

Kreta entwickelt sich dank seiner Flotte zur militärischen wie wirtschaftlichen Vormacht im ägäischen Raum. Auf der Insel vollzieht sich der Übergang von der reinen Agrarkultur zu einer **höfischen Kultur.** In Knossos, Phaistos und Malia entstehen palastartige Anlagen. Da sie später zerstört und überbaut wurden, ist eine genaue Aussage über ihr Aussehen und ihre Funktion nur schwer zu treffen. Einzig die Teile des alten Palastes in Phaistos verraten, daß die alten Paläste große Ähnlichkeit mit den nachfolgenden gehabt haben müssen. Die Paläste waren unbewehrt, so daß man annehmen darf, daß die Macht der hier Herrschenden unangefochten blieb. Weder von außen noch von innen schienen sie Feinde zu befürchten. Obwohl die Minoer wahrscheinlich Sklaven hielten, müssen die Bedingungen so annehmbar gewesen sein, daß keine Revolution ausbrach. Die Kultur auf Kreta war die erste europäische Hochkultur, zu der auch die erste Schrift Europas gehörte, aus der sich später die sogenannte **Linear-A-Schrift** und anschließend die **Linear-B-Schrift** entwickelten.

In der Keramik wird der bewundernswerte **Kamares-Stil** entwickelt. Die Gefäße sind oft dünnwandiger als zarte Porzellantassen, und die Formenvielfalt scheint unerschöpflich. Für jede einzelne Form wird ein individuelles Dekor kreiert. Die Bemalung – weiße und rote Farbe auf schwarzem Grund – zeigt ornamentale Muster wie Spiralen, Scheiben oder Blätter.

In der **Kleinplastik** dominieren männliche und weibliche Idole, wie sie in vielen Gipfelheiligtümern gefunden wurden. Das Stadtmosaik von Knossos informiert uns über den Haus- und Städtebau jener Zeit. Etwa 1700 v. Chr. werden die alten Paläste wahrscheinlich durch ein starkes Erdbeben zerstört.

Jüngere Palastzeit (1700–1400 v. Chr.)

Schon bald nach der **Katastrophe um 1700 v. Chr.** werden die Paläste größer und prächtiger als je zuvor wiederaufge-

Die ›Blauen Damen‹ aus Knossos

baut. In Zakros entsteht ein neuer, vierter Palast. Über die gesamte Insel verstreut finden sich Herrenhäuser, deren Errichtung und Unterhalt sich u. a. nur aus Sklavenarbeit erklären läßt. Zur Zeit der Neuen Paläste steht die minoische Kultur in ihrer höchsten Blüte. Davon künden in den Palästen wundervolle **Wandmalereien.** Keramik- und Steinkünstler bringen Werke hervor, die nicht nur eine hochentwickelte technische Fertigkeit beweisen, sondern auch höchstes künstlerisches Empfinden – verwiesen sei nur auf den Rhyton in Form eines Stierkopfes, die berühmten **Statuetten der Schlangengöttinnen** oder den steinernen Griff eines Zepters in Form eines zum Sprung ansetzenden Leoparden (allesamt ausgestellt im AMI, s. S. 89). Bedeutendstes Kunstwerk ist das **Elfenbeinfigürchen eines Stierspringers,** die erste in der Kunstgeschichte nachgewiesene Darstellung eines Menschen in freier Bewegung. Da angenommen wird, daß die – nicht mehr erhaltenen – Gewänder des Stierspringers aus Gold gefertigt waren, handelt es sich hier auch um das erste griechische Gold-Elfenbein-Kunstwerk.

Im 2. Jt. v. Chr. sollen auf Kreta mehr als doppelt so viele Bewohner wie heute gelebt haben. Ohne ausgeprägten Handel im gesamten Mittelmeerraum wäre die Bevölkerung nicht lebensfähig gewesen, so viele Menschen könnte noch nicht einmal die heutige Landwirtschaft auf Kreta ernähren . . .

Doch schlagartig wurde die Hochkultur vernichtet, wobei die Ursache nach wie vor umstritten ist. Die Deutung, daß der um 1600 v. Chr. auf Santorin (Thira) eingetretene Vulkanausbruch die minoische Kultur mit Erdbeben und nachfolgender Flutwelle vernichtet habe, wird heute revidiert. Denn die ›aktuelle‹ Keramik, die in einer – beim Ausbruch des Vulkans zerstörten – minoischen Siedlung auf Santorin gefunden wurde, ist im **Flora-Stil** angefertigt, während auf Kreta bei der Zerstörung der Paläste längst der **Meeres-Stil** entwickelt war. Man vermutet deshalb, daß der Vulkanausbruch ca. 200 Jahre vor dem Untergang der minoischen Kultur (um 1450 v. Chr.) stattfand.

Vielleicht war die **Explosion Santorins** indirekt aber doch die Ursache für den Niedergang des minoischen Reiches, denn höchstwahrscheinlich zerstörten die Flutwellen Teile der für Kreta lebensnotwendigen Flotte und brachten so das Macht- und Wirtschaftsgefüge der Insel ins Wanken. Aber da es keine Spuren kriegerischer Auseinandersetzung gibt, fehlt ein Glied in der Deutungskette: Wer oder was hat die Paläste so plötzlich zerstört?

Als einziger Palast wird Knossos, der nicht ganz so schwer in Mitleidenschaft gezogen worden war wie die anderen Paläste, noch einmal aufgebaut. Aber schon ein paar Jahrzehnte später, vielleicht 1375 v. Chr., wird der Palast endgültig zerstört. Ob der Untergang des riesigen Palastes einem erneuten Erdbeben oder fremden Eroberern anzulasten ist, bleibt ungewiß. Da sich in der Kunstentwicklung eindeutig mykenische Stilelemente nachweisen lassen, schließen Archäologen auf die Anwesenheit mykenischer Siedler auf Kreta schon vor dem Untergang der Paläste.

Nachpalastzeit (1400–1100 v. Chr.)

Mit den **Mykenern** dringt ein Kriegervolk in den ägäischen Raum ein, und für Kreta beginnt eine wechselvolle Geschichte fremder Eroberungen und Kolonisationen. Zunächst wird Kreta mykenische Provinz, auch in künstlerischer Hinsicht. Was an Keramik produziert wird, unterscheidet sich weder in den Formen noch im Dekor von den Töpferwaren, die in allen anderen mykenischen Provinzen im östlichen Mittelmeer geborgen wurden.

Doch der Einfluß der minoischen Kultur ist noch lange spürbar. Es kommt auch nicht zu einer gänzlichen Vermischung von Minoern und Festlandgriechen: Ein (kleiner) Teil der Minoer zieht sich in die ostkretischen Berge zurück, und als *Eteokreter* (»echte Kreter«) bewahren sie noch lange – über die mykenische Eroberung hinaus – das minoische Erbe. Zum ersten Mal treten **Angriffs- und Verteidigungswaffen** in großer Zahl auf (s. AMI, Saal VI), die den Gegensatz zur friedlichen Zeit der minoischen Epoche belegen. Kreta wird in den Trojanischen Krieg verwickelt (um 1200 v. Chr.).

Griechische Epoche (1100–67 v. Chr.)

Dorier (auch Dorer genannt) erobern nicht nur das griechische Festland, sondern auch Kreta. In den nun entstehenden und miteinander konkurrierenden Stadtstaaten bekleiden die dorischen Invasoren sämtliche öffentlichen Ämter und kontrollieren den Handel. Anpassungsfähige Kreter bleiben freie Bürger, aber die Mehrzahl der Bevölkerung, vor allem Bauern und Händler, werden Sklaven.

Ein intensivierter Handel mit Kleinasien beschert Wirtschaft und Kultur einen neuen Aufschwung, der sich in beachtlichen künstlerischen, aber nicht mehr ›typisch kretischen‹ Leistungen widerspiegelt. In der **subminoischen Zeit** (1100–1000 v. Chr.) leben weitab von dorischen Siedlungsgebieten minoische Traditionen in der Kleinkunst noch eine Zeitlang fort. Bestes Beispiel ist die Siedlung Karfi, in der minoische Ton-Idole geborgen wurden.

In der Keramik werden in **proto- und frühgeometrischer Zeit** (1100–900 v. Chr.) neue Formen wie z. B. das Relief-Gefäß entwickelt. Zugleich wendet sich die Keramik neuen Themen zu, wie ein Rhyton in Gestalt eines von Ochsen gezogenen Wagens (AMI, Saal XI) sehr schön zeigt. Die Keramik der sogenannten **reifgeometrischen Zeit** (900–725 v. Chr.) setzt den Stil der vorangegangenen Phase fort, wobei das geänderte Dekor auffällt: blaue und rote Farbe auf weißem Grund, auch bildliche Darstellungen tauchen auf. Im 8. und 7. Jh. v. Chr. wird der Kontakt mit dem Orient so eng, daß sein Einfluß in der Kunst – wie in ganz Griechenland – nicht zu übersehen ist: Kunsthistoriker sprechen vom **orientalisierenden Stil** (725–650 v. Chr.). In der kretischen Keramik tauchen jetzt plastische Greifenköpfe und auch Löwen auf. Der orientalische Einfluß zeigt sich sogar im Detail: Aufgemalte Spiralen laufen mitunter in plastische Pantherköpfe aus.

Erst in **archaischer Zeit** (650–480 v. Chr.) entwickelt Kreta – vor allem in der Großplastik – wieder einen eigenständigen Stil: In dem nach dem mythischen Baumeister Daedalus benannten **dädalischen Stil** paaren sich die Strenge dorischer Kunstauffassung mit der Monumentalität ägyptischer Kunstwerke. Der dädalische Stil beeinflußt auch die Kunstentwicklung in anderen Regionen Griechenlands. Überregionale Bedeutung muß um ca. 450 v. Chr. das Stadtrecht von Gortys erlangt haben, das in archaischem Dorisch in Stein gehauen worden ist (s. S. 129).

Doch weder in **klassischer** (480–330 v. Chr.) noch in **hellenistischer Zeit** (330–67 v. Chr.) bringt die Insel bedeutende Kunstwerke hervor, und auch politisch versinkt Kreta in der Bedeutungslosigkeit.

Römische Zeit (67 v. Chr.–395 n. Chr.)

Unter Quintus Caecilius Metellos erobern die Römer 67 v. Chr. die Insel, lösen die selbständigen Stadtstaaten auf und erklären Gortys zur Hauptstadt der neugegründeten Provinz *Creta et Cyrene,* zu der neben Kreta die Kyrenaika (das heutige Libyen) gehört. Als Drehscheibe in Roms Ost-West-Handel erfährt Kreta einen wirtschaftlichen Aufschwung. Die Römer bauen Straßen, Aquädukte und Heiligtümer, von denen über die ganze Insel verstreute Überreste zeugen.

Im Jahr 59 n. Chr. kommt **Paulus** auf die Insel, als Gefangener auf seiner Reise nach Rom. Einen seiner Begleiter, **Titus,** beauftragt er mit der **Christianisierung** der Insel. Titus wird erster Bischof von Kreta, aber die Christen werden grausam verfolgt. Erst das Toleranzedikt des römischen Kaisers Konstantin im Jahre 313 n. Chr. schafft die Voraussetzung für die weitere Verbreitung des Christentums auf Kreta.

Erste byzantinische Zeit (395–824)

Mit der Teilung des Römischen Reichs fällt Kreta an Ostrom. Das Christentum, seit Konstantin Staatsreligion, breitet sich auf Kreta immer mehr aus, und es gründen sich zahlreiche christliche Gemeinden. Die ersten bedeutenden **Kirchenbauten** entstehen: In dieser Periode werden beispielsweise die Titus-Basilika in Gortys und die frühchristlichen Mosaiken von Olous geschaffen.

Kretas Zugehörigkeit zu Ostrom überdauert in der Kirchenorganisation die Jahrhunderte: Noch heute untersteht die orthodoxe Kirche Kretas direkt dem ökumenischen Patriarchat von Konstantinopel (Istanbul).

Einfall der Araber (824–961)

Gründlich geht der arabische Oberbefehlshaber **Abu Hafs Omar** vor, als er 824 mit seiner Flotte an der Südküste Kretas landet: Er läßt alle 40 Schiffe verbrennen, damit seinen Mannen jeglicher Rückweg versperrt ist. So treten die Araber die Eroberung der Insel an, die noch immer ein wichtiger Zwischenstopp auf den Handelswegen zwischen den Mittelmeerküsten ist. Wo heute Iraklion liegt, gründen die Araber den **Stützpunkt Rabd Al Khandak.** Von dort treiben sie 150 Jahre lang als Piraten ihr Unwesen im gesamten Mittelmeerraum. Die Bevölkerung Kretas, die sich größtenteils in die Berge zurückgezogen hat, bleibt von arabischen Übergriffen verschont.

Bis 961 können die Araber alle Angriffe byzantinischer Flotten abwehren, die immer wieder versuchen, Kreta zurückzuerobern. Bedeutende künstlerische Relikte aus arabischer Zeit sind auf Kreta heute nicht mehr anzutreffen.

Zweite byzantinische Zeit (961–1204)

Am 7. März 961 gelingt **Nikephoros Phokas,** General in Diensten Konstantinopels, nach halbjähriger Belagerung des arabischen Forts die Rückeroberung Kretas. Viele Araber werden weiterhin auf der Insel geduldet. Nikephoros Phokas, der zwei Jahre später als Kaiser den Thron von Byzanz besteigt, beginnt sofort mit dem militärischen, wirtschaftlichen und kulturellen Wiederaufbau. Auf Kreta siedeln sich nun auch adlige Familien aus Konstantinopel an, ihnen werden große Ländereien zugesprochen. Auch Kaufleute aus ganz Europa werden hier heimisch, der Handel geht weit über den Mittelmeerraum hinaus.

Unter den Kaufleuten geben **Genuesen** den Ton an, die auch die Handelsflotte befehligen. Um die Handelswege zu sichern, errichten die Genuesen an der Nordküste mehrere Kastelle. Intensive Missionstätigkeit soll das Christentum auf Kreta erneuern: Während der arabischen Periode war es ›in Vergessenheit‹ geraten. 1054 kommt es zum Bruch zwischen den Kirchen Ost- und Westroms.

Venezianische Herrschaft (1204–1669)

Nicht erkämpft, sondern gekauft wird Kreta von den nachfolgenden Besatzern. Als Konstantinopel 1204 auf dem vierten Kreuzzug durch Kreuzritter eingenommen und geplündert wird, fällt Kreta an Bonifatius II., Markgraf von Montferrat und König von Thessaloniki. Um seine Schulden begleichen zu können, verkauft Montferrat Kreta an die Republik Venedig, der bereits große Teile des Byzantinischen Reiches zugefallen waren und die Kreta eine große Bedeutung im **Levantehandel** beimaß. Doch bevor die Venezianer von der Insel Besitz ergreifen und Jacopo Tiepolo zu ihrem ersten Gouverneur ernennen können, hatten sie vier Jahre lang den Widerstand der Kreter und der Genuesen niederzukämpfen. In Konkurrenz zu Venedig unterhielt Genua auf Kreta mehrere Stützpunkte.

An mehr als 450 Jahre venezianische Herrschaft über Kreta (venezianisch: *Candia*) erinnern noch heute eine Vielzahl von Bauten im **kretisch-venezianischen Renaissance-Stil.** Dabei wird die strenge, vorgeschriebene Bauordnung byzantinischer Kirchen durch venezianische Renaissance-Stilelemente wie z. B. Blendarkaden, vorgeblendete Pfeiler und reich verzierte, z. T. als Fratzen ausgebildete Kapitelle gemildert.

Die Venezianer teilen Kreta auf: An venezianische Adelsfamilien werden 200 Lehen vergeben. Darüber hinaus lassen sich auch venezianische Bürger auf der Insel nieder, erhalten kleinere Lehen oder arbeiten als Kaufleute. Die bedeutenden byzantinischen Familien, die auf Candia leben, dürfen ihre Güter behalten. Alles in allem bleibt nicht mehr viel für die kretische Bevölkerung, die von hohen Steuern niedergedrückt und im

Detail aus Michael Damaskinos' ›Anbetung der Könige‹ (16. Jh., Ikonenmuseum Iraklion): Die individuellen Gesichtszüge verraten deutlich den Einfluß der italienischen Renaissance

Falle einer Unbotmäßigkeit mit Zwangsarbeit bestraft wird. Diese Last löst immer wieder **Revolten** aus, an denen sich später auch einfache venezianische Bürger beteiligen. Die meisten Erhebungen werden blutig niedergeschlagen und bleiben erfolglos – mit einer Ausnahme: Die 1283–99 von Alexios Kallergis angeführte Revolte stellt die gegenüber dem römisch-katholischen Bekenntnis eingeschränkte Selbständigkeit der orthodoxen Kirche wieder her und führt dazu, daß Mischehen erlaubt werden. Eine andere Revolte, diesmal unter Führung von Johannes Kallergis, führt 1363/64 zur Entvölkerung der Lassithi-Hochebene, die anschließend fast 100 Jahre lang nicht mehr besiedelt werden darf.

Als 1453 die Türken Konstantinopel erobern und damit den Untergang des Byzantinischen Reiches besiegeln, hat dies den Exodus zahlreicher Künstler und Gelehrter nach Kreta zur Folge. Eine kulturelle Blütezeit setzt ein. Während in der Ikonenmalerei bislang ausschließlich der ›orthodoxe Stil‹ mit seiner hierarchischen Anordnung der Figuren, flächigen und anaturalistischen Wiedergabe von Landschaften vorherrschte, werden auf kretischen Ikonen dieser Zeit italienische Einflüsse unübersehbar: Die Gesichter gewinnen individuelle Züge, die Figuren werden nicht mehr so streng zueinander in Beziehung gesetzt, die Raumdarstellung wird perspektivischer und die Zeichnung von Hintergrundlandschaften wird naturalistischer. Der profilierteste Vertreter der **Kretischen Schule** heißt **Michael Damaskinos**. Er unterrichtet an der Berg-Sinai-Schule, der Universität von Candia. Damaskinos' berühmtester Schüler ist Domenikos Theotokopoulos, der später als *El Greco*, was auf spanisch ›Der Grieche‹ heißt, weltbekannt wird.

Osmanische Herrschaft (1669–1898)

Bereits 1645 landen türkische Truppen an kretischen Küsten, besetzen Chania und kurze Zeit später Rethymnon. Doch die Hauptstadt Iraklion (Candia) läßt sich nicht im Handstreich bezwingen. Die Belagerung dauert über 20 Jahre und fordert weit mehr als 140 000 Menschenleben. Die Unterstützung der europäischen Mächte, die nur geringe Truppenkontingente zur Verteidigung der letzten christlichen Bastion gegen den Ansturm des Islam entsenden, bleibt halbherzig. Mit dem Fall Candias beginnt für Kreta eine Leidenszeit, die über 200 Jahre anhalten wird. Die Türken regieren mit grausamer Hand. Von den barbarischen Strafen, die aufsässigen Kretern drohten und widerfuhren, erzählt man noch heute auf der Insel.

Zur ›normalen‹ Behandlung der Inselbewohner gehören hohe Kopfsteuern sowie die Zwangsrekrutierung (›Knabenlese‹) des männlichen Nachwuchses im osmanischen Eliteverband der Janitscharen. Die berüchtigte **›Knabenlese‹** ist bis ins 17. Jh. üblich geblieben. Die im Knabenalter ihren Familien geraubten christlichen Jungen sind in Janitscharenschulen muslimisch und zu loyalen Kriegern bzw. Staatsbeamten erzogen worden.

Mitunter ist der Druck, den die Türken auf die kretische Bevölkerung ausüben, so groß, daß ganze Ortschaften zum Schein dem Islam beitreten. Hätten sich in den Klöstern keine Geheimschulen etabliert, wären die Kreter Gefahr gelaufen, ihre kulturelle und nationale Identität zu verlieren. So wandeln die Türken beispielsweise viele Kirchen in Moscheen um, wie dies noch heute angefügte Minarette oder osmanische Verzierungen und Inschriften belegen.

Zugleich entfalten die Türken aber auch eine ungeheure Neubau-Tätigkeit, von der bis heute zahlreiche türkische Brunnen, Bäder, Moscheen und Wohnhäuser mit typischen Holzbalkonen zeugen. Kreta wird von allen westlichen Einflüssen abgeschnitten, auf der Insel erstirbt jede kretische Kunstentwicklung.

Der **kretische Widerstandswille** dagegen ist ungebrochen. Während des russisch-türkischen Krieges von 1768–74 stachen russische Agenten im Auftrag Katharinas II. zum Aufstand gegen die Türken an. 1770/71 erheben sich **Sfakioten** gegen das grausame Regime, doch wird der Aufstand niedergeschlagen. Ihr Anführer, der Kaufmann Daskalojannis wird zur Abschreckung in Iraklion bei lebendigem Leibe öffentlich gehäutet. Doch schon bald formieren andere Einflüsse den Widerstand von neuem: Die Ideen der Französischen Revolution prägen auch das griechische Nationalbewußtsein. Die Freiheitsbestrebungen der Griechen finden in Westeuropa, das kurz zuvor das klassische Griechenland wiederentdeckt hat, ideelle wie materielle Unterstützung. Als die Osmanen 1821 eine Revolte niederschlagen müssen, springt der Funke auf Griechenland über. Der **griechische Befreiungskrieg** beginnt, dem sich auch die Bewohner Kretas in mehreren Aufständen anschließen. In den türkisch-griechischen Krieg greifen 1827 Groß-

Kazantzakis ›Griechische Passion‹ ist ein beklemmendes Zeugnis der Konflikte zwischen Türken und Griechen. Hier eine Szene aus der in Kritsa gedrehten Verfilmung des Romans unter der Regie von Jules Dassin (1956)

britannien, Frankreich und Rußland ein und zwingen die Osmanen nach empfindlichen Niederlagen an den Verhandlungstisch. Im Londoner Protokoll von 1830 wird Griechenland zum souveränen Königreich bestimmt, die Schutzmächte Großbritannien, Frankreich und Rußland garantieren die staatliche Unabhängigkeit. 1832 wird der bayerische Prinz Otto, Sohn Ludwigs I. von Bayern, auf Vorschlag der Großmächte erster griechischer König. Bei den Londoner Verhandlungen können sich die Großmächte nicht darauf einigen, Kreta mit dem Mutterland zu vereinen. Die Insel bleibt unter türkischer Herrschaft, wird aber seitens der Türken an Ägypten ›verpachtet‹: Als Bezahlung für im Krieg gegen Griechenland und Alliierte geleistete Militärhilfe dürfen die Ägypter die Insel 10 Jahre lang bedenkenlos ausbeuten.

1840 wird Kreta wieder osmanische Provinz. In der zweiten Jahrhunderthälfte folgt die schrecklichste Periode in den Beziehungen zwischen Kretern und türkischen Besatzern. »Freiheit oder Tod!« heißt die kretische Parole aller nun folgenden Aufstände, die alle nicht die Freiheit, aber zigtausendfachen Tod einbringen. Zwar lenkt die **Tragödie von Arkadi** 1866 (s. S. 194) die Aufmerksamkeit und Empörung der europäischen Öffentlichkeit auf Kreta, doch erst 1898 greifen die Großmächte England, Frankreich, Italien und Rußland endlich ein und schicken eine Armada von Kriegsschiffen, zu denen auch ein deutsches Kontingent gehört, nach Kreta. In Verhandlungen zwingen sie die Türken, ihre Truppen von der Insel abzuziehen. Unter der Regierung eines von den europäischen Großmächten ernannten Hochkommissars erlangt Kreta den Status eingeschränkter Autonomie. Diese Lösung des Kreta-Konflikts trägt den Keim zu neuen Auseinandersetzungen in sich.

Kretas Selbständigkeit (1898–1913)

Erster Hochkommissar Kretas wird Prinz Georg, Sohn des griechischen Königs Georg I. Prinz Georg residiert in Chania, der neuen Hauptstadt der Insel, in der auch die gesetzgebende kretische Versammlung tagt. Aus dieser Zeit haben einige repräsentative Konsulats- und Botschaftsgebäude überdauert.

Allzuweit ist es mit der Selbständigkeit Kretas nicht her, denn die einzelnen Bezirke unterstehen jeweils einer Großmacht – in Chania ist es Italien, in Iraklion England, in Rethymnon Rußland und in Lassithi Frankreich. **Eleftherios Venizelos,** der spätere – keineswegs unumstrittene – Ministerpräsident Griechenlands (s. S. 218), wird unter Prinz Georg Justizminister. Zugleich wird Venizelos Wortführer einer Bewegung, die vollkommene Unabhängigkeit von den Großmächten und die Vereinigung mit Griechenland *(enosis)* anstrebt.

1906 tritt Prinz Georg unter dem Druck der immer stärker werdenden **Enosis-Bewegung** zurück. Neuer Hochkommissar wird der ehemalige griechische Ministerpräsident Zaimis. 1912–13 kommt es zu den Balkan-Kriegen, in deren Verlauf das Osmanische Reich große Teile seines Territoriums verliert. Im Frieden von London (Mai 1913) wird Kreta mit anderen griechischen Inseln, z. B. Samos, Lesbos und Thassos, mit dem griechischen Mutterland vereinigt.

Die ›Kleinasiatische Katastrophe‹

3000 Jahre lang besiedelten Griechen Gebiete der heutigen Türkei: Sie konzentrierten sich in den kleinasiatischen Küstenregionen der Ägäis, in Thrakien und am Schwarzen Meer. Gegen Ende des Ersten Weltkriegs war in dieser Region jeder zehnte Einwohner griechischer Abstammung, den höchsten griechischen Bevölkerungsanteil verzeichnete die Region um Smyrna (heute Izmir). Daß Griechenland nach der Kapitulation des Osmanischen Reichs die Verwaltungshoheit über Smyrna erhielt, war also nicht nur eine Dankesgeste der Entente für den griechischen Kriegseintritt 1917, sondern trug auch ethnischen Gegebenheiten Rechnung. Damit war aber auch der Keim zu weiteren Krisen gelegt.

Griechenlands Eintritt in den Ersten Weltkrieg auf seiten der Entente (Frankreich, Großbritannien und Rußland) gingen 1914–17 mehrere innenpolitische Krisen voraus. Das griechische Volk war in dieser Frage in zwei feindliche Lager gespalten. Ministerpräsident Eleftherios Venizelos und seine Liberale Partei betrieben den Beitritt Griechenlands zur Entente, die Royalisten um König Konstantin I., ein Schwager des deutschen Kaisers Wilhelm II., wollten auf seiten der Mittelmächte in den Krieg eintreten. Im Zuge der innenpolitischen Auseinandersetzungen trat Venizelos zurück, wurde 1915 mit großer Mehrheit wiedergewählt und schließlich von König Konstantin I. zum Rücktritt gezwungen, als er die griechische Neutralität verletzte, indem er den Armeen der Entente freien Durchzug und den Briten die Einrichtung von Flottenstützpunkten gestattete. Den Machtkampf entschied Venizelos 1917 durch einen Putsch für sich: In Thessaloniki bildete er mit Offizieren eine Gegenregierung, marschierte nach Athen und zwang König Konstantin I. zum Rücktritt. Konstantins Sohn Alexander bestieg den Thron, Venizelos hatte nun freie Hand: Griechenland erklärte den Mittelmächten und dem Osmanischen Reich den Krieg.

Bei den Friedensverhandlungen hatte Venizelos mit größeren territorialen Zugeständnissen gerechnet: Lediglich Bulgarien mußte in den Verträgen von Neuilly 1919 einen Teil Thrakiens abtreten, die Türkei 1920 im Vertrag von Sèvres Ost-Thrakien und die ägäischen Inseln. In demselben Vertrag wurde nicht nur die Verwaltungshoheit Griechenlands über Smyrna festgeschrieben, sondern auch, daß die Bevölkerung in einer Volksabstimmung fünf Jahre später für oder gegen Griechenland votieren könne. Doch dazu kam es nicht – griechische Großmachtträume führten die »Kleinasiatische Katastrophe« herbei.

Venizelos war ein Anhänger der *Megali Idea,* der »großen Idee« von einem großgriechischen Reich, und hielt angesichts eines durch den Weltkrieg geschwächten Osmanischen Reichs die Zeit für reif, die Türkei zu zerschlagen. Von den Engländern ließ er sich 1920 dazu verleiten, gegen Ankara vorzurükken. Doch Venizelos hatte die politische Lage falsch eingeschätzt: Mit dem »kranken Mann am Bosporus«, den Osmanen, hätte er in der Tat leichtes Spiel gehabt, aber den griechischen Truppen stellte sich die revolutionäre national-türkische Bewegung unter Mustafa Kemal, genannt *Atatürk,* entgegen. Mitten im Krieg mußte Venizelos 1920 eine herbe Wahlschlappe einstecken und ging deswegen ins Exil. König Konstantin bestieg erneut den Thron – für die Alliierten willkommener Anlaß, den Griechen die Venizelos zugesagte Hilfe zu versagen. Bei der Entscheidung der Alliierten mag die Überlegung eine Rolle gespielt haben, daß nach der Oktoberrevolution eher eine starke Türkei ein wirksamer Puffer gegen die Sowjetunion sei als ein instabiles Groß-Griechenland.

Im Sommer 1922 wird die griechische Armee auf halbem Wege nach Ankara bei Dumlupınar vernichtend geschlagen. Die im Hafen von Smyrna stationierten britischen Marinesoldaten sehen tatenlos zu, wie die Türken unter der griechischen Bevölkerung ein Blutbad anrichten, dem Tausende zum Opfer fallen. Insgesamt kostet die Katastrophe 600 000 Griechen das Leben – und einigen Ministern der Regierung den Kopf: Sie werden zum Tode verurteilt und hingerichtet.

Venizelos dagegen, der 1923 aus dem Exil zurückkehrt, erringt so viele Wählerstimmen wie nie zuvor. Im Friedensvertrag von Lausanne handelt er den griechisch-türkischen Bevölkerungsaustausch aus: 600 000 Türken müssen Griechenland verlassen, 1,5 Mio. Griechen fliehen aus der Türkei, davon 34 000 nach Kreta. Durch die Flüchtlinge aus Kleinasien erhöht sich die Bevölkerungszahl Griechenlands fast um 25 %. Die Hälfte der Flüchtlinge wird auf dem Land angesiedelt, meist im Norden Griechenlands. Die andere Hälfte drängt in die Städte, deren Einwohnerzahlen sich 1923–28 fast verdoppeln. In den großen Städten leben viele der Flüchtlinge zwei, drei Jahrzehnte lang in provisorischen Unterkünften, ehe sie angemessenen Wohnraum beziehen können. Auf Kreta erinnert beispielsweise Iraklions Stadtteil Nea Alikarnassos daran, daß seine Bewohner aus der kleinasiatischen Stadt Halikarnaß stammen. Der Staat versucht, das Flüchtlingselend durch Steuernachlässe und preiswerte Kredite zu mildern. 850 000 ha Land wird an die Flüchtlinge verteilt, was allerdings zu einer so starken Parzellierung beiträgt, daß die Erträge den Kleinbauern kaum das Überleben ermöglichen. Andererseits bringen die Flüchtlinge aus Kleinasien Fertigkeiten mit, die zum Aufbau neuer Industrien führen, z. B. der Teppich-Industrie. Kreta verdankt den Flüchtlingen die Kunst der Rosinenherstellung (s. S. 28).

Kreta und Griechenland seit 1913

1923 wird auf der Konferenz von Lausanne nach der **Kleinasiatischen Katastrophe** zwischen Türken und Griechen ein Bevölkerungsaustausch vereinbart. 22 000 Kreter türkischer Abstammung müssen Kreta verlassen, im Gegenzug flüchten 34 000 Griechen aus Kleinasien nach Kreta. Viele von ihnen kommen aus Halikarnaß (heute Bodrum) – am Stadtrand von Iraklion entsteht der Vorort Nea Alikarnassos.

Deutsche Fallschirmjäger auf Kreta

Nach einem Staatsstreich errichtet **General Metaxas** 1936 in Griechenland eine faschistische Diktatur; beim Ausbruch des **Zweiten Weltkrieges** bleibt Griechenland zunächst neutral. Im November 1940 besetzen die Italiener Albanien und greifen von dort aus Griechenland an, werden aber zurückgeschlagen. Die Griechen unterzeichnen ein Abkommen mit Großbritannien, britische Truppen werden nach Kreta verlegt. Im April 1941 erobert die deutsche Wehrmacht Griechenland und erzwingt die Kapitulation, Regierung und König flüchten nach Kreta. Dort landen am 20. Mai deutsche Truppen, die die Insel nach zehn Tagen erbittertster Kämpfe einnehmen. Es folgen drei harte Besatzungsjahre mit Widerstandskämpfen und Vergeltungsaktionen (s. S. 250), bis die Deutschen 1944 – im Raum Chania erst 1945 – die Insel verlassen.

Auch auf Kreta mündet der Zweite Weltkrieg direkt in den **griechischen Bürgerkrieg,** in dem sich von 1946–49 Regierungstruppen und links gerichtete bzw. kommunistische Partisanenverbände, die gegen die Wiedereinführung der Monarchie kämpfen, gegenüberstehen. Nach der Niederlage der Kommunisten erhält Griechenland 1952 eine neue Verfassung: Griechenland wird erneut **konstitutionelle Monarchie.** Infolge Griechenlands **Nato-Beitritts** im selben Jahr werden auf Kreta Nato-Militärbasen und Raketenschießplätze eingerichtet: Bis heute ist die Nato-Präsenz unter der kretischen Bevölkerung sehr umstritten.

Nach einem Staatsstreich errichtet der **Obrist Georgios Papadopoulos** 1967 in Griechenland eine **Militärdiktatur;** die Junta hält sich bis 1974 an der Macht und stürzt erst über die Zypern-Krise. Als direkte Folge der Junta-Herrschaft steht 1974 die Monarchie zur Dispositon. In einer Volksabstimmung sprechen sich 70 % aller Griechen gegen die

Monarchie und zugunsten der **parlamentarischen Demokratie** aus – auf Kreta sind es über 90 %.

1981 tritt Griechenland der **Europäischen Gemeinschaft** bei. Von 1990–93 ist ein Kreter griechischer Ministerpräsident: Kostas Mitsotakis von der *Nea Dimokratia*.

Unter den modernen Künstlern Kretas haben ein Musiker und drei Schriftsteller Weltruhm erlangt: **Mikis Theodorakis** schuf u. a. die Filmmusik zu ›Zorbas the Greek‹, der Verfilmung des berühmten Romans ›Alexis Sorbas‹ von **Nikos Kazantzakis** (1883–1957). **Pandelis Prevelakis** (1909–86), der zweite international bekannte kretische Schriftsteller der Gegenwart, hat bei weitem nicht Kazantzakis' Popularität erlangen können. Ins Deutsche wurden u. a. seine Werke ›Die Sonne des Todes‹, ›Das Haupt der Medusa‹, ›Der Engel im Brunnen‹ und ›Die Chronik einer Stadt‹ übersetzt.

1979 wird der kretische Dichter **Odysseas Elytis** mit dem Literatur-Nobelpreis geehrt. Der Lyriker hat seit 1940 mehrere Gedichtbände veröffentlicht.

Der Tradition verpflichtet: Kirche auf Kreta

Die größten und schönsten Feste auf Kreta sind Kirchenfeste. Wer je das Fest des Inselheiligen Titus am 25. August in Iraklion und Gortys, die Feiern zu Mariä Entschlafung am 15. August in einem der Dörfer oder auch nur ein Kirchweihfest – z. B. am 5. Mai das Fest der Agia Irini in Kournas bei Georgioupolis – oder das kretische Osterfest miterlebt hat, zweifelt nicht mehr daran, daß die orthodoxe Kirche fest im Leben der Kreter verankert ist. Zu diesen Anlässen strömt die gesamte Bevölkerung eines Ortes zusammen, backt Brot, das an die Kirchgänger verteilt wird, und zündet ungezählte Kerzen an. Die Stimmung ist fröhlich und ausgelassen wie bei einem Volksfest. Keine Bootstaufe auf der Insel, geschweige denn die Einweihung eines Hauses wird ohne kirchlichen Segen vollzogen.

Es fällt sofort auf, mit welchem Respekt, ja sogar mit welcher Hochachtung die Bevölkerung den Priestern begegnet

– und dies nicht nur auf dem Lande. Die staatliche Protektion, die die Kirche genießt, kann nicht allein der Grund sein. Beispielsweise kann kein Grieche einfach wie bei uns aus der Kirchengemeinschaft austreten. Die kirchliche Hochzeit, bis vor ein paar Jahren die einzig gültige Form der Eheschließung, steht gleichberechtigt neben der standesamtlichen Trauung. Der orthodoxe *papas* ist Priester und Standesbeamter in einem.

Das Recht, standesamtlich heiraten zu können – für die orthodoxe Lehre eine Ungeheuerlichkeit! –, setzte die Regierung Papandreou in den 80er Jahren durch. Doch viel weiter reichten die Versuche der Sozialistischen *PASOK* nicht, den kirchlichen Einfluß in Staat und Gesellschaft zu begrenzen. So untersagt die Kirche jungen Männern, den Wehrdienst aus religiösen Gründen zu verweigern. Die enge ›Liaison‹ von Militär und Kirche ist in Griechenland allgegenwärtig, wie nicht nur die Prozessionen zeigen, bei denen Klerus und militärische Würdenträger sozusagen Arm in Arm an den Zuschauern vorbeidefilieren. Während der Diktatur der Obristen war das Verhältnis in vielen Fällen besonders innig. Mitunter wurden Touristen, die den kirchlichen Festlichkeiten während der Karwoche nicht den nötigen Respekt zollten, mit vorgehaltener Waffe gezwungen, der durch ihren Ferienort ziehenden Prozession zuzuschauen.

Halbautonomer Status

Doch die Verquickung von staatlichen und kirchlichen Angelegenheiten ist nicht ausschlaggebend dafür, daß die Kirche auf Kreta so lebendig ist. Denn im Grunde hegen die Kreter ein viel zu tiefsitzendes Mißtrauen gegen jegliche staatliche Autorität, vor allem gegen jene, die vom Festland gesandt wird. Auch die Sonderstellung der orthodoxen Kirche von Kreta ist kein hinreichender Grund für die Popularität ihrer Priester, denn sie ist vielen einfachen Kretern gar nicht bewußt.

Die Kirche Kretas untersteht nicht Athen, sondern direkt dem **Ökumenischen Patriarchat von Konstantinopel** – also Istanbul! Der halb autonome Status der Kirche erklärt sich aus der unterschiedlichen geschichtlichen Entwicklung von Mutterland und Insel. Die griechische Kirche sagte sich 1850 als eine der Folgen des Befreiungskampfes gegen die Türken von Konstantinopel los. Die kretische Kirche hat diesen Schritt

Ostersamstag in Agios Nikolaos

Gemalte und gebaute Theologie

Moderne orthodoxe Kirchen gleichen verblüffend den traditionellen Kirchen im griechisch-byzantinischen Stil: Nur Bauten, die den Regeln der traditionellen Architektur folgen, werden von der kirchlichen Bauverwaltung genehmigt. Als klassischer Typ der byzantinischen Kirche gilt die **Kreuzkuppelkirche,** von der Kreta 24 besitzt. Ihr Grundriß ist ein – in ein Quadrat eingeschriebenes – griechisches Kreuz. Nicht allein die Bauform, auch die bildliche Ausstattung byzantinischer Kirchen ist verbindlich geregelt.

Die **Ikonostase,** die in orthodoxen Kirchen den Gemeinderaum *(Naos)* vom Allerheiligsten, dem Altarraum, den Frauen nicht betreten dürfen, trennt, ist meist aus Holz, seltener aus Stein. Die Bilderwand ist mit Ikonen reich bestückt. Sie hat drei Türen, von denen die mittlere die bedeutendste ist: Sie wird »Königstür« genannt, und hinter ihr verbirgt sich der Altar. Links oberhalb der Königstür findet sich immer eine Marienikone; daneben verrät die Patronatsikone, welchem Heiligen die Kirche geweiht ist.

Auch der **Freskenmalerei** byzantinischer Kirchen unterliegt ein festes Bildprogramm, das sich in eine vertikale und horizontale Hierarchie aufgliedert.

In der **vertikalen Hierarchie** thront in der ›himmlischen Sphäre‹ der Kuppel Christus als Allherrscher *(Pantokrator),* darunter sind als nächstes die Erzengel dargestellt. Die Fresken im Tambour zeigen die Propheten. Unter der himmlischen Sphäre folgt – im Tonnengewölbe und in den oberen Wandbereichen – der Übergang vom himmlischen zum irdischen Bereich, geschmückt mit Freskenmalereien der vier Evangelisten (in den Pendentifs) und mit dem Zwölffestezyklus: Mariae Verkündigung, Ge-

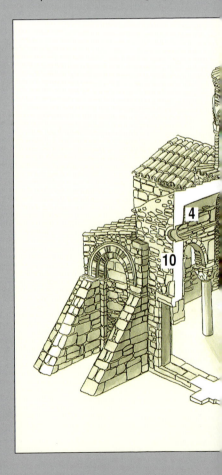

burt Jesu, Darstellung Jesu im Tempel, Taufe, Verklärung und Auferweckung, Einzug in Jerusalem, Kreuzigung und Höllenfahrt, Himmelfahrt und Pfingstwunder, Tod Mariae. In der irdischen Sphäre an den unteren Kirchenwänden werden die Heiligen und die Kirchenväter dargestellt.

In der **horizontalen Hierarchie** ist der Altarraum theologisch wie liturgisch die wichtigste Zone: In der Apsis wird Maria mit Christus auf dem Arm in Begleitung der Erzengel dargestellt. Die orthodoxe Malerei zeigt Jesus nie als Kind, sondern immer schon als erwachsenen Heilsbringer. Im Gemeinderaum findet sich fast immer über dem (West-) Ausgang das Jüngste Gericht mit der Darstellung der Höllenqualen.

Typisch für byzantinische Fresken- und Ikonenmalerei ist eine nicht realistische Darstellung. Die Heiligenbilder sind keine Charakterstudien, sondern sollen die Tugenden und Attribute verdeutlichen, die die betreffende Person zum Heiligen gemacht haben. Auch werden Landschaften nur stilisiert – unter Mißachtung der Perspektive – wiedergegeben. Die Darstellungen sind keineswegs gemalte Bibelerzählungen, wie man sie in westlicher Kirchenkunst antrifft und die dem (leseunkundigen) Volk die biblische Geschichte näherbringen sollten. Die byzantinische bzw. orthodoxe Malerei ist gemalte Theologie: Sie vergegenwärtigt theologische Glaubenswahrheiten, die für jedermann bindend sind. Wer nicht an sie glaubt, wird mit den Qualen der Hölle bestraft.

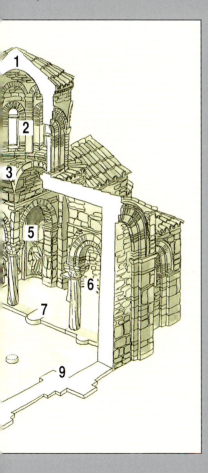

Aufriß einer Kreuzkuppelkirche
1. *Kuppel (meist mit Pantokrator-Darstellung, darunter: Erzengel)*
2. *Tambour (Propheten): zylinderförmiger Unterbau einer Kuppel*
3. *Pendentif (Evangelisten): Konstruktionselement in Form eines sphärischen Dreiecks, das vom Quadrat des Grundrisses zur kreisförmigen Kuppel überleitet*
4. *Gewölbenischen (Zwölffestezyklus)*
5. *Fresken der Heiligen und Kirchenväter*
6. *Altarapsis (von oben nach unten: Panagia und Erzengel, Apostelkommunion, Kirchenväter)*
7. *Standort der Ikonostase*
8. *Gemeinderaum (Naos)*
9. *Seitenkonchen: halbkreisförmige Kreuzarme*
10. *Westausgang (Darstellung des Jüngsten Gerichts)*

auch nach der Eingliederung der Insel in den griechischen Staat 1913 nicht nachvollzogen.

Der Papas – Gemeindepfarrer und Würdenträger

Die **Lebensweise der Dorfpfarrer** begründet ihre Beliebtheit. Ein *papas* macht es seinen Gemeindemitgliedern leicht, sich mit ihm zu identifizieren. Das Schicksal des Dorfes ist seit Jahrhunderten auch sein Schicksal, nicht nur in Kriegs- und Krisenzeiten, sondern auch im Alltag. Der *papas* – oft noch in seiner traditionellen Erscheinung mit Bart und Haarknoten, steifem Hut und weitem Talar – ist überall dort anzutreffen, wo es etwas zu regeln oder zu verhandeln gibt, z. B. regelmäßig im Kafenion. Inzwischen wird dem *papas* immerhin freigestellt, ob er sein Haar kürzer tragen und auf den Haarknoten verzichten möchte. Da das vom Staat gezahlte Gehalt selten ausreicht, eine Familie zu ernähren, sieht man den Dorfpfarrer häufig auch bei der Feldarbeit.

Etwa 3000 Kirchen und Kapellen stehen auf Kreta, darunter viele, die nur einmal im Jahr besucht werden, nämlich am Namenstag ihres jeweiligen Kirchenpatrons. 800 Gemeinden unterhalten Gotteshäuser, die für die kleinen Orte oft eine Nummer zu groß wirken, und es gibt ebenso viele Gemeindepfarrer.

Die griechisch-orthodoxe Kirche kennt zwei Klassen von Priestern. Die einfachen Pfarrer in den Gemeinden absolvieren keine wissenschaftliche, theologische Ausbildung, sondern werden in zweijährigen Kursen in erster Linie in der Liturgie unterwiesen. Dazu gehören die faszinierenden, für unsere Ohren orientalisch klingenden Kirchengesänge! Ein einfacher Priester darf nicht nur, sondern muß sogar verheiratet sein. Die Ehe muß vor der Priesterweihe geschlossen werden, doch darf ein geweihter *papas* noch einmal heiraten, wenn er Witwer geworden ist. Die verheirateten Priester dürfen weder einer Klostergemeinschaft beitreten, noch höhere Kirchenämter bekleiden, beispielsweise Bischof werden. Um in der Kirchenhierarchie aufzusteigen, ist ein Theologiestudium in Athen oder Thessaloniki Voraussetzung.

Bei aller Volkstümlichkeit ist die griechisch-orthodoxe Kirche, die über immensen Reichtum – vor allem an Landbesitz! – verfügen soll, keine barmherzige, wohltätige Kirche. Wohlfahrtsaufgaben überläßt sie dem Staat. Zudem beharrt sie unerschütterlich auf überlieferten **Traditionen.** Wenn man bedenkt, daß noch heute Kirchenneubauten nur genehmigt werden, wenn sie dem uralten orthodoxen Bauprogramm entsprechen! So ist es wenig verwunderlich, daß sich vor allem unter jungen Leuten Widerstand gegen die Kirche als Institution regt.

Die heutige Popularität der orthodoxen Inselkirche basiert größtenteils auf ihrer mutigen **Vorkämpferrolle** in den Jahrhunderten türkischer Herrschaft. Unter ihrem Dach formierte sich der Widerstand. Geheimschulen in den Klöstern trugen dazu bei, daß die griechische Sprache auf Kreta nicht verkümmerte und den Kretern ihre nationale Identität nicht verlorenging. Die Kirchen und Klöster boten nicht nur Verfolgten Schutz, sondern waren regelrechte Widerstandsnester. Fast alle Aufstände gegen die Türken gingen von Klöstern aus. Auch während der Besetzung Kretas durch deutsche Truppen im Zweiten Weltkrieg erfüllten die Kirchen und Klöster ihre Funktion als Hort des Widerstands.

Facetten kretischen Alltags

Ohne Mitgift keinen Mann

So sehr sich die Bewohner Kretas in den touristischen Gebieten – Alt wie Jung, Männer wie Frauen – dem Verhalten der Urlaubsgäste angepaßt haben: Im Hinterland der Touristenhochburgen und in abgelegenen Regionen spielen Traditionen und archaische Sitten und Gebräuche eine wesentlich stärkere Rolle, als viele Urlauber auf den ersten Blick vermuten. Wie alle Griechen pflegen auch die Kreter innige Familienbindungen. Sie sind vielleicht mit ein Grund für die Tatsache, daß es relativ wenige Fälle von Alkoholismus gibt. Andererseits unterwerfen sich traditionsverbundene Familien ausgeprägten Zwängen, z. B. bestimmten Sitten und Ritualen bei Brautwerbung, Mitgift und Hochzeit.

Nach traditionellem kretischen Verständnis ist die Geburt einer Tochter für die Familie kein Glücksfall. Töchter sind teuer, weil Eltern ihnen eine anständige **Mitgift** *(prika)* mit auf den Weg geben müssen. Ohne Mitgift gibt es keinen Mann, der zudem nur unter strikter Beachtung der Rangfolge auserkoren werden darf: Die älteste Tochter heiratet zuerst, die jüngste zuletzt. Und wächst ein Sohn in einer Familie mit fünf Schwestern auf, die sich an die überlieferten Regeln hält, muß er mit einer eigenen Heirat warten, bis alle Schwestern unter der Haube sind. Mitunter verausgabt sich ein Familienvater bei der Mitgift der ersten Tochter vollständig und muß sich finanziell erst einmal erholen, bevor die nächste Tochter verheiratet werden kann. Um die Mitgift aufzubringen, werden häufig nicht nur Schafherden, sondern auch Grundstücke verkauft. Brüder in der Familie setzen ihre ganze Ehre dafür ein, ihrer Schwester zu einer anständigen Mitgift zu verhelfen. Die Mitgift ist nicht nur eine Prestigesache,

Modern und emanzipiert – junge Kreterin in Iraklion

sondern hat wie so vieles im traditionellen Verhalten der Griechen wirtschaftliche Gründe. Schließlich wechselt die Frau in den Familienverbund des Mannes und ist dort bis zu ihrem Tode versorgt. Bis 1983 war die Mitgift sogar noch gesetzlich vorgeschrieben.

Das Patriarchat lebt

Auch zur Ausrichtung der **Hochzeit** werden oft Schulden in Kauf genommen. Hochzeitsfeiern, die mehrere Tage dauern und zu denen das gesamte Dorf geladen wird, sind keine Seltenheit. Bei den Eheschließungen spielen übrigens die Trauzeugen eine wesentlich größere Rolle als bei uns. Sie werden durch die Übernahme des Ehrenamtes praktisch zu Verwandten von Braut und Bräutigam. Gleiches gilt für Taufpaten, die ihre Patenkinder ein Leben lang begleiten. Ein Mann und eine Frau, die denselben Taufpaten haben, durften noch vor einigen Jahrzehnten einander nicht heiraten.

Ein rauschendes Fest gehört zur Hochzeit der Tochter genauso wie die Mitgift – und die Jungfräulichkeit. Ist diese nicht garantiert, konnte dies in früheren Zeiten die Kette der **Blutrache** auslösen. Noch vor ein paar Jahren hat ein kretischer Vater den Freund seiner Tochter erschossen, weil dieser sich nicht zur Heirat des ›geschändeten‹ Mädchens bereit erklärte. Als Blutrache auf Kreta noch an der Tagesordnung war – die letzten Fälle ereigneten sich in den 60er Jahren –, hätte dann ein Verwandter des jungen Mannes wiederum dessen Tod gerächt, und ein Verwandter des in der blutigen Fehde getöteten Vaters hätte dann an dessen Mörder Rache nehmen müssen... In einigen Regionen Kretas, z. B. der Sfakia, haben sich noch im 20. Jh. ganze Sippen gegenseitig ausgerottet.

Nach der Hochzeit, die in der Regel immer noch als kirchliche Trauung vollzogen wird, unterwirft sich eine an Traditionen gebundene kretische Frau einem Leben in strikter **Rollenteilung.** Denn das Patriarchat auf Kreta lebt! So ist in den meisten Familien der Ehemann nach wie vor das Familienoberhaupt, auch nach dem Gesetz. Die Gattin führt den Haushalt und kümmert sich um den Nachwuchs. Die untergeordnete Rolle läßt ihr Freiräume, aber gesteht ihr noch längst keine Rechte zu. Auf dem Land ist Feldarbeit beispielsweise häufig noch immer Frauensache.

Doch heimkehrende Gastarbeiter, das allgegenwärtige Fernsehen und in den letzten zwei Jahrzehnten auch der Tourismus haben das Abrücken von traditionellen Lebensweisen weiter beschleunigt. Immer häufiger wird die Mitgift durch eine solide Schul- und Universitätsausbildung der Töchter ersetzt. Auch die **Moralvorstellungen** lockern sich, obwohl voreheliche Erfahrungen kretischer Frauen immer noch auf den zukünftigen Ehepartner beschränkt bleiben sollen. Dabei gibt es große Unterschiede von Stadt zu Stadt: Während eine junge Kreterin in Iraklion mal mit dem einen, mal mit dem anderen Freund Hand in Hand durch die Straßen schlendern darf, gilt sie in Rethymnon in einem solchen Fall schon als »versprochen«. Viele der jungen Leute, auch die modern und aufgeschlossen denkenden, werfen sich bei der landauf, landab stattfindenden *volta* die ersten Blicke zu, einem fast rituell anmutenden Abendspaziergang. Die Volta findet vor dem Abendessen statt, am Hafen oder auf der Hauptstraße des Dorfes, wobei die Strecke mehrfach – auf und ab – zurückgelegt wird. Mädchen bleiben dabei bei

Kreta-Knigge

Gehen Sie zu mehreren auf Kreta essen – und vor allem dann, wenn Kreter dabei sind –, sollte nicht jeder Teilnehmer der Runde einzeln bezahlen. Diese Unsitte, die auf Kreta gar nicht gern gesehen ist, nennen die Griechen übrigens »deutsch bezahlen«. Höchst willkommen dagegen sind kleine Trinkgelder, *tips*, für die alte Frau im Dorf, die Ihnen den Schlüssel für die Kirche besorgt, und auch für den Popen, der Ihnen voller Stolz sein Gotteshaus zeigt. Ihm sollten Sie die Spende allerdings nicht direkt in die Hand geben, sondern am Eingang der Kirche hinterlegen.

So lässig, wie Griechen sich im Alltag gern kleiden, so sehr legt man in Kretas Kirchen und Klöstern Wert auf Sitte und Anstand. Die Moral ist sehr eng gefaßt: Ärmellose Blusen, Shorts und Strandkleidung sind unangebracht. In vielen Klöstern und Kirchen wird allzu freizügig gekleideten Besuchern der Zutritt verwehrt. Nehmen Sie einfach eine lange Hose, einen Pullover oder einen Umhang, um die Schultern zu bedecken, auf die Besichtigungstour mit. Apropos Kleidung: Werden Sie von Kretern privat eingeladen, erscheinen Sie nicht in kurzen Hosen oder Sandalen; Kreter machen sich gerne fein. Das gilt auch für gemeinsames Ausgehen.

Kreter haben wie alle Griechen ein völlig anderes Zeitgefühl als wir. Sind Sie nachmittags verabredet, ist frühestens 18 Uhr gemeint. Das Abendessen beginnt nicht vor 21 Uhr. Niemand findet etwas dabei, wenn Sie bis 22 Uhr abends irgendwo anrufen. Die Mittagspause zwischen 15 und 17 Uhr ist den Kretern allerdings heilig. In dieser Zeit zu stören, ist fast so schlimm, wie in der Taverne ›deutsch‹ zu bezahlen.

Gesellschaft

---

ihren Familien, die größeren von ihnen flanieren mit anderen Mädchen, die jungen Männer bleiben gleichfalls unter sich. Die Volta ermöglicht es ihnen allen, zu sehen und gesehen zu werden, ohne eine Verpflichtung einzugehen.

Stirbt ein Familienmitglied, beweisen sich wieder die starken Familienbande. Die ganze Verwandtschaft kommt zusammen, man läßt die Angehörigen mit ihrem Schmerz nicht allein. Die Tradition verlangt Klagegesänge, in denen beispielsweise die Witwe in Versform Ereignisse aus dem Leben ihres verstorbenen Mannes schildert. Solche *mantinades,* gesungene rhythmische Vierzeiler, werden – unter Verwendung eines Grundbestandes überlieferter Verse – aus dem Stehgreif gereimt, nicht nur bei Todesfällen, sondern auch bei festlichen Anlässen. Klageweiber, wie sie der Film ›Alexis Sorbas‹ eindrucksvoll schildert, gibt es in den kretischen Dörfern noch heute.

Kreterinnen und Kreter aus Iraklion, der Lassithi-Ebene und den Weißen Bergen ▷

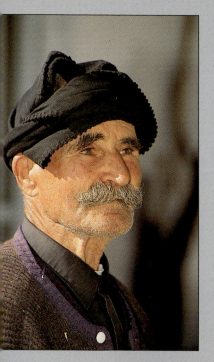

Musik und Tanz

Im Gegensatz zum griechischen Festland spielt nicht die Bouzouki, sondern die Lyra in der kretischen Volksmusik die erste Geige. Die **Lyra** ist ein original kretisches, relativ kleines Instrument mit drei Saiten, das auf den Knien aufgestützt und mit einem Bogen gestrichen wird. Dazu werden das **Laouto,** eine Art Laute, und das **Tambouras** angeschlagen, die kretische Variante der Bouzouki. Der orientalische Einfluß ist in der kretischen Musik nicht zu überhören.

Nicht nur auf Kirchen- und Familienfesten wird auf Kreta gern und viel getanzt. Noch immer gilt die Faustregel: Wo ein paar Kreter zusammenhocken, gibt es eine Lyra, und wo eine Lyra zur Hand ist, wird getanzt. Es singen die Lyra- oder Lautenspieler, die Tänzer bleiben bis auf die aufmunternden Zurufe stumm. Es stimmt nicht, wenn immer wieder zu lesen ist, daß kretische Tanz-Folklore nur noch für die Touristen lebendig gehalten wird. Gerade in den letzten Jahren erleben die alten Volkstänze auf der Insel eine regelrechte Renaissance, und die Tanzschulen, die traditionelle Tänze unterrichten, werden gestürmt. Der kretische Lokalfernsehsender strahlt regelmäßig Sendungen zum Thema Tanz aus.

Früher war es auf Kreta üblich, daß der zweite Tänzer eines – niemals geschlossenen – Tanzkreises ein Mann war, denn viel Kraft war nötig, um den ersten Tänzer bei seinen gewagten Sprüngen zu halten. Heute hält man sich nur noch selten an diese Tanzregel. Die meisten kretischen Tänze haben sich in bestimmten Region der Insel entwickelt, die einst viel stärker als heutzutage voneinander abgeschnitten waren. Später sind sie in Abwandlungen auch in anderen Gegenden übernommen worden.

So stammt der in ganz Griechenland getanzte **Sirtos** ursprünglich aus Chania, wo er *chaniotikos* heißt. Doch der ›kretischste‹ aller Tänze wird heute überall auf der Insel beherrscht. Dabei erhält er in seinen örtlichen Variationen auch neue Namen und heißt beispielsweise in der Gegend von Rethymnon *rethymniotikos*. Der **Pentozalis** – wie sein Name verrät, ein Fünf-Schritt-Tanz – wurde wohl ursprünglich in und um Rethymnon kreiert. Von dort stammt auch die **Sousta**, der einzige alte Paartanz der Insel. Aus dem Raum Iraklion kommt der **Pediktο,** dem das Wort *pihto* (»hüpfen«) einen anschaulichen Namen gab. Eine besonders eigenständige Variante des Pedikto wird in Sitia getanzt, hier *Sitia sousta* genannt. Bei allen Tänzen hält man sich an der Hand, nur beim Pentozalis umfassen die Tänzer die Schultern – wie es übrigens schon 3500 Jahre alte minoische Darstellungen zeigen!

So bedeutungsvoll die Grundmuster und die einzelnen Figuren der verschiedenen Tänze auch sind, man muß sie nicht beherrschen, um mit Kretern zu tanzen. Die Lust am Mitmachen genügt! Denn wenn getanzt wird, kann kaum ein Kreter abseits stehen, und Urlauber, die sich weigern, in den Kreis aufgenommen zu werden, werden mit verständnislosem Kopfschütteln bedacht. Das Argument, daß man zum Tanzen nicht aufgelegt sei, zieht nicht: Gerade Verdruß und Kummer drücken Kreter in Tänzen aus.

Die alten **Trachten,** mit denen die Folklore-Gruppen sich schmücken, sind aus dem kretischen Alltagsleben verschwunden. Ab und zu, vor allem in ländlichen Gegenden, begegnet man noch Männern in traditionellem Gewand: bis an die Knie reichende schwarze Stiefel, weite Pumphosen mit durchhängen-

Der Sirtaki ist kein kretischer Tanz

Alles hatte man Anthony Quinn beigebracht, damit er in dem Film ›Alexis Sorbas‹ wie ein echter Kreter wirken würde: den verhaltenen Gang, der ungebändigte Kraft verrät, den stolzen Blick, der immer ein wenig Melancholie anklingen läßt, das Schnalzen mit zurückgeworfenem Kopf beim »Nein«-Sagen. Nur eines konnte Regisseur Michael Cacoyannis dem Schauspieler nicht abverlangen: die komplizierten Schritte des Pentozalis zu tanzen, wie es die literarische Vorlage verlangte. Dieser Fünf-Schritt-Tanz erwies sich als zu schwer für einen Nichtkreter. So wurde der kretische Komponist Mikis Theodorakis damit beauftragt, eine Filmmusik zu schreiben, die eine vereinfachte Choreographie ermöglichte. Das war die Geburtsstunde des Sirtaki. Er wurde vom Filmstart weg bei Kreta-Besuchern und auch bei Einheimischen so beliebt, daß alle ihn schon bald für den typischsten aller kretischen Tänze hielten.

Der *Sirtaki* ist ein Kunstprodukt. Einzig sein Name ist kretisch, er bedeutet: »kleiner Sirtos«. Der Sirtos ist ein Tanz, der tatsächlich auf Kreta überall – in örtlichen Variationen – getanzt wird. Aber die Bouzouki-Musik, zu der Anthony Quinn tanzt, ist auf Kreta nicht gebräuchlich, sondern stammt vom griechischen Festland, auf dem es kaum eine Stadt ohne Bouzouki-Lokal gibt. Und auch die Choreographie paßte Theodorakis einem Tanz an, der immer noch vorwiegend von Städtern und weniger auf traditionellen, ländlichen Festen getanzt wird, dem Chasapiko. Der Chasapiko ist ursprünglich der Tanz der Fleischerzunft, und seine Ursprünge sollen in Byzanz liegen.

Anthony Quinn und Alan Bates tanzen vor ...

Der 1964 gedrehte Sorbas-Film ist keine griechische, sondern eine US-Produktion. Doch anstatt in Hollywood-Kitsch zu schwelgen, zeichnet er ein eindrucksvolles Bild kretischer Denkweise und kretischer Traditionen. Generationen von Kinobesuchern gilt er als *der* griechische Film schlechthin. Bereits 1946 hatte die Geschichte des einfachen, schlitzohrigen Kreters dem Autor Nikos Kazantzakis (s. S. 82) zu seinem internationalen Durchbruch als Schriftsteller verholfen, obwohl er den Roman lediglich als »Nebenwerk zur Entspannung« ansah. Wenn Kazantzakis in seiner ›Rechenschaft vor El Greco‹ schreibt, Sorbas habe ihn »gelehrt, das Leben zu lieben und den Tod nicht zu fürchten«, meint er nicht seine fiktive Romangestalt, sondern den griechischen Arbeiter Georgis Sorbas, den er 1916 kennenlernte und mit dem er den

Versuch unternahm, eine Braunkohlengrube auf dem Peloponnes zu neuem Leben zu erwecken. Wie in ›Alexis Sorbas‹, in dem Kazantzakis Georgis Sorbas ein literarisches Denkmal setzte, mißlang der Versuch.

›Alexis Sorbas‹ ist heute ein Kultfilm. Viele Kreta-Besucher probieren, auf Sorbas' Spuren zu wandeln und suchen das einfache, archaische Leben auf Kreta – freilich ohne es je zu finden. Und alle wollen sie den Sirtaki tanzen, der inzwischen zum Repertoire einer jeden Folklore-Darbietung gehört. Meist erklingt er am Ende des Programms, wenn die wirklich original-kretischen Tänze schon getanzt sind. Und da die Lyra auf der Insel verbreiteter ist als die Bouzouki, läuft die Sirtaki-Musik vom Band.

... und die Urlauber tanzen nach

dem Hosenboden (vraka), weißes Hemd, eine häufig reich bestickte, ärmellose Jacke, auf dem Kopf das schwarze Fransentuch – und im Gürtel ein Messer. Frauentrachten werden, abgesehen von Folklore-Tanzveranstaltungen, überhaupt nicht mehr getragen. Vereinzelt werden sie in den verschiedenen Dorfmuseen, in größerer Zahl im Historischen Museum von Iraklion (s. S. 84) aufbewahrt.

Gastfreundschaft

Die sprichwörtliche Gastfreundschaft (philoxenia) der Kreter geht so weit, daß sie – wie im letzten Weltkrieg vielfach geschehen – sogar ihrem ärgsten Feind Schutz gewähren. So mancher Kreta-Besucher fand Freunde fürs Leben, indem er einer herzlichen Einladung Folge leistete. Eine solche abzulehnen, gilt bei Kretern als grobe Unhöflichkeit. Ist man in einer kretischen Familie zu Gast, die etwas auf Tradition hält, erhält man zuerst einen Begrüßungsschnaps und dann das ›Löffelsüße‹, das nur für den Gast bestimmt ist – eine klebrig-süße Angelegenheit, die mit einem Löffel in einem Glas Wasser gereicht wird. Auch beim späteren Essen wird man es als Gast immer erleben, daß einem die besten Portionen zuerst gereicht werden. Ein kretischer Gastgeber erkundigt sich eingehend und mit Interesse nach der Meinung des Gastes zu Politik und Weltgeschehen, aber auch nach intimeren Einzelheiten seines Privatlebens. Selbst ungeniert nach der Höhe des Gehalts zu fragen, gilt nicht als unfein.

Bei den Unterhaltungen ist der Sinn der Kreter für das Theatralische nicht zu übersehen. Aber Mimik und Gestik müssen häufig erst ›übersetzt‹ werden, ehe Ausländer sie verstehen. Den Kopf zu neigen, bedeutet beispielsweise: »ja«. Wird der Kopf kurz hochgenommen, meint der Kreter: »nein« und schnalzt dabei meist noch leicht mit der Zunge. Winkt ein Kreter mit den Handflächen nach innen zum Körper hin, signalisiert er: »Komm her!« Winkt er mit den Handflächen nach unten vom Körper weg, heißt es: »Weg, aus den Augen!«

Sowohl bei privaten Einladungen als auch bei gemeinsamen Tavernen-Besuchen sollte man darauf achten, nicht ›über den Durst zu trinken‹. Es entspricht kretischer Sitte, mäßig zu trinken. Dazu gehört auch, das Weinglas nur halb zu füllen und das Glas nicht ganz zu leeren, denn es wird sofort nachgefüllt. Wer sich beim Gastmahl betrinkt, verliert das Gesicht, auch wenn seine kretischen Freunde hundertmal das Gegenteil versichern. Ebenso verpönt ist es, die Kosten für ein gemeinsames Essen, ob karger Imbiß oder Festmahl für Feinschmecker, unter mehreren Personen aufzuteilen. Es bleiben nur zwei Wege: einzuladen oder sich einladen zu lassen. Für einen Kreter das Essen zu bezahlen, erfordert Geschick und gelingt meist erst nach mehrfacher Übung. Meist hat dieser die Rechnung schon beglichen, ohne daß sein Gast es bemerkt hat. Grieche, vor allem Kreter zu sein, verpflichtet! Schließlich kennt die Sprache für Fremde und Gäste nur ein einziges Wort: *Xenos*.

Die kretische Küche

Nicht nur Greek Salad

Die kretische Küche, im wesentlichen mit der griechischen identisch, ist besser als ihr Ruf. Gewiß, es ist eine ländliche, bodenständige Küche. Die **Speisekarte** besteht nur aus vier oder fünf Grundgerichten, um die Beilagen ist es kaum besser bestellt. Auch wird das kretische Essen nach dem Geschmack der meisten Urlauber mit viel zu viel Olivenöl angereichert. In den traditionellen Tavernen, die mittlerweile nur noch vereinzelt zu finden sind, wird nur einmal am Tag gekocht, und die Speisen werden den ganzen Tag über warm gehalten. Das führt dazu, daß die Gerichte häufig zerkocht und nur lauwarm serviert werden.

Die bessere kretische Küche will entdeckt werden – und zwar am besten in Tavernen, in denen mehr Kreter als ausländische Touristen tafeln. Viele Kreter sind sehr anspruchsvoll, wenn es Essen in Restaurants oder Tavernen betrifft, und nehmen gern einen Umweg von 20 km in Kauf, um in irgendeinem Ort eine kleine Taverne zu besuchen, deren Qualität sich herumgesprochen hat.

Wie alle Griechen essen die Kreter spät, und ein Essen im Freundes- oder Familienkreis gleicht jedesmal einem Festmahl. Stundenlang wird schwadroniert, diskutiert, philosophiert. Bis tief in die Nacht nehmen auch die jüngsten Familienmitglieder am Gelage teil. Schon die Aufgabe der Bestellung, die traditionsgemäß vom Familienoberhaupt erledigt wird, nimmt viel Zeit in Anspruch.

Und dann entfaltet sich auf einmal der ganze Reichtum der griechischen Küche. **Lammfleisch** gebührt ein wichtiger Platz. Entsprechend vielfältig sind seine Zubereitungsmöglichkeiten. Lamm auf Holzkohle gegrillt oder am Spieß gebraten sind die häufigsten Varianten, Lamm wird aber mit Artischocken oder anderen Gemüsearten gekocht und anschließend mit einer köstlichen Zitronen-Ei-Soße auf den Tisch gebracht. **Schweinefleisch** wird gern mit Sellerie, Fenchel oder auch in Weinsoße serviert. In den letzten Jahren hat auch das Angebot an Rindfleisch zugenommen. Standard-Gericht auf jeder griechischen Speisekarte ist **Stiffado,** eine Art Rindsgulasch zusammen mit Zwiebeln gekocht. Das Tüpfelchen auf dem i sind beim Stiffado die Kräuter.

Überhaupt die **Kräuter!** Dill, Fenchel und Rosmarin, Lorbeer, Salbei, Basilikum – der kretische Kräutergarten ist ergiebig. Rindfleisch ist auch ein wichtiger Bestandteil in der **Moussaka,** ein im Ofen überbackener Auberginen-Kartoffel-Käseauflauf. Ebenso beliebt sind Fleischbällchen, die mit Reis und Zitronen-Ei-Soße serviert oder gegrillt werden (keftedes), eher eine Vorspeise denn ein Hauptgericht. Erklärtermaßen eine Vorspeise sind die mit Reis und Fleisch gefüllten Weinblätter, **Dolmades,** die kalt oder aber mit der schon erwähnten Zitronen-Ei-Soße warm bestellt werden können. Zum Angebot an Fleischgerichten gehört auch **Kalbfleisch** mit Auberginen. Zum **Huhn** servieren Kreter Okra-Bohnen. Seltener zu finden, aber eine Delikatesse, die man sich nicht entgehen lassen sollte, sind Ferkel am Spieß und **Kokoretsi,** in Darm verpackte Innereien, die geschmort oder gegrillt werden. Kaum auf den Speisekarten findet man das, was den Kretern

Fischauslage in Rethymnon

vor die Flinte läuft: Wachteln, Rebhühner, Hasen und Kaninchen.

Reich ist die kretische Küche an **Gemüsegerichten,** z. B. den schon erwähnten Auberginen, Artischocken, Zucchini und Okra-Bohnen. Oft bildet das Gemüse das Hauptgericht, manchmal als Auflauf wie das *moussaka*. Unter all den vielen denkbaren Salaten ist der ›Bauernsalat‹, landläufig als »*Greek Salad*« bezeichnet, aus Tomaten, Gurken, Oliven und Ziegenkäse der einfallsloseste.

Fisch ist teurer als Fleisch

Fisch *(psari)* ist heute auf Kreta teurer als Fleisch: Wie die gesamte Ägäis ist auch die See vor den Küsten Kretas so gut wie leergefischt. Die Sünden der Dynamitfischerei rächen sich durch drastisch **reduzierte Fischbestände** (s. S. 27). Die in Tavernen und Restaurants servierten Portionen sind in aller Regel enttäuschend klein und vergleichsweise überteuert. Nur noch wenige Hafentavernen servieren Fisch, der direkt aus dem Wasser kommt. Meist liegt er auf Eis, wo Gäste ihn in Ruhe auswählen können. Tiefkühlware, die immer mehr auch bei den Fischgerichten um sich greift, muß als solche deklariert werden – fast alle Wirte halten sich an diese Vorschrift. Im Frühling sind Krabben, im Sommer Hummer besonders begehrt, aber auch besonders teuer. Preiswerter sind Tintenfisch und Oktopus, die in stundenlanger Arbeit erst weichgeklopft werden müssen.

Kreter wissen natürlich, wo man noch heute gute Fischgerichte bekommt. Diese Tavernen, die meist weit ab von Hotelsiedlungen sowohl an der Nord- als auch an der Südküste liegen, werden von kretischen Familien vor allem an Wochenenden gerne aufgesucht, auch wenn die Anfahrt umständlich ist. Wer sich nicht auf sein Glück verlassen will, die Tavernen zufällig zu finden, muß sich schon das Vertrauen eines Kreters erwerben.

Getränke und Nachspeisen

Brot *(psomi)* gehört zu jeder kretischen Mahlzeit. Es ist fast ausschließlich Weißbrot, dunkles – z. B. Anisbrot – gibt es nur selten. Mit Brot wird auch die Beilage **Tzatziki** gegessen, nichts anderes als Joghurt mit feingeraspelten Gemüsegurken und viel, viel Knoblauch. Der kretische Joghurt wird aus Schafsmilch gewonnen und ist sehr viel fettiger als unser Joghurt aus Kuhmilch. Kretischer Joghurt mit Honig schmeckt besonders lecker und wird oft als Nachtisch angeboten. Vielen Kreta-Urlaubern, die nicht im Hotel übernachten, dient diese Delikatesse als Frühstücksersatz, denn ums Frühstück in unserem Sinne ist es in Griechenland nicht gut bestellt: In den Kafenia erhält man zum Pulverkaffee nur trockenes Brot.

Von Schafen stammt meist die Milch für den **Käse**, der auf Kreta hergestellt wird. Quarkähnlich schmeckt der weiche *mizithra*, hart ist der *manouri*, der nur gerieben genossen werden kann. *Anthotiros* und *graviera* sind zwei halbfeste, wohlschmeckende Käsesorten. Für viele ist der *kefalotiri*, ein fester, aber nicht harter Käse in Kegelform, die größte Delikatesse. Fest und schneeweiß ist der *feta*, der stets den Bauernsalat ziert – in den meisten Fällen handelt es sich um EU-Importware (s. S. 30).

An **Obst** *(frouta)* ist Kreta von A bis Z reich gesegnet: Äpfel, Aprikosen, Bananen, Birnen, Feigen, Kirschen, Melonen, Nektarinen, Orangen, Pfirsiche, Pflaumen, Tafeltrauben und Zitronen. Was auf der Insel außer Obst als Nachtisch auf den Tisch kommt, ist häufig türkischen Ursprungs, darunter **Baklava** in vielen Spielarten: Blätterteig, Nüsse und Honig, das ganze sehr klebrig und unendlich süß. Wohltuend nach dem Essen ist ein **griechischer Kaffee** (der natürlich ein türkischer ist), wie auch immer man ihn zubereitet haben möchte: leicht mit wenig Zucker oder leicht und süß, stark ohne Zucker oder stark mit wenig Zucker – oder, für Kreta der Normalfall, stark und süß. In den meisten Tavernen wird auch frappé serviert, aufgeschlagener, kalter (Pulver-) Kaffee. Zum Löschen des Durstes trinken Kreter wie alle Griechen gern **Wasser** *(nero)*. Früher wurde die Qualität einer Taverne nach dem Geschmack ihres Wassers beurteilt. Ein Glas Wasser gehört auch zum Kaffee. In touristischen Gegenden stirbt die Sitte langsam aus, daß einem Gast unaufgefordert ein Glas Wasser vorgesetzt wird. Auf dem Land allerdings kann man noch heute in einer Taverne ein Glas (Leitungs-)Wasser erbitten, ohne irgend etwas zu verzehren.

Infolge des Tourismus setzt sich neben Flaschenbier das vom Faß gezapfte **Bier** *(birra)* immer mehr durch. Das importierte oder in Lizenz hergestellte Bier ist relativ teuer. Jetzt gibt es wieder ein – recht schmackhaftes – griechisches Bier mit dem Namen ›Mythos‹. Doch reicht es nicht an das einst beliebteste heimische Bier heran, das ›Fix‹ hieß – entstanden aus dem Namen des bayerischen Bierbrauers Fuchs, der im Gefolge des ersten Königs von Griechenland, des Wittelsbachers Otto, von München nach Athen gezogen war.

Wein *(krassi)* ist neben Wasser auf Kreta immer noch das meistgetrunkene Getränk, wobei sich hier ›Markenwein‹ in Flaschen überall dort durchsetzt, wo Urlauber zu finden sind. Lokaler Wein ist

Das Kafenion

Drei Stühle braucht ein gestandener Kreter: Einen, um darauf zu sitzen, zwei weitere, um seine Ellenbogen abzustützen. So kann er Stunden im Kafenion verbringen. Entweder sitzt er lange Zeit fast unbeweglich vor eimem Glas Wasser und einem *kafes ellínikos*, läßt nur ab und zu die *komboloi*, eine rosenkranz-ähnliche Perlenschnur durch die Finger gleiten – oder er spielt *tavli*, die griechische Variante von Backgammon. Das Klicken der Steine gehört zum Kafenion wie das Wellenrauschen zum Meer. Oft löst ein geschickter oder ungeschickter Zug erhitzte Debatten aus.

Die dritte Beschäftigung im Kafenion: Man wendet sich den anderen Besuchern des Kaffeehauses zu, um mit ihnen lauthals zu diskutieren. Themen gibt es mehr als genug: Die große Politik in Athen oder noch weiter draußen in der Welt und die heimatliche auf der Insel, die Nachteile, den den Griechen die EU-Mitgliedschaft bringt und die letzte Ernte, die künftige Hochzeit, das nächste Dorffest ... Politische Themen überwiegen, und manchmal klingen die Debatten wie Streit. Damit der politische Disput nicht wirklich in Tätlichkeiten ausartet, liegen in manchen Orten gleich drei Kafenia nebeneinander: eines für die Sozialisten, das zweite für die Anhänger der konservativen Partei, das dritte für die Kommunisten – die Zugehörigkeit ist immer durch die jeweiligen Parteisymbole oder -farben angezeigt. Auffallend ist, daß im Kafenion jeder mitreden darf. Das Kafenion ist ein Stück lebendiger Demokratie auf dem Dorf.

Aber es fehlen Frauen! Nicht, daß ihnen der Zutritt ausdrücklich verboten wäre, doch zumindest auf dem Land käme keine Frau auf die Idee, ins Kaffeehaus zu gehen. Das Kafenion ist Männersache, und das war immer schon so! Verirrt sich einmal eine Touristin hinein, um schnell einen Kaffee zu trinken, wird sie zwar neugierig, aber höflich und zuvorkommend bedient.

Kaffeetrinken ist übrigens das Nebensächlichste am Kafenion. Da es hier keinen Verzehrzwang gibt, hat es wohl noch kein Kafenion-Betreiber zu Reichtum bringen können.

---

von dieser Standardisierung weit entfernt. Seine Qualität schwankt von Region zu Region und auch von Jahr zu Jahr. Auf Kreta wird mehr Rotwein getrunken als auf dem Festland, aber kaum geharzter Wein *(retzina)*.

Der griechische **Anisschnaps** *(ouzo)* wird von den Griechen gerne als Aperitif getrunken, eisgekühlt und mit Wasser vermischt. Doch ein kretischer Jüngling fühlt sich erst als Mann, wenn ihm statt des Ouzo *raki* serviert wird. Dieser auch *tskoudia* genannte **Tresterschnaps** ist meistens hausgebrannt und hat es in sich. Deshalb lassen es die Kreter meist bei zwei Glas bewenden ...

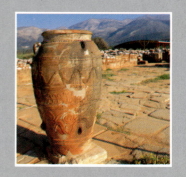

Reisen auf Kreta

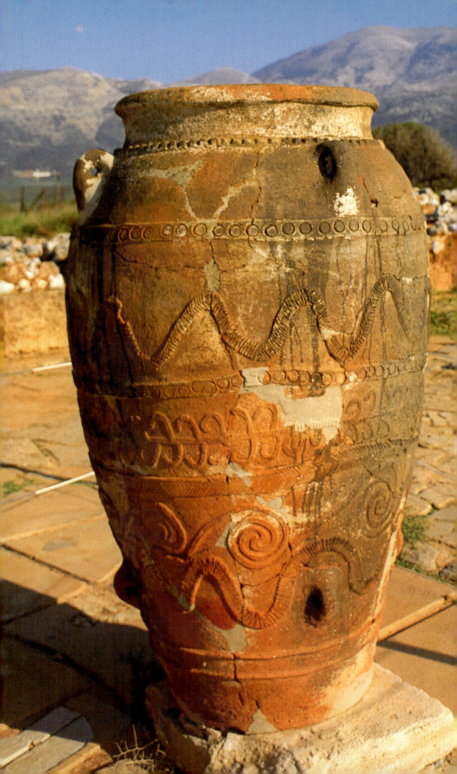

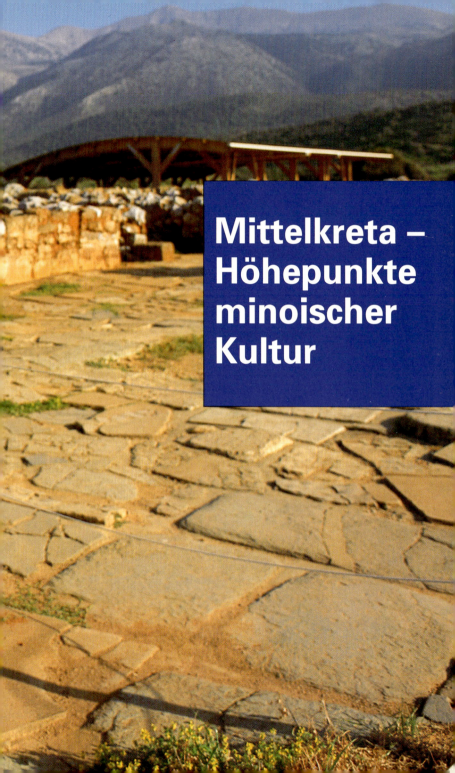

Mittelkreta – Höhepunkte minoischer Kultur

Iraklion – Kretas Hauptstadt

Zeitvorschlag: 3 Std. (ohne Museen; Stadtplan, S. 78/79)

■ (S. 270) Seit Henry Millers Zeiten hat sich nicht viel geändert. Der Schriftsteller besuchte Iraklion kurz vor dem Zweiten Weltkrieg und nannte die Stadt, nachzulesen in ›Der Koloß von Maroussi‹, eine »schäbige Stadt, die deutlich die Spuren der türkischen Herrschaft trägt«. An anderer Stelle nennt der Schriftsteller Iraklion »eine wirre, eine bedrückende Stadt, völlig anormal, völlig heterogen …«. Seitdem ist Iraklion kaum schöner, nur viel größer geworden. Die mit 130 000 Einwohnern viertgrößte Stadt Griechenlands braucht Platz, und deshalb schieben sich die wachsenden, schnell hochgezogenen Vorstädte immer weiter die Küste entlang und ins Hinterland.

Wer hier mit dem Flugzeug landet und ein Hotel westlich der Stadt gebucht hat, durchfährt beim Transfer einen häßlichen Stadtteil nach dem anderen. Durch ein wundersames Geschick ist es der Stadt erspart geblieben, mit Hochhäusern vollgepfropft zu werden. Dies liegt vielleicht nur an der auf der Insel stets und überall latent vorhandenen Furcht vor Erdbeben. Denn sonst wurde kaum eine Bausünde ausgelassen. Da die Hauptstadt der Insel Verkehrsknotenpunkt und damit Ausgangspunkt für so manchen Ausflug ist und zudem mit dem Archäologischen Museum (AMI) eines der wichtigsten Museen ganz Griechenlands beherbergt, kommt kein Urlauber in Mittel- und Ostkreta an einem Besuch Iraklions vorbei.

◁ *Die Palastanlage von Malia*

Stadtrundgang: Am Hafen

Wer die versteckten Sehenswürdigkeiten aufspüren will, muß schon einen halben Tag einplanen. Und den sollte er am alten Hafen beginnen, der heute nur noch von Fischerbooten und Jachten benutzt wird. Er liegt unmittelbar neben dem neuen Hafen, der nach dem Ersten Weltkrieg zu einem der wichtigsten Fracht- und Passagierhäfen des Landes ausgebaut wurde. Das alte Becken diente wohl schon zu minoischer Zeit als Teil der Hafenanlage des Palastes von Knossos. Der Sage nach soll auch Herakles hier gelandet sein, um seine 7. Heldentat zu vollbringen, die Bändigung des feuerspeienden Stieres. Der Zeus-Sohn gab der Stadt ihren griechischen Namen, *Herakleia*, das heutige Heraklion. Der Name hat sich mittlerweile fest eingebürgert, obwohl das H im Neugriechischen zum I wird und die Stadt also korrekt Iraklion heißt. Die Araber, ab 824 Herrscher über die Insel, bauten den Hafen zu ihrer befestigten Hauptstadt aus und nannten diese *Rabd al Khandak* (Festungsgraben). Die Byzantiner tauften die Stadt *Chandax*, die Venezianer gaben ihr (und der gesamten Insel) den Namen *Candia*. Wenn man in Kazantzakis' Werken den Namen *Megalo Kastro* liest, ist das die Bezeichnung der Kreter für ihre Hauptstadt während der türkischen Besatzungszeit. Er bedeutet »Großes Kastell« nach dem gewaltigen Festungsbau, den die Venezianer 1523–40 zum Schutz des Hafens anlegen ließen. Von ihnen stammen auch die jüngst ausgegrabenen drei Arsenale ein paar hundert Meter westlich vom Hafen.

Die über 20 Räume des *Koules* bzw. *Fortezza* genannten **Kastells** 1, die Jahrhunderte lang als Gefängnis dienten, können besichtigt werden, aber viel interessanter ist der Blick von den restaurierten Zinnen auf die lange Mole und auf Hafen und Stadt. Wer das auf Reliefplatten gebannte Wahrzeichen der venezianischen Herrscher, den Markuslöwen, am Kastell fotografieren möchte, findet neben zwei verwitterten Exemplaren ein gut erhaltenes Relief an der zum Wasser hin gelegenen Nordostseite. Das Kastell ist Teil der venezianischen Stadtbefestigung, mit der 1462 unter der Leitung des seinerzeit berühmten Festungsarchitekten Michele Sanmicheli aus Verona begonnen wurde und die erst 100 Jahre später fertiggestellt wurden. Jeder erwachsene Mann aus Iraklion mußte eine Woche lang beim Bau mithelfen. 21 Jahre lang trotzte die Befestigung der türkischen Belagerung, die 140 000 Menschenleben forderte, ehe Candia 1669 in die Hände der Eroberer fiel. Die Türken blieben über 200 Jahre und herrschten so grausam, daß nach ihrem Abzug alle Moscheen von haßerfüllten Inselbewohnern dem Erdboden gleichgemacht wurden. Deshalb ist Iraklion eine Stadt der Kirchen und nicht, wie man nach so langer Türkenzeit annehmen könnte, auch eine Stadt der Moscheen. Als Kreta 1898 unabhängig wurde, machten die Großmächte Chania zum Sitz des Hochkommissars und damit zur Hauptstadt der Insel. Erst 1971 wurde dieser Status wieder Iraklion zuerkannt.

Iraklion 1 Kastell 2 *Agios Titos* 3 *Venezianische Loggia* 4 *Agios Markos* 5 *Morosini-Brunnen* 6 *Odos 1866 (Marktgasse)* 7 *Bembo-Brunnen* 8 *Kathedrale Agios Minas* 9 *Kirche Agios Minas* 10 *Agia Ekaterini* 11 *San Pietro* 12 *Historisches Museum* 13 *Martinengo-Bastion* 14 *Archäologisches Museum (AMI)*

Über die Hauptstraße zur Marktgasse

Mit ihren Reiseagenturen, Banken, Autoverleihern und Souvenirgeschäften ist die Straße des 25. August (Odos 25 Avgoustou), die sich vom Hafen bis zum Nikephoros-Platz in der Innenstadt hochzieht, die Hauptstraße der blühenden Touristik-Industrie Kretas. Auch hier sparte Henry Miller nicht mit Kritik, denn die Odos 25 Avgoustou »... würde einen prachtvollen Hintergrund für einen drittklassigen Wildwestfilm abgeben ...«.

Hier liegt an einem schönen Platz die nach dem ersten Bischof der Insel, Titus, benannte **Agios Titos-Kirche** 2. Von der ursprünglich im 10. oder 11. Jh. erbauten und von den Venezianern nach einem Erdbeben im 15. Jh. neu errichteten früheren Metropolitenkirche sind nur noch Reste erhalten. Die türkischen Machthaber gestalteten die Hauptkirche Kretas zur Wesir-Moschee um, die 1856 durch ein Erdbeben zerstört wurde und beim 1872 eingeweihten Neubau ihr heutiges Aussehen erhielt. Lediglich die drei Apsiden sind neuere Anbauten aus der Zeit, als die Moschee zu Beginn des 20. Jh. in eine orthodoxe Kirche zurückverwandelt wurde. Erst seit 1966 wird in der Titus-Kirche wieder das Haupt des Heiligen verehrt; die Reliquie war von den Venezianern 1699 nach Venedig verschleppt und dort fast 300 Jahre lang in der San Marco-Kirche aufbewahrt worden.

Die Venezianer bescherten Candia auch zierlichere Bauten als das wuchtige Kastell, z. B. die 1626 begonnene und schon zwei Jahre später fertiggestellte **Loggia** 3, eine Art Clubhaus für hochgestellte Kreise der Stadt. Der zweistöckige Bau, der als schönstes Renaissance-Gebäude Kretas gilt, ist durch mehrere Erdbeben, vor allem aber im

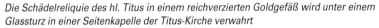
Die Schädelreliquie des hl. Titus in einem reichverzierten Goldgefäß wird unter einem Glassturz in einer Seitenkapelle der Titus-Kirche verwahrt

Zweiten Weltkrieg erheblich beschädigt worden. Der 1978 begonnenen Rekonstruktion, die mehrere Jahre in Anspruch nahm, sieht man nicht an, daß die schmucke Fassade auf eine Betonkonstruktion ›aufgeklebt‹ ist. Ein exakter Nachbau der Loggia war übrigens die Attraktion der Weltausstellung von 1911 in Rom! An die Rückseite der Loggia schließt sich das ebenfalls im 17. Jh. geschaffene Zeughaus der Venezianer an. Im ehemaligen Waffenarsenal ist heute das Rathaus der Stadt untergebracht.

Als Konzert- und Ausstellungsraum wird die **Agios Markos-Kirche** 4 genutzt. 1239 eingeweiht, diente sie den Venezianern als Sitz des Erzbischofs von Kreta. Die Kirche wurde immer wieder von Erdbeben zerstört und wiederaufgebaut, die Türken gestalteten sie später zur Moschee um.

In der Marktgasse (Odos 1866)

Der venezianische Statthalter Francesco Morosini, dem Iraklion die schöne Loggia verdankt, hat sich in unmittelbarer Nähe 1628 ein Denkmal gesetzt: Als Endpunkt einer 15 km langen Wasserleitung, die vom Berg Jouchtas in die Stadt führte – von ihr sind noch einige Aquädukte bei Knossos zu sehen – und die der sommerlichen Wasserknappheit in Candia ein Ende setzen sollte, ließ er am Venizelos-Platz einen Brunnen errichten, der heute **Morosini-Brunnen** 5 heißt. Mit seinen vier charakteristischen steinernen Löwen, die übrigens wesentlich älter als der Brunnen sind, ist er zu einem der Wahrzeichen der Stadt geworden. Der Platz rund um den Morosini-Brunnen mit Cafés, Restaurants und Geschäften ist für Touristen und Einheimische gleichermaßen der wichtigste Treffpunkt der Stadt.

Langsam und kaum merklich hat die quirlige **Marktgasse** 6, die Odos 1866, in den letzten Jahren ihr Gesicht gewandelt. Importwaren aus EU-Ländern und Übersee werden neben dem traditionellen Angebot ausgestellt: Lederwaren, frisch geschlachtete Hammel, Obst und Gemüse, Plastikgeschirr, hier und da wieder Fleisch, manchmal auch Fisch. Wie die gesamte Innenstadt in den letzten Jahren sauberer geworden ist, so herrschen jetzt auch auf dem Markt hygienische Zustände, ohne daß er jedoch an Originalität verloren hätte. Das Angebot an Obst und Gemüse ist reichhaltig und bunt, und zwischendurch kann man immer wieder den Bedarf an Sanitär- und Haushaltsartikeln decken. Urlauber, die nicht nur die Basar-Atmosphäre des Marktes genießen, sondern beim Einkauf auch rechnen, werden schnell feststellen, daß der immer noch mehr von Einheimischen denn von Touristen frequentierte Markt sehr teuer ist.

Weltliteratur aus Kreta
Kazantzakis und seine Romane

Die meisten Kreta-Liebhaber, die von Alexis Sorbas schwärmen, haben das Buch von Nikos Kazantzakis nie gelesen. Es ist der Film, der dafür gesorgt hat, daß die Gestalt dieses Kreters lebendig bleibt. Wer dann später, vielleicht nach seinem ersten Kreta-Besuch, den Roman ›Alexis Sorbas‹ (1946) in die Hand nimmt, ist angenehm überrascht: Er bietet – bei aller Qualität der Verfilmung – wesentlich mehr Einblicke in das Wesen der Kreter und ihre Traditionen, als die doch vergleichsweise oberflächliche Filmerzählung vermuten läßt.

Nikos Kazantzakis' Werk ist mit seiner Heimatinsel Kreta untrennbar verbunden. Ihre Natur schildert er eindringlich in der kleinen Schrift ›Im Zauber der griechischen Landschaft‹. Kretische Kultur und Tradition erschließt die ›Griechische Passion‹ (1954), die zu seinen berühmtesten Werken zählt. Die Verfilmung dieses Romans in dem ostkretischen Dorf Kritsa erreichte aber nicht annähernd den Ruhm des Sorbas-Films. In der ›Griechischen Passion‹ erweist sich Kazantzakis als großer Kritiker der Kirche. Dieses Werk hat gewiß dazu beigetragen, daß sein Verhältnis zur orthodoxen Kirche zeitlebens äußerst gespannt blieb. Kazantzakis' Roman ›Freiheit oder Tod‹ (1953) ist ein ausgezeichneter Schlüssel zum Verständnis der Geschichte Kretas. Bei aller Parteilichkeit und trotz einiger Längen ist die Geschichte des kretischen Widerstands all denen zu empfehlen, die die Einstellung der Kreter zu den Türken begreifen wollen. Zu blindem Völkerhaß hat Kazantzakis allerdings nie aufgerufen. Autobiographische Züge trägt sein posthum veröffentlichtes Werk ›Rechenschaft vor El Greco‹

Nikos Kazantzakis (1883–1957) ist bis heute der bekannteste kretische Schriftsteller geblieben

(1961), in dem Kretas größter Dichter vor seinem »Ahnherrn« so etwas wie eine Lebensbeichte ablegt. Er versichert ihm: »Ich habe alles getan, was in meinen Kräften stand, um Dir keine Schande zu bereiten.«

Kazantzakis wurde 1883 in Iraklion geboren. Er war zweimal verheiratet: 1911 ehelichte er Galatia Alexiou (die Ehe wurde nach 15 Jahren geschieden), 1945 die Schriftstellerin und Journalistin Eleni Samiou, die schon lange vor der Hochzeit seine Lebensgefährtin war und ihn auf seinen zahlreichen Reisen durch Europa begleitete. Bei allen Reisen hatte er stets ein wenig kretische Erde bei sich.

1915 zog Kazantzakis als Freiwilliger in die Balkan-Kriege. Mehrfach unternahm er Abstecher in die Politik, aber sie dauerten niemals lange. 1919 wurde er als Generaldirektor des neugebildeten Ministeriums für Wohlfahrt mit der Rettung von 150 000 Kaukasus-Griechen beauftragt. Als einziger offizieller Vertreter Griechenlands nahm er 1927 an der 10-Jahres-Feier der Oktober-Revolution in Moskau teil. 1945 wurde Kazantzakis im Auftrag der Regierung auf seine Heimatinsel entsandt, um die Greueltaten der deutschen Besatzungszeit zu dokumentieren. Noch im selben Jahr trat er als Minister ohne Portefeuille in die Regierung ein, demissionierte aber schon nach eineinhalb Jahren. Nikos Kazantzakis starb am 26. Oktober 1957 in Freiburg i. Br. an den Folgen einer asiatischen Grippe, die er sich auf einer Chinareise zugezogen hatte.

Auf Kreta, wo er heute noch abgöttisch verehrt wird, erinnern an ihn ein im väterlichen Elternhaus in Myrtia eingerichtetes Museum (s. S. 121) und sein im Historischen Museum von Iraklion rekonstruiertes Arbeitszimmer aus dem französischen Ort Antibes (s. S. 85), wo er in den 40er Jahren eine Zeitlang gelebt hatte. Sein Grab auf der Martinengo-Bastion in Iraklion, stets blumengeschmückt, ist Tag für Tag eine Pilgerstätte.

Vom Bembo-Brunnen zu Kazantzakis' Grab

Als Oasen der Ruhe bieten sich die Seitenstraßen der Odos 1866 und die Platia Kornarou mit dem 1558 geschaffenen **Bembo-Brunnen** 7, den ein römischer Torso ziert, an. Erfrischung spendet ein kleines Kafenion, das sich in einem ehemaligen türkischen Brunnenhäuschen einquartiert hat. Der Brunnen gehörte früher zu einer Moschee.

Zu der Zeit, in der die **Agios Minas-Kathedrale** 8 als Metropolitenkirche Kretas errichtet wurde (1862–1895) war die Insel noch türkisch! Obwohl die Fassade der Kathedrale leichte Anklänge an neoklassizistische Stilelemente aufweist, ist sie streng im byzantinischen Stil errichtet – so wie es die orthodoxe Kirche bis heute für sakrale Neubauten vorschreibt.

Der wesentlich kleinere, fast kapellenartige Vorgängerbau der Kathedrale steht in unmittelbarer Nachbarschaft: eine weitere **Agios Minas-Kirche** 9 aus dem frühen 18. Jh., deren Anfänge wohl auf das 15. Jh. zurückgehen. Agios Minas diente bis zum Bau der Kathedrale sogar als Metropolitenkirche. Aus dieser Zeit stammt die wundervolle, holzgeschnitzte Ikonostase, die größte Sehenswürdigkeit in der kleinen Kirche.

Nur wenige Schritte von den Minas-Kirchen entfernt steht ebenfalls auf der Platia Ekaterini die **Agia Ekaterini-Kirche** 10, die 1555 erbaut und später erweitert wurde. Zu ihr gehörte früher ein Kloster, das im 16. und 17. Jh. Sitz der Berg-Sinai-Schule war. An dieser einer Universität vergleichbaren Gelehrtenschule wurden in der Hochblüte der kretischen Renaissance die Fächer Philosophie, Theologie und Malerei unterrichtet. Hier studierten u. a. Vitzentzios Kornaros, Schöpfer der Volksdichtung

›Erotokritos‹, und Michael Damaskinos, einer der bedeutendsten Vertreter der kretischen Schule der Ikonenmalerei und Lehrer von Domenikos Theotokopoulos, der später als *El Greco* weltberühmt wurde. Das Ikonenmuseum, zu dem die Agia Ekaterini-Kirche umgewandelt worden ist, zeigt neben kirchlicher Kunst aus ganz Kreta auch sechs Ikonen von Damaskinos.

Bevor sich Iraklion-Besucher dem Archäologischen Museum (AMI) zuwenden, das mindestens 3 Std. in Anspruch nimmt, sollten sie dem Historischen Museum der Stadt einen Besuch abstatten. In dessen Nachbarschaft wird mit EU-Mitteln seit Jahren schon schleppend die venezianische **San Pietro-Kirche** 11 aus dem 13. Jh. ausgegraben und mit Originalmaterial rekonstruiert, während man bei einem früheren Versuch mit Beton gearbeitet hatte. Heute wird zum Wiederaufbau Spezialmörtel aus gemahlenen Keramikscherben und Kalk benutzt, wie er schon zu minoischer Zeit und in späterer Zeit auch von den Venezianern verwendet worden ist.

Im **Historischen Museum** 12 hängt seit ein paar Jahren das erste (recht kleine) El Greco-Bild, das die Insel erworben hat: der ›Blick vom Berge Sinai auf das Kloster der hl. Katharina‹ (um 1570, Tempera und Öl auf Holz). Zur Finanzierung des 230 Mio. Drs. (etwa 680 000 €) teuren Werkes hat die Stadt seinerzeit Ländereien verkauft. Drei weitere Sehenswürdigkeiten lohnen den Besuch des Museums, das aus einem historischen Bau und einem modernen Neubau besteht. Eine kretische Bauernstube mit Webstuhl, Kamin und schöner Holzdecke sowie kostbare kretische Trachten und traditionelle Webwaren lassen jüngst vergangene Zeiten wiedererstehen, in denen Tourismus und Landflucht noch unbekannt waren. Eine Fotodoku-

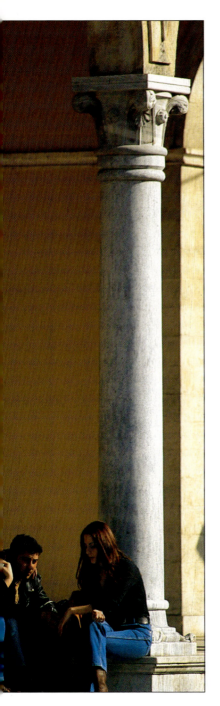

mentation (leider in schlechtem technischen Zustand) schildert dramatisch den deutschen Überfall auf die Insel im Jahre 1941. Und an Nikos Kazantzakis erinnert die Nachgestaltung eines Arbeitszimmers, das der berühmte Schriftsteller in Antibes in Südfrankreich bewohnt hatte. Wesentlich besser ausgestattet und viel informativer ist allerdings das Kazantzakis-Museum in Myrtia (s. S. 121).

Das Grab des Dichters liegt auf der **Martinengo-Bastion** 13, eine von mehreren noch erhaltenen Bastionen der Stadtbefestigung. Der schlichte Grabstein, den Verehrer ständig mit Blumen schmücken, trägt die Inschrift »Ich erhoffe nichts, ich fürchte nichts, ich bin frei« – Kazantzakis' Wahlspruch.

Archäologisches Museum Iraklion (AMI)

14 Leicht wird es den Besuchern des Archäologischen Museums von Iraklion (AMI) nicht gemacht. Nicht nur, daß der Museumsbau mit Abstand der häßlichste ist, den man in Griechenland findet. Seine kargen Säle sind mit minoischen Funden aus Zentral- und Ostkreta so vollgestopft, daß archäologisch nicht vorgebildete Besucher leicht die Orientierung verlieren. Da werden beispielsweise Siegel, die interessante Aufschlüsse über das Kultur- und Alltagsleben ihrer Zeit geben können, ausgestellt wie Knöpfe. Die Sammlung läßt nicht nur didaktische Aufbereitung vermissen, sondern auch Systematik. Bei einigen Fundstücken ist lediglich der Fundort, nicht aber die Entstehungszeit angegeben, bei anderen ist es genau umgekehrt. Auch sind diejenigen Aus-

Junge Kreter vor San Marcus

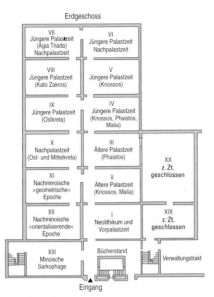
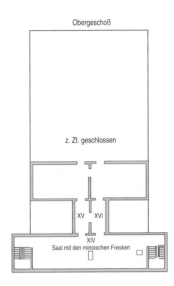

Archäologisches Museum Iraklion (AMI)

stellungsstücke, die wegen ihrer Größe außerhalb der Vitrinen einen Platz finden mußten, nicht beschriftet und erklärt. Griechische Beschriftung ist häufiger als englische, deutsche Angaben fehlen völlig. Dabei zeigen sich die deutschen unter den etwa 800 000 Museumsbesuchern pro Jahr besonders interessiert. Das AMI ist schließlich *das* Museum minoischer Kunst nicht allein auf Kreta, sondern in der ganzen Welt. Kleinere Sammlungen sind zwar noch in Agios Nikolaos, Chania, Ierapetra, Rethymnon und Sitia zu sehen, aber im Unterschied zu Werken klassisch-griechischer Kunst hat noch kein minoisches Kunstwerk das Land verlassen. Als 1971 36 minoische Meisterwerke auf Ausstellungstournee durch Europa und Übersee gehen sollten, verhinderte das ein regelrechter Aufstand von 50 000 oder mehr Kretern, die alle Zufahrtsstraßen zum Museum blockierten und fest entschlossen waren, im Ernstfall ihre mitgebrachten Waffen zu gebrauchen.

Kreta-Urlauber sollten das AMI vor der Besichtigung von Knossos und den anderen großen Ausgrabungsstätten besuchen, denn erst, wenn man die dort gemachten Funde aus unmittelbarer Nähe betrachtet hat, werden sich auch die Ruinen der Ausgrabungen mit Leben erfüllen. Da die Besichtigung des AMI mindestens 3 Std. in Anspruch nimmt, bietet es sich an, im großen schattigen Museumsgarten eine Pause einzulegen, um das Gesehene nachwirken zu lassen. Ideal ist es, den Museumsbesuch nach einem Knossos-, Phaistos-, Malia- oder Kato Zakros-Ausflug zu wiederholen.

Um der Chronologie der Ausstellung – wenigstens diese Minimalforderung erfüllt die Sammlung – folgen zu können, sollte man bei den ersten zwölf Sälen die hier vorgeschlagene Reihenfolge strikt einhalten. Die Vitrinenaufstellung innerhalb der Säle ist kompliziert und wird leider von der Museumsleitung selbst immer wieder unterbrochen: Sie beginnt jeweils an der rechten Wand neben der Eingangstür und beschreibt entgegen dem Uhrzeigersinn eine Spirale von außen nach innen. Die Vitrinen-Nummern sind im folgenden in Klammern angegeben (V = Vitrine).

Rundgang: Neolithikum, Vorpalastzeit, Ältere Palastzeit

Saal I: An den Ausstellungsstücken aus Neolithikum (V 1 und V 2) und Vorpalastzeit (2600–2000 v. Chr.) läßt sich sehr gut die Entwicklung der Keramikherstellung nachvollziehen. Während die Gefäße aus dem Neolithikum noch ohne Zuhilfenahme einer Töpferscheibe hergestellt und im offenen Feuer gebrannt wurden, war die Töpferscheibe in frühminoischer Zeit bereits fester Bestandteil der Keramik-Produktion. Die Fundorte gaben den verschiedenen Stilrichtungen ihre Namen.

Aus dem Beginn der Vorpalastzeit stammen Kelche des sogenannten ›Pyrgos-Stils‹ (V 3), schon weiterentwickelt sind die Keramikkannen des Agios Onoufrios-Stils (V 3, 4, 12). Die Schnabelkannen des Vassiliki-Stils (V 6) mit plastischen Augenverzierungen und dem gewollt ungleichmäßigen schwarz-rot-changierenden Brand, sind schon Meisterwerke. Aus dem Süden der Insel stammen Gefäße im sogenannten Barbotine-Stil (V 9), dessen reliefartige Oberfläche durch die Behandlung des noch feuchten Tons entstanden ist. Köstlich ist die ›Hirtenschale‹ (V 10) aus Palekastro, die als plastischen Schmuck einen Schäfer mit seiner Herde zeigt.

In diesem Saal treffen Besucher auch erstmals auf Darstellungen des kultisch bedeutenden Stierspiels (V 12, s. auch S. 96) und auf die Siegelsteine (z. B. V 16), die nicht nur als Schmuckstücke oder Amulette verwendet wurden, sondern auch wirklich zum Versiegeln von Türen oder Behältern.

Saal II: Dieser Saal enthält Funde der Älteren Palastzeit (2000–1700 v. Chr.) aus Knossos, Malia und verschiedenen Gipfelheiligtümern. Hier beeindruckt vor allem die Keramik im Kamares-Stil (V 19), für den auf schwarzem Grund mit weißer oder roter Farbe aufgetragene Ornamente typisch sind. Dem Reichtum an Farben und Motiven entspricht die Vielfalt der Gefäßformen. Von den Heiligtümern, die Kretas Berggipfel krönten, z. B. vom Gipfelheiligtum des Jouchtas, sind Idole (V 21, vor allem 24)) ausgestellt, die verraten, in welcher Aufmachung die Gläubigen zu den Gipfelheiligtümern gepilgert sind: Die Frauen trugen bodenlange, glockenförmige Röcke und kunstvolle Frisuren, die Männer nur einen Lendenschurz, in dem ein Messer steckte. Darauf, daß die Minoer ihre Toten in der Hocke beerdigten, lassen zwei kleine Sarkophage schließen.

Eines der schönsten Ausstellungsstücke des Museums ist das ›Stadtmosaik von Knossos‹ (V 25), kleine Fayence-Plättchen, auf denen Hausfassaden dargestellt sind und die früher wahrscheinlich einen Holzschrein geziert haben. Die Mosaik-Stücke zeigen ein genaues Bild der Architektur jener Zeit: zwei- und dreigeschossige, eng aneinandergeschmiegte Häuser mit Flachdächern und Lichthöfen. Das Erscheinungsbild von so manchem kretischen Dorf kommt dieser alten Darstellung verblüffend nahe.

Saal III zeigt ebenfalls Funde aus der Zeit der Älteren Palastzeit, in erster Linie

Die Entzifferung des Diskos von Phaistos ist bis heute umstritten

aus dem Palast von Phaistos. Neben hervorragenden Keramik-Arbeiten im Kamares-Stil ist hier vor allem der ›Diskos von Phaistos‹ (V 41) zu bewundern. Die kleine Tonscheibe, in die in noch feuchtem Zustand auf beiden Seiten hieroglyphische Zeichen eingeprägt worden sind, ist das älteste ›Druckwerk‹ der Welt. Man vermutet, daß die insgesamt 45 Zeichen – Menschen, Tiere, Werkzeuge – einzelne Begriffe darstellen (Ideogramme). Die Schrift gilt trotz zahlreicher Deutungsversuche noch immer als unentziffert. Gleichwohl kolportiert die Presse alle paar Jahre Meldungen, denen zufolge irgend jemandem irgendwo auf der Welt die Entschlüsselung gelungen sei. Aber noch keinem Deutungsversuch ist bisher die weltweite wissenschaftliche Anerkennung zuteil geworden.

Das gilt auch für den Österreicher Herbert Zebisch, der in seinem 1987 im Eigenverlag veröffentlichten Werk ›Linear A – die Entschlüsselung einer Ursprache Europas‹ eine komplizierte Auflösung des Rätsels vorlegte. Für ihn sind die Schriftzeichen keine Buchstaben im heutigen Sinn, sondern Wortanfänge des Namens der mit den Zeichen beschriebenen Gegenstände.

Für den norwegischen Sprachforscher Kjell Aartun stellt die Inschrift die dichterische Schilderung eines Fruchtbarkeitsrituals dar. Seit Beginn der 90er Jahre vertritt er die Auffassung, daß es sich bei den Zeichen um einen semitischen Text handelt. Behielte er recht, müßte langfristig die Frühgeschichte Griechenlands umgeschrieben werden. Denn dann wären Semiten aus dem südöstlichen Mittelmeerraum nach Kreta eingewandert und hätten dort die minoische Kultur entwickelt – und nicht umgekehrt. Dieser Deutung entspricht der Mythos von Zeus und Europa: Europa ist eine phönizische, also semitische Prinzessin, die von einem griechischen Gott nach Kreta entführt wurde.

Genau gegenteilig beurteilt der schottische Journalist Victor Kean in einer 1985 veröffentlichten Schrift die Zeichen auf dem Diskos: Für ihn sind sie der Bericht über die Wanderung eines Frühminoers, der an die nordafrikanische Küste übersetzte, um nomadisierenden Jägern in der Sahara Kenntnisse über den Anbau von Getreide zu bringen. Diese Mission, bei der er sein Leben ließ, habe die Minoer so beeindruckt, daß sie einen Künstler damit beauftragten, die Reise für die Nachwelt festzuhalten.

Jüngere Palastzeit

Saal IV: Fundstücke der Paläste von Knossos, Phaistos und Malia aus der Jüngeren Palastzeit (1700–1450 v. Chr.). Die in Knossos gefundene Keramik (V 44–46) besteht aus schlankeren Gefäßen, jetzt mit dunkler Farbe auf hellem Grund bemalt, wobei je nach Motiv zwischen Flora- und Meeresstil zu unterscheiden ist. Im Palast von Malia wurde der Steingriff eines Zepters gefunden (V 47), der auf der einen Seite wie eine Axt gestaltet ist, auf der anderen wie ein zum Sprung ansetzender Leopard.

Aus der Schatzkammer des Zentralen Heiligtums des Palastes von Knossos stammen die berühmten ›Schlangengöttinnen‹ (V 50), zwei zierliche Figürchen in der Mode jener Zeit: kurzärmelige, bis zum Boden reichende Kleider mit Wespentaille lassen den Busen unverhüllt. Die barbusigen Göttinnen tragen von den Minoern als heilig verehrte Schlangen. Auch ein steinernes Kultgefäß in Form eines Stierkopfes (V 51) sowie die kleine Elfenbeinfigur eines Stierspringers (V 56), von denen allzu Neugierige durch Seile ferngehalten werden, verdienen Beachtung. Professor Jannis Sakellarakis, berühmter Ausgräber und langjähriger Leiter des AMI, hält diese Darstellung des lebensgefährlichen Rituals für »... das erste Mal in der Kunst, daß eine menschliche Gestalt völlig losgelöst im Auger wegung im freien Raum da

Saal V zeigt Funde aus des Palastes von Knossos Zeit seines Untergangs. , ...unsche und ägyptische Einflüsse zeichnen sich bereits ab. Keramik-Erzeugnisse im sogenannten ›Palaststil‹ (V 63, 64), die nur in Knossos gefunden wurden, zeigen neue Formen (z. B. eine Amphore mit drei Henkeln, V 66), die Malmotive hingegen entsprechen weiterhin dem Flora- und Meeresstil. Beschriftete Tontafeln (V 69) tragen die Linear A-Schrift und die darauf folgende, bereits 1952 entzifferte Linear B-Schrift. Das Tonmodell eines Hauses aus Archanes (V 70a) gleicht im Grundriß den einfachen Bauernhäusern, die man noch heute auf Kreta findet.

Saal VI präsentiert Funde aus Begräbnisstätten von Knossos, Phaistos und Archanes. Zu den wichtigsten ausgestellten Gefäßen gehört eine Kanne mit plastischem Dornen-Dekor aus Katzambas, die Kultzwecken diente (V 80). Auffallend ist, daß Grabfunde in größerer Stückzahl eher nicht aus der Blütezeit der Paläste stammen, sondern aus deren Untergangszeit bzw. der Nachpalastzeit. Drei kleine Plastiken (V 71) sind besonders faszinierend: Die eine zeigt ein Totenmahl (bei dem ein Mann neugierig zur Tür hereinschaut), die zweite ist das Modell eines Heiligtums mit vier sitzenden Personen, denen zwei Adoranten Opfergaben bringen, die dritte Plastik verkörpert ein rundes Gebäude, in dem sich vier Männer zu einem kreisförmigen Kulttanz eingehakt haben – ähnlich den Tänzen von heute.

Saal VII: Kult- und Kunstgegenstände aus Herrenhäusern, Villen und Kultgrotten Zentralkretas der Jüngeren und der Nachpalastzeit, also zwischen 1700 und 1300 v. Chr. Das beeindruk-

Schlangengöttin aus Knossos – Zeugnis des Matriarchats?

Die Schnittervase aus Agia Triada ist ein Dokument minoischer Alltagskultur

kendste Steingefäß des Museums ist die sehr kleine sogenannte ›Schnittervase‹ (V 94), die im Flachrelief eine soldatengleich marschierende und singende Garde von Landarbeitern zeigt, die über den Schultern Gabeln, Sicheln und Dreschflegel tragen. Ebenfalls aus schwarzem Steatit (Speckstein) ist der winzige ›Rapportbecher‹ (V 95) gefertigt, auch ›Prinzenbecher‹ genannt; die Darstellung zeigt einen Soldaten, der einem Vorgesetzten, vielleicht einem Prinzen, Rapport erstattet.

In beklagenswertem Erhaltungszustand präsentiert sich ein längliches Trink- und Opfergefäß (Rhyton) aus dem gleichen Material (V 96), das in vier übereinanderliegenden Zonen Box- und Ringkämpfe sowie Stierspringer-Szenen zeigt. Tausch- und Zahlungsmittel der Minoer zur Jüngeren Palastzeit waren die sog. Talente (V 99); die Bronzebarren sind immerhin 40 kg schwer. Nur mehrere Gramm dagegen wiegen die Meisterwerke minoischer Goldschmiedekunst, darunter der bekannte, vielfach abgebildete Anhänger in Form von zwei Bienen mit Honigtropfen (V 101).

Saal VIII: Da der Palast von Zakros niemals geplündert wurde, sind die hier ausgestellten Funde aus der Jüngeren Palastzeit besonders reich. Ein Rhyton aus Bergkristall (V 109) fasziniert, dessen Henkel aus Kristallperlen besteht, die auf Bronzedraht aufgezogen sind. Meisterhaft zeigt ein Steingefäß (V 111) neben Bergen und einem Gipfelheiligtum die berühmten Wildziegen Kretas, die in der minoischen Darstellungskunst ihren festen Platz haben. Das Gefäß ist aus Chlorit geschnitten, einem normalerweise grünlichen Stein; seine unterschiedlichen Farbtöne hat er durch das Feuer erhalten, das den Palast zerstörte. In vollendeter Schönheit stellt sich eine Amphore (V 118) mit doppeltem Rand und S-förmigen Henkeln dar; die Zeichnung des Marmors harmoniert auffällig mit der Form des Gefäßes.

Saal IX dokumentiert in Funden aus Siedlungen Ostkretas, u. a. Gournia, wie die einfachen Menschen in der Jüngeren Palastzeit gelebt haben. So werden z. B. verschiedene Haushaltsgeräte gezeigt, darunter ein Sieb und ein Bratrost (V 119). Auffallend sind die ›Pilgerflasche« (V 120) mit schönem Tintenfisch-Dekor und ein Keramik-Gefäß in Form eines Henkelkorbes (V 122), das mit Doppeläxten bemalt ist. Statuetten aus dem Gipfelheiligtum von Piskokephalo (V 123) stellen Männer und Frauen in Gebetshaltung dar, die Hände an den Körper gepreßt oder zur Brust erhoben; auch hier tragen die Frauen lange Röcke, die Männer Lendenschurze. Besonders reichhaltig ist wieder die Sammlung von Siegeln (V 128), deren Motive mühselig in kleine Halbedelsteine geschnitten sind. Als Vergrößerungsglas haben die Siegelschneider Bergkristall benutzt.

Von der Nachpalastzeit bis zur orientalisierenden Zeit

Saal X: Die Funde aus der Nachpalastzeit weisen unübersehbar den Einfluß Mykenes auf Kreta auf, nachdem mit dem Untergang der großen Paläste die blühende minoische Kultur zugrunde gegangen und Kreta zur mykenischen Provinz abgestiegen war. Am deutlichsten spiegelt sich mykenischer Einfluß in der Keramik (V 130/131) wider. Neben altvertrauten Formen treten neue auf: Becher, Dosen sowie »Krater« genannte Mischkrüge.

An Folkloredarbietungen von heute erinnert eine Reigentanzgruppe (V 123); drei Frauen fassen sich an den Schultern und umfassen eine vierte in der Mitte, die ein Musikinstrument spielt. In dieser Zeit (ab 1450 v. Chr.) kommen große Tonidole in Mode, die in verschiedenen Heiligtümern gefunden wurden (V 133). Die Gewänder der Göttinnen sehen aus wie Zylinder, die Haltung ist wie eingefroren. Alle Figuren erheben die Hände, wobei die Bedeutung der Geste bis heute noch nicht geklärt ist. Eine stilisierte Frau, die auf einem Tonpferd reitet (V 138), eine Frau auf einer Schaukel (V 143), dies alles sind interessante Motive. In der Ausführung aber bleiben sie Provinzkunst.

Saal XI zeigt zwei parallel verlaufende Kulturströmungen, die sub- oder nachminoische (1100–1000 v. Chr.) und die protogeometrische Kultur (1100–900 v.Chr.). Unter den subminoischen Kunstwerken ragt ein Kultgefäß heraus, ein stehender Wagenlenker auf einem Ochsenwagen, bei dem nur die Köpfe der Ochsen ausgeführt sind (V 148).

Bei den Exponaten der protogeometrischen Zeit ist der dorische Einfluß nicht zu übersehen. Aus dem Heiligtum der Göttin Eileithyia bei Itanos stammen Votivgaben (V 149), die der Göttin der Fruchtbarkeit und auch der Geburtshilfe gewidmet sind: Liebespaare, schwangere Frauen, stillende Mütter und ein Säugling in der Wiege.

Die Ausstellung in diesem Saal dokumentiert zudem, daß die Bronzezeit der Vergangenheit angehört, Waffen und Werkzeuge, oft sind noch Reste der Holzgriffe zu sehen, werden jetzt aus Eisen hergestellt (V 153).

Saal XII ist Funden aus geometrischer und orientalisierender Zeit gewidmet. Die Keramik der geometrischen Periode (900–725 v. Chr.) fällt durch ihre Farbgebung auf, blaue und rote Bemalung auf weißem Grund (V 159, 165–167). Die Werke des orientalisierenden Stils (725–650 v. Chr.) spiegeln die enge Berührung Griechenlands mit dem Orient wieder (V 162–164, 168). Die weiter verwendeten geometrischen Formen in der Bemalung werden durch figürliche Darstellungen ergänzt. Dazu gehören auch Menschen, z. B. die anrührende Szene eines Liebespaares auf dem Hals eines Weinkrugs (V 163).

Wie im Barock Freskomalerei und Stukkaturen häufig nahtlos ineinander übergehen, reichte auch den Keramik-Künstlern der orientalisierenden Phase die zu bemalende Fläche mitunter nicht aus, und so entstand beispielsweise das kesselförmige Gefäß (V 168) mit Greifen-Darstellungen, bei denen die Köpfe plastisch ausgearbeitet sind. Zur verspielten Kleinplastik jener Zeit gehört ein Gefäß (V 162), das einen Baumstamm mit umherflatternden Vögeln verkörpert.

Minoische Sarkophage und Fresken

Saal XIII führt wieder zurück in minoische Zeit. Hier stehen ovale Sarkophage aus der Jüngeren Palastzeit und solche in Badewannen- und Kastenform aus der Nachpalastzeit. Sie sind auffallend klein, die Toten wurden vor der Leichenstarre in Hockstellung hineingesetzt. Die Bestattung in Sarkophagen wurde schon in der Vorpalastzeit häufiger praktiziert als die Beerdigung in großen Pithoi, doch waren die frühen Sarkophage aus Holz und sind nicht erhalten. Bemalt sind die Steinsärge im jeweils zeittypischen Keramik-Stil. Der schönste Sarkophag, der aus Agia Triada stammt, steht nicht ohne Grund ein Stockwerk höher in Saal XIV: Er ist mit beeindruckender Freskomalerei geschmückt und zählt zu den kostbarsten Funden des Museums. Die Archäologen vermuten, daß in ihm zur Zeit der mykenischen Herrschaft ein Prinz bestattet worden ist. Die Malereien zeigen auf der einen Längsseite ein Stieropfer, auf der anderen Seite die Darbringung von Opfergaben.

Säle XIV bis XVI: Hier werden die berühmten minoischen Wandmalereien gezeigt, ohne die unser Bild der Minoer

Der ›Lilienprinz‹

nicht vollständig wäre. Die Fresken stammen fast alle aus dem Palast bzw. den umliegenden Häusern von Knossos und sind bis auf wenige Ausnahmen in der Jüngeren Palastzeit gemalt worden. Sie zeigen, wie es Sakellarakis formuliert, »überschäumende Lebensfreude«. Grazil und tänzerisch präsentiert sich der »Lilienprinz« (Saal XIV, ohne Nr.). Lebensfreude versprüht auch das Fresko mit den springenden Delphinen (XIV, Nr. 10). Kraftvoll sind der Stierkopf und das berühmte Stierspringer-Wandbild (beide XIV, ohne Nr.). Die »Blauen Damen« (XIV, Nr. 9) sind ebenso vornehm wie (in Saal XV, Nr. 27) eines der schönsten Fresken, das Bildnis einer Minoerin, das man nach dem Schönheitsideal der Belle Epoque 1903 ›Kleine Pariserin‹ getauft hat. Dieses Fresko ist wesentlich besser erhalten als die meisten anderen Wandmalereien, bei denen nur Bruchstücke der Originale überliefert sind. Leider wurde bei den Rekonstruktionen mit Phantasie und Farbe so verschwenderisch umgegangen, daß der originale Eindruck schon fast überdeckt wird – heutige Archäologen wären da weitaus zurückhaltender gewesen.

Das AMI besitzt riesige Magazin-Bestände, die bei ausreichend Geld- und Personalmitteln zu richtungsweisenden Ausstellungen arrangiert werden könnten.

Seit Jahren wird auch ein Museumsneubau diskutiert, der vor allem den gestiegenen Sicherheitsanforderungen gerecht würde. Doch bleibt es wahrscheinlich aus Geldmangel in den nächsten Jahren beim alten – eigentlich unhaltbaren – Zustand.

Knossos – Disneyland für Kunstliebhaber

Zeitvorschlag: 1/2 Tag
(Plan, S. 98/99)

■ (S. 273) Ein Ausflug nach Knossos, 7 km südöstlich vor den Toren der Stadt, zählt zum Pflichtprogramm jedes Kreta-Urlaubers. Denn wer den sagenumwobenen Palast des König Minos nicht gesehen hat, wird die minoische Epoche nicht begreifen. Im Unterschied zu den Palastausgrabungen in Malia, Phaistos, Zakros und, wenn man so will, auch Archanes, die größtenteils als Trümmerfelder dastehen und der Phantasie der Betrachter kaum Anregungen geben, konnte Knossos von dem britischen Ausgräber Sir Arthur Evans (1851–1941) in weiten Teilen rekonstruiert werden.

Die Nachbildung ist umstritten; die allzu großzügige Verwendung von Beton und bunter Farbe ließ aus den in Jahrzehnten mühevoll ausgegrabenen Funden ein Disneyland für Kunstliebhaber entstehen. Dabei ist Evans keineswegs so hemdsärmelig vorgegangen, wie der heutige Streit um seine Rekonstruktion vermuten läßt. Er hat sich vielmehr große Sorgen um den Erhaltungszustand der Funde gemacht. Bevor er nämlich mit Beton zu Werke ging, um die freigelegten Palastteile zu überdachen und zu stützen, experimentierte Evans mit aus Österreich importiertem Holz. Da dies allerdings zu schnell verfaulte, bildete er schließlich Säulen und Treppen, Decken und Wände in Beton so nach, daß Original-Funde miteinbezogen werden konnten. Was entstand war eine Mischung aus Alt und Neu. Und gab ihm nicht das Erdbeben recht, das am 26. Juni 1926 die Dörfer in der Umgebung von Knossos zerstörte, die Palastrekonstruktion aber ohne Schaden überstehen ließ? Die 700 000 Besucher im Jahr, die nach Knossos kommen, sind dem Ausgräber jedenfalls dankbar, daß er ihnen ein so plastisches und gar nicht *so* falsches Bild der riesigen Palastanlage überliefert hat.

Die Anlage ist gigantisch! Auf einer Fläche von 21 000 m² errichteten die Minoer auf hügeligem Grund 1300 bis 1400 Räume über zwei bis vier Stockwerke sowie zahlreiche Lichthöfe, Treppenanlagen, Säulenhallen, Innenhöfe und Terrassen. 100 000 Menschen lebten im Palast und in der ihn umgebenden Stadt, die übrigens genauso wenig

wie der Palast befestigt war. Was heute in Knossos zu sehen ist, stammt fast ausschließlich aus der Jüngeren Palastzeit.

Entstehungsgeschichte

Wie auch die Paläste von Phaistos, Malia und Zakros entstand der erste Palast von Knossos in der Bronzezeit, nach 2000 v. Chr. Und wie die drei anderen Paläste ist er um 1700 v. Chr., wahrscheinlich durch ein Erdbeben, zerstört worden. Doch schon bald wurden alle vier Paläste neu errichtet, die Anlage von Knossos entstand in ihren heutigen Ausmaßen. 1450 v. Chr. fielen die Paläste einer neuerlichen – der letzten – Katastrophe zum Opfer. Bis vor ein paar Jahren neigten Archäologen zu der Theorie, daß die Katastrophe im Zusammenhang mit dem Vulkanausbruch auf der gar nicht so weit entfernten Insel Santorin (Thira) stehe: Vom Erdbeben hervorgerufene Flutwellen, mehr als 100 m hoch, und ein tödlicher Aschenregen hätten zur Verwüstung der großen Palastanlagen geführt. Dagegen wird neuerdings die Theorie favorisiert, daß diese Katastrophe nur der Auslöser für den Untergang der Paläste war und ein geschwächtes Staatswesen zu Fall brachte, das mit dieser Naturkatastrophe und den daraus resultierenden Hungersnöten und sozialen Unruhen nicht mehr fertig wurde. Nur der Palast von Knossos wurde noch einmal aufgebaut, aber schon 50 Jahre später endgültig zerstört – wohl durch ein Feuer, dessen Ursache nicht bekannt ist.

Evans war nicht der erste Ausgräber, der sich für Knossos interessierte. Den

Knossos, Südpropyläen

Anfang machte Minos (nomen est omen) Kalokainiros, der 1878 mit Grabungen begann und immerhin zehn Pithoi zutage förderte. Doch die türkischen Besatzer untersagten die Fortführung seiner Arbeit. Auch Heinrich Schliemann, zu jener Zeit durch Funde in Troja schon weltberühmt, hätte gerne in Knossos gegraben, wurde aber 1886 mit dem Besitzer des Geländes nicht handelseinig. Arthur Evans, britischer Museumsdirektor und Ethnologe, kaufte das Grundstück 1894 und begann 1900 mit den Ausgrabungen.

Deutungen

Evans' Deutung, daß der Palast von Knossos – wie die anderen Paläste übrigens auch – als Residenz eines Herrschers politischer, kultureller und religiöser Mittelpunkt eines minoischen Reiches war, ist heute gängige Lehrmeinung. Doch immer wieder legen Außenseiter neue Interpretationen vor.

So fiel dem deutschen Geologen **Hans-Georg Wunderlich** 1970 bei seinem ersten Besuch im Palast von Knossos eher zufällig die Weichheit des verwendeten Baumaterials auf: Es handelt sich nämlich um Gips und nicht um Marmor. Das veranlaßte ihn, an der geläufigen Deutung zu zweifeln, und zwei Jahre später überraschte er mit dem heißdiskutierten und vielgekauften Buch ›Wohin der Stier Europa trug‹ Publikum und Fachwelt gleichermaßen. Darin schildert Wunderlich die minoischen Anlagen als komplizierte Bauwerke zur Verehrung und Bestattung von Toten.

Eine Außenseiterposition bezieht auch der französische Altertumsforscher **Paul Faure** (›Kreta – das Leben im Reich des Minos‹). Entgegen der gängigen Auffassung, Knossos sei das Laby-

Minoischer Stierspringer-Kult

Die kleine Elfenbein-Figur im Saal IV des Archäologischen Museums von Iraklion (AMI), 3500 Jahre alt und noch recht gut erhalten, zeigt einen Akrobaten, der mit scheinbarer Leichtigkeit über einen – leider nicht erhaltenen – Stier springt. Auch das Stierspringer-Fresko im Saal XIV zeigt einen schlanken jungen Mann, der mit Eleganz fast spielerisch seine Kunststücke auf einem heranstürmenden Stier vollführt. Auf minoischen Gefäßen und zahlreichen Siegeln wird dieses Kunststück in allen Variationen dargestellt.

Das Stierspringen der Minoer war kein sportlicher Wettbewerb im heutigen Sinn, sondern eine Kulthandlung. Es waren unblutige Kämpfe, zumindest was den Stier betraf. Die Athleten – Mädchen waren zu der Kulthandlung ebenso zugelassen wie junge Männer – mußten dagegen ihren Mut wahrscheinlich oft mit dem Leben bezahlen. Denn was auf den Darstellungen so spielerisch aussieht, war eine enorme sportliche Leistung: Die Mädchen und Jungen mußten den heranstürmenden Stier im richtigen Moment, kurz bevor er seinen gesenkten massigen Kopf zum Angriff hob, bei den Hörnern packen und kunstvolle Salti über seinen Rücken ausüben. Ein ähnliches Schauspiel wird heute noch bei Stierkämpfen in Portugal gezeigt, bei denen der Stier auch nicht getötet, aber am Schluß des Kampfes bei den Hörnern genommen und niedergerungen wird.

Aus welchem Anlaß und zu welchem Zeitpunkt die Minoer ihre Kultfeste feierten, ist noch nicht ergründet worden. Auch über die symbolische Bedeutung des Stierspringer-Kults können die Wissenschaftler nur spekulieren. Der Deutungsversuch, daß beim Stierspringen lediglich das Fangen wilder Stiere

rinth des Theseus-Mythos, identifizierte er die Palastanlage als riesigen Tempel. Das mythische Labyrinth dagegen verlegt Faure in eine – in der Tat labyrinthartige – Höhle namens Skotino.

Dabei liegt auf der Hand, daß die – auch von Evans vertretene – Lehrmeinung den Palast von Knossos und das sagenhafte Labyrinth gleichsetzt. Der Begriff Labyrinth stammt vom griechischen Wort *labrys*, »Doppelaxt«. Doppeläxte waren sozusagen das ›Markenzeichen‹ des Palastes von Knossos, denn auf dieses kultische Symbol trafen Archäologen überall in der weitläufigen Palastanlage. Die vielen, verzweigten, unübersichtlichen Räume des Palastes der Doppeläxte wurden für spätere Generationen zu dem, was wir heute unter einem Labyrinth verstehen.

So sehr Evans' Theorien über den Palast von Knossos allgemein anerkannt sind, so sehr sind Einzeldeutungen umstritten. Heutige Archäologen werfen Evans z. B. vor, seine Benennung von Palasträumen entspränge im Grunde

auf Kreta rituell nachgestellt wurde, ist vielleicht zu einfach. Manchem mag die Theorie einleuchtender erscheinen, daß mit den Stierspringer-Szenen die Entführung der phönizischen Prinzessin Europa nach Kreta durch Zeus in Stiergestalt nachgespielt wurde. Höchstwahrscheinlich nahmen an den Stierspielen auch junge Männer und Frauen vom griechischen Festland teil. Dies könnte der Hintergrund für die mythische Überlieferung sein, daß Attika alle drei Jahre sieben junge Männer und sieben junge Frauen nach Kreta schicken mußte, die dem Ungeheuer Minotaurus zum Fraß vorgeworfen wurden.

Der Stier war das bedeutendste Kulttier der Minoer. Das Archäologische Museum von Iraklion zeigt kostbare Gefäße in Form von Stierköpfen, einige von ihnen nahmen das Blut geopferter Stiere auf. Stieropfer nahmen in der (noch kaum erforschten) Religion der Minoer einen herausragenden Platz ein. Auch die Stiere, die beim Stierspringer-Kult mitwirkten, wurden nach der Vorführung den Göttern dargebracht.

Das ›Stierspringerfresko‹ aus Saal XIV des AMI

weniger wissenschaftlichen Erkenntnissen als seiner starken Phantasie. Da sich diese Bezeichnungen jedoch eingebürgert haben, werden sie im folgenden Rundgang beibehalten.

Rundgang:

Einige Bereiche des Palastes werden derzeit rekonstruiert, was Jahre in Anspruch nehmen kann. Deshalb wurde die Wegeführung geändert. Da noch niemand weiß, welche Bereiche wann wieder freigegeben werden, schlagen wir einen z. T. provisoren Rundgang vor, haben aber die Ziffernfolge belassen (s. Pläne S. 98 und 99). Nicht zu besichtigen ist z. B. der **Magazinkorridor** (5).

Hier liegen links 21 schmale Kammern, **Magazine** (6), in die früher kein Tageslicht fiel und die 400–500 große Vorratsgefäße, Pithoi genannt, bargen. Überreste von ca. 150 Pithoi sind hier gefunden und in mühevoller Kleinarbeit wieder zusammengesetzt worden.

Vom Prozessionskorridor zum Piano Nobile

Wer das Grabungsgelände betritt, trifft auf den alten **Westeingang** des Palastes, der ein wenig versteckt in der Südostecke des großen Westhofes liegt (1). In das labyrinthartige Innere des Palastes gelangen Besucher durch den sogenannten **Prozessionskorridor** (2), benannt nach über 500 Fresken, die ihn früher zierten und Minoer mit Kult- oder Opfergaben in voller Lebensgröße in einer Art Prozession zeigten.

Wenn man vom Prozessionskorridor vor dem nicht rekonstruierten Stück nach links abbiegt, trifft man zum ersten Mal auf Rekonstruktionen größeren Stils, und zwar in den sogenannten **Südpropyläen** (3). Mit den gelb gestrichenen Querbalken aus Beton wollte Evans die früheren Holzbalken darstellen, die in minoischen Bauwerken u. a. die Aufgabe erfüllten, bei einem Erdbeben den Druck aufzufangen.

Von den Propyläen führt eine **Treppe** (4) hinauf zu den Repräsentationsräumen des Palastes, die Evans in Anlehnung an entsprechende Räumlichkeiten in Renaissance-Palästen **Piano Nobile** nannte. Hier oben liegen u. a. die Dreisäulen-Halle, die Schatzkammer des Staatstraktes, die Sechssäulen-Halle, die früher das Fresko der ›Pariserin‹ zierte, und die große Treppe, die vom Zentralhof des Palastes heraufführt.

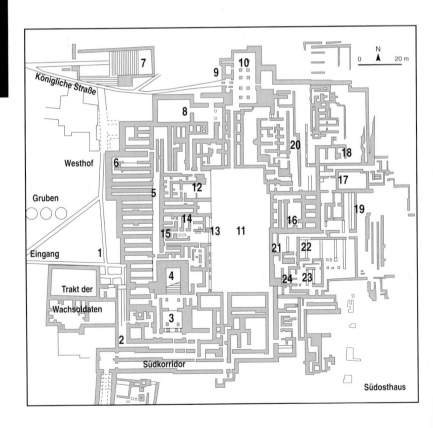

Zum Innenhof

Wir setzen den Weg an der Treppe vorbei über die Rampe zum **Zentralhof** fort (11), Herzstück eines jeden minoischen Palastes. Der 50 × 28 m große Zentralhof liegt auf einem Hügel. An der Westseite des Hofes liegt der **Thronraum** (12) mit einem schlichten Alabaster-Thron, im Vorraum steht eine hölzerne Nachbildung des Throns des Königs Minos. Über dem Thronsaal, von außen über die große, vom Zentralhof hinaufführende Treppe zu erreichen (rechts halten), liegt ein kleiner Ausstellungsraum mit Kopien minoischer Fresken, deren Originale im Archäologischen Museum von Iraklion (AMI, s. S. 92) zu sehen sind. Der Thronraum ist im Sommer einem starken Besucherandrang ausgesetzt, so daß man die Besichtigung möglichst früh starten sollte! Südlich an den Thronraum schließen sich das nach seiner dreigeteilten Fassade benannte **Dreiteilige Heiligtum** (13), die **Schatzkammer** (14), in der u. a. die beiden berühmten ›Schlangengöttinnen‹ (AMI, s. S. 89) gefunden wurden, sowie die **Krypten mit den rechteckigen Pfeilern** (15) an, die das Zeichen der Heiligen Doppeläxte tragen. Wegen der Rekonstruktionsarbeiten sind Heiligtum, Schatzkammer und Krypten derzeit nicht zugänglich.

Vom große Innenhof führt der Weg zum nördlichen Palastbereich, vorbei am Nördlichen Lustralbad, das im Gewirr der Räume und Gänge zwischen Thronraum und Einweihungsareal liegt, und über wenige abwärts führende Treppenstufen zu besichtigen ist. »Initiatory Area«, **Einweihungsareal** (8), nannte Evans den vor dem nördlichen Zugang des Palastes liegenden rechteckigen Hof mit einem Bassin, in das eine Treppe hinunterführt. Es darf angenommen werden, daß Palastbesucher hier kultische Waschungen vornehmen mußten,

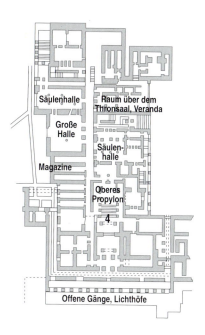

Knossos, Obergeschoß: ›Piano Nobile‹

Knossos 1 Beginn des Rundgangs 2 Prozessionskorridor 3 Südpropyläen 4 Treppe zum ›Piano Nobile‹ 5 Magazinkorridor 6 Magazine 7 Theater 8 Einweihungsareal 9 Nordpropyläen (Haupteingang) 10 Zollhaus 11 Zentraler Innenhof 12 Thronraum 13 ›Dreiteiliges Heiligtum‹ 14 Schatzkammer 15 Krypten mit den rechteckigen Pfeilern 16 Ost-West-Korridor 17 Hof mit dem Stierspiel-Fresko (Kopie) 18 Magazin mit den Riesen-Pithoi 19 Östlicher Palasteingang 20 Korridor des Schachspiels 21 Großes Treppenhaus 22 Megaron des Königs 23 Megaron der Königin 24 Badezimmer der Königin

bevor sie den Palast über den früheren Haupteingang, die **Nordpropyläen** (9), betreten durften. Ihnen ist Richtung Westen das **Theater** (7) vorgelagert, ein frühes Vorstadium des späteren griechischen Theaters. Es handelt sich dabei nicht um ein Theaterrund, sondern um zwei Schautreppen im rechten Winkel, auf denen – stehend – bis zu 500 Zuschauer Platz fanden. In letzter Zeit neigen Archäologen dazu, die hier vorbeiführende und auf den Palast zulaufende **Königliche Straße** als »Schauplatz der Stierspiele« anzugeben. Den dem Nordzugang vorgelagerten Pfeilersaal, erste Station der Besucher, nannte Evans **Zollhaus** (10), denn nach seiner Vorstellung wurden die Besucher samt Geschenken und Opfergaben kontrolliert.

Der königliche Wohnbezirk

Ein schmaler Korridor teilt im Ostteil des Palastes den nördlichen Handwerksbereich vom südlichen königlichen Wohnbezirk. Wer man am Ende des **Ost-West-Korridors** (16) links abbiegt, findet nach dem Passieren verschiedener Werkstätten einen **Hof** (17), aus dem das berühmte Stierspiel-Fresko stammt. Hier kann man das raffinierte System der Wasserversorgung gut nachvollziehen. Gegenüber liegt ein **Magazin mit vier Riesen-Pithoi** (18) aus der Zeit der Alten Paläste. Weiter östlich folgt der **östliche Palasteingang** (19), das dahinterliegende Freigelände kommt ebenfalls als Schauplatz für die Stierspiele in Frage. Links vom Hof führt Richtung Norden der **Korridor des Schachspiels** (20), der seinen Namen einem hier gefundenen, im AMI ausgestellten, schachbrettartigen Spiel verdankt.

Den südlichen Wohntrakt erschließt das **Große Treppenhaus** (21), dessen imposante Rekonstruktion nicht so umstritten ist wie der Nachbau anderer Palastteile. Die Treppe, eine der schönsten Knossos-Ansichten, bildete einen für die minoische Architektur typischen Lichtschacht, der nicht nur dem Lichteinfall, sondern auch der Belüftung der Palastanlage diente. Im Treppenhaus stehen auch die vielbewunderten roten, aus Beton nachgebildeten Säulen, die für die minoische Bauweise typisch sind: Die Originalsäulen, wie die Betonimitationen nach oben stark verdickt,

Der Thronraum mit dem Alabaster-Thron

waren aus Zypressenholz der Samaria-Schlucht hergestellt.

Erster und wichtigster Raum des Wohnbezirks ist ein (rekonstruierter) nach drei Seiten offener Pfeilersaal mit der hölzernen Kopie eines Thrones, das **Megaron des Königs** (22). Doch das **Megaron der Königin** (23) in seiner faszinierenden Farbenvielfalt ist viel schöner. Das nebenan liegende **Badezimmer der Königin** (24) besitzt eine Sitzbadewanne, auch diese wahrscheinlich eine allzu freizügige Rekonstruktion aufgrund recht spärlicher Funde. Die ›Toilette‹ im benachbarten Boudoir der Königin verfügt sogar über eine Wasserspülung.

Tief beeindruckt von der bald 4000 Jahre alten architektonischen Leistung der Minoer verlassen die meisten Besucher den Palast von Knossos, auch wenn manchem vielleicht mangels ausreichender Erklärung auf Tafeln, Schaubildern o. ä. der tiefere Sinn dieses Baus verschlossen bleibt. Ohne die umstrittenen Rekonstruktionen Evans' könnte ein archäologischer Laie das komplizierte Bauprogramm minoischer Paläste überhaupt nicht nachvollziehen, so aber kann man sich den Palast gut mit Leben erfüllt vorstellen. Wer ihn durchwandert, findet auch den Schlüssel zum Verständnis der anderen, nur spärlich rekonstruierten Palastanlagen auf Kreta.

Auf dem touristischen Highway von Iraklion nach Malia

Zeitvorschlag: 3 Std.

Auf einer Strecke von ca. 30 km ist die Küstenstraße von Iraklion bis Malia sozusagen der ›touristische Highway‹ der Insel: In den 1960er und 70er Jahren wurden hier die ersten Hotelanlagen der Insel aus dem Boden gestampft, und seitdem ist der Bauboom ungebrochen. Noch immer entstehen, mittlerweile schon in 10. oder 15. Reihe vom Strand entfernt, neue Pensionen, Appartementhäuser und Hotels. Und wenn auf den durchaus ansprechenden, in der Hochsaison aber hoffnungslos überfüllten Strandabschnitten kein Raum mehr für Gäste neuer Hotels ist, werden einfach neue Strände in die Felsküste gesprengt und mit Sand aufgeschüttet. Noch bis in die 80er Jahre fuhr man, um an Sommerabenden der Hitze der Inselhauptstadt Iraklion zu entfliehen, ein paar Kilometer Richtung Osten bis Kokkini Chani und ließ dort in einer der wenigen Strandtavernen gemütlich den Tag ausklingen; heute kann man sich entlang der Nordküste vor Hotels und Pensionen sowie vor Tavernen, Restaurants und Souvenirgeschäften kaum retten. Die Orte gehen nahtlos ineinander über.

Von Anissaras bis Limin Chersonissou

Mittlerweile sind auch die letzten (kargen) Felder bebaut, wofür die Gemarkung **Anissaras** 1 (S. 263), ein paar Kilometer westlich von Limin Chersonissou ein gutes Beispiel ist: Hier ist in den letzten Jahren eine große Hotel- und Bungalowsiedlung entstanden, die als relativ junge touristische Erschließung in den Reisekatalogen der Pauschalveranstalter reißenden Absatz findet.

Trotz aller Bausünden lohnt sich ein Abstecher nach Malia – nicht nur wegen des gleichnamigen berühmten minoi-

Von Iraklion nach Malia

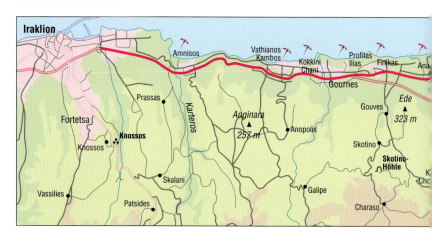

schen Palastes. Bei allem Rummel liegt in den Hauptorten dieses Küstenabschnitts so manches Hotel, das als Oase der Ruhe den lärmigen Trubel ringsum vergessen läßt. Eines davon ist das *Creta Maris* in **Limin Chersonissou** 2 (S. 274). Als es Ende der 1960er Jahre den Betrieb aufnahm, war der Küstenort, der landläufig nur *Chersonissos* genannt wird, in Deutschland unbekannt. Erst die Hotel- und Bungalowanlage, die wie ein griechisches Dorf gestaltet ist und seitdem als Vorbild für ungezählte Nachahmungen dient – die häufig aber hinter dem Original zurückbleiben –, verhalf dem einst verschlafenen Ort, man glaubt es heute kaum, zu seiner Popularität. Längst hat sich das ehemalige Fischerdorf zu einer großen Straßensiedlung ohne eigenes Gesicht gewandelt, laut und mit allen negativen Auswüchsen des Massentourismus. Ein wenig Entlastung hat allerdings die Umgehungsstraße gebracht, die um den Ort herumführt. Nur ab und zu wird die Bauwut ein wenig gebremst, wenn Arbeiter beim Ausheben einer Baugrube – wie so oft auf Kreta – auf historische Funde stoßen. Diese Region war schon zu Zeiten der minoischen Kultur besiedelt. In frühchristlicher Zeit existierte hier ein Bischofssitz.

So wurden in Limin Chersonissou die **Reste zweier frühchristlicher Basiliken** mit beachtlichen Fußbodenmosaiken ausgegraben. Die eine Fundstätte liegt auf einer kleinen Landzunge am westlichen Dorfeingang, die andere etwa 2,5 km hinter dem Ort Richtung Osten direkt beim Hotel *Eri Beach*. Hier ist vor ein paar Jahren eine große Wassersport- und Freizeitanlage mit großem Pool und Wasserrutsche entstanden, die sich *Star Water Park* nennt. Ein paar hundert Meter weiter in östlicher Richtung liegt zwischen Küstenstraße und Ufer das **Lychnostatis-Museum**, das eine zwar künstliche, aber durchaus interessante Darstellung traditionellen kretischen Landlebens bietet. Hier können Besucher einem Bauern samt Esel bei der Arbeit zuschauen, einen Blick in eine typisch kretische Bauernstube werfen oder die Unterkunft von Schafhirten kennenlernen, eine Färberei sowie eine Töpferei besichtigen. Zu der kleinen Museumsanlage gehören auch eine Kapelle und eine Windmühle.

Ursprüngliche Bergdörfer

Wesentlich authentischer als das Lychnostatis-Museum ist das **Volkskundemuseum**, das in einer historischen Ölmühle im Dörfchen **Piskopiano** 3 (S. 280) eingerichtet wurde. Das Haus stammt aus türkischer Zeit und besitzt einen modernen Anbau. Der Raum, in dem die früher von Maultieren angetriebene Ölpresse steht, ist erstaunlich hoch, fast ein Saal. Landwirtschaftliche Geräte, Werkzeuge, Wein- und Ölpressen demonstrieren anschaulich das Arbeitsleben der Kreter.

Der Abstecher von der Küstenstraße den Hügel hinauf lohnt unbedingt, weil hier, von den Hotelanlagen nicht weit entfernt, der alte, noch beschauliche Ort **Chersonissos** 4 und das Nachbardorf Koutouloufari ihren dörflichen Charakter weitgehend erhalten konnten. Allerdings haben die Urlauber auf der Suche nach Abwechslung auch diese beiden Orte entdeckt. So haben sich um den neugestalteten Hauptplatz von Chersonissos Souvenirgeschäfte und auf Touristen zugeschnittene Tavernen etabliert, vom Rummel der Strandorte sind die beiden Dörfer dennoch weit entfernt.

Eine ähnliche Entwicklung hat **Mochos** 5 hoch in den Bergen, von Stalida aus über eine Serpentinenstraße zu erreichen, durchgemacht. Er ist letzte Zwischenstation für viele Ausflügler auf der Rückfahrt von der Lassithi-Ebene (s. S. 163 f.) an die Nordküste. Die Aussicht vom Scheitelpunkt der Serpentine auf die ganze Küstenregion ist atemberaubend, vor allem kurz vor Sonnenuntergang. Abends bevölkern Urlauber aus Limin Chersonissou, Stalida und Malia die – inzwischen schon zahlreichen – Tavernen am Hauptplatz von Mochos. Aber die Einheimischen sind ihnen gegenüber immer noch aufgeschlossen.

Stalida und Malia

Zurück zur Küste: Bot sich früher **Stalida** 6 als beschaulichere Alternative zu den Touristenorten Limin Chersonissou und Malia an, so ist die Siedlung inzwischen explosionsartig gewachsen und verwächst fast nahtlos mit den Nachbarorten.

Malia 7 (S. 276) könnte der Zwillingsbruder von Limin Chersonissou sein. Auch dieser Ort ist ein Straßendorf, das sich vollkommen auf Massentourismus eingestellt hat. Zur Rush-Hour, wenn die Badenden vom Strand in die Hotels zurückkehren und vor allem abends, wenn sie den vielen Diskotheken und Bars zustreben, läßt sich die Ortsdurchfahrt nur im Schritt-Tempo und mit erhöhter Aufmerksamkeit passieren. Es ist laut und stinkt nach Abgasen. Für Kunstinteressierte hat Malia dagegen seinen guten Namen bewahrt: Der berühmte minoi-

Limin Chersonissos

sche Palast liegt nur 2,5 km entfernt; übrigens auf einem Gelände, das einen völligen Kontrast zum quirligen Ort Malia darstellt: Wegen der vielen im Boden noch verborgenen Funde darf hier nicht gebaut werden.

Minoischer Palast von Malia

8 Urlaubern, denen es in Knossos buchstäblich zu bunt wird, sei der Besuch des minoischen Palastes von Malia, des drittgrößten auf Kreta, nachdrücklich empfohlen! Denn im Gegensatz zu Knossos wird die Palastanlage, die seit Jahrzehnten von französischen Archäologen ausgegraben wird – immer wieder kann man die Ausgräber bei ihrer Tätigkeit beobachten – behutsam restauriert. Die Geschichte des Palastes von Malia gleicht der von Knossos: er-

richtet etwa 2000 v. Chr., vermutlich durch ein Erdbeben um 1700 v. Chr. zerstört, wiederaufgebaut, erneut und endgültig gegen 1400 v. Chr. zerstört. Die Anlage, wie sie sich heute darstellt, stammt wie die Funde aus Knossos aus der Jüngeren Palastzeit. Aber es gibt auch markante Unterschiede: So ist der Palast von Malia wesentlich kleiner, und er war auch nicht mit Fresken ausgeschmückt.

Nördlich des Haupteingangs fanden die Ausgräber einen 30 m × 40 m großen Platz, auf dem vielleicht Stierspiele stattfanden. Das Bild hellenistischer Städte mit ihren Marktplätzen und politischen Foren vor Augen, tauften die Archäologen das Areal **Agora**. Auch die Funktion des **Kernos** von Malia ist noch nicht ganz geklärt. Der runde Kalkstein von knapp 1 m Durchmesser, der an ein Mühlrad erinnert, ist in den Boden der Südwestecke des Zentralhofes eingelassen. Er weist an seinem Außenrand 33 kleine, kreisrunde Vertiefungen auf und eine größere, die wie ein Ausguß aussieht. Die häufigste Erklärung ist, daß der Stein, der im Zentrum noch eine tiefe Aushöhlung in Form einer Halbkugel besitzt, als Opferstein für landwirtschaftliche Produkte diente, die den Göttern – unserem Erntedankfest nicht unähnlich – dargeboten wurden. Einige Fachleute diskutieren auch ernsthaft die Theorie, ob der Kalkstein, von dem in Malia mehrere gefunden wurden, nicht vielleicht als Spieltisch fungierte.

Bemerkenswert sind in der Palastanlage von Malia noch Reste einer **Monumentaltreppe**, die an der Nordwestseite des Zentralhofes in das obere Stockwerk führte, sowie acht kreisrunde **Getreidesilos** in der äußersten Südwestecke des Palastes.

Weitere Ausgrabungen und Orte

Rings um den Palast haben die Archäologen Wohnsiedlungen freigelegt, die allerdings für Besucher noch versperrt sind. Doch beim Spaziergang durch das weitläufige Gelände können sie sich auch von außen ein gutes Bild machen. In der Nähe der Küste liegt eine minoische Begräbnisstätte. Da hier viele Goldfunde zutage gefördert wurden – u. a. der berühmte Goldanhänger mit den beiden Bienen (AMI, s. S. 90) –, haben

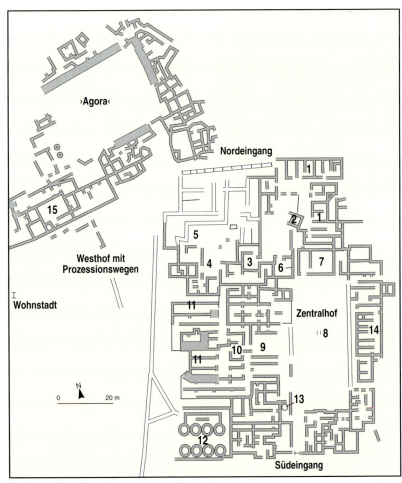

Malia 1 Wirtschaftsräume und Magazine   2 Schräg versetztes Gebäude aus mykenischer Zeit   3 Propylon und Polythron   4 Wohntrakt   5 Garten   6 ›Wachturm‹ am Korridor zum Zentralhof   7 Pfeilerhalle unbekannter Funktion   8 Brandopferaltar   9 ›Pfeilerkrypta‹, nördlich davon der Thronraum   10 ›Kultraum‹ mit Bank   11 Westmagazine   12 Acht Getreidesilos   13 Kalkstein (›Kernos‹)   14 Ostmagazine   15 Eingetiefter Versammlungsraum mit Bänken (›Crypte hypostyle‹)

die Kreter die Nekropole **Chrysolakkos** 9 genannt, »Goldgrube«. – Kurz hinter dem Palast von Malia zweigt von der Hauptstraße linker Hand eine Straße ab, die durch schöne Landschaften zu den alten Orten **Sissi** 10 (S. 284) und **Milatos** (s. S. 195, 277) führt. Die zu den Ortschaften gehörenden Küstensiedlungen Limin Sissiou (in den Katalogen nur *Sissi* genannt) und Paralia Milatos sind trotz fehlender guter Strände zu mehr oder weniger bedeutenden Touristenzentren herangewachsen, wobei sich Sissi mehr Ursprünglichkeit bewahrt hat.

Am Strand von Malia

Abstecher in die Heimat El Grecos

Zeitvorschlag: ½ Tag
(Karte, S. 109)

Der Ausflug von Iraklion zum angeblichen Geburtsort El Grecos, nach Fodele, nimmt noch nicht einmal einen halben Tag in Anspruch. Doch für Fodele sollte man sich ruhig Zeit nehmen. Dabei spielt es keine Rolle, ob El Greco nun wirklich hier geboren wurde oder nicht. Die schöne Lage in einem engen, fruchtbaren Tal macht den Abstecher so reizvoll. Fodele bezaubert! Man erreicht den kleinen Ort, wenn man über die alte Straße von Iraklion nach Rethymnon ›bummelt‹, über eine dürftige Zufahrtsstraße, die hinter Marathos abzweigt. Die Fahrt ist ein wenig mühselig, führt aber durch eine abwechslungsreiche Landschaft.

Agia Pelagia und Fodele

Der bequemere Weg nach Fodele folgt über der neuen Straße, die nicht durch die Berge, sondern am Meer verläuft. Die Abzweigung Richtung Agia Pelagia kann man getrost rechts liegen lassen, denn der Abstecher lohnt sich kaum. Früher war **Agia Pelagia** 1 (S. 260) ein Fischerdorf, das sich nun zu einer großen, modernen Feriensiedlung gemausert hat. Im Sommer wohnen ein paar tausend Menschen hier, im Winter ist die Siedlung nahezu verlassen. Die Bucht unterhalb der Berge bietet zwar einen schönen Anblick, und der mehrere hundert Meter lange Sand- und Kiesstrand ist akzeptabel, aber der Ferienort mit seinen vielen Tavernen ist nur für solche Urlauber das Passende, die kaum mehr erwarten als ein mehr oder weniger komfortables Quartier sowie Bade- und Sportmöglichkeiten.

Für welchen Weg nach Fodele man sich auch entscheidet, Orangen- und Zitronenbäume künden vom Wasserreichtum dieser Gegend. Durch **Fodele** 2 (S. 267) schlängelt sich nicht nur die Hauptstraße des Ortes, die wie so oft auf Kreta zugleich Durchgangsstraße ist, sondern auch ein Bach, der selbst im Hochsommer nicht versiegt. Deshalb ist Fodele ein vollkommen grüner, schattiger Ort. Sogar einen richtigen Park haben die Bewohner mitten in der Ortschaft angelegt, zu dem auch einer der auf Kreta seltenen Kinderspielplätze gehört. Doch was sich heute derart segensreich auf das Ortsbild auswirkt, war früher eher ein Fluch: Das Wasser hatte den Bewohnern Fodeles einst die Malaria gebracht.

Fodele und El Greco

Verhalten bleibt der Rummel, den Fodele um El Greco macht. Ein *El Greco-Café*, eine Büste, ein Erinnerungsraum – kaum mehr weist daraufhin, daß hier 1541 angeblich Domenikos Theotokopoulos geboren worden ist, später im Ausland *El Greco*, »der Grieche«, genannt. Über die Umstände seiner Geburt und die ersten Jahre auf Kreta ist nicht viel bekannt. Sicher ist, daß er an der Berg-Sinai-Schule in der Ekaterini-Kirche in Iraklion studierte und Schüler des Ikonenmalers Michael Damaskinos war. 1565 verließ Domenikos Theotokopoulos seine Heimat, die er für den Rest seines Lebens nicht wiedersah. Zunächst zog es ihn nach Venedig, wo er ein Schüler Tizians wurde. 1577 begann El Grecos traumhafte Karriere in Toledo,

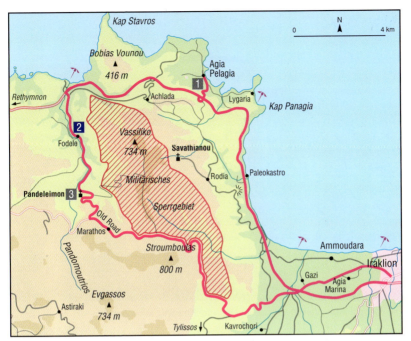

Nach Agia Pelagia und Fodele

wo er einen Palast mit 24 Räumen bewohnte, in dem er bedeutende Zeitgenossen aus Politik, Wirtschaft und Kultur empfing. Der von Tintoretto und Michelangelo beeinflußte Maler war so gefragt, daß er eine große Werkstatt unterhalten mußte, in der seine Werke – ekstatische Bilder mit den unverwechselbar gelängten Körperproportionen – in Kollektivarbeit entstanden. 1614 starb der Künstler in Toledo, reich und berühmt.

Beanspruchten früher mehrere Orte der Insel die Ehre, El Grecos Geburtsstätte gewesen zu sein, fällt sie seit 1934 offiziell Fodele zu. Damals reiste eine Delegation der Philosophischen Fakultät der spanischen Residenzstadt Valladolid an, um dem auserkorenen Ort Fodele eine Büste des Meisters und einen Gedenkstein aus Granit zu überreichen, der vom Grab des Malers stammen soll. Damals wurde so lange und so heftig gefeiert, daß man sich in Fodele noch ein Jahrzehnt später gut daran erinnerte. Die Büste fand einen würdigen Aufstellungsort mitten auf der Platia des Ortes. Eine zweite Büste steht vor dem **El-Greco-Museum,** das früher auf der Platia in einem unansehnlichen Bau untergebracht war, sich heute aber außerhalb Fodeles befindet. Um es zu besuchen, müssen Besucher zum angeblichen **Geburtshaus des Malers** pilgern, das ca. 1 km außerhalb des Ortes jenseits des Flusses im verlassenen Ortsteil Loumbinies liegt. Bis zur kleinen Kirche Panagia von Loumbinies kann man auch mit dem Auto fahren, von dort sind es keine fünfzig Meter Fußweg mehr bis zu El

Die Panagia-Kirche bei Fodele: Idealtypus einer Kreuzkuppelkirche

Grecos ›Geburtshaus‹, das einen relativ modernen Eindruck macht; vom ursprünglichen Gebäude sind nur noch ein paar Reste erhalten. Das ›Museum‹ besteht einzig aus einem schlichten Raum, dessen weiße Wände einige Kopien der Werke El Grecos zieren. Auf einem Tisch sind Bücher mit Schwarzweiß-Reproduktionen ausgelegt, außerdem ein paar unleserliche Briefe, von denen kein Urlauber je erfahren wird, wer sie an wen gerichtet hat.

Aber allein der schöne Blick ins Tal und die **Panagia-Kirche** sind den kleinen Abstecher wert. Die Kirche wurde im 13. Jh. auf den Grundmauern einer dreischiffigen Pfeiler-Basilika des 8. Jh. errichtet und ist mit Fresken aus dieser Zeit und vom Anfang des 14. Jh. ausgestattet. Der kleine, auffallend harmonisch wirkende Bruchstein-Bau besitzt einen Tambour mit elf schmalen Fenstern.

Rückweg über die Old Road

Wer den Hinweg nach Fodele über die New Road gewählt hat, sollte zur Abwechslung zurück über die Old Road fahren, die man von Fodele aus nach ein paar Kilometern Fahrt über eine schmale, schlecht ausgebaute Straße erreicht. Unterwegs kommt man am verlassenen **Kloster Pandeleimon** 3 vorbei, das aus dem 17. Jh. stammt und heute eine Ruine ist. Die zweischiffige Klosterkirche steht allerdings noch. Da sie äußerst baufällig ist, wird der Zutritt durch einen Zaun verwehrt.

Nachdem die Old Road hinter Marathos lange an militärischem Sperrgebiet vorbeiführt, öffnet sich von den Bergen her ein schöner Blick auf die weite Bucht von Iraklion.

Nach Anogia und auf die Nida-Hochebene

**Zeitvorschlag: 1 Tag
(Karte, S. 114)**

In eine rauhe, naturbelassene Region führt ein eintägiger Ausflug nach Anogia und hinauf auf die Nida-Ebene. Unterwegs ist so viel zu sehen, daß mancher sicherlich mehrere Anläufe unternehmen wird, um endlich ans Ziel zu gelangen, der Idäischen Höhle *(Ideon Andron)* über die Nida-Ebene. Hier soll Zeus aufgewachsen sein.

Künstliches Dorf Arolythos

Der erste Stopp bietet sich schon nach 10 km auf der alten Straße von Iraklion nach Rethymnon an, wo ein Weg Richtung Tylissos abzweigt. (Den Anfang der Old Road finden Autofahrer in den zersiedelten Vororten von Iraklion am leichtesten, wenn sie in Ammoudara beim Supermarkt *Kontinent* nach links abbiegen.) Hier liegt das Dorf **Arolythos** 1 (S. 264), in dem im Rahmen von Busausflügen *Cretan Nights* gebucht werden können. Auf den ersten Blick wirkt Arolythos mit Kirche und Kafenion, Dorfplatz und Wohnhäusern, von denen einige auch an Gäste vermietet werden (Achtung: »Kretische Nächte« sind laut!), so idyllisch wie ein richtiges Dorf. Aber Arolythos ist nichts anderes als eine teure Theaterkulisse, grün zwar, aber synthetisch und nicht organisch gewachsen. Steine, Türen und Fenster wurden aus allen Teilen der Insel zusammengetragen, um hier kretische Häuser nach altem Vorbild aufzubauen.

Am Nachmittag, wenn die ersten Besucher eintreffen, stellen traditionelle Handwerker, Künstler und Kunsthandwerker ihre Arbeiten zur Schau: Tischler, Schmied, Weber, Ikonen- und Vasenmaler, Goldschmied, Holzschnitzer und Töpfer. Die Folklore-Darbietungen, die Abend für Abend Hunderte von Busausflüglern anlocken, sind dank der Musik und vor allem der Tänzer niveauvoller als die zuhauf angebotenen *Cretan Nights* in den Touristenhotels, aber der Dorfschmied posiert nur für den Fotografen, der später seine Schnappschüsse an die Urlauber verkauft. Die Arbeiten der Kunsthandwerker unterscheiden sich von der in Iraklion oder Malia angepriesenen Massenware ausschließlich durch einen etwas niedrigeren Preis.

Minoisch: Tylissos und Sklavokambos

Tylissos 2 (S. 286), 15 km von Iraklion entfernt, ist ein recht schön gelegener und ursprünglich gebliebener, aber an sich unspektakulärer Ort. Am Rand der Ortschaft liegen drei minoische Herrenhäuser aus der Jüngeren Palastzeit, deren Grundrisse gut zu erkennen sind. Sie entstanden um 1600 v. Chr. und waren bis etwa 1450 v. Chr. bewohnt. Sehr gut ist der Verlauf der Wasserleitungen zu sehen. Dies sowie die Tatsache, daß die drei Villen sehr nah beieinander stehen, bewogen schon den Archäologen Hazzidakis, der Tylissos 1909–13 ausgrub, zu der Annahme, daß es sich bei den Bauten um Teile einer großen Stadtanlage für 20 000 Bewohner oder mehr handelte. Das kleine Grabungsgelände fasziniert allein schon durch seine Atmosphäre. Deshalb sei

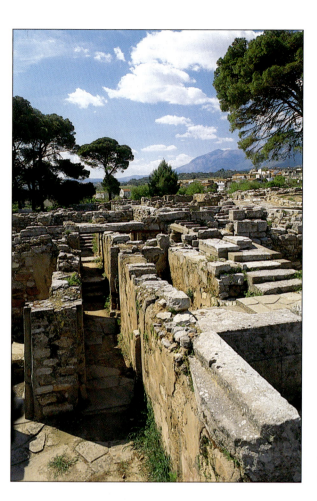

Blick über die Ausgrabungen von Tylissos zum Ida-Gebirge

der Besuch nicht nur archäologisch Interessierten empfohlen.

Kurz hinter Tylissos verbirgt sich hinter einer Kurve in den hier schon recht wilden Bergen ein **Gedenkstein**. Er erinnert an 23 Kreter aus dem nahegelegenen Ort Kamari, die hier im Zweiten Weltkrieg von deutschen Soldaten erschossen wurden.

Wesentlich schlechter erhalten als die Villen von Tylissos ist das nur von außen einsehbare minoische Haus von **Sklavokambos** 3 (S. 285), das etwa aus der Zeit um 1500 v. Chr. stammt. Ob es sich dabei um ein Herrenhaus oder vielleicht um eine Zollstation gehandelt hat, ist bis heute umstritten.

Wiederaufgebautes Anogia

4 Am langgestreckten Bergdorf Anogia (S. 263), das sich über zwei Terrassen in 740–800 m Höhe an den Ausläufern des Ida-Gebirges ausbreitet, sticht zweierlei

sofort ins Auge: zahlreiche Neubauten und der große Betonklotz einer genossenschaftlichen Molkerei am Ortseingang. Im Zweiten Weltkrieg machten deutsche Soldaten das Dorf dem Erdboden gleich, und im Zuge derselben Vergeltungsaktion erschossen sie jeden männlichen Einwohner. Das war die Antwort der Besatzer auf ein gemeinsames ›Husarenstück‹ von britischem Geheimdienst und griechischen Partisanen: Diese entführten den deutschen General Kreipe und verschleppten ihn auf vielen Umwegen nach Ägypten.

Ähnlichen Strafaktionen war Anogia zuvor schon zweimal in seiner Geschichte ausgeliefert gewesen, und zwar 1821 und 1886, als die Türken den Widerstand der aufsässigen und kriegerischen Bergbevölkerung zu brechen suchten. Nach dem Zweiten Weltkrieg wurde Anogia mit amerikanischer Hilfe wiederaufgebaut. Auch heute leistet die Dorfbevölkerung auf ihre Weise Widerstand: Sie wählt traditionell kommunistisch. Dem Gemeinderat verdanken die Frauen von Anogia eine florierende Webereigenossenschaft.

Zum Verkauf ausgelegte Webwaren bestimmen denn auch das Dorfbild. Schilder auf deutsch und englisch in Läden und Tavernen machen deutlich, daß Anogia ein beliebtes Ausflugsziel ist. Die Webwaren finden reißenden Absatz, wenn die Ausflugsbusse zu »Kretischen Hochzeiten« anrollen. Die Folklore-Veranstaltungen sind nur ein matter Abglanz der wahren Hochzeiten des Dorfes, die mit einer Intensität gefeiert werden wie kaum anderswo. Zu diesen Hochzeiten wird niemand eingeladen, sondern es ist selbstverständlich, daß die ganze Dorfgemeinschaft daran teilnimmt. Bei den Festen werden Unmengen von Fleisch, Kartoffeln und Gemüse auf blanken Tischen serviert und ohne Besteck verspeist. Zum kretischen Hochzeitsessen gehören Lamm vom

Auf dem Marktplatz in Anogia

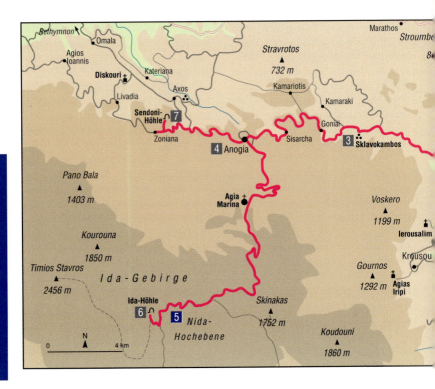

Grill und *anthotyros* (»Käseblüte«), das sind in Fleischsud gekochte Spaghetti, die mit kretischem Käse serviert werden. In den Tavernen von Anogia stehen diese Gerichte täglich auf der Speisekarte!

Auf dem Dorfplatz des Unterdorfes steht neben einer Statue des ehemaligen kretischen Bildungsministers Skoulas eine grobgeschnitzte **Holzstatue von Eleftherios Venizelos** (s. S. 218). Geschaffen hat sie der naive Künstler Alkibiades Skoulas (der Name ist in Anogia sehr oft vertreten). Der frühere Hirte, mittlerweile berühmtester Sohn des Dorfes, begann erst im Rentenalter, Holzplastiken zu schnitzen, Bildnisse in Stein zu hauen und naive Bilder zu malen. Am Dorfausgang Richtung Nida-Ebene steht das kleine **Museum** des Künstlers, der im Herbst 1996 hochbetagt verstorben ist. Zwei seiner eindrucksvollsten Werke stellen die Landung deutscher Fallschirmspringer und die Zerstörung des Dorfes durch deutsche Truppen im Jahre 1944 dar.

Nida-Hochebene und Ida-Höhle

Durch karge Felslandschaft schlängelt sich die Autostraße hinauf auf 1400 m Höhe zur **Nida-Hochebene** 5. Die kleine, nur 4 km² große Hochfläche ist im Grunde genommen nichts anderes als die Alm von Anogia, auf der zigtausend Schafe der Dorfbewohner weiden. Die Hirten leben in sogenannten *mitata*, kleinen Steinbehausungen, deren (fal-

Anogia und Nida-Hochebene

sches) Gewölbe minoischen Kuppelgräbern verblüffend ähnlich sieht. Die *mitata* werden aus Feldsteinen ohne Lehm errichtet und sind trotzdem wasserdicht. Heute soll es auf Kreta nur noch einen Mann geben, der diese alte Bauweise beherrscht. Am Rande der Ebene, die man auf verschiedenen Pfaden durchqueren kann, steht seit Jahren ein unfertiger Hotelbau, in dem nur eine kleine Gastwirtschaft in Betrieb ist. Sie gehört zu einem Projekt, bei dem hier an einem Hang des Ida-Gebirges (auch *Psiloritis* genannt) ein Skilift aufgestellt und ein Skibetrieb aufgezogen werden sollte. Die Stromzufuhr für den Lift existierte schon.

8 Std. dauert, gute Witterung vorausgesetzt, Auf- und Abstieg zum höchsten Gipfel des Ida-Gebirges, zum **Timios Stavros**. Der Weg ist markiert und nicht allzu beschwerlich, doch sollte er wegen der schwer einzuschätzenden Witterungsverhältnisse nicht ohne Führung unternommen werden.

Nur 150 m über der Nida-Ebene liegt der Eingang zur **Ida-Höhle** 6 *(Ideon Andron)*, auch »Sandkasten des Zeus« genannt, denn dem Mythos nach soll hier Zeus seine Kindheit verbracht haben. (Geboren wurde er ja in der Höhle von Psychro oberhalb der Lassithi-Ebene, s. S. 161.) Da Zeus-Vater Kronos aufgrund der Prophezeiung, daß ihn einmal einer seiner Söhne entthronen würde, alle seine Kinder nach deren Geburt aufzufressen pflegte, brachte seine Gattin Rhea Sohn Zeus in der Ida-Höhle in Sicherheit (s. S. 38). Hier bewachten Nymphen das Kind und ernährten es mit Ziegenmilch und Honig. Und jedesmal, wenn der kleine Zeus plärrte, veranstalteten die Kureten, kretische Krieger-Dämonen, Lärm mit ihren Schilden, um das Geschrei des Säuglings zu übertönen.

Bis in römische Zeit hinein war die Ida-Höhle Schauplatz kultischer Handlungen, entsprechend reich fielen die archäologischen Funde aus. Das erste Mal wurde die Ida-Höhle 1884 erforscht: Damals wurden der quadratische Innenraum und zwei angrenzende Kammern entdeckt. Eine weitere Kammer, die mehrere Meter über dem Höhlenboden liegt, wurde 1955 gefunden. Von 1983–1986 betätigte sich hier auch der griechische Ausgräber Jannis Sakellarakis, der durch den Menschenopfer-Fund auf dem Hügel Anemospilia (s. S. 122) bekannt geworden ist. Die von Sakellarakis zutage geförderten Schätze waren so zahlreich, daß es noch Jahre dauern wird, bis sie alle ausgewertet sind. Um

Ein Mitato auf der Nida-Hochebene

sich dieser Arbeit zu widmen, brach Sakellarakis die Ausgrabungen ab, obwohl noch nicht freigelegte Schichten weitere reiche Funde versprechen. Schienen und Loren aus der Ausgrabungszeit liegen noch herum, aber normalerweise ist die Höhle vergittert. Läßt ein Wächter doch ab und zu einmal Besucher hinein, bekommen diese nicht allzuviel zu sehen, denn die Ida-Höhle zählt zwar kulturgeschichtlich zu den bedeutendsten, nicht aber zu den attraktivsten Höhlen der Insel.

Sendoni-Höhle

7 Ganz anders liegt der Fall bei der Sendoni-Höhle (man findet auch die Schreibweise: *Sventoni* oder *Sedoni*; S. 288 unter Zoniana), die Fachleute als die interessanteste der über 3000 Grotten und Höhlen Kretas einschätzen. Archäologisch hat sie keinerlei Bedeutung, doch für Höhlenforscher – und Besucher – ist sie äußerst spannend. Ihre Stalagmiten und Stalaktiten sind besonders schön und besonders gegenständlich ausgeprägt, so daß Bezeichnungen wie »Raum mit den Orgeln«, »versteinerter Wald« oder »Saal mit den versteinerten Wellen« nicht gänzlich aus der Luft gegriffen scheinen.

Bis vor ein paar Jahren war die Sendoni-Höhle als Schauhöhle noch nicht erschlossen, und Besucher mußten sich in Zoniana den Schlüssel und einen Führer suchen. Doch mittlerweile hat die Gemeinde viel Geld investiert und die Höhle beleuchtet sowie mit einem Geländer ausgestattet.

In die Weinberge Kretas:
Nach Archanes und Umgebung

Zeitvorschlag: 1 Tag
(Karte, S. 118)

Obwohl Archanes nur 15 km von Iraklion entfernt liegt, verfügt der Ort über so viele archäologische Sehenswürdigkeiten, daß Urlauber für den Ausflug mindestens einen Tag einplanen sollten. Wer von Archanes aus gern noch Myrtia mit dem Kazantzakis-Museum und das Töpferdorf Thrapsano besichtigen möchte, muß sich sogar sputen, um alles an einem Tag zu schaffen. Auf jeden Fall sollte man früh starten, denn die meisten Besichtigungsstätten sind ab mittag bereits geschlossen. (Das Kazantzakis-Museum in Myrtia hat auch nicht jeden Tag nachmittags geöffnet, donnerstags ist sogar Ruhetag). Der Rückweg am Ende der Tour ist so problemlos, daß er auch getrost spätabends angetreten werden kann.

Weinzentrum Archanes

1 Archanes (S. 263) ist das Zentrum des Weinanbaus in Mittelkreta. Fast alle der knapp 4000 Einwohner leben vom Weinanbau – die Region von Archanes ist das größte Anbaugebiet für Tafeltrauben in ganz Griechenland. Die Rosaki-Traube hat Archanes zu Reichtum und Berühmtheit verholfen.

Charakteristisch für die Rosaki-Gegend sind hochstämmige Weinstöcke, die den Weinbauern das Pflücken erleichtern. Aber nicht nur Tafeltrauben,

Weinstöcke bei Archanes

sondern auch Weiß- und Rotwein bester Qualität werden von Archanes aus in alle Welt exportiert. Neben dem Wein ist der Wasserreichtum von Bedeutung: Früher war das Dorf Ausgangspunkt der langen, über Aquädukte geführten Wasserleitung, die den Morosini-Brunnen in Iraklion (s. S. 81) speiste.

Besiedelt wurde Archanes bereits in neolithischer Zeit. In der Antike trug der Ort den Namen *Acharna*. Gerade in letzter Zeit hat sich das Ortsbild, mit EU-Mitteln aufpoliert, sehr positiv entwickelt, ohne daß dabei die alte Dorfstruktur mitsamt alten Tante-Emma-Läden und so manch traditionellem Kafenion mit handbemaltem Wirtshausschild sowie das dörfliche Leben verlorengingen.

1,5 km vor dem Ortsteil Kato Archanes liegt ein ausgezeichnetes Folkloremuseum, das privat betrieben wird. Mitten im Ortsteil Pano oder Ano Archanes befindet sich in einem traditionellen, ockerfarbenen Stadthaus mit leicht klassizistischen Stilanklängen das **Archäologische Museum**. Hier sind die Funde von Archanes, die im AMI in der Masse kaum voneinander zu unterscheiden sind, noch einmal didaktisch hervorragend aufbereitet. Die wertvollen Stücke aus Archanes sind allerdings im AMI verblieben.

Die Bewohner von Archanes sind im 20. Jh. immer wieder auf archäologische Funde gestoßen, mit denen sie aber meist gedankenlos umgingen. In den 60er Jahren begannen Efi und Jan-

In die Umgebung von Archanes

Gasse in Archanes

Grabfunde auf dem Hügel Fourni

Zur Annahme, daß das Grabungsgelände wirklich der fünfte minoische Palast auf der Insel sein könnte, passen die Erkenntnisse, die das Forscherehepaar Sakellarakis seit 1965 bei Grabungen auf dem **Hügel von Fourni** 2 gewinnen konnte, der nur 2 km von Archanes entfernt liegt. Dort entdeckte Jannis Sakellarakis wieder durch Zufall eine Hütte, die sich als Kuppelgrab herausstellte – das berühmte **Kuppel- oder Tholos-Grab A**. Zur Fundzeit war das Grab bis zum Deckenbalken über dem ursprünglichen Eingang unter der Erde versteckt. Der Bauer, dem die Hütte gehörte, nutzte den früheren Deckenbalken als Türschwelle (die ›moderne‹ Tür wurde inzwischen zugemauert).

nis Sakellarakis, alle Informationen zusammenzutragen und lokalisierten am Schreibtisch (!) eine Stelle, an der sie ab 1978 Suchgrabungen starteten – und prompt fündig wurden.

Ob es sich bei der Anlage aus spätminoischer Zeit, die im Ortsteil **Turkojitonia** (Türkenviertel) liegt, tatsächlich um den **fünften minoischen Palast** handelt, ist umstritten. Kritische Wissenschaftler vermissen den Zentralhof, ohne den eine noch so große minoische Anlage nicht als Palast gelten kann. Doch für Archanes mag gelten, daß der Zentralhof einfach noch nicht gefunden wurde. Die Ausgräber haben ihre Tätigkeit vor einigen Jahren bewußt eingestellt, weil ein Großteil der Anlage unter dem bebauten Ort verborgen ist und nicht so einfach erschlossen werden kann. Nach jahrelangem Stillstand geht es jetzt mit den Ausgrabungen weiter, für die einige Häuser des Dorfes abgetragen wurden. Das Ausgrabungsgelände ist von außen einzusehen.

Als Jannis Sakellarakis die Hütte zum ersten Mal betrat, fiel ihm sofort die Wölbung im Inneren auf, die in »Bienenkorb-Technik« ausgeführt war. Der eigentliche Grabraum wurde nach seiner Ansicht schon in der Antike geplündert, eine Nachbarkammer blieb über all die Jahre unentdeckt. Hier machte das Ausgrabungsteam sensationelle Funde: In einer bemalten Grabtruhe lag eine Frau, deren äußerst kostbarer Schmuck den Schluß zuläßt, daß sie zu Lebzeiten (ca. 1400 v. Chr.) eine gesellschaftlich bedeutende Rolle gespielt haben muß und sie vielleicht sogar von königlichem Geblüt war.

Seit diesem Fund ist auf dem Hügel Fourni jahrzehntelang weitergegraben worden, denn allmählich kam die bedeutendste Nekropole Kretas, wenn nicht der gesamten Ägäis ans Tageslicht. An den insgesamt 22 Gräbern, die bisher freigelegt worden sind, läßt sich ablesen, wie sich die Begräbnisstätten über einen Zeitraum von 1200 Jahren, von der Vorpalastzeit bis in mykenische Zeit, wandelten: Einige Gräber sind nur kleine Grüfte, andere regelrechte Friedhöfe für die Bevölkerung eines ganzen Dorfes.

Die **Gräber von Fourni** werfen eine Reihe von Fragen auf. Woher stammt beispielsweise die Rundform der Totenhäuser? Die Wohnungen der Lebenden, die früher als Vorbild für Begräbnisstätten dienten, waren in minoischer Zeit – wie die Ausstellungsstücke im Archäologischen Museum Iraklion (s. S. 87) belegen – alles andere als rund. Andererseits konnten dank der Ausgrabungen von Fourni wichtige Fragen beantwortet werden. Laut Jannis Sakellarakis widerlegten die Gräber von Fourni z. B. Wunderlichs Theorie, daß der Palast von Knossos nichts anderes als eine gigantische Nekropole gewesen sei (s. S. 95): Aus welchem Grund sollten die Minoer einen Totenpalast wie Knossos errichten, aber gleichzeitig Tote vornehmen Geschlechts ein paar Kilometer weiter in Tholos-Gräbern beisetzen?

Das Menschenopfer von Anemospilia

Die Hilfe des Wärters benötigt, wer die dritte Ausgrabungsstätte bei Archanes näher in Augenschein nehmen will (obwohl sie von außen recht gut zu überblicken ist): das Tempelheiligtum auf dem **Hügel Anemospilia** (»Höhlen des Windes«) **3**. Diese Ausgrabungsstätte liegt etwa 2,5 km von Archanes entfernt hoch oben an einem Nordosthang des Jouchtas. Die Lage des Tempels war von den Minoern mit Bedacht gewählt worden: Von hier ist der Ausblick bis zum Meer atemberaubend! Auch dieser Tempelfund gelang eher zufällig, als Efi Sakellarakis im Sommer 1979 mit Archäologie-Studenten einen Ausflug an die Hänge des Jouchtas unternahm und dabei auf einen interessanten Oberflächenfund stieß, ein Doppelhorn aus Kalkstein. Sofort entschloß sich das Archäologenpaar zu einer Grabung.

Nach 33 Tagen lag ein Drama vor ihnen, daß sich 37 Jahrhunderte zuvor ereignet hatte: Als um 1700 v. Chr. das erste große Erdbeben die Insel heimsuchte und die minoischen Palast- und Wohnanlagen zum ersten Male zerstörte, wurde im Tempelheiligtum von Anemospilia ein Menschenopfer dargebracht – vermutlich, um die Naturgewalten zu versöhnen (s. S. 122)

Jouchtas – der schlafende Zeus

Einen unvergeßlichen Blick auf Archanes und seine Weinfelder, die von oben aussehen wie dichtgewebte Teppiche, erlaubt der 811 m hohe **Berg Jouchtas** **4**. Für den Glauben an die mythologische Überlieferung, daß auf dem Berg Zeus begraben sei, haben Wissenschaftler bislang keinen Beleg finden können. Allerdings versteht jeder Kreta-Besucher, der den Berg von weitem sieht, daß er den Minoern, die auf seinem Gipfel ein Bergheiligtum errichteten, heilig war: Von Ferne sieht er aus wie der Kopf eines liegenden, schlafenden Mannes – der Kopf des Göttervaters Zeus.

Südlich von Archanes führt eine etwa 5 km lange Straße hinauf auf den mittleren Gipfel des Jouchtas, den eine der Verklärung Christi (Metamorphosi Christou) geweihte **Kapelle** krönt. Jedes Jahr am 6. August pilgern Tausende von Kretern hierher, um eines jener Kirchenfeste zu feiern, in denen tiefe Frömmigkeit und Lebenslust gleichermaßen ihren Ausdruck finden.

Minoisches Landgut Vathypetro

5 Auch die minoische Villa von Vathypetro (S. 287), 5 km südlich von Archanes, liegt in wunderschöner Umgebung inmitten von Weinfeldern. Bei der Anlage aus Jüngerer Palastzeit handelt es sich wohl um eine Art Landgut, denn hier fanden Archäologen nicht nur Vorratsräume mit entsprechenden Gefäßen, sondern auch eine bemerkenswert gut erhaltene **Weinpresse**, in der – wie es heute auf dem Land in Griechenland noch üblich ist – die Trauben mit den Füßen gepreßt wurden. Besonders beeindruckend sind auch die 16 riesigen **Pithoi**, die noch in situ bewundert werden können.

Myrtia und Thrapsano

Wer für diesen Tag genug gesehen hat, sollte über Archanes den Rückweg nach Iraklion antreten. Doch wenn die Zeit reicht (Öffnungszeiten beachten, s. S. 278), lohnt sich noch ein Abstecher nach **Myrtia** 6 (S. 278). Auf alten Karten ist das Dorf noch unter seinem alten Namen *Varvari* eingetragen, doch hat die Bevölkerung auf eine Namensänderung bestanden, weil sie nicht als »Barbaren« bezeichnet werden wollte. Der neue Name *Myrtia* gereicht dem Ort zur Ehre, denn das Dörfchen präsentiert sich blumenreich und farbenprächtig; häufig halten alte Eimer, Konservendosen oder Olivenölkanister als Blumenkübel vor den Häusern her.

Die Attraktion des Ortes ist das **Nikos-Kazantzakis-Museum**, das 1983 im Elternhaus des weit über seine Landesgrenzen hinaus berühmten Schriftstellers (s. S. 82f.) eingerichtet wurde. Für griechische Verhältnisse ist der museumsdidaktische Aufbau der Sammlung glänzend gelungen. Er beginnt mit einer eindrucksvollen Diashow, die auch in deutsch dargeboten wird. Im Museum werden nicht nur persönliche Erinnerungsstücke ausgestellt, sondern alle Werke des Dichters in internationalen Editionen, Briefe, Theater- und Filmplakate, Fotos von bemerkenswerten Inszenierungen seiner Theaterstücke – darunter eine Sorbas-Aufführung im Theater an der Wien von 1971 mit Dagmar Koller, Louise Ulrich, Peter Fröhlich und Olivia Molina…

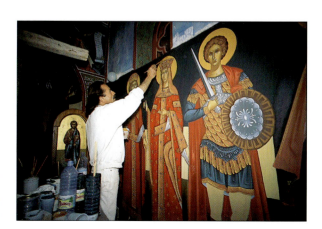

Thrapsano: Eine Kirche wird im traditionellen Stil ausgemalt

Das minoische Menschenopfer

Die Erde bebt. Mit Getöse stürzen Wohnhäuser ein. In den Palastanlagen von Knossos und Phaistos, Malia und Zakros zeigen sich erste Risse. In aller Eile kommen in einem Tempel am Fuße des heiligen Berges Jouchtas Priester zu einer Kulthandlung zusammen. Als die Mauern des Tempels wanken und kein Ende der Erdbebenwelle abzusehen ist, entschließen sie sich zu einem außergewöhnlichen Opfer: Nicht das Blut eines Tieres, sondern Menschenblut soll den Göttern dargebracht werden, um sie zu besänftigen. Gefaßt legt sich einer der Männer auf den Opfertisch, läßt sich fesseln und erwartet seinen Opfertod. Der Oberpriester zückt ein Messer. Mit einem gezielten Schnitt trennt er dem Jüngling die Halsschlagader durch. Das Blut fängt er in einer Schale auf.

Doch das Menschenopfer ist vergebens. Das Erdbeben zerstört die öffentlichen und privaten Gebäude auf Kreta. Auch die großen Paläste fallen in sich zusammen. Noch bevor der Oberpriester sein Blutopfer darbringen kann, stürzt der Tempel ein. Die Priester werden vom herabfallenden Dachgebälk erschlagen.

Das ereignete sich vor mehr als 3700 Jahren! Da das Tempelheiligtum auf dem Hügel Anemospilia, im Gegensatz zu den Palästen der Insel, nach dem großen Beben nicht wieder aufgebaut wurde, ist uns die Opferszene überliefert worden wie in einer Momentaufnahme. Selbst die Klinge des Opfermessers ist noch scharf.

Der Fund hat das Leben des Ausgräbers völlig verändert: »Ich habe die Ewigkeit gesehen!« sagt Jannis Sakellarakis, der durch die Ausgrabung 1979 weltberühmt geworden ist. Denn sein Fund war eine Sensation: Noch nie hatte jemand zuvor einen Beweis dafür gefunden, daß es zu minoischer Zeit, die sich in ihrer Keramik und ihren Fresken so friedvoll darstellt, Menschenopfer gegeben hat. Außerdem hatte man bis dahin noch nie einen freistehenden minoischen Tempel gefunden.

Der Tempel bestand aus drei schmalen Räumen, die in einen Vorraum mündeten. Hier fanden die Ausgräber hunderte von Tongefäßen, die eine einwandfreie Datierung ermöglichten. In dem Vorraum lag auch das erste Skelett. Im westlichen der drei Tempelräume stießen die Archäologen auf die drei weiteren Toten, darunter den

Anemospilia

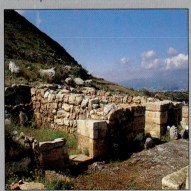

geopferten jungen Mann, dessen Alter die Wissenschaftler auf 18 Jahre schätzen. Der Priester, der das Opfer ausführte, trug kostbaren Schmuck. Das 40 cm lange Messer, das er benutzte, lag auf dem Skelett des Geopferten. Im östlichen Tempelraum stand ein Altar mit Opfergefäßen. Hierhin, so vermuten die Forscher, eilte der Priester, der erschlagen im Vorraum gefunden wurde, mit dem ersten Blut des Opfers. Die Scherben eines kostbaren Gefäßes, in dem das Blutopfer wohl aufbewahrt war, lagen um das Skelett herum. Im mittleren der drei Tempelräume bargen die Archäologen u. a. einen unbehauenen Stein, der offensichtlich eine kultische Bedeutung besaß sowie zwei Tonfüße, die einmal eine lebensgroße Götterstatue getragen hatten. Diese Statue muß aus Holz gewesen sein und ist wahrscheinlich durch ein Feuer infolge des Erdbebens vernichtet worden.

Als Jannis Sakellarakis und seine Frau Efi – die durch einen zufälligen Oberflächenfund auf dem Hügel Anemospilia, einem Doppelhorn aus Kalkstein, den Anstoß zu der Grabung gegeben hatte – nach langem Zögern wagten, ihre Theorie vom Menschenopfer-Fund der Öffentlichkeit vorzustellen, brach es wie ein Sturm über sie herein. Die Sensationsnachricht lief um die Welt, die *New York Times* brachte sie ebenso wie das *Neue China*. Mit einem Schlag waren die beiden Archäologen weltberühmt. Ihren griechischen Fachkollegen war ihre plötzliche Popularität ein Dorn im Auge. Drei griechische Archäologen bekämpften das Ehepaar besonders heftig. Aber sie beschränken sich auf einzelne typologische Gegenerklärungen. Eine Gesamtinterpretation, in die sich alle Funde so einordnen ließen, daß die Menschenopfer-Theorie hinfällig geworden wäre, blieben sie schuldig. Durch den Streit verlor Jannis Sakellarakis die Anwartschaft auf eine ordentliche Professur. Um die Wogen zu glätten, wurde er vom Nationalmuseum in Athen, wo er Leiter der Prähistorischen Sammlung war, versetzt und zum Leiter des Archäologischen Museums von Iraklion (AMI) bestellt. Was vom Ministerium als eine Art ›Strafversetzung‹ gedacht war, wurde von der Öffentlichkeit als Lohn für den Sensationsfund interpretiert. Neben seiner Tätigkeit als Museumsdirektor, als Hausherr des Geländes von Knossos und als Ausgräber in Archanes war der Archäologe häufig unterwegs – als Vortragsreisender in München und London, Moskau und New York. Sein Thema: das Menschenopfer, das vergeblich war.

Jannis Sakellarakis, später Vizedirektor des Archäologischen Museums in Athen, und seine Frau Efi publizieren viel und graben intensiv. Die Theorie des Ehepaars hat sich in der Fachwelt längst durchgesetzt. Aber beide halten das auch für gefährlich, »weil nicht alle verstanden haben, was wir damit meinen«, sagt Jannis Sakellarakis. Er schätzt den von ihm gemachten Fund »eindeutig als eine einmalige Angelegenheit« ein – das Menschenopfer war sozusagen ein erstmaliger und letzter Versuch, die Götter während des Erdbebens noch einmal umzustimmen. Als Beweis für die Einmaligkeit dieses Menschenopfers dient dem Archäologen u. a. die Tatsache, daß das Opfergefäß, das im Tempel gefunden wurde, die Form eines Stieres und nicht die eines Menschen hat. Normalerweise wurde den Göttern Stierblut geopfert. Einen weiteren Menschenopfer-Fund hat es bislang noch nirgendwo auf Kreta gegeben: Bleibt Anemospilia eine Ausnahme?

Von Myrtia ist es nicht mehr weit bis zum traditionellen Töpferdorf **Thrapsano** 7 (S. 286), in dem u. a. die mannshohen Tonkrüge, Pithoi genannt, immer noch in derselben Art und Weise hergestellt werden wie zu minoischer Zeit. Zwei Männer sind lange damit beschäftigt, aus zehn Schichten derart überdimensionale Tonkrüge zu formen, wobei die Trocken- und Wartezeiten länger dauern als die eigentliche Herstellung. Früher zogen die Töpfer aus Thrapsano, die das Töpferhandwerk übrigens schon in der Volksschule lernen, über Land, um ihre Ware zu verkaufen. Heute werden den wenigen verbliebenen Töpfereien die Kunden frei Haus geliefert: Urlauber decken sich hier beim Ausflugsstopp mit praktischen und auch noch preiswerten Ton-Souvenirs ein.

Agios Pandeleimon und Kato Karouzana

Zwei sehenswerte Ausflugspunkte warten auf diejenigen, die den Tagesausflug noch verlängern möchten. Ihre Fahrt führt zunächst durch das reizlose Provinzstädtchen **Kastelli** 8 in der gleichnamigen Ebene, die von Weinfeldern und Olivenhainen geprägt ist. Von der aus Kastelli nach Norden Richtung Chersonissos und Küste führenden Straße zweigt nach 1 km eine schmale Schotterstraße nach rechts zum Weiler Tsikouna ab. Sie mündet in einen idyllischen Platz, auf dem sich einsam die kleine byzantinische Kirche **Agios Pandeleimon** 9 unter dem Schatten hoher Bäume oberhalb einer Taverne verbirgt. Meist ist die Kirche verschlossen, aber die nette Tavernenwirtin erklärt sich gern bereit, Besucher einzulassen (S. 262).

Ursprünglich stammt die mit schönen, leider nur schlecht erhaltenen Fresken ausgestattete Kirche aus dem 11. und 12. Jh., wurde aber mehrere Male zerstört und immer wieder aufgebaut. Im Urbau war sie eine Kreuzkuppelkirche, heute präsentiert sie sich als dreischiffige Basilika. Bemerkenswert sind die zahlreichen Spolien in der Kirche, also wiederverwendete antike Bauteile. So besteht eine der vier Säulen aus vier übereinander getürmten korinthischen Kapitellen.

Wer sich nach der Besichtigung der Kirche, um die man ruhig einmal herumgehen sollte, von dem idyllischen Fleckchen nicht trennen kann und sich im Garten der Taverne *Paradise* stärkt, wird höchstwahrscheinlich vom Sohn der Familie im besten Amerikanisch angesprochen und schnell in ein Gespräch über die Vereinigten Staaten verwickelt. Wenn der junge Mann Essen und Getränke serviert, fällt auf, daß er nicht allein das Äußere, sondern auch den Gang eines großen Rock'n'Roll-Idols imitiert. Doch nicht allen Gästen vertraut er sein Geheimnis an: Hartnäckig hält er sich für den Sohn Elvis Presleys!

Dort, wo die von Kirche und Taverne kommende schmale Straße wieder in die an die Küste führende Autostraße mündet, zweigt eine Straße zu den Orten **Ano und Kato Karouzana** 10 (S. 272) ab. Beide Orte sind typisch für eine Entwicklung, die auf Kreta schon seit Jahren beobachtet werden kann: Ober- wie Unterdorf sind eigentlich Geisterorte, in denen nur noch sehr wenige Familien wohnen, weil Arbeit zum Leben fehlt. Die meisten Häuser sind verlassen, doch wer abends zum ersten Mal nach Kato Karouzana kommt, gewinnt einen ganz anderen Eindruck: Dann sind die früheren Dorfbewohner aus den Nachbarorten herbeigeeilt, haben vor ihren alten Häusern Webwaren, landwirtschaftliche Produkte und industriell gefertigte Souvenirs ausgebreitet und warten auf die Touristenbusse, deren Passagiere bereits am Ortseingang herzlich in Empfang genommen werden. Die Besucher, die – mal wieder – eine »Kretische Nacht« besuchen wollen, werden geschickt durch das ganze Dörfchen geleitet und von den zahlreichen Anbietern gekonnt zum Kauf animiert, ehe ihnen am Dorfrand, oberhalb der langsam in der Dunkelheit verschwindenden Dorfkulisse, eine der üblichen Folkloreveranstaltungen geboten wird.

Erfolg lockt natürlich Konkurrenz an. Bald entstand in der Nähe von Kato Karouzana eine künstliche Siedlung mit dem Namen *The Traditional Village*. Natürlich gibt es dort Rakibrenner, Keramikwerkstatt und Souvenirverkaufsläden. 200 m weit versteckt liegt der Busparkplatz. Die vielen Besucher treffen um 19 Uhr ein, das Musikprogramm startet 1 Std. später. Im Gegensatz zu den Folklore-Darbietungen in Kato Karouzana, an denen auch die (wenigen) Einheimischen ihre Freude haben, ist hier der gesamte Betrieb auf Massenabfertigung – ähnlich wie in Arolythos (s. S. 111) – eingestellt. Das Theaterrund im ›Traditionellen Dorf‹ faßt 1000 Personen!

Landschaft bei Agii Apostoli

Die Messara-Ebene

Zeitvorschlag: 1–3 Tage
(Karte, S. 134/135)

Für einen Ausflug in die Messara-Ebene sollte man von Iraklion aus mindestens 1 Tag veranschlagen. Da allein die Besichtigungen von Gortys sowie der minoischen Ausgrabungen in Phaistos und Agia Triada mehrere Stunden verschlingen, läßt sich im Rahmen eines Tagesausflugs ein Bad in der Bucht von Matala mit einem Besuch der Ausgrabungsstätten kaum vereinbaren. Wer zudem noch einen Abstecher an die Hänge des Ida-Gebirges plant, sollte auf jeden Fall 1–2 Tage Quartier in Agia Galini nehmen.

Von Iraklion nach Agia Galini

Bereits in der Antike war die Messara-Ebene die Kornkammer Kretas und ist es – bei veränderten Anbaumethoden – bis heute geblieben. Was in der fruchtbarsten der Ebenen Kretas gewonnen wird – Treibhausgemüse wie Gurken und Tomaten, Oliven, Getreide – versorgt nicht nur die Inselbevölkerung, sondern wird sogar exportiert.

Von Iraklion aus sind zuerst einmal gut 30 km Wegstrecke zu bewältigen, ehe die Berge zum ersten Mal den Blick auf die Messara-Ebene freigeben. Kurz hinter dem Straßendorf Agia Varvara, das als geographischer Mittelpunkt der Insel gilt, windet sich die gutausgebaute Straße zum **Vourvoulitis-Paß** **1** hinauf, der aus 600 m Höhe einen herrlichen Rundblick über die Ebene freigibt. Die Messara ist 8–12 km breit und erstreckt sich über 40 km parallel zum Lybischen Meer, von dem es die Asteroussia-Berge trennen. Im Norden begrenzen sie die Ausläufer des Ida-Gebirges, im Osten das Dikti-Gebirge.

Agii Deka

2 Als erster längerer Zwischenstopp bietet sich der Ort Agii Deka (S. 260) an – auf den ersten Blick ein Straßendorf. Da aber das Ruinenfeld von Gortys in der Nähe liegt und Agii Deka für Gortys-Besucher die ideale Pausenstation darstellt, haben sich entlang der Hauptstraße auffällig viele Restaurants und Bars etabliert – ihre Zahl ist so groß, daß die Inhaber versuchen, vorbeifahrende Autofahrer durch heftiges Winken zum Anhalten zu bewegen.

Agii Deka heißt »Zehn Heilige« und verdankt diesen Namen zehn Märtyrern, die hier im 3. Jh. der Christenverfolgung des römischen Kaisers Gaius Decius zum Opfer fielen und später heilig gesprochen wurden. Ihren Märtyrertod dokumentiert eindrucksvoll eine Ikone in der **Dorfkirche**, die im alten Dorfzentrum abseits der Hauptstraße steht. Der Stein unter der Ikone soll angeblich bei der Enthauptung als Richtblock gedient haben.

Viele Häuser in Agii Deka sind dem Verfall preisgegeben: Steht von dem einen nur noch die Vorderfront und birgt im Innern gar Reste einer alten Kornmühle, so fehlt bei einem anderen die Straßenmauer, so daß Besucher direkt auf Überreste eines großen gemauerten Backofens schauen können. Beim Bau zahlreicher Häuser des Ortes wurden antike Fundstücke (Spolien) aus dem benachbarten Gortys wiederverwendet.

So gerät ein Spaziergang durch den alten Ort zu einem Gang durch die Jahrhunderte. Diesem eigenartigen Zauber kann sich niemand entziehen.

In der Krypta einer kleinen, unscheinbaren **Kapelle** am Ortsausgang sollen die mutmaßlichen Gebeine der Zehn Heiligen beigesetzt worden sein. Zu sehen sind aber nur sechs Grabstätten, die anderen vier müssen sich unter jenen befinden. Kapelle und Gräber wurden erst in den 20er Jahren angelegt, nachdem hier in einem Teich Skelette gefunden worden waren, die man für die sterblichen Überreste der zehn Heiligen hielt.

Antikes Gortys und moderner Marktflecken Mires

Agii Deka entstand auf dem Gelände der antiken Stadt **Gortys** 3 (S. 269), die einst so groß gewesen sein muß, daß auf dem weiten Areal bisher nur Bruchteile ausgegraben worden sind. Das Ruinenfeld erstreckt sich zu beiden Seiten der Durchgangsstraße, es ist gestattet, außerhalb der eigentlichen Ausgrabungstätte herumzuspazieren. Und Zeit für einen ausgedehnten Spaziergang sollte man sich nehmen, um in eine einzigartige Atmosphäre einzutauchen: Über hunderte von Quadratmetern verteilen sich griechische und römische Baureste auf dichtbewachsenem, von Olivenbäumen gesäumtem Gelände.

Schon zu minoischer Zeit war Gortys besiedelt, aber erst um 600 oder 500 v. Chr. erlangte die Stadt unter den Doriern politische Bedeutung. Phaistos mußte die Vorherrschaft über die Messara-Ebene an Gortys abtreten. Als die Römer unter Quintus Caecilius Metellus 67 v. Chr. Kreta eroberten, erkoren sie Gortys zur Hauptstadt der Insel und auch zur Hauptstadt der neuen Provinz *Creta et Cyrenae*, zu der neben Kreta die Kyrenaika im heutigen Libyen gehörte. Damals soll Gortys, eine Stadt von 10 km Durchmesser und mindestens 200 000 Einwohnern gewesen sein. Noch während der ersten byzantinischen Periode von 395–824 n. Chr. blieb Gortys das politische und wirtschaftliche Zentrum Kretas. Als aber die Araber 824 einfielen und das heutige Iraklion zu ihrem Hauptstützpunkt erklärten, verfiel Gortys. Der byzantinische General Nikephoros Phokas besiegelte das Schicksal der Stadt, als er Kreta 961 für Konstantinopel zurückeroberte und Iraklion systematisch zur Hauptstadt ausbaute. Gortys verfiel zur Ruine.

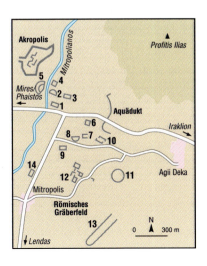

Gortys 1 Titus-Basilika   2 Odeon
3 Touristenpavillon   4 ›Immergrüne Platane‹   5 Theater   6 Isis- und Serapis-Heiligtum   7 Apollon Pythios-Tempel
8 Theater   9 Basilika   10 Römischer Statthalterpalast und Brunnenanlage
11 Amphitheater   12 Römische Thermen
13 Stadion   14 Kirche

Die Ruinen der Titus-Basilika in Gortys

In den 80er Jahren des 19. Jh. war Gortys eine der ersten Ausgrabungsstätten auf Kreta. Das größte architektonische Relikt auf dem Gelände, die **Titus-Basilika**, stammt allerdings nicht aus antiker, sondern aus byzantinischer Zeit. Sie wurde im 6. Jh. zu Ehren des ersten Bischofs von Kreta errichtet. Titus kam 59 n. Chr. als Weggefährte des Apostels Paulus auf die Insel, wurde erster Bischof Kretas und mit der Christianisierung beauftragt. 824 zerstörten die Araber die dreischiffige Titus-Basilika, die aber im 10. Jh. wieder auf- und im 14. Jh. noch einmal umgebaut wurde. Bis 1669 wurden hier die Reliquien des Heiligen verwahrt, die Venezianer verschleppten sie dann nach Venedig, die Basilika verfiel.

In der Nähe der Basilika liegt ein guterhaltenes **römisches Theater**. Das Odeon faßt nur 400 Personen, recht wenig für eine Stadt von zweihunderttausend Einwohnern. Deshalb suchen die Archäologen noch immer nach dem großen Stadttheater und vermuten, daß das freigelegte Halbrund ein Privattheater war. Da die Römer für ihren Theaterbau griechische Steine verwendeten, blieb eine archäologische Kostbarkeit auf Kreta erhalten: das berühmte **Stadtrecht von Gortys**. Es handelt sich dabei um Gesetzestafeln, die etwa 500 v. Chr. in einem dorischen Dialekt in Stein gemeißelt wurden. Der Text enthält Bestimmungen des Verfassungs-, Zivil- und Strafrechts (s. S. 129).

Das ehemalige Stadtgelände bietet noch so manche kleine oder größere Attraktion, u. a. Tempelreste, eine Badeanlage – und nicht zuletzt (gleich in der Nachbarschaft des Theaters) eine Platane, die immer grünt und auch im Winter ihre Blätter nicht verliert. In ihrem

Das Gesetz von Gortys

Der Gesetzestext von Gortys ist mit 17 000 Buchstaben nicht nur die umfangreichste erhaltene griechische Inschrift, sondern zählt auch zu den ältesten und besterhaltenen Gesetzestexten der griechischen Antike überhaupt. Der Text wurde im 5. Jh. v. Chr. in einem archaischen Alphabet und in einem kretisch-dorischen Dialekt niedergeschrieben – oder besser: in Stein gemeißelt. Dem frühen griechischen Alphabet fehlten noch

Das Stadtrecht von Gortys enthält Bestimmungen des Verfassungs-, Straf- und Zivilrechts. Sehr genau war dabei das Verhältnis zwischen Freien und Sklaven geregelt. Wenn beispielsweise ein Sklave eine Freie heiratete und in ihren Familienverband wechselte, wuchsen die Kinder aus dieser Ehe als freie Bürger heran. Zog aber die Freie nach der Heirat zur Familie des Sklaven, wurden die gemeinsamen Kinder automatisch zu Sklaven. Starb eine Mutter

sechs Buchstaben: Zeta, Eta, Phi, Chi, Psi und Omega. Der überlieferte Gesetzestext umfaßt 12 – von ursprünglich 20 – Gesetzes-›Tafeln‹ bzw. -Kolumnen zu je 52 Zeilen, eingemeißelt in insgesamt 42 Steinblöcken. Der Text ist als *Boustrophedon* geschrieben, d. h. ›wie der Ochse pflügt‹: Die erste Zeile wird von links nach rechts, die zweite von rechts nach links, die dritte wiederum von links nach rechts gelesen. Dabei sind die von rechts nach links zurücklaufenden Zeilen zusätzlich in Spiegelschrift geschrieben.

mit sowohl freien wie unfreien Kindern, waren nur die freien erbberechtigt.

Vergleichsweise modern mutet dagegen folgende Regelung an: Im Falle einer Scheidung hatten Frauen nicht nur Anspruch auf Rückgabe der in die Ehe eingebrachten Mitgift, sondern auch noch auf die Hälfte des in der Ehe gemeinsam erwirtschafteten Zugewinns.

Den Grund für eine Scheidung lieferte in aller Regel ein Ehebruch. Die Bestrafung dieses Delikts ist im Stadtrecht von Gortys penibel geregelt. Auffallend ist, daß bei der Beurteilung der Schwere des Vergehens und somit bei der Bemessung des Strafmaßes der Familienverband der Frau eine große Rolle spielte. Wurde ein freier Bürger mit einer Freien beim Ehebruch ertappt, mußte er eine bestimmte Summe zahlen (10 Stateren). Handelte es sich bei der von ihm Verführten um eine Frau aus dem Bekannten- und Freundeskreis der Familie, war die fünffache Strafe zu entrichten. Die zehnfache Summe (100 Stateren) mußte aber zahlen, wer mit einer Freien beim Ehebruch im Hause ihres Vaters, ihres Bruders oder ihres Mannes erwischt wurde. Nicht der Ehebruch an sich, sondern die Verletzung der Familienehre war das Hauptvergehen.

Beging ein Sklave mit einer Freien Ehebruch, mußte er eine doppelt so hohe Strafe wie ein freier Missetäter in Kauf nehmen. Wurde der Ehebrecher – ob Sklave oder Freier – nicht innerhalb von fünf Tagen von seinen Verwandten durch Zahlung der verhängten Geldstrafe ausgelöst, hatten diejenigen, die ihn des Ehebruchs überführt hatten, sogar das Recht, ihn zu foltern oder gar zu töten.

Schatten, so die Mythologie, hat Zeus der entführten Europa das Bett für die Hochzeitsnacht bereitet. Frisch verheiratete Frauen, die Blätter von dieser wundersamen Platane pflücken, glauben fest daran, daß sie genauso wie Europa drei Söhnen das Leben schenken werden.

Das Schönste an **Mires** 4 (S. 277) ist ohne Zweifel der Markt. Jeden Samstagvormittag strömen Bewohner der Messara-Ebene in die Kreisstadt, um hier regen Handel zu treiben. Die Bauern verkaufen ihre Ernte und decken zugleich ihren Bedarf an Haushaltswaren und Sonntagsgeschirr, Decken, Kleidern und Schuhen, natürlich auch an Obst, Gemüse und Fleisch – und an Tieren. Der Markttag ist Tag der Verabredungen, des großen Wiedersehens, des Nachrichtenaustauschs – in Wahlzeiten sogar des Wahlkampfs. Am westlichen Ortsausgang, wo die Tiere verkauft werden, entdeckt man einen fotogenen ›Eselparkplatz‹. Noch heute reiten relativ viele Marktbesucher auf diesem traditionellsten Fortbewegungsmittel Kretas in die Stadt. Außerhalb des Markttages hat Mires nur Cafés zu bieten.

Ein Abstecher nach Lendas

Mires ist Ausgangspunkt der Busse, die abenteuerlustige Rucksack-Touristen zum Südküstenort **Lendas** 5 (S. 274) chauffieren. Die Fahrt über ungezählte Serpentinen und malerische Bergdörfer ist ein Erlebnis für sich. Immer wieder öffnen sich unvergeßliche Ausblicke auf die Küstenzone am Libyschen Meer.

Lendas, das auch die Namen *Levin* und *Lebena* trug, war schon zu minoischer Zeit besiedelt und diente Gortys in griechisch-römischer Zeit als Hafen. Eine heilkräftige Quelle machte Lendas in der Antike so berühmt wie Epidaurus. Die heute oberhalb des Ortes verbliebenen **Reste eines Asklipios-Heiligtums** stammen aus dem 2. Jh. n. Chr.: eine Ziegelwand, zwei Säulen und Reste eines Fußboden-Mosaiks. Heute ist Lendas ein verschlafenes Örtchen mit schönen Quartieren, aber einem dürftigen Strand. Der kilometerlange Sandstrand hinter der Landzunge westlich des Ortes und weitere versteckte Buchten an der Südküste reichen aber aus, um Rucksack-Touristen in Scharen anzulocken.

Phaistos und Agia Triada

Niemand weiß, warum die Souvenirhändler vor dem Palast von **Phaistos** 6 (auch *Festos*, S. 280) neben allem möglichen Tand ausgerechnet hölzerne Flöten verkaufen. Italienische Archäologen sind seit 1900 dabei, diese nach Knossos größte Palastanlage der Minoer auszugraben. Im Gegensatz zum archäologischen ›Disneyland‹ Knossos (s. S. 93) wurde Phaistos in wenigen Bereichen und nur sehr behutsam restauriert. Eine Begehung der Anlage ist noch interessanter als die Besichtigung der Ausgrabungen von Malia oder Zakros! Für interessierte Besucher ist er eine sehr sinnvolle Ergänzung zum Besuch von Knossos, denn während die Mehrzahl der Gebäude in Knossos aus der Zeit der Neuen Paläste stammt, wurden in Phaistos zusätzlich zahlreiche Reste aus der Zeit der Alten Paläste ans Tageslicht geholt.

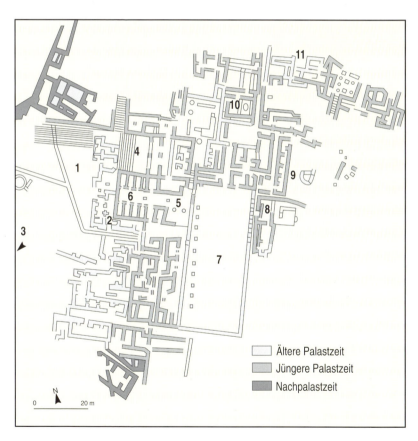

Phaistos (Festos) *1* Westhof *2* Magazin *3* Altes Stadtgebiet *4* Eingangstor *5* Lustralbad *6* Magazine *7* Zentralhof *8* Wohntrakt mit Lustralbad *9* Osthof mit Bronze- oder Töpferofen *10* Königliche Gemächer *11* Fundstellen der Linear A-Tafeln und des Diskos von Phaistos

Die Entwicklungsgeschichte von Phaistos verlief parallel zu der von Knossos: um 2000 v. Chr. zum ersten Mal errichtet, durch Erdbeben vernichtet, an derselben Stelle nach 1700 v. Chr. wiederaufgebaut und um 1450 v. Chr. endgültig zerstört. Als Standort des Palastes wählten die Erbauer einen landschaftlich besonders reizvollen Platz. Auf einem 70 m hohen, von Menschenhand abgeflachten Hügel erhebt sich die Anlage über der Messara-Ebene. Wer die ganze Schönheit des Palastes erfassen will, muß unbedingt – wie früher die Palastbewohner – die Aussicht auf die Ebene genossen haben! Die Grabungen legten wie in Knossos einen **großen Zentralhof** und eine **Schautreppe** frei. Und ebenso wie in Knossos gliederte sich der Ostteil des Palastes in einen **Handwerks- und einen Wohntrakt** mit Räumen für König und Königin. In einer der Schatzkammern bargen Archäologen eines der faszinierendsten Ausstellungsstücke des Archäologischen Museums von Iraklion, den Diskos von Phaistos (AMI/Saal III, s. S. 87f.).

Nur 3 km von Phaistos entfernt, schließen sich die Ausgrabungen von **Agia Triada** 7 an (S. 260). Der Name »Heilige Dreifaltigkeit« bezieht sich auf eine kleine Kirche, die einst zu einem heute nicht mehr existenten, benachbarten Dorf gehörte. Gern wird Agia Triada als minoische Villa tituliert, doch gleicht die Anlage mehr einem Palast, auch wenn sie wesentlich kleiner als Phaistos oder Knossos ist und auch keinen Innenhof besitzt. Die Ausrichtung der Anlage unterstützt die Annahme, daß es sich hier um eine ca. 1600 v. Chr. entstandene Sommerresidenz gehandelt haben mag: Agia Triada liegt tiefer als Phaistos

Am Magazin von Phaistos

und wird vom Wind besser bestrichen. Aber normalerweise werden Sommerresidenzen in Regionen erbaut, die sich vom Standort der eigentlichen Residenz klimatisch wesentlich unterscheiden! Auf neueren Forschungen basiert die heute weitgehend anerkannte Theorie, daß die Herrscher von Phaistos im großen Palast regiert und im kleinen mit ihrem Hofstaat gewohnt haben. Denkbar ist auch, daß Agia Triada Verwaltungssitz einer sich im Norden anschließenden, noch in mykenischer Epoche bewohnten Stadtsiedlung war.

Durch die kleine Anlage zu schlendern, ist ein Genuß! Hier werden die Besucher nicht von hunderten von Räumen, Mauern, Treppen und Säulen ›erschlagen‹, sondern können den Blick mehr auf Details richten – z. B. auf die intakten **Wasserleitungen** der angrenzenden minoischen Stadtsiedlung. Im Unterschied zu Phaistos war Agia Triada reich mit Fresken geschmückt. Die Archäologen stießen hier auch auf besonders wertvolle Funde, die inzwischen zu *den* Attraktionen des Archäologischen Museums von Iraklion zählen.

Eine kurvenreiche Strecke führt von Agia Triada zurück auf die Hauptstraße von Timbaki nach Agia Galini. Lohnenswert ist ein Abstecher nach **Vori** 8 (S. 287), in dem ein äußerst sehenswertes Ethnologisches Museum steht – museumsdidaktisch eine der besten Sammlungen der Insel.

Von Agia Galini zu den Höhlen von Matala

Nur wenige Jahre hat der Fischerort **Agia Galini** 9 (S. 259) gebraucht, um sich von einer Art Künstlerkolonie in ein Massenquartier für Pauschalurlauber zu verwandeln. Vom Meer aus bietet der

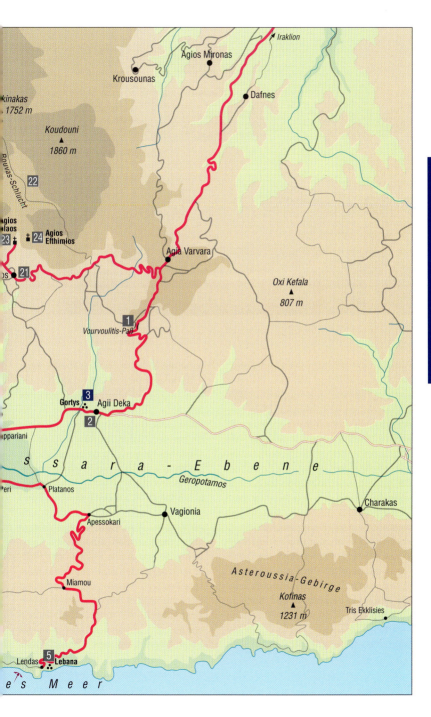

Der Fischerhafen von Agia Galini

Ferienort mit seinen terrassenartig übereinandergetürmten weißen Häusern noch immer einen malerischen Anblick. Und so waren es denn auch Maler, die Agia Galini Ende der 60er Jahre für sich entdeckten. Sie verhalfen der erst 1884 gegründeten kleinen Siedlung zu einer solchen Popularität, daß die Bewohner der gestiegenen Nachfrage nach Quartieren nur durch den Ausbau ihrer Häuser und durch viele Neubauten gerecht werden konnten. Heute zehrt Agia Galini noch vom früheren Ruhm, aber die Künstler sind verschwunden, der Ort ist fest in der Hand der Pauschalreiseveranstalter. Längst sind die Neubauten nicht nur den Hang hinaufgeklettert, sondern über die Kuppe bis weit ins Hinterland ›hinübergeschwappt‹. Die Zahl der Restaurants und Kafenia, der Bars und Diskotheken ist kaum noch zu überblicken.

Bei allem Rummel, Agia Galini konnte sich noch etwas von der Atmosphäre der Anfangszeit bewahren und in die touristische Gegenwart retten. Vielleicht ist das der Grund, warum der Ort vor allem bei jungen Leuten so beliebt ist. Die steinigen Ortsstrände können es jedenfalls nicht sein, obwohl sich die Ortsbehörden in letzter Zeit bemühen, Sand anzukarren. Jeden Morgen bricht eine Armada von Kaikis auf, um Badelustige nach Westen zu den Stränden von Agios Georgios und Agios Pavlos oder Richtung Osten zu den Stränden in der Messara-Bucht zu bringen. Der erste Strand Richtung Westen läßt sich auch in einem einstündigen, allerdings schattenlosen Spaziergang gut zu Fuß erreichen: der **Strand von Kokkinos Pirgos** 10. Der Strand ist zwar nicht traumhaft schön, aber kilometerlang, und jedermann findet ein einsames Plätzchen. Kokkinos

◁ *Die Messara-Ebene*

Pirgos ist kein besonders attraktiver Ort, die Bauwut deutet daraufhin, daß man in den nächsten Jahren mit einer großen touristischen Nachfrage rechnet.

Zwillingsorte Kamilari und Pitsidia

Der Strand von Kokkinos Pirgos geht nahtlos in den von Timbaki über (was auch für den Strand von Kalamaki weiter im Süden zuträfe, läge dazwischen nicht ein militärisches Sperrgebiet). **Timbaki** [11] ist ein großer Durchgangsort, der Mires vergleichbar, aber entschieden weniger ansprechend ist. Das gilt auch für den Wochenmarkt, der in Timbaki am Freitagvormittag stattfindet. Die Region um Timbaki ist Zentrum des Tomaten-, Gurken- und Erdbeeranbaus; das Obst und Gemüse wird in riesigen Plastik-Treibhäusern gezogen. Leider lassen die Kreter auch hier die verschlissenen, nicht mehr brauchbaren Plastikplanen in der Landschaft verwittern.

Zwei kleine Orte auf dem Weg nach Matala durchliefen die gleiche Entwicklung: **Kamilari** [12] und **Pitsidia** [13] (S. 280). Beide Dörfer sind einfach mit noch ursprünglichen Ecken, engen Gassen und alten, leider z. T. schon verfallenen Häusern. Kamilari und Pitsidia wären dem Verfall völlig preisgegeben worden, wenn Rucksack-Touristen sie nicht als Alternativ-Quartiere zu Matala entdeckt hätten. Und so wimmelt es beiderorts von ›Rent-a-Room‹-Schildern. In relativer Nähe zu beiden Orten, die sich wundersamerweise ihren Charme erhalten haben, liegen, in einem 30–40minütigen Fußmarsch oder über schmale Zufahrtswege zu erreichen, kilometerlange Sand- und Kiesstrände (auch FKK).

Die zu vermietenden Quartiere verteilen sich von Kamilari die ganze Straße hinab bis zum **Kalamaki-Strand**. War er noch vor wenigen Jahren völlig unbebaut, verunstalten ihn jetzt hinter einer Art Uferpromenade mehrfach hintereinandergestaffelte, z. T. nicht vollendete Neubauten. **Kalamaki** [14] sieht aus wie eine Goldgräbersiedlung! Nahtlos geht der Strand in die Komo-Bucht über, die nicht bebaut werden darf, weil sie in einer archäologischen Zone liegt. Seit 20 Jahren werden hier die Reste von **Kommos** [15] ausgegraben, einem der antiken Häfen von Phaistos. Die Ausgrabungen der minoischen Hafenstadt und des Heiligtums des Zeus und der Athena aus griechischer Zeit können von außen gut eingesehen, aber nicht besichtigt werden.

Einstiges Hippie-Paradies Matala

[16] Noch immer liegt ein Hauch von ›Hippie-Paradies‹ über der Bucht von Matala (S. 277), obwohl es hier wie anderswo längst keine Hippies mehr gibt. In der Vorstellungswelt der Griechen spielte die Bucht von Matala schon immer eine bedeutende Rolle. In Stiergestalt soll hier Zeus Europa, eine Königstochter aus Phönizien, einst an Land gebracht haben. Und Menelaos soll in dieser Bucht bei seiner Rückkehr aus dem Trojanischen Krieg Schiffbruch erlitten haben. Auch Konkretes ist über Matala zu berichten: Die Bucht war ebenfalls Hafen der Stadt Gortys, als diese in griechischer und römischer Zeit in Blüte stand. Und hier landete auch Abu Hafs Omar, der Sarazenen-Feldherr, als er 824 n. Chr. Kreta überfiel.

Heute sonnen sich Aussteiger, Alternativ-Urlauber und Ausflügler am ausnahmslos schönen Strand in der weitgeschwungenen Bucht und genießen den

Blick auf die bis zu 40 m hohen **Sandsteinfelsen** mit den vielen Höhlen. Wer diese Behausungen in den Stein schlug, weiß man nicht genau; mancher Wissenschaftler nimmt an, daß sie im Neolithikum, in der Jungsteinzeit, entstanden. Es gibt kleine Höhlen ohne Unterteilung und größere, in die Fenster, Herdstellen, Tische und Bänke – z. T. sogar mit einer Ablage für den Kopf – gemeißelt wurden. In frühchristlicher Zeit dienten die Höhlen als Begräbnisstätten, im Zweiten Weltkrieg der deutschen Wehrmacht als Waffenlager und in den 60er Jahren den Blumenkindern als Wohn- und Schlafstätten. Leider benutzten letztere die Höhlen auch als Toiletten, genau wie die Rucksack-Touristen, die sich die Bucht von Matala als Alternativ-Quartier auserkoren, nachdem die Flower-Power-Generation zu neuen Ufern aufgebrochen war. Um die Höhlen zu schützen, erklärten die Behörden das Gebiet zur archäologischen Zone, untersagten das Campieren und versahen das Areal mit einem massiven, häßlichen Zaun. Heute ist das Gelände, deklariert als »Römischer Friedhof«, wieder zu bestimmten Zeiten und gegen Eintritt zugänglich. Aber übernachten darf dort niemand.

Das Gros der Matala-Urlauber wohnt in Appartements, Pensionen oder Hotels, die sich bis weit ins Hinterland ausdehnen; dort stehen z. T. recht ansprechende Bauten. Ein geschickt versteckter Parkplatz soll all die Mietwagen aufnehmen, mit denen Besucher Tag für Tag nach Matala strömen. Nur im Scheitel der Bucht entwickeln die Buden und Restaurant-Veranden direkt am Strand so etwas wie nostalgischen Charme; am Hang, der den Höhlen gegenüberliegt und die Bucht nach Osten begrenzt, verlief die Bebauung ungezügelt und ungeordnet. Die ›Hauptstraße‹ des kleinen Ortes, die hinter der Strandbebauung entlangläuft, hat sich im Laufe der Jahre zur Geschäftsstraße gemausert. Der provisorische Charakter der ersten Jahre ist verschwunden. Matala wächst zu einem richtigen Urlaubsort heran. Die Hippies von einst würden ihr früheres Paradies nicht mehr wiedererkennen.

Von Agia Galini an die Hänge des Ida-Gebirges

Ein Ausflug von Agia Galini nach Kamares und Zaros ist bequem an einem halben Tag zu schaffen – der Aufstieg zur berühmten Kamares-Höhle ist dabei jedoch nicht berücksichtigt. Wer ihn unternehmen will, sollte die Tagestour mit dem ersten Hahnenschrei beginnen. Ist in Zaros auch noch ein Spaziergang in die Rouvas-Schlucht vorgesehen, wird sogar eine Übernachtung in Zaros fällig.

Kamares und Kamares-Höhle

Die relativ kurze Fahrt von Agia Galini zum 570 m hoch gelegenen Dorf Kamares am Rand des Ida-Gebirges ist ein Genuß, weil sie durch herrlich gebirgige Landschaften führt und man sich fernab allen touristischen Trubels bewegt. **Kamares** [17] (S. 272) ist eine einfache, weit über einen Berghang verstreute Siedlung mit den üblichen Attributen kretischer Bergdörfer: alte, z. T. verfallene und verlassene Häuser, ein paar Kaffeehäuser rund um die Platia, in denen nur alte Männer sitzen.

Die einzige Attraktion der näheren Umgebung ist die **Kamares-Höhle** [18],

Strand und Höhlen von Matala

Kreter lieben das Handeln

Früher, so erinnern sich die Alten, wäre ein kretischer Geschäftsabschluß ohne ausgiebiges Handeln undenkbar gewesen ... Beim Erwerb einer Ziege, beim Kauf eines Kochtopfs, beim Aussuchen des Lammbratens durch den Tavernenwirt: Ohne Handeln und Feilschen machte Kaufen und Verkaufen einfach keinen Spaß! Im Zeitalter der Touristenshops und Supermärkte droht diese Form menschlichen Miteinanders auszusterben. Aber in den Handwerkergassen von Chania und Rethymnon, auf den Märkten in Mires und Iraklion (nicht in der Markthalle von Chania!) ist es heute noch beliebt und gefragt. Handeln mit Griechen erfordert Fingerspitzengefühl und eine reife Schauspielkunst. Eine derartige geschäftliche Transaktion ist ein Schauspiel in drei Akten:

Erster Akt: Wenn Sie beispielsweise in der ›Lederstraße‹ in Chania eine Ledertasche entdeckt haben, für die Sie sich begeistern, verraten Sie ihr Interesse nicht, schauen Sie nach links und nach rechts, nur nicht dorthin, wo das begehrte Objekt steht, liegt oder hängt! Prüfen Sie das übrige Angebot, bis der Verkäufer auf Sie aufmerksam wird. Er wird ihnen alles zeigen, auch die Tasche, auf die Sie es abgesehen haben. Fragen Sie so beiläufig, wie es nur geht, nach deren Preis.

Zweiter Akt: Ganz gleich, ob der Preis Ihnen übertextuert scheint oder zu niedrig, angemessen oder der wahre Wucher: Äußern Sie, daß Ihnen die Tasche zu teuer ist! Jetzt entscheidet sich, ob Sie an eine Spielernatur geraten sind oder einen der modernen Fixpreis-Anhänger: Wendet sich der Verkäufer brüsk ab, läßt er einfach nicht mit sich handeln. Dann empfindet er Handeln als eine Angelegenheit armer Leute oder von Kreta-Besuchern, bei denen falsche Vorstellungen geweckt wurden. Kümmern Sie sich nicht um seine Herablassung und versuchen Sie es beim nächsten Händler!

Fragt der Verkäufer Sie aber, was Ihnen die Tasche wert sei, ist der Zweikampf eröffnet. Nennen Sie ungeniert den halben Preis! Das gehört zu den Spielregeln und weist Sie als Kenner aus. Ihr Verhandlungspartner wird fast zusammenbrechen und beklagen, daß Sie ihn ruinieren wollen. Und er bietet Ihnen, großzügig wie er ist – und weil er gerade einen guten Tag hat und Sie ihm so sympathisch sind – einen Preis an, der knapp 5 % unter dem erstgenannten liegt. Sie wiederum erhöhen Ihr Angebot um 5 %, oder wenn es sich schneller rechnen läßt, um 10 %. So geht es zwei-, dreimal hin und her.

Wenn jetzt nicht etwas Entscheidendes geschieht, macht die Sache keinen Spaß mehr.

In diesem Stadium gibt es nur einen Weg, sich mit Anstand aus der Affäre zu ziehen, ohne zu kaufen: Sie vertagen die ganze Angelegenheit – auf griechisch, versteht sich – mit dem Wort »*avrio*«. Das heißt »morgen«, bedeutet aber in dieser Situation: ›Auf jeden Fall nicht heute, eventuell ein anderes Mal, vielleicht wirklich morgen …‹ Jeder Kreter akzeptiert Ihr *avrio* lächelnd, denn wie alle Griechen liebt er es nicht, ein krasses »nein« auszusprechen – also hört er es auch entsprechend ungern. Das *avrio* hilft ihm, sein Gesicht zu wahren, auch wenn er kaum damit rechnet, daß Sie als Kunde noch einmal wiederkommen. Wer seine Absage noch deutlicher ausdrücken, dabei aber höflich bleiben will, sagt einfach »*methavrio*«. Das heißt eigentlich »übermorgen«, in unserem Fall aber: ›nie und nimmer …‹

Dritter Akt: Für den Fall, daß Sie zum Kauf entschlossen sind! Sie geben vor, gehen zu wollen, weil der Händler versucht, Ihnen ihr sauer erspartes Geld aus der Tasche zu ziehen. Sagen Sie höflich »*adio*«, und wenden Sie sich ab. Spätestens in dem Moment wird Ihnen der Verkäufer ein erfreuliches Angebot unterbreiten. Das können Sie vielleicht noch einmal verbessern, dann ist aber Schluß! Wird der Handel jetzt nicht perfekt, verliert der Verkäufer nicht nur die Lust am Handeln, sondern kann auch sein Gesicht nicht mehr wahren. Vielleicht wird er sogar ärgerlich, weil Sie gegen die wichtigste Spielregel verstoßen haben. Sie lautet: Wer ernsthaft handelt, will auch kaufen. Sie werden sehen, daß der Preis, den Sie am Ende zahlen, das Durchhalten wert war.

die den Ort auf 1525 m Höhe überragt. Bei entsprechender Witterung ist der Höhleneingang, 42 m breit und 19 m hoch, als riesiges schwarzes Loch von der Messara-Ebene, z. B. vom Palast von Phaistos, aus zu sehen. In minoischer Zeit zählte die Kamares-Höhle zu den bedeutendsten Kultstätten der Insel. Hier müssen, wie die Nähe zur fruchtbaren Messara-Ebene nahelegt und auch Funde von Samen und Körnern in der Höhle beweisen, Fruchtbarkeitskulte eine wichtige Rolle gespielt haben. Ehe die Höhle 1890 von Hirten entdeckt wurde, hatten Plünderer sie bereits ausgeräumt, denn die archäologischen Forschungen seit 1894 förderten weder Schmuckstücke noch andere wertvolle Kultgegenstände zutage, sondern nur zerschlagene Keramik.

Die Keramikfunde waren allerdings nicht weniger spektakulär: Sie sind von solcher Schönheit und Vielfalt in Form und Dekor, daß sie einer ganzen Keramik-Epoche den Namen gab: dem sogenannten **Kamares-Stil** der Älteren Palastzeit (2000–1700 v. Chr.). Wie die mit Sorgfalt zusammengesetzten Funde im Archäologischen Museum von Iraklion (AMI, Saal II und III, s. S. 87 f.) zeigen, sind die Ornamente auf schwarzem Grund mit weißer und roter Farbe aufgetragen, wobei beinahe für jede neue Form auch ein eigenes Dekor entworfen wurde. Bei einem Teil der Kamares-Keramik sprechen die Archäologen von »Eierschalen-Ware«, weil die Gefäßwände – in diesem Fall von Tassen – nur 1 mm dick sind.

Je nach Jahreszeit und Kondition ist der Aufstieg zur Kamares-Höhle, den man durchaus allein antreten kann, in 3–4,5 Std. zu bewältigen. Die Aussicht lohnt die Mühe, sie ist grandios! Die Höhle selbst enttäuscht, denn außer dem Eingang gibt es nichts zu sehen: Geröll versperrt den Weg.

Gastfreundliche Klöster

3 km hinter Kamares zweigt im Örtchen Vorizia von der Straße Richtung Zaros nach rechts eine holprige Straße ab, die nach drei weiteren Kilometern auf die Reste des **Klosters Valsomonero** 19 (S. 287) stößt, einst eines der bedeutendsten venezianischen Klöster der Insel. Nur die im 14. und 15. Jh. in drei Bauabschnitten errichtete, kleine **Klosterkirche Agios Fanurios** erinnert an den einstigen Glanz des Klosters. Der z. T. sehr in Mitleidenschaft gezogene, an anderen Stellen aber recht gut erhaltene Freskenschmuck, der alle Flächen der dreischiffigen Kirche ausfüllt, zählt zu den wichtigsten Zeugnissen byzantinischer Malerei auf der Insel. Da die Fresken zeitgleich zu den einzelnen Bauphasen entstanden, können Experten hier gut die Wandlung der Stile und des ikonographischen Programms über Jahrhunderte hinweg studieren. Wer an der Besichtigung ernsthaft interessiert ist, muß sich in Vorizia (nach dem Wächter, *filax,* fragen) oder im Kloster Vrondissi den Schlüssel besorgen.

Eine kurze, steil aufsteigende Straße zum **Kloster Vrondissi** 20 (S. 288) zweigt ca. 4 km hinter Vorizia nach links ab. Besucher werden von einem aufregend schönen **venezianischen Brunnen** aus dem 15. Jh. begrüßt, an dem aus vier bärtigen Männerköpfen das Wasser sprudelt. Die Relief-Figuren von Adam und Eva, die den Brunnen zieren, haben zwar noch nicht das Paradies, aber im Lauf der Jahrhunderte schon ihre Köpfe verloren. Auch die heutige Klosteranlage, Anfang des 17. Jh. erbaut, ist venezianisch. Das Kloster ist aber älter und wurde wahrscheinlich in der ersten Hälfte des 14. Jh. gegründet. Aus dieser Zeit stammt auch die kleine **Klosterkirche Agios Antonios**, die wertvolle Fresken aus dem 14. Jh. und viele Ikonen zieren. Das weitläufige Kloster ist bewohnt und nimmt Wanderer über Nacht auf.

Zaros und Rouvas-Schlucht

Schon in der Antike wurde der Wasserreichtum des Bergortes **Zaros** 21 (S. 288) genutzt; eine Wasserleitung versorgte von hier die Stadt Gortys. Heute speist das klare Quellwasser u. a. eine **Forellenzucht**, eine Attraktion für Einheimische und Touristen. Deshalb ist die Fischtaverne neben dem *Idi-Hotel,* zu der auch eine als kleines Museum erhaltene **alte Wassermühle** gehört, ein beliebtes Ausflugsziel. Ganz Zaros ist in üppiges Grün gebettet, und selbst im Hochsommer herrscht angenehme Kühle. Deshalb werden die Spazier- und Wandermöglichkeiten in der Umgebung eifrig genutzt.

Besonders beliebt ist ein zweistündiger Spaziergang in die **Rouvas-Schlucht** 22, die – eine Ausnahme für Griechenland – mit Geländern gut gesichert und mit verwunschenen Picknickplätzen ausgestattet ist. Am Eingang der Schlucht, über eine kurz hinter Zaros, Richtung Vorizia, rechts abbiegende Schotterstraße zu erreichen, liegt das kleine, schmucklose **Frauenkloster Agios Nikolaos** 23 (S. 262). In seiner Kapelle sind Fresken aus dem 14. und 15. Jh. zu bewundern. Die Gastfreundschaft der wenigen hier noch tätigen Nonnen ist überwältigend und erinnert an vergangene Zeiten, als es auf der Insel allerorten noch üblich war, Gäste – und früher waren Touristen für die Kreter nichts anderes – mit selbstgebranntem Raki und hausgemachtem Käse zu bewirten.

Hoch über dem Kloster war zur Entstehungszeit des Frauenklosters in einer

Die Rouvas-Schlucht lädt zum Wandern ein

Steilwand der Rouvas-Schlucht eine Grotte zur **Felsenkapelle Agios Efthimios** 24 umgestaltet worden: Über Jahrhunderte hinweg lebten hier Einsiedler. Die knapp einstündige Wanderung hinauf lohnt sich nicht nur wegen sehenswerter Fresken aus dem 14. Jh., sondern auch wegen der Aussicht auf die Messara-Ebene und Teile des Ida-Gebirges.

Am Hafen von Sitia

Ostkreta – Von der Lassithi-Ebene bis Vaï

Agios Nikolaos und die Mirabello-Bucht

Zeitvorschlag: 3 Tage

Viele Kreta-Urlauber schätzen Agios Nikolaos als idealen Standort. Im einstigen Fischerort genießen heute Besucher aus aller Welt pralles urbanes Leben. Kreta-Reisende, die mehr an einer lebhaften Restaurant- und Barszene sowie an bunter Abendunterhaltung als an Ruhe und Einsamkeit interessiert sind, finden hier mit Sicherheit das Passende. Im Unterschied zu touristischen Hochburgen wie Limin Chersonissou und Malia hat sich Agios Nikolaos den Charme früherer Jahre erhalten können. Für dieses Flair nehmen viele Urlauber die dürftigen Stadtstrände in Kauf und weichen auf schönere Buchten und Strände in der

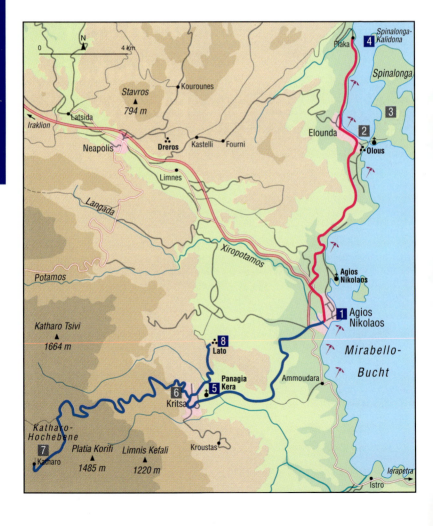

Umgebung aus. Größter Vorteil des Standortes Agios Nikolaos ist, daß die schönsten und interessantesten Ausflugsziele praktisch vor der Haustür liegen: Elounda und die Leprainsel Spinalonga, das Städtchen Kritsa, die berühmte Kirche Panagia Kera sowie die antike Stadt Lato. Auf den Wegen zu diesen Zielen eröffnen sich immer wieder neue Aussichten auf die atemberaubend schöne Mirabello-Bucht.

Stadtbummel durch Agios Nikolaos

Zeitvorschlag: 3 Std.
(Stadtplan, S. 150)

1 Agios Nikolaos (S. 261) ist eine vergleichsweise neue Stadt, obwohl hier schon in der Antike eine Siedlung lag. Sie war damals sehr klein, trug den Namen *Kamara* und war Hafen der Stadt Lato, deren Reste noch heute hoch oben im gebirgigen Hinterland liegen (s. S. 155f.). Zum Handelshafen entwickelte sich Agios Nikolaos in venezianischer Zeit. Damals stand hier noch das von den Genuesen errichtete Kastell, das zu Recht den klangvollen Namen trug, der sich später auf die ganze Bucht übertragen hat: *Mirabello,* »schöne Aussicht«. Das Festungswerk schleiften die Türken, unter deren Herrschaft die Stadt – wie übrigens der gesamte nordöstliche Küstenstrich – wegen der Seeräubergefahr unbewohnt blieb. Erst ab 1869 wurde Agios Nikolaos wieder besiedelt.

Aus diesem Grund macht das Stadtbild einen recht jungen Eindruck und ist, sieht man von zwei Kirchen und dem Archäologischen Museum ab, vergleichsweise arm an echten Sehenswürdigkeiten. Die winzige **Panagia-Kirche** im Zentrum der Stadt gleicht eher einer Kapelle, entstammt wahrscheinlich dem 14. Jh. und besitzt einen sehenswerten Freskenschmuck.

Der kleinen byzantinischen Kirche **Agios Nikolaos**, die nördlich des Ortes auf einer Landzunge hinter dem Hotel *Minos Beach* und unterhalb der Hotelanlage *Minos Palace* (dort Schlüssel!) zu finden ist, verdankt die Stadt ihren Namen. Ihr Alter läßt sich nicht exakt bestimmen, doch dürfte die Kirche des Typs Kuppelhalle spätestens auf die erste Hälfte des 10. Jh. zurückgehen. Ihr schlichtes Äußeres verrät nicht, daß sie zu den bedeutendsten Kirchen der Insel zählt. Ein Teil der Fresken stammt aus dem 10./11. Jh. und stellt ein spätes Zeugnis des Bilderstreits im Byzantinischen Reich dar. Die ornamentalen Zeichnungen sind das einzige auf Kreta noch erhaltene Beispiel für sogenannte anikonische, d. h. nicht figurale Malerei. In der Zeit des Bilderstreits (Ikonoklasmus) bekämpften sich Befürworter und Gegner figürlicher (Heiligen-)Darstellungen so erbittert, daß im 8. und 9. Jh. zeitweilig ein kirchliches Bilderverbot herrschte. Die ausgezeichnete figürliche Malerei in der Kirche wurde im 14. Jh. hinzugefügt.

Agios Nikolaos besitzt auch ein kleines **Volkskundemuseum** und ein nicht unbedeutendes **Archäologisches Museum** mit zahlreichen Funden aus Ostkreta. Zu den wichtigsten Exponaten – und zu den bedeutendsten minoischen Keramikfunden überhaupt – zählt die ›Göttin von Myrtos‹, ein Spendengefäß in Form einer weiblichen, stilisierten Figur mit überproportional langem Hals und extrem kleinem Kopf. Die Göttin umschlingt eine Kanne, deren

Die Mirabello-Bucht

Agios Nikolaos 1 Panagia 2 Agios Nikolaos (Richtung) 3 Volkskundemuseum
4 Archäologisches Museum 5 Agia Triada

Ausguß die einzige Öffnung des Spendengefäßes ist. Faszinierend ist auch ein Totenschädel aus dem 1. Jh. n. Chr., der so ausgestellt ist, wie er in der Nekropole von Kamara gefunden wurde: mit einem Kranz goldener Olivenblätter und zwischen den Zähnen eine Silbermünze – Lohn für den Fährmann Charon, der nach antiker Vorstellung die Verstorbenen über den Fluß Acheron ins Reich der Toten hinübersetzte.

◁ *Am Voulismeni-See*

Für die meisten Besucher der Stadt ist der **Binnensee Voulismeni**, der direkt an den Meereshafen grenzt, die größte Attraktion. Von unterirdischen Quellen gespeist, ist dieser Süßwassersee mit mehr als 60 m erstaunlich tief. Seit über 100 Jahren verbindet ihn ein kleiner überbrückter Kanal mit dem Meer: So können die Fischer den Binnensee als Hafen für ihre Boote nutzen. Hohe Felsen, Terrassen-Restaurants und Tavernen rahmen den Voulismeni-See ein. Abends ist der Ausblick von einem der höherliegenden Restaurants über den ›Binnenhafen‹ und das Rund des Meereshafens mit seinen Jachten und Ausflugsschiffen besonders eindrucksvoll. In der Osternacht wird hier unter großem Getöse und Geknalle, wie wir es an Silvester kennen, eine Judas-Figur verbrannt – ein Ereignis, das Besucher von weit her anlockt.

Im Sommer bleiben die Touristen in den Lokalen am Hafenrund und in den angrenzenden Vierteln nahezu unter sich. Die Einheimischen ziehen sich in Restaurants und Tavernen am Stadtrand zurück. Oder sie bevorzugen das eigentliche Stadtzentrum am Eleftherios-Venizelos-Platz mit der benachbarten (kunsthistorisch unbedeutenden) **Kathedrale Agia Triada**. Doch niemand nennt den Platz bei seinem offiziellen Namen, er heißt für die Einheimischen schlicht Kentriki Platia, »Hauptplatz«. Bis hierhin, wo griechische Lebensart anzutreffen ist, dringen viele Gäste gar nicht vor.

Elounda und Spinalonga

Wer die Leprainsel Spinalonga bei Elounda auf eigene Faust besuchen will, benötigt höchstens einen halben Tag. Die Mirabello-Bucht an dem nur 12 km langen Weg von Agios Nikolaos nach Elounda ist dicht besiedelt. Zwischen den üblichen Bungalowanlagen, die erst ab etwa Mitte der 1980er Jahre entstanden, verstecken sich die luxuriösesten Hotels ganz Kretas – von der Außenwelt völlig abgeschirmt, kleine Ortschaften mit eigener Infrastruktur (z. B. mit eigener Kirche) und hoteleigenem Strand. **Elounda** 2 (S. 267) selbst ist längst kein Fischerhafen mehr, aber der in letzter Zeit rasant gewachsene Ort hat trotz Touristenrummel zumindest am weiten Hafenrund sein altes Gesicht bewahrt.

Von Elounda führt eine enge Straße über einen Damm – vorbei an früheren Feldbegrenzungen, die im Laufe der Zeit so verwittert sind, daß sie wie Salinen erscheinen – zur steinigen **Halbinsel Spinalonga** 3 (»Langer Dorn«). Erst 1897 trennte ein schmaler, von der französischen Schutzmacht angelegter Kanal Spinalonga vom Festland. Dort, wo eine kleine Brücke den Kanal überquert, liegen restaurierte Windmühlen und eine urige Tavernenbar.

Von hier sind es nur noch wenige Schritte bis zu den **Resten einer frühchristlichen Basilika** aus der zweiten Hälfte des 5. Jh.; Grundmauern der dreischiffigen Kirche und Fußbodenmosaike mit ornamentalen und figürlichen Motiven (u. a. guterhaltene Fischdarstellungen!) sind noch zu sehen. Die Basilika gehörte zur antiken Stadt *Olous,* von der einige Mauerreste in der Nähe im flachen Meereswasser zu erkennen sind. Seit der Antike hat sich Kretas Küstenlinie im Westen gehoben, im Osten hingegen gesenkt. So liegt die antike Hafenstadt Phalassarna (s. S. 228) in Westkreta seit dem 3. oder 4. Jh. um 6 m höher, während Olous im Osten im Wasser versunken ist. In griechischer Zeit war Olous Hafen der Stadt Dreros (s. S. 158).

Leprainsel Spinalonga

4 Jeden Tag starten Ausflugsbusse von Agios Nikolaos zu einem Eiland, das neben der Halbinsel Spinalonga liegt und im Volksmund den gleichen Namen trägt, aber eigentlich *Kalidona* heißt. Das kleine Eiland Spinalonga (S. 286) muß früher einmal mit der gleichnamigen Halbinsel verbunden gewesen sein, vermutlich hat ein Vulkanausbruch sie voneinander getrennt.

Die Venezianer bauten Kalidona erst 1597 zu einer gigantischen Festung aus. Teile des einstigen **Befestigungswerkes** sind im Laufe der Zeit ins Meer gestürzt, andere sind bemerkenswert gut erhalten. Geschickt bezogen die Venezianer die Steilfelsen am Nordende der Insel in das Festungswerk ein, das mit 35 Kanonen ausgestattet und uneinnehmbar war. Sie ließen sich auch etwas einfallen, um den schwächsten Punkt zu umgehen, die Wasserversorgung. Auf Spinalonga gab und gibt es keine Brunnen. Deshalb versahen die Venezianer die Hausdächer mit Wasserscheiden und sammelten das Wasser in großen **Zisternen**, die heute noch erhalten sind.

Die befestigte Insel blieb noch 50 Jahre nach der türkischen Einnahme Iraklions in venezianischer Hand: Erst 1715 gaben die Venezianer die Festung auf – in einem *mare turcicum* war sie bedeutungslos geworden. Auf Spinalonga-Kalidona siedelten sich nun Türken an. Im Jahre 1903 mußten ca. 1000 türkische Familien die Insel verlassen, denn die Regierung des seit 1898 autonomen Kreta hatte beschlossen, auf Spinalonga eine Leprastation einzurichten. Nach dem Anschluß Kretas an das griechische Mutterland 1913 wurden dann die ›Aussätzigen‹ ganz Griechenlands hierher deportiert. Aus den venezianischen Herrenhäusern wurden Hospitäler, und die kleineren türkischen Häuser wurden zu Wohnungen und Geschäften ausgebaut. Die Leprakranken richteten Tavernen ein und entwickelten ein kulturelles Eigenleben, indem sie z. B. Theateraufführungen organisierten oder eine eigene Zeitung druckten. So grausam die Lebensbedingungen hier waren – Spinalonga wurde erst Mitte der 30er

Schauriges Eiland: Spinalonga-Kalidona

Jahre medizinisch adäquat versorgt und ans Stromnetz angeschlossen –, so autonom konnten die Ausgesetzten hier ihr Leben gemeinsam gestalten. Denn zu jener Zeit war es in Griechenland durchaus noch üblich, daß Leprakranke als Aussätzige in Erdlöchern oder primitiven Hütten fernab der Ortschaften ihr Dasein fristen mußten. Sie wurden weder medizinisch betreut noch bestand die Möglichkeit, daß sie durch Arbeit ihren Lebensunterhalt bestreiten konnten. Statt dessen vegetierten sie dahin und waren auf Almosen angewiesen. Spinalonga-Kalidona wurde erst 1957 als Leprastation aufgelöst. Obwohl die Behausungen seitdem zunehmend verfallen, erweckt so manches Haus den Eindruck, als seien die Bewohner gerade eben erst ausgezogen.

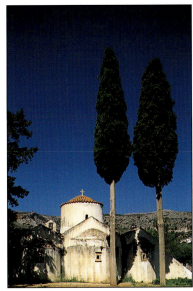

Panagia Kera bei Kritsa

Panagia Kera und Kritsa

Ein weiterer Halbtagesausflug führt von Agios Nikolaos aus nach Kritsa, zur Panagia Kera und zum antiken Städtchen Lato. Kurz vor dem Dorf Kritsa, etwa 10 km von Agios Nikolaos entfernt, steht, von Zypressen malerisch gesäumt, eine der künstlerisch bedeutendsten Kirchen Kretas: die dreischiffige Kreuzkuppelkirche **Panagia Kera** 5 (S. 279), die im 13. und 14. Jh. in drei Baustufen errichtet wurde. In der ersten Baustufe entstand im 13. Jh. die Kuppelhalle. Das der hl. Anna gewidmete Südschiff (rechter Hand) wurde in der ersten Hälfte des 14. Jh., das dem hl. Antonius geweihte Nordschiff (links) in der Mitte des 14. Jh. hinzugebaut. Die sechs markanten Strebepfeiler sind eine spätere Zutat.

Größter Schatz der Kirche ist die stellenweise schon stark angegriffene, insgesamt aber recht gut erhaltene Freskomalerei, deren Qualität mit den Baustufen gewachsen ist. Die künstlerisch schwächsten Szenen – mit Ausnahme der Himmelfahrt Christi an der Decke des Altarraums – schmücken das Mittelschiff. Bemerkenswert ist die grausame Schilderung der Bestrafung der Sünder auf Fresken links und rechts über der Vordertür. Die später geschaffenen Fresken aus der ersten Hälfte des 14. Jh. sind bewegter und perspektivisch genauer. Die besten Malereien sind im Nordschiff zu betrachten, z. B. die meisterhaften Bildnisse der Apostel im Jüngsten Gericht (Deckengemälde beim mittleren Durchgang zur Kuppelhalle)! Daß die prächtige Kirche, deren Äußeres einen neuen Anstrich vertragen könnte, im Mittelpunkt regen Ausflugsverkehrs steht, versteht sich von selbst. Ein kleines Kafenion direkt neben der Kirche und größere Tavernen in der Nähe haben sich auf internationalen Besucherverkehr eingestellt.

Alte kretische Webwaren

Noch bis zum Zweiten Weltkrieg verbrachten junge kretische Frauen viele Jahre damit, ihre textile Aussteuer selbst anzufertigen. Sie sponnen die Wolle selbst, färbten sie und verwebten sie schließlich. So entstanden Bettüberwürfe und Kissenbezüge, Wandbehänge, Brottücher, Tischdecken und Teppiche. Am Abend vor der Hochzeit kam dann die Schwiegermutter ins Haus und besichtigte die Aussteuer. Sagte ihr diese in Machart und Umfang zu, stand ihr Urteil fest: Die Schwiegertochter ist eine gute Hausfrau! Mitunter fiel das Urteil anders aus. Aber auch in jenen Fällen bekam die Braut ihren Bräutigam. Das war das wichtigste! So manche kretische Jungfrau produzierte ihre Aussteuer nämlich vergebens – sie fand keinen Mann. Oder, was viel häufiger der Fall war: Sie war die jüngste Tochter des Hauses und hatte zu warten, bis alle älteren Schwestern verheiratet waren. Bei einer größeren Familie konnten darüber sogar Jahrzehnte verstreichen ...

In der Zwischenzeit wanderte die liebevoll gefertigte Aussteuer Stück für Stück in die Aussteuertruhe, auf der die Heiratswillige wartend sitzen blieb. Den Inhalt so mancher Truhe hat die Volkskunstgalerie *Grimm* aufgekauft, die den weltweit größten Bestand an alten kretischen Webwaren ihr Eigen nennen darf. Die Galerie ist kein Museum, sondern ein florierendes Geschäft gegenüber der venezianischen Loggia in Iraklion. Zwei weitere große Sammlungen sind unverkäuflich: Die eine gehört den Eignern des Hotels *Candia Maris* in Iraklion und wird den Hotelgästen einmal in der Woche zugänglich gemacht, die andere befindet sich im Historischen Museum von Iraklion.

Nur wer die Webwaren in die Hand nimmt und wendet – was allenfalls in der Volkskunstgalerie *Grimm* erlaubt ist –, stellt fest, was die alte kretische Webtechnik von der neuen unterscheidet.

Bei den heutigen Webteppichen sind Vorder- und Rückseite wie bei einem *Kelim* gleich; der Teppich kann beidseitig genutzt werden. Die alte kretische Webtechnik dagegen wirkte das Muster mit ein. Je mehr Farben, desto mehr Fäden mußten auf der Rückseite gleichzeitig mitgeführt werden! Kurz nach Beginn des 20. Jh. gab man diese Technik auf, die Aussteuer aus späteren Jahrzehnten wurde mit gestickten Mustern verziert.

Bei alten Webwaren wurden meist Wolle und Baumwolle verarbeitet, häufig auch Seide. Leinen ist selten anzutreffen. Erfinderisch waren die Kreterinnen in der Kombination der Materialien. Wolle wurde mit Baumwolle verarbeitet, Baumwolle wiederum mit Seide. Rot in allen Farbvariationen ist die Hauptfarbe der meisten Webstücke, wobei Eingeweihte an der Intensität der Rotfärbung die Herkunft erkennen. In den Bergen wurde ein tieferer Rotton, häufig auch Schwarz verwendet, während die Farben der Webarbeiten aus den Küstenregionen wesentlich heller waren. Auch bei den Motiven gab es erhebliche Unterschiede zwischen Berg- und Küstenorten. Reduzierten sich die Muster der Webstücke aus den Bergen auf einfache, geometrische Formen – Rhomben und Dreiecke –, waren die Motive in den Küstendörfern vielfältiger. Aber auch bei den hier oft eingewebten Figuren lassen sich die einfachen, geometrischen Grundformen wiedererkennen.

Der Preis der wenigen Stücke alter kretischer Webarbeiten, die heute noch im Handel sind, ist in astronomische Höhe gestiegen. Schon für eine schmale Bordüre werden ein paar hundert Mark verlangt. Dennoch ist schon mancher Kreta-Besucher zu einem leidenschaftlichen Sammler geworden.

1957 drehte Jules Dassin in **Kritsa** 6 (S. 274) den Film ›Celui qui doit mourir‹ nach dem Roman ›Griechische Passion‹ von Nikos Kazantzakis. So wie der Dichter das »Dorf« beschrieb, liegt es heute noch da: weiße Häuser, enge Gassen, puppenstubengroße Höfe, zur Straße hin geöffnete Werkstätten, Kirchen und Kapellen. Wenn die Ausflugsbusse nahen, wird das Bergdorf in ein Meer von Farben getaucht, es gibt kaum ein Haus, dessen Bewohner dann nicht ›selbst gefertigte‹ Stickereien oder Webwaren anbieten. Wie so häufig auf Kreta drängt sich der Verdacht auf, daß vieles davon eher billige Importware ist, wie überhaupt so manches in Kritsa zu sehr auf den Touristengeschmack abgestellt ist. Doch wenn sich die Scharen von Ausflüglern verlaufen haben, empfiehlt sich Kazantzakis' »Dorf« wieder als einer der schönsten Orte ganz Kretas.

Auf die Katharo-Hochebene und nach Lato

Mit einer Alpen-Alm läßt sich die **Hochebene von Katharo** 7 vergleichen, die in 1100 m Höhe über Kritsa liegt. Eine 16 km lange, kurvenreiche Schotterstraße windet sich von Kritsa hinauf. Im Winter ist die Hochebene verlassen, aber von Ende Mai bis Ende Oktober leben hier ein paar hundert Hirten mit ihren Ziegen- und Schafherden. Während in den Tälern bereits das Gras verdorrt, sprießt auf dieser fruchtbaren Hochebene noch Frühlingsgrün. Wer gut zu Fuß ist, kann von hier aus in 3 Std. zu einer anderen, tiefer gelegenen Hochebene hinabsteigen, der Ebene von Lassithi (s. S. 158).

Mittlerweile ist die Straße gut ausgebaut, die in 4 km von Kritsa hinauf zur antiken Stadt **Lato** 8 (S. 274) führt, die wohl im 7. oder 8. Jh. v. Chr. von Doriern gegründet wurde. Die Spuren von befestigten Wegen, Mauern und Gebäuden stammen aus dem 6. bis 4. Jh. v. Chr. Im Gegensatz zu den minoischen Siedlungen war die terrassenförmig angelegte dorische Stadt befestigt. Ihre Lage war gut gewählt, denn die Bewohner konnten von hier aus den Hafen *Kamara* (heute Agios Nikolaos) und das weite Meer überblicken. Die einstige Stadtanlage, in der man frei herumlaufen kann, läßt sich recht gut nachvollziehen, denn die zum Bau verwandten Quadersteine sind gut erhalten. Vorbei an Handwerksbetrieben und Läden führt ein Weg über Treppenstufen hinauf zum Stadtzentrum, der **Agora**. Hier sind eine tiefe **Zisterne** und eine **Schautreppe** zu besichtigen, wie sie auch in minoischen Palästen zur Beobachtung von Kulthandlungen erbaut wurden. Jahrzehntelang waren die Ausgrabungen, die vor dem Beginn der französischen Grabung 1901 schon Heinrich Schliemann und Arthur Evans geplant hatten, unterbrochen; sie wurden erst Ende der 60er Jahre wieder aufgenommen, sind aber noch längst nicht abgeschlossen.

Ausflug auf die Lassithi-Hochebene

Zeitvorschlag: 1 Tag
(Karte, S. 159)

Auch wenn die Zahl der legendären weißen Windmühlen auf ein Minimum geschrumpft ist, zählt eine Fahrt auf die Lassithi-Ebene noch immer zu den Besonderheiten eines Kreta-Urlaubs. Denn trotz allen Fortschritts gehen die Uhren hier langsamer, und die Bewohner haben sich noch nicht vollkommen dem Tourismus verschrieben wie anderswo. Besucher sollten sich Zeit für einen Schwatz nehmen, zu kleinen Spaziergängen, zu selbstgewählten Abstechern von den schon breitgetretenen Ausflugspfaden. Das wird allerdings bei der Vielzahl der Sehenswürdigkeiten kein leichtes Unterfangen. Deshalb sollte die Tagestour schon frühmorgens gestartet werden. Wenig ratsam ist, die direkte Strecke von Agios Nikolaos zur Lassithi-Ebene auch auf dem Rückweg zu nehmen, denn sie ist bei Dunkelheit nicht einfach zu fahren. In diesem Fall müßte die Lassithi-Ebene schon am Nachmittag verlassen werden. Wer den Rückweg über Limin Chersonissou wählt, muß zwar eine weitere Strecke in Kauf nehmen, stößt unterwegs noch auf das eine oder andere Sehenswerte, kann aber getrost die letzten 45 km bis Agios Nikolaos auf der gut ausgebauten Küstenstraße im Dunkeln zurücklegen.

Handwerkerdorf Limnes

Wer den Weg von Agios Nikolaos hoch zur Lassithi-Ebene über Neapolis wählt, passiert das idyllische, auffallend saubere Örtchen Limnes **1** (S. 275), das allein schon einen eigenen (Nachmittags-)Ausflug wert ist! Eine findige Idee riß das Dorf, das wie so viele andere auf Kreta

Auf der Lassithi-Ebene

von Überalterung und Landflucht fast ausgezehrt ist, aus dem Dornröschenschlaf. Dem Vorsitzenden des örtlichen Kulturvereins gelang es vor ein paar Jahren, die Dorfbevölkerung zu überreden, für wenige Nachmittagsstunden die alten Läden und Handwerksbetriebe, die die Alten nach dem Fortgang der Jungen längst geschlossen hatten, wieder für Besucher zu öffnen. Daß die Inhaber seinerzeit keine Abnehmer für das Inventar gefunden hatten – wer interessierte sich schon für ein kohlegefülltes Bügeleisen, eine handbetriebene Drechselmaschine oder alte Leisten? –, erwies sich nun als Glücksfall. In der Hochsaison demonstrierten die Pensionäre – der Schmied, der Rakibrenner, der Schuster, der Barbier und der Sattler, der Schneider, der Krämer und die Weberinnen – jeden Nachmittag ihre Handwerkskunst in den alten, so belassenen Werkstätten: ohne Eintritt, der Spaß ist Entschädigung (und der Staat gibt für derartige Aktivitäten kleine Zuschüsse). Leider sind immer weniger Alte bereit mitzumachen. So finden die Demonstrationen alten handwerklichen Könnens – wenn überhaupt – kaum noch statt.

Neapolis 2 ist eine große, touristisch unbedeutende Stadt ohne jede Sehenswürdigkeit, Standort einer technischen Schule und Gerichts- und Bischofssitz. An der von weithin sichtbaren Kuppelkirche aus neuerer Zeit liegt ein großer, trotz des Durchgangsverkehrs idyllisch wirkender Platz, ideal für eine kleine Pause zur Einstimmung auf den Lassithi-Ausflug.

Die **Ruinen von Dreros** 3 liegen in den Bergen in der Nähe von Neapolis. Ein Marktplatz und Spuren einer Zisterne, eines Apollon-Delphinios-Tempels – in dessen Wand übrigens die älteste griechische Gesetzesinschrift gefunden wurde – sowie mehrere Häuser sind die einzigen Überreste der einstigen Polis. Ein Spaziergang von Neapolis aus lohnt sich wegen der Stimmung, nicht aber wegen der spärlichen Funde.

Die Lassithi-Ebene

Auf kurvenreicher, endlos erscheinender (aber nur 30 km langer) Strecke führt die

Die Lassithi-Ebene

Fahrt über den 1012 m hohen Selia-Paß hinunter zur Lassithi-Ebene. Diese liegt in 840 m Höhe, mißt 8–10 km in der Länge und 5 km in der Breite und wird von einem Kranz imposanter Berge umgeben, deren größter der 2148 m hohe **Dikti** ist. Wie aneinandergereihte Perlen einer Kette umschließen 21 Dörfer die Ebene. Allesamt wurden sie an den Bergausläufern angesiedelt, um möglichst wenig von dem fruchtbaren Schwemmland der Lassithi-Ebene in Anspruch zu nehmen. Außerdem schützt die Randlage vor den meterhohen Überschwemmungen, von denen die Ebene in jedem Frühjahr heimgesucht wird, wenn der Schnee auf den Bergen schmilzt. Das Wasser kann dann – wie bei einer Badewanne – nur an einer Stelle unterirdisch abfließen.

Um im Hochsommer die Felder, die mit Obst, Getreide und Kartoffeln bepflanzt werden, zu bewässern, nutzen die Lassithi-Bauern die reichen Grundwasser-Vorkommen, die unter der Ebene in Kalksteinhöhlen lagern. Dazu

dienten früher die vielen **Windräder,** die die Lassithi-Ebene berühmt gemacht haben. Noch vor Jahren war es ein grandioser Anblick, wenn sich die 10 000 mit vier bis acht dreieckigen Leinensegeln bespannten Windräder, deren Zahl auf 1000 zurückgegangen ist, im Wind drehten. Inzwischen haben Motoren die meisten der kleinen Windräder ersetzt, und an die Stelle der kleinen Bewässerungskanäle, die früher das Wasser über die gesamte Ebene verteilten, sind schon längst Schlauchsysteme und Rohrleitungen getreten. Doch im Prinzip wird die Lassithi-Ebene noch heute so bewässert, wie sich das venezianische Ingenieure im 15. Jh. ausgedacht hatten.

Die Lassithi-Ebene war nicht immer bewohnt: Die venezianischen Behörden hatten 100 Jahre lang jede Besiedlung und landwirtschaftliche Nutzung verboten. Wegen ihrer abgeschiedenen Lage war die Hochebene nämlich zum bevorzugten Schlupfwinkel derjenigen Kreter geworden, die nicht aufhörten, die venezianische Fremdherrschaft zu bekämpfen. Später bildeten sich im Kampf gegen die Türken wiederum auf der Lassithi-Ebene Widerstandsnester – für die grausamen Besatzer Grund genug, die Siedlungen dem Erdboden gleichzumachen. Erst nach dem Abzug der Türken begann für die Lassithi-Ebene wieder eine Zeit wirtschaftlicher Blüte.

Agios Georgios

4 Es empfiehlt sich, am Beginn der inzwischen voll ausgebauten, die Ebene ringförmig umschließenden Straße nach links Richtung Agios Georgios (S. 261) abzubiegen. Dort ist noch ein Haus aus türkischer Zeit (Anfang 19. Jh.) übriggeblieben, das wie die meisten Gebäude zugleich als Festung gebaut war. Es war

Die traditionellen Windräder werden zunehmend durch Motorpumpen ersetzt

bis 1980 bewohnt, bis der äußerst rührige Kulturverein des Dorfes, der auch mehrere Publikationen zur Geschichte Kretas und der Ebene herausgibt, es als **Folkloremuseum** einrichtete. Das von außen völlig unscheinbare Museum ist deshalb so interessant, weil es einen lebensnahen Eindruck vom harten Leben der Lassithi-Bewohner in vergangenen Zeiten vermittelt und innen wie außen Musterbeispiel für die alte Architektur der Lassithi-Ebene ist. Aus Sicherheitsgründen gab es keine Fenster. Beleuchtung und Belüftung erfolgten durch eine kleine Öffnung in der Decke, durch die der Rauch von Herd und Backofen nur langsam abziehen konnte, so daß sie pechschwarz gefärbt ist. Das Haus ist in drei Bereiche gegliedert: ein Hauptzimmer, das sog. *portego*, ein Lager mit landwirtschaftlichen Produkten, die *camera,* und eine Art Stall, in dem Arbeitstiere und Agrargeräte untergebracht waren. Die einstigen Bewohner konnten hier nahezu autark leben, denn ihre kleine Festung enthielt noch eine Schmiede und viele andere Handwerkzeuge, darunter Schuhmacher-Utensilien. Alle Ausstellungsstücke, von den mit Stempeln eingefärbten Stoffen bis hin zum Backofen, sind original. Die ungewöhnliche Weinpresse könnte sogar heute noch betätigt werden: Als unterer Teil des Bettes im Wohnraum arbeitete sie durch das Gewicht der Schlafenden.

Im zweistöckigen, zum Museum gehörigen **Nachbarhaus,** sind Gemälde von Künstlern aus der Gegend Lassithi, historische Fotos – zahlreiche aus dem Leben des weltbekannten Schriftstellers Kazantzakis (s. S. 82) –, traditionelle Stickereien und Webwaren, historische Uniformen und alte Waffen ausgestellt.

Neben der Kirche auf dem Platz oberhalb des Museums konnte in einem früheren Schulgebäude von 1880 ein mit EU-Mitteln finanziertes **Geschichtsmuseum** eröffnet werden, das dem kretischen Staatsmann Eleftherios Venizelos gewidmet ist. Über 900 Ausstellungsstücke, darunter viele Fotografien, gewähren einen chronologischen Überblick über das Leben des Politikers, der für den Anschluß Kretas an Griechenland eintrat und später mehrfach griechischer Ministerpräsident war (S. 218). Leider gibt es keine englischen Übersetzung bei den griechischen Hinweistexten, so daß sich Besuchern der Sinn der Ausstellung kaum erschließt.

Obwohl Agios Georgios außer den beiden Museen keine weiteren Sehenswürdigkeiten vorzuweisen hat, ist der Ort eine beliebte Sommerfrische derjenigen Urlauber geworden, die in der Lassithi-Ebene ein paar Tage ihrer Ferien in gesunder Höhenluft verbringen und z. B. Wanderungen unternehmen wollen. Hier haben sich Maria und Georgios Spanakis mit ihrem kleinen, einfachen Hotel *Rea* samt angeschlossenem Restaurant und dem kleinen, heimeligen Hotel *Rented Rooms Maria,* das Georgios in Eigenarbeit errichtet hat, seit Jahren unter Individualurlaubern einen guten Ruf erworben.

Ostersamstag: Straßenfest mit Grill und Tanz bei Agios Georgios

Zur Dikti-Höhle bei Psychro

Die meisten der Lassithi-Besucher kommen als Ausflugstouristen. Ihr Ziel ist die **Dikti-Höhle** 5 *(Dikteon Andron,* S. 266) in der Nähe des völlig reizlosen Ortes Psychro. Seit homerischer Zeit wird der Höhle, benannt nach dem die Lassithi-Ebene überragenden Berg Dikti, ganz besondere Bedeutung beigemessen: Sie gilt als Geburtsstätte von Zeus, des mächtigsten aller Götter (vgl. S. 38). Zu minoischer Zeit war die Höhle weit über tausend Jahre lang eine Kultstätte ersten Ranges. Die reichen Grabungsfunde sind im Archäologischen Museum von Iraklion (s. S. 85 ff.) ausgestellt.

Russetos und sein Imperium

Russetos' Reich liegt auf der Lassithi-Hochebene. Im Hauptort Tzermiado betreibt er gleich vier Souvenirläden – einen für seine inzwischen verstorbene Mutter, einen für seine Schwiegermutter, einen für seine Frau und einen für sich selbst. Geht eine bestimmte Ware aus, wird sie schnell aus den Läden der Angehörigen herbeigeschafft. Russetos hat die Läden an strategisch günstigen Stellen des Ortes positioniert – dort, wo Touristen nach dem Weg fragen oder auf einen Kaffee Station machen. Russetos' eigenes Geschäft liegt dort, wo der Weg zur Trapeza-Höhle abzweigt. Was will er mehr!

Gelassen sitzt Russetos vor seinem Laden. Doch plötzlich kommt er in Bewegung – ein Bus oder Pkw mit Urlaubern nähert sich. Geschäftstüchtig umkreist Russetos den Wagen, öffnet den Schlag und komplimentiert die Kundschaft in seinen Laden. In einem Kauderwelsch aus Deutsch und Englisch preist er seine Schätze an. Pullover und Decken seien billiger als sonst irgendwo; überhaupt müsse er aufpassen, bei diesen Spottpreisen nicht Geld zuzuschießen ... Er sei ein Freund der Deutschen, behauptet Russetos, weshalb er auch ein Bild des HSV an der Wand hängen habe. Wer jetzt noch zögert, erhält von Russetos ein Glas in die linke und eine zuckersüße, kaum genießbare Cola in die rechte Hand. Derart am ›Rückzug‹ gehindert, wird man von Russetos mit weiteren Decken, Pullovern und Jacken behängt. Wer da nicht kauft, braucht äußerstes Stehvermögen. Auch Ausreden helfen hier nicht weiter.

Fahren nach Russetos' Einschätzung allzu viele Mietwagen an seinem Geschäft vorbei, greift er zu einer List. Mit einem Brief in der Hand stürzt er sich auf ein Urlauberauto, das in der Kurve vor seinem Laden langsam fahren muß, und ruft: »Sie Deutsche? Hier Brief aus Deutschland, ich kann nicht lesen ...« Steigen die Urlauber aus und folgen Russetos hilfsbereit in seinen Laden, um den Brief zu übersetzen, verrät der schlaue Händler seinen Trick – und kaum jemand nimmt ihm das übel. Im Gegenteil: Gerade die auf diese Weise gewonnenen Kunden kaufen, wie Russetos stolz verrät, besonders viel.

Dabei sind die Preise in seinem Laden kaum niedriger als anderswo – auch wenn Russetos noch so oft beteuert, daß er aufgrund günstiger Bezugsquellen ganz besonders preiswert sei. Tatsächlich beschäftigt er ein Heer von Frauen in Heimarbeit, denen er die Abnahmepreise diktiert. An ihnen verdient er gleich zweimal: Zu seinem kleinen Imperium gehört ein weiterer Laden, in dem die Frauen nicht nur ihre Lebensmittel kaufen, sondern auch die Wolle, die sie für Russetos verarbeiten – und die Farbe, mit der die Wolle eingefärbt wird. Apropos Wolle: Nicht alle ›Wollsachen‹, die in der Lassithi-Ebene – und anderswo – angeboten werden, sind auch wirklich aus Wolle. Ein großer Teil des verarbeiteten Materials besteht schon längst aus Synthetikfasern ...

Unterhalb der diktäischen Höhle liegt ein kleines Plateau mit mehreren Tavernen und Souvenirgeschäften. Immer wieder kommen Neubauten hinzu, denn der Andrang zur Höhle wird von Jahr zu Jahr größer. Leider hat die Einrichtung eines bewachten und kostenpflichtigen Parkplatzes dazu geführt, daß entlang der zu ihm hoch führenden Straße wild geparkt wird. Aber ansonsten hat der griechische Staat in letzter Zeit etwas Ordnung in das hier seit Jahrzehnten herrschende Chaos gebracht. Der in gut einer Viertelstunde zur Höhle hinauf führende und recht beschwerliche Weg, der durch die Scharen von Ausflüglern schon längst ausgetreten und rutschig geworden ist, wird nur noch zum Aufstieg benutzt – für den Abstieg wurde ein zweiter Weg angelegt. Auch im begehbaren Teil der Höhle wurden mit Ausnahme des letzten Teils getrennte Treppen für Auf- und Abstieg geschaffen. Die Höhle ist jetzt auch beleuchtet.

Wer der Wanderung hinauf zur Höhle den Transport mit Maultier oder Esel vorzieht, muß jetzt nicht mehr befürchten, von der einst verschrienen Zunft der Maultiertreiber übers Ohr gehauen zu werden: Die Preise sind nun von der Behörde vorgeschrieben. Auch dürfen sich die Treiber nicht mehr als Höhlenführer betätigen, was oft wegen der Bezahlung zu Streitigkeiten geführt hatte.

In der Höhle ist es kalt, wegen der Treppen aber nicht mehr so glitschig wie früher. Zudem sichern massive Geländer den Abstieg und Aufstieg. Dennoch ist neben einem Pullover festes Schuhwerk anzuraten. Der Abstieg in den ersten, oberen Teil ist steil und relativ anstrengend. Besonders eindrucksvoll ist die untere Höhle, die 60 m tief ist. Die Stalaktit- und Stalagmitformationen sind von bizarrem Reiz. Trotz der Beleuchtung sollte man eine Taschenlampe mitführen, um Details betrachten zu können, die normalerweise im Dunkeln liegen. Eine kleine Nische gilt aus ›Wiege des Zeus‹.

Trapeza-Höhle bei Tzermiado

Eine zweite, wesentlich kleinere Schauhöhle kann in der Nähe des Ortes **Tzermiado** 6 (oft auch *Dzermiadon* geschrieben, S. 287) besichtigt werden, der am Nordrand der Lassithi-Ebene liegt. Tzermiado ist der freundliche Hauptort der Ebene, an dessen kurvenreicher Hauptstraße sich besonders viele Kafenia und Souvenirgeschäfte drängen. Die **Trapeza- bzw. Kronos-Höhle** liegt in 90 m Höhe etwa 1 km vom Ortszentrum entfernt und ist gut ausgeschildert. Wer eine Taschenlampe bei sich hat, kann auf einen Führer verzichten, die sich auch hier vereinzelt Besuchern aufdrängen. Der Eingang zur Höhle ist nur 1 m breit, und im Innern ist es wieder kalt und rutschig. Die schmale Tropfsteinhöhle, deren Stalaktiten und Stalagmiten je nach Beleuchtung und Phantasie tier- und menschenähnliche Gestalt annehmen, war vom Neolithikum bis in die Vorpalastzeit hinein, bis etwa 2600 v. Chr., bewohnt. Danach war sie bis zum Ende der minoischen Epoche Nekropole einer nahegelegenen minoischen Siedlung namens *Kastello*. Umstritten ist, ob sie auch als Kultstätte fungierte.

Über den Seli-Ambelou-Paß nach Mochos

Wer von Tzermiado nicht den gleichen Weg zurück nach Agios Nikolaos nimmt, sondern die längere Route über Limin Chersonissou und die Küstenstraße in Kauf nimmt, wird vom **Seli-Ambelou-**

Paß 7 (S. 284) in 1050 m Höhe mit einem grandiosen Ausblick auf die Lassithi-Ebene entschädigt. Auf der Paßhöhe, auf der immer eine kräftige Brise pfeift, ragen – wie so oft auf Ostkreta – die **Ruinen früherer Windmühlen** wie Zahnstümpfe in den Himmel. Zwei von ihnen sind wiederhergestellt worden und konnten (gegen ein Trinkgeld) besichtigt werden, eine mit Originalausstattung wurde als Souvenirshop wiedereröffnet.

Der Mühlenraum war eng und diente gleichzeitig als Arbeits-, Wohn- und Schlafstätte, das Korn wurde direkt hinter dem Bett gemahlen. Die Armut, die in den engen Behausungen herrschte, ist nicht zu übersehen. Der Beruf des Müllers war in früheren Zeiten äußerst hart, denn sie lebten monatelang wie Senner auf der Alm in der Einsamkeit. Mit den stolzen, reichen Müllern in unseren Breiten hatten sie nichts gemein. Früher genossen Ausflügler in der kleinen Taverne auf der Paß-Höhe köstlichen Braten, der direkt aus dem Steinofen kam. Mittlerweile ist die kleine Taverne geschlossen und durch einen großen Neubau ersetzt worden, in dem die Insassen mehrerer Ausflugsbusse gleichzeitig Platz haben. In einem zweiten Bauabschnitt folgten eine große Terrasse und eine noch größere, geschlossene Veranda, die am Hang unter der Taverne liegt. Von weitem sieht dieser häßliche Betonanbau aus wie eine große Wunde am Berg. Die Busse und Mietwagen, die hier halten, kommen von der Küste, machen hier den ersten Stopp, drehen dann ihre Runde durch die Ebene und fahren über diesen Paß zurück. Der Rummel auf dem Paß ist an manchen Tagen nur schwer erträglich.

In der Nähe des Örtchens Kera, ca. 2 km unterhalb des Passes, steht das **Kloster Panagia Kera** 8 (S. 273) auch *Kardiotissa* genannt, das beim Panagia-Fest am 8. September zum Ziel einer regelrechten Wallfahrtslawine wird. Architektonisch verblüfft die Klosteranlage: Sie setzt sich aus vier in verschiedenen Bauabschnitten entstandenen Gebäuden zusammen, die aber nahtlos ineinander übergehen. Erst bei Restaurierungsarbeiten in den 1970er Jahren wurde festgestellt, daß die Klosterkirche aus dem 14. Jh. stammt. Die ebenfalls im 14. Jh. entstandenen Fresken hat erst die Renovierung wieder freigelegt, vermutlich zum Schutz vor den türkischen Besatzern waren sie übermalt worden. Warum die Marien-Ikone in der Kirche an die Kette gelegt ist, erklärt eine wundersame Geschichte. Danach verschleppten die Türken das Bildnis mehrmals nach Konstantinopel, es kehrte aber jedesmal auf geheimnisvolle Weise zurück ins Kloster. Um eine erneute Rückkehr nach Kreta zu verhindern, wurde die Ikone in Konstantinopel an eine Säule gekettet – durch ein weiteres Wunder gelangte sie jedoch samt Kette und Säule zurück ins heimatliche Kloster. Für die Kreter ist das anheimelnde Kloster mehr als ein kunstgeschichtliches Kleinod: Es war eines der Widerstandszentren gegen die Türken beim Aufstand von 1866. Bei dem türkischen Vergeltungsschlag gegen die Bewohner der Lassithi-Ebene wurde das Kloster wie sämtliche Ortschaften verwüstet.

Die nächste und letzte Station der Rundreise ist **Krasi** 9 (S. 274), wo auf dem Platz am venezianischen Brunnenhaus eine Riesenplatane steht, angeblich die größte Kretas. Zwölf Männer können sie nicht umfassen. Der Ort ist ansonsten reizlos. Hier half auch nicht die Modernisierung des Dorfplatzes in jüngster Zeit.

Über **Mochos** 10 (s. S. 104) führt der Heimweg zur Küstenstraße und von dort zurück nach Agios Nikolaos.

Kardiotissa: An diese Säule soll die Marien-Ikone einst gekettet worden sein

Von Agios Nikolaos nach Ierapetra und zur Südküste

Zeitvorschlag: 1–2 Tage
(Karte, S. 170/171)

Nur 17 km breit ist die engste Stelle der Insel, die so nahe bei Agios Nikolaos liegt, daß man eine Fahrt an die Strände der Südküste bequem an einem Tag schaffen kann, sofern man keinen langen Badestopp einlegt. Die zum Teil kilometerlangen Badestrände der Südküste und die abwechslungsreichen Felsbuchten der Mirabello-Bucht sind die Ziele dieser Tagesfahrt. Mit Ausnahme der minoischen Stadt Gournia ist das Gebiet arm an archäologischen Attraktionen.

Istro und minoisches Gournia

Jedermann, der in Agios Nikolaos seinen Urlaub verbringt, kennt schon den ersten Teil der Ausflugsstrecke, denn die Badebuchten von Almiros und Ammoudara (S. 262) sind gern und gut besuchte Alternativen zu den dürftigen Stadtstränden. Entsprechend viele Appartementhäuser und kleine Hotels haben sich entlang der Küstenstraße etabliert, die den Verlauf der Mirabello-Bucht kurvenreich begleitet. Beim nicht sonderlich anziehenden Ort **Istro** 1 (S. 271) liegen besonders ansprechende Badebuchten. Hier hat sich der Tourismus in den letzten Jahren sprunghaft entwickelt, mittlerweile wechseln an der vielbefahrenen Durchgangsstraße Tavernen, Souvenirgeschäfte und Appartementhäuser einander ab. Die einfachen, reizlosen Orte wenige Kilometer von der Küste entfernt im Hinterland, Pyrgos und Kalo Chorio, sind dagegen vom Tourismus kaum berührt. Wo die Gegend felsiger wird, besitzt das Hotel *Istron Bay* die wohl schönste Lage aller Hotels auf Kreta: Von der Straße führt es terrassenförmig hinunter zu einer nur über das Hotel zugänglichen großen Sandbucht.

Unter den Ruinenfeldern auf Kreta nimmt die Ausgrabung von **Gournia** 2 (S. 269) einen besonderen Platz ein, denn es handelt sich hier um eine der wenigen bisher gefundenen und freigelegten minoischen Städte. Etwa um 1600 v. Chr. gegründet, fiel die Stadt wie die gesamte minoische Kultur der Katastrophe von 1450 v. Chr. zum Opfer. Die Ausgrabungen, die von 1901–1904 vorgenommen wurden, vermitteln ein Bild vom Leben der einfachen Minoer, das sich sehr von der Pracht der Paläste unterschieden haben muß. Eng waren

die Gassen in der unbefestigten Stadt, die Wohnhäuser – von denen höchstens 1 m hohe Mauerreste zu sehen sind – waren auffallend klein. Ihr Aussehen wird den Hausdarstellungen auf dem Stadtmosaik von Knossos im Archäologischen Museum von Iraklion (AMI, Saal II) entsprochen haben: zwei- oder dreistöckig, mit flachen Dächern und Fachwerkmauern. Das Untergeschoß blieb Werkstätten vorbehalten, in den oberen Etagen lagen die Wohnräume. Der große Platz zwischen den Wohnhäusern diente vermutlich nicht nur als Markt-, sondern auch als Kult- und Festplatz, die **Schautreppe** an der Nordseite legt dies nahe. Nördlich des Platzes erstreckte sich das Haus des Bürgermeisters, Gouverneurs oder Statthalters, das mit seinen um einen Zentralhof angeordneten Männer- und Frauenräumen, Magazinen und Lagern wie ein kleiner Palast wirkte.

Warum sich im kleinen Ort **Pachia Ammos** 3 (S. 279) Hotels und Appartementhäuser angesiedelt haben, erscheint unverständlich, denn abgesehen von der grandiosen Szenerie ringsherum strahlt der Ort weder Atmosphäre aus, noch kann er einen akzeptablen Strand vorweisen. Nur ein paar Tavernen am Ufer genießen einen so guten Ruf, daß Einheimische auch eine längere Anfahrt nicht scheuen, um hier zu tafeln.

Stadtbummel durch Ierapetra

Zeitvorschlag: 2 Std.

4 »Gurkenstadt« nennen die Kreter Ierapetra (S. 269), denn die einzige Hafenstadt an der Südküste – und zudem die ›heißeste‹ Stadt Kretas – verdankt ihren Reichtum dem Gemüse. Davon zeugen die zahlreichen Plastik-Gewächshäuser in ihrer Umgebung. Der forcierte Gemüseanbau, erst drei Jahrzehnte alt, lockt viele junge Leute an, die hier für kargen Lohn illegal als Gelegenheitsarbeiter arbeiten. An Ierapetra gefällt, daß Urlauber abends in den vielen ansprechenden Tavernen an der Uferpromenade nicht unter sich bleiben, sondern mit Einheimischen ins Gespräch kommen.

Das Stadtgebiet von Ierapetra war einmal wesentlich größer als heute. In hellenischer und römischer Zeit, als sich Kreta in seinen politischen und wirtschaftlichen Beziehungen stärker nach Afrika ausrichtete, war die Stadt Hauptumschlagplatz für den Handel mit Afrika. Als die Venezianer im 13. Jh. ein **Hafenkastell** erbauten, das sich heute sorgfältig restauriert und gut erhalten präsentiert, war die Blütezeit der Stadt schon

Relaxen an der Mirabello-Bucht

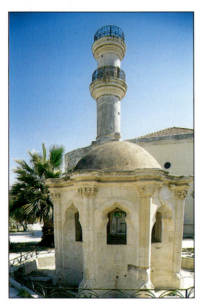

Reinigungsbrunnen in Ierapetra

statue der Demeter, die erst 1984 von einem Bauern auf dem Acker gefunden wurde. Sie ist eine aus dem 2. Jh. stammende römische Kopie einer hellenischen Skulptur aus dem 4. Jh. v. Chr.

Ansonsten ist noch der **kilometerlange Strand,** der unmittelbar im Ort an der Uferpromenade beginnt und sich Richtung Osten erstreckt, zu erwähnen. Die vielen Hotels vermitteln jedoch ein trügerisches Bild, denn Ierapetra ist alles andere als ein ideales Badeziel. Der Sand- und Kiesstrand bietet keinen Schatten, ist grau und an manchen Stellen regelrecht festgetreten.

Von Ierapetra Richtung Osten

vorüber, da die Insulaner sich seinerzeit wieder mehr nach Norden orientierten. Außerdem eignete sich der Hafen nicht mehr für die immer größer werdenden Handelsschiffe, er versandete. An die über zwei Jahrhunderte dauernde Türkenherrschaft erinnern noch eine halb verfallene **Moschee,** ein zierliches **Brunnenhaus** und ein kleines, **türkisches Altstadtviertel.** Daß Napoleon auf dem Weg nach Ägypten – oder schon geschlagen auf dem Rückweg – 1798 hier Station gemacht hatte, ist ebenso wenig belegt wie die Behauptung, daß Nikos Kazantzakis hier auf das leibhaftige Vorbild für die Figur der Madame Hortense traf, die alternde Pensionsinhaberin in seinem Roman ›Alexis Sorbas‹.

Die Stadt nennt ein schlichtes, kleines **Archäologisches Museum** ihr eigen, in dem Funde aus dem Raum Ierapetra zusammengetragen sind. Die wichtigste Skulptur ist eine 1,60 m große Marmor-

Früher genossen die Strände, die sich östlich von Ierapetra an der Südküste aneinanderreihen, einen guten Ruf, denn hier blieben die Individualisten in bescheidenen, aber typisch kretischen Quartieren unter sich. Mittlerweile ist auch dieser Küstenabschnitt vom Tourismus eingeholt worden. Unzählige Neubauten von Hotels, Pensionen und Appartementhäusern sind die Folgen. So manches Haus – diesen Anblick hat man oft auf Kreta – ist über das Erdgeschoß nicht hinausgewachsen, doch so schnell erlischt eine Baugenehmigung nicht in Griechenland. Deshalb nennen die Griechen die in die Luft ragenden Armierungseisen der angefangene Bauten »Hoffnungseisen«. Wo Neubauten diesen Teil der Südküste nicht verschandeln, tun die vielen gelb-grünen Plastik-Treibhäuser ein übriges.

Die erste größere Siedlung östlich von Ierapetra heißt **Koutsounari** 5 (S. 273) und zieht sich weit den Hang hinauf. Obwohl alle Attribute eines kretischen Dorfes fehlen, vermitteln die *Tradi-*

Panos kennt jeden Stein

Es hält ihn meist nicht lange am Schreibtisch. Ist ihm ein Kunde sympathisch, geht er sofort mit ihm auf Besichtigungstour. Denn Panagiotis Koutoulakis, von jedermann nur »*Panos*« genannt, kennt in Ostkreta jeden Stein.

Am liebsten sind ihm Dörfer, Tavernen, Kirchen und Ausgrabungsstätten, die abseits der gängigen Ausflugsrouten liegen. Überall wird Panos mit »Hallo!« begrüßt. Der Dorfpope steht mit ihm genauso auf vertrautem Fuße wie der Tavernenwirt. Panos verrät, welches Gericht die Spezialität des Ortes ist oder welches Souvenir sich zu kaufen lohnt und schickt Urlauber auch ins Handwerkerdorf Limnes (s. S. 156). Panos hat Freude an Gästen, die sich auf das Abenteuer Kreta einlassen.

Panagiotis Koutoulakis betreibt in Istro bei Agios Nikolaos eine kleine Reiseagentur: *Minotours* (s. S. 308) hält allerlei touristische Dienstleistungen vom Geldwechsel bis zum Mietwagen-Verleih bereit, vermietet aber in erster Linie Ferienwohnungen und Appartements an Kreta-Urlauber. Sein Credo: »Wer Kreta und die Kreter kennenlernen will, muß dort wohnen, wo auch die Kreter leben!«

Panos hat sich ganz auf deutsche Gäste verlegt. Deren Wünsche und Ansprüche kennt er genau, denn schließlich hat er zehn Jahre in Berlin gelebt und gearbeitet. So ist sein Deutsch selbst in Zwischentönen perfekt. Die Zeit in Deutschland hat den Griechen geprägt. Das ermöglicht ihm als – durchaus stolzer! – Kreter, sich, seine Heimat und seine Landsleute mit Distanz zu betrachten. Ein Kreter, der sich über kretische (Un-)Sitten, z. B. das Autofahren, lustig machen kann!

---

tional Cottages ein authentisches Bild vom Leben in alten Dorfhäusern. Wiedererstanden aus Ruinen beherbergen sie Ferienwohnungen mit Kamin, Backofen, gemauerten Schlafplätzen und kretischen Webteppichen an der Wand. Leider hat die Unvernunft von Nachbarn dazu geführt, daß diese Quartiere heute von Bauten umgeben sind, die den Blick zur Küste und aufs Meer versperren.

Bizarre Felsformationen, Ausläufer des Thriptis-Gebirges, bilden den Hintergrund zu den vielen Neubauten des Örtchens Ferma. In der Nähe des Ortes stehen gleich mehrere Hotelbauten im postmodernen Einheitsstil, und da auch hier der Strand eher dürftig ist, kann man das alles getrost rechts und links liegen lassen. **Agia Fotia** 6, nur über eine sehr steile Zufahrtsstraße zu erreichen, besitzt dagegen eine ausgesprochen schöne Bucht unterhalb der Durchgangsstraße. Ab hier wird die Strecke landschaftlich attraktiver: gebirgiger, grüner und weniger bebaut. Ab und zu kann man hier noch schattige Sand- und Kiesbuchten zwischen den Felsen finden, die nicht völlig überlaufen sind.

Nach Ierapetra und an die Südküste

Kurz vor Koutsouras (S. 273) liegt der **Kommunalpark Koutsouras** 7. Das frühere Café Dasaki mit idyllischem Seerosenteich, einst ein Anziehungspunkt auf der Fahrt entlang der Südküste, ist geschlossen. Hinter dem Park beginnt eine Tour durch die kaum bekannte **Red Butterfly Gorge** 8 (S. 282; ca. 7 km), die »Schlucht der roten Schmetterlinge«. Die Schluchtwände sind nicht so tief wie anderswo, aber zerklüfteter. Der Weg hindurch ist seit einiger Zeit durch umgestürzte Baumstämme nach Waldbränden und Schmelzwasser nach schneereichen Wintern, das Geröll mit sich führte, erheblich beschwerlicher geworden. Festes Schuhwerk ist unabdinglich, und man muß auch ein wenig kraxeln. Aber die Mühe lohnt sich: Von März bis Oktober – hauptsächlich aber im Mai – sind hier unzählige Schmetterlinge zu bewundern. Sie lassen sich am besten morgens gegen zehn Uhr fotografieren, aber nur an windstillen Sonnentagen.

Das ruhige Fischerdörfchen von einst ist auch **Makrygialos** 9 (S. 275) schon lange nicht mehr. Zu viele Neubauten locken immer neue Besucherscharen an. Der Ort trägt seinen Namen nämlich zu recht: *Makrygialos* bedeutet »langer Strand«. Und der ist kilometerlang, sandig und von Tamarisken gesäumt. Die

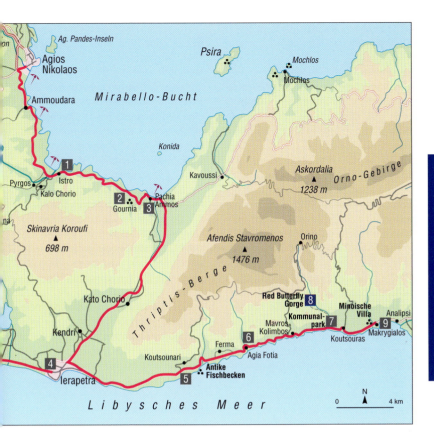

vielen Tavernen am Meer lassen ahnen, wie voll es in der Hochsaison sein mag. Das gilt auch für den Nachbarort Analipsi.

Von Ierapetra Richtung Westen

Die ersten 15 km der Küstenstraße von Ierapetra bis Myrtos sind gut ausgebaut, sie wird wieder von Treibhäusern und gesichtslosen Orten begleitet. **Myrtos** 10 (S. 278) dagegen ist ein zwar einfacher, aber ansprechender Ort. Der Strand liegt an keiner Traumbucht, der Sand ist von Kies durchsetzt, und auch Schatten fehlt. Myrtos hat inzwischen so viele (vor allem deutsche) Rucksack-Touristen angezogen, daß der Ort in der Hochsaison hoffnungslos überfüllt ist. Wie so häufig auf Kreta liegt auch bei Myrtos – gleich neben den Gewächshäusern – minoisches Fundgut. Nur einen zehnminütigen Spaziergang entfernt ist der **Hügel Pyrgos,** wo erst 1970 Reste eines minoischen Herrenhauses ausgegraben wurden. Der viertelstündige Aufstieg zum Gipfel lohnt wegen der gut erhaltenen Ruinen und des herrlichen Blicks. 2 km östlich von Myrtos fand man auf dem Hügel **Fournou Korfi** eine frühminoische Siedlung, die über 100 Bewohnern Platz geboten hat. Sie wohnten nicht in Einzelhäusern, sondern in mehr als 90 miteinander verbundenen Räumen. Von hier stammt die schöne ›Göttin von Myrtos‹ (Archäol. Museum Agios Nikolaos, s. S. 147). Den Aufstieg schafft man in zehn Minuten, aber es gibt nicht allzuviel zu sehen.

Von Myrtos aus empfiehlt es sich nicht, den Pistenweg Richtung Arvi zu fahren, sondern den landschaftlich äußerst reizvollen Umweg über die gut ausgebaute Serpentinenstraße zu nehmen, die Richtung Ano Viannos führt.

Die Straße windet sich schon hoch in das Dikti-Gebirge und bietet immer wieder überraschende, unvergeßlich schöne Ausblicke. Allein 10 km lang ist dann die schmale Stichstraße, die von Amiras in zahlreichen Windungen hinab nach **Arvi** 11 führt. Der einfache Ort liegt am Ende einer Schlucht inmitten von Bananenplantagen und den üblichen Treibhäusern. Sein Kiesstrand ist ansprechend und ausreichend lang, um niemals überfüllt zu sein.

Wer seinen Ausflug bis **Ano Viannos** 12 ausdehnt, lernt eines der schönsten alten Bergdörfer der Südküste kennen. Malerisch zieht die Siedlung sich über mehrere Terrassen hinweg den Berg hinauf, bemerkenswert ist die sehr üppige Vegetation, selbst die Durchgangsstraße ist von Bäumen begrünt. Tavernen und Kafenia haben hier noch ihren traditionellen Charakter bewahrt. Ano Viannos ist so beeindruckend, daß jeder Ausflugsbus, der diese Region passiert, hier einen Fotostopp einlegt. Der friedliche Ort läßt keinen Gedanken daran aufkommen, daß sich hier im Zweiten Weltkrieg Schreckliches ereignete: Die deutschen Besatzer erschossen über 400 männliche Dorfbewohner als Rache für Partisanenüberfälle.

Von Ano Viannos führt eine schmale, reparaturbedürftige Straße hinunter nach **Keratokambos** 13 (S. 273), einem Fischerörtchen mit langem Sand- und Kiesstrand in der Nähe. Hierhin ist der Tourismus noch nicht vorgedrungen, und die wenigen Rucksack-Urlauber bleiben unter sich.

Dörfliche Idylle in Ano Viannos

Sitia und der äußerste Osten

**Zeitvorschlag: 2 Tage
(Karte, S. 176/177)**

Von Agios Nikolaos – oder sogar von Iraklion – nach Sitia und bis in den äußersten Osten Kretas in einem Tag fahren zu wollen, ist eine Tortur. Die Straßen im Osten sind zwar mittlerweile gut ausgebaut, aber reich an Kurven. Die Strecke ist voller landschaftlicher und kultureller Sehenswürdigkeiten, so daß zumindest in Sitia eine Übernachtung vorgesehen werden sollte. Die gut 70 km lange Etappe auf der Schnellstraße von Agios Nikolaos nach Sitia durch die Ausläufer des Orno-Gebirges entpuppt sich als eine der schönsten Fahrten, die man auf Kreta unternehmen kann. Überwältigend sind die Ausblicke von der hochgelegenen Straße auf das kretische Meer. Hinter Sitia verengen sich die Straßen und führen durch karge, verlassene Mondlandschaften. Doch der Schein trügt: Seitdem sich Straßen und Beschilderung in gutem Zustand befinden, zieht es viele Tagesausflügler und mehr und mehr Feriengäste in diese Region.

In Mochlos die Zeit vergessen

1 Mochlos (S. 277), von der Schnellstraße aus in westlicher wie östlicher Richtung durch je eine schmale, gewundene, aber gut ausgebaute Stichstraße zu erreichen, liegt auf halbem Weg zwischen Agios Nikolaos und Sitia. Es gibt nicht viel zu sehen in Mochlos, außer dem Meer und der kleinen vorgelagerten Insel gleichen Namens, aber gerade das ist es, was den Reiz der kleinen Bucht ausmacht. Wer sich hier, wo noch nicht allzu viele Häuser stehen, in einer der Tavernen am Wasser niederläßt, vergißt die Zeit und die Hektik der großen Ferienorte. Seit ein paar Jahren wird westlich des Ortes und auf dem Inselchen nach einer minoischen Siedlung gegraben; zu deren Entstehungszeit war die Insel noch mit dem Festland verbunden. 2 km östlich des Ortes sorgt die Clubanlage eines deutschen Reiseveranstalters für zunehmenden Besucherstrom in der Idylle Mochlos.

Stadtbummel durch Sitia

**Zeitvorschlag: 2 Std.
(Stadtplan, S. 174)**

2 Den Bewohnern von Sitia (S. 284) – im Städtchen leben rund 7000 Einwohner – wird nachgesagt, daß sie besonders aufgeschlossen sind, sehr gern tanzen und die besten Lieder der Insel singen. Sie folgen darin einem berühmten Vorbild, denn Sitia ist die Heimat von Vitzentzos Kornaros, der in der ersten Hälfte des 17. Jh. in der griechischen Volkssprache Dimotiki das Werk ›Erotokritos‹ verfaßte. Die epische Dichtung, die aus über 10 000 15silbrigen, sich paarweise reimenden Versen besteht, wird noch heute von den älteren Kretern als Volksdichtung geschätzt.

Das heutige Sitia hat mit der Heimatstadt des Dichters Kornaros nichts mehr gemein: Erst 1870 wurde sie angelegt, obwohl dieser Flecken schon seit minoischer Zeit besiedelt war. Im Jahr 1000 errichteten die Byzantiner hier ein **Kastell,** dem eine bewegte Geschichte be-

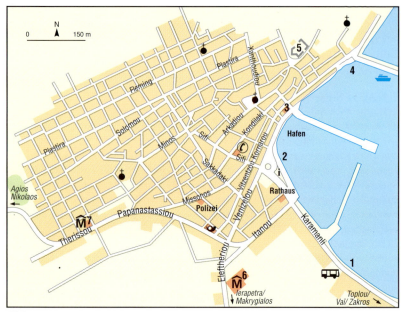

Sitia 1 Strand 2 Uferpromenade 3 Hafen- und Zollamt 4 Reste einer frühchristlichen Basilika 5 Venezianisches Kastell 6 Archäologisches Museum 7 Volkskundemuseum

vorstehen sollte: Zuerst wurde die Festung von den Genuesen erweitert, zwei Erdbeben und mehrere Seeräuberüberfälle sorgten in den folgenden Jahrhunderten für die Zerstörung. Die Venezianer bauten 1631 das Kastell noch einmal auf und gaben ihm den Namen *Kasarma* (nach der italienischen Bezeichnung *casa di arma*). Doch schon dem ersten Türkenansturm 20 Jahre später konnte die Festung nicht standhalten. Damit die Befestigung den Türken nicht in die Hände fiel, schleiften die Venezianer das Kastell bis auf einen Befestigungsturm, der heute noch die Stadt überragt. Das war das Ende des alten Sitia.

Heute ist Sitia Zentrum eines weitläufigen bäuerlichen Hinterlandes, und selbst das Stadtbild kann den ländlichen Eindruck nicht verleugnen. Alles ist recht einfach, selbst die vielen Restaurants an der mit aufwendigem Gestein, Mosaiken und Palmen neu gestalteten Uferpromenade. Wer an Strandurlaub denkt, sollte ebenfalls genügsam sein: Zwar ist der **Sandstrand** kilometerlang, aber schmal und dunkel und liegt direkt an der Straße nach Vaï. Jenseits der Straße entstehen immer mehr Neubauten.

Zu sehen gibt es in Sitia nicht viel. Ein **Volkskundemuseum** wurde eingerichtet, das Trachten und traditionelle Webarbeiten, Haus- und landwirtschaftliche Geräte, Möbel und Ikonen zusammengetragen hat. Das **Archäologische Museum** der Stadt stellt Funde aus Ostkreta aus, darunter eine 30 cm große minoische Elfenbeinfigur aus Palekastro, von der allerdings nur Kopf, Oberkörper, Arme und Füße erhalten sind.

Noch heute werden Archäologen im Umkreis Sitias oft fündig: Zwischen Sitia und Piskokefalo passiert die Straße Richtung Ierapetra die Ruinen eines minoischen Hauses. Auch beim Dorf Petras, 2 km östlich von Sitia, in dem die Appartementhäuser bis an die Durchgangsstraße nach Vaï gebaut wurden, wurde eine Villa aus minoischer Zeit ausgegraben. Rund 7 km weiter östlich, ebenfalls an der Straße nach Vaï, liegen – für jedermann frei zugänglich – über 250 Schachtgräber aus frühminoischer Zeit. Und knapp 200 m nördlich des Hafen- und Zollamtes von Sitia sind an der Kaimauer im Wasser die **Reste einer frühchristlichen Basilika** zu erspähen. Die hier aus dem Felsen gehauenen Becken wurden angeblich von den Römern geschaffen, um ihren Fischfang frischzuhalten.

Toplou, das Kanonenkloster

Ein paar Kilometer hinter Agia Fotia, dort, wo die Straße zum Kloster Toplou ansteigt, entsteht in der **Bucht von Ammolakkos** 3 eine riesige Timesharing-Anlage: Mehrere Dutzend Besitzer halten Anteile an jeweils einem Appartement und dürfen als Gegenwert für die Investition dort einmal im Jahr ihren Urlaub verbringen. Das Grundstück stammt aus dem Besitz des Klosters Toplou, dem das gesamte Land weit und breit gehört. Toplou ist kein Einzelfall: Viele Grundbesitzer auf Kreta übereigneten ihre Ländereien während der Türkenzeit den Klöstern, um sie vor dem Zugriff der Besatzungsmacht zu retten. Der jüngste Grundstückverkauf des Klosters Toplou und geplante weitere treffen auf Widerstand von Behörden und Bevölkerung. In dieser Region werden im Boden noch so viele archäologische Schätze vermutet, daß eine Bebauung kulturhistorisch unermeßliche Schäden anrichten würde.

Wie eine Festung ragt das **Kloster Toplou** 4 (S. 286), das eigentlich *Akroteriane* (von *akroterio*: »Kap«) heißt, aus der kargen Landschaft. Der Name *Toplou* (*Top* ist türkisch und bedeutet etwas Rundes, z. B. eine Kanonenkugel) bezieht sich auf eine venezianische Kanone, die die Türken 1645 erbeuteten. An dieser Stelle war wahrscheinlich in der ersten Hälfte des 14. Jh. ein erstes Kloster entstanden, das aber, so wird vermutet, von den Türken in der Mitte des 15. Jh. zerstört worden war. Der dar-

In der Oberstadt von Sitia findet man mit etwas Glück eine stimmungsvolle Taverne

aufhin befestigte Nachfolgebau erlitt beim Erdbeben von 1612 starke Schäden, beim Wiederaufbau wurde ihm der 33 m hohe, freistehende Glockenturm hinzugefügt. 1704 setzten die Türken dem Kloster ein zweites Mal heftig zu, doch bereits 1718 wurde es in seiner strengen, abweisenden Form, in der es sich heute präsentiert, neu erbaut.

Der Gegensatz zwischen äußerem und innerem Erscheinungsbild ist verblüffend! Bei aller Kargheit wirkt der Innenhof mit seinen Treppen und Balustraden und der kleinen **Panagia-Kirche** im Vergleich zur wehrhaften Außenfassade verspielt. Da Teile des Klosters einsturzgefährdet waren, mußte es in jahrelanger Arbeit restauriert werden und erstrahlt heute samt Außengebäuden – darunter eine **Windmühle** – in neuer Pracht. Dabei wurden auch die Balustraden im zweiten Stockwerk, deren morsches Holz in den 30er Jahren durch Beton ersetzt worden war, wieder in den ursprünglichen Zustand zurückversetzt. Leider ist zum Abschluß der Restaurierungsarbeiten die kleine, aus dem 14. Jh. stammende Klosterkirche in das neugeschaffene Klostermuseum einbezogen worden. Das Museum besitzt jetzt einen direkten Zugang zur Kirche, die dadurch viel von ihrer Atmosphäre eingebüßt hat.

Das **Museum** ist sehenswert! Neben einer Waffenkammer, alten Schriften, Kirchenutensilien und -gewändern stellt es vorzügliche Ikonen aus, darunter ein Werk des bedeutenden Ikonenmalers Frangias Kavertzas und zwei Gemälde des nicht weniger bedeutenden Künstlers Johannes Kornaros. Eines davon ist das prächtigste des Klosters, *Megas Ei Kyrie* (»Groß bist Du, unser Herr!«). Kor-

Toplou: Blick in den Innenhof

naros schuf es 1770 im Alter von 25 Jahren. Die Ikone zeigt Maria mit dem Jesuskind auf dem Schoß, Adam und Eva und Christus mit den Verdammten in der Hölle. Zugleich weist die Darstellung – ohne klare Abgrenzung, sondern geschickt durch Felsen, Pflanzen u. ä. voneinander getrennt – zahlreiche weitere, miniaturhaft kleine biblische Szenen auf. Apropos: Auf der volkstümlichen Ikone ›Die Unvergängliche Rose‹, in der offensichtlich Kornaros' Stil kopiert wird, ist im linken, unteren Teil das Kloster mit einer Ansicht des Jahres 1771 abgebildet – es ist vom heutigen Klosterbau kaum zu unterscheiden.

Itanos, Vaï und Palekastro

Hoch im Norden, den Abstecher vom Weg nach Vaï wert, liegen direkt am

◁ *Sitia und der Osten*

Wasser über ein großes Areal verstreut die Ruinen der griechisch-römischen Hafenstadt **Itanos**  (S. 271), die in hellenischer Zeit ihre größte Blüte erlebte. Daß sie aber auch in byzantinischer Zeit noch bewohnt war, belegen die gut erkennbaren **Grundmauern einer byzantinischen Basilika** aus dem 5. oder 6. Jh. Bei Itanos gibt es drei Strände ohne jede Versorgung, die gerne von Wohnmobil-Fahrern besucht werden. Immer mehr Urlauber entdecken diese idyllischen Strände auf historischem Boden – antike Spuren sind überall zu finden – und ziehen sie als immer noch wohltuend ruhige Alternative dem hektischen Betrieb am Strand von Vaï vor.

Für den **Strand von Vaï** 6 (S. 287) hat sich die Bezeichnung Palmenhain eingebürgert, doch ist sie untertrieben: Hier wächst ein Meer von Palmen, wie sie sonst auf Kreta nur noch vereinzelt zu finden sind. Den Palmenhain, so erzählen die Kreter gern, sollen die Mannen des Sarazenen-Herrschers Abu Hafs Omar angelegt haben. In ihrem Marschgepäck führten die Eroberer angeblich heimische Datteln mit, deren Kerne sie achtlos durch die Gegend spuckten. In Wahrheit hat die Wissenschaft längst nachgewiesen, daß diese Palmenart bereits in minoischer Zeit existierte. Es handelt sich um die **Kreta-Dattelpalme,** die den lateinischen Namen *Phoenix theophrasti* trägt und deren Früchte nicht eßbar sind. Sie ist eine der vielen Pflanzen, die auf Kreta endemisch sind, also nur hier gedeihen. Die Palmen sind Überbleibsel eines Halbwüsten-Gürtels, der sich früher über ganz Kreta erstreckte. Sie beschatten den wohl schönsten Strand der Insel.

Niemand kann sich heute mehr vorstellen, daß dieser Flecken vor 25 Jah-

Am Palmenstrand von Vaï

Ikonostassias

Es gibt sie praktisch überall auf Kreta, an der Schnellstraße von Iraklion nach Chania ebenso wie an einsamen Feldwegen, im Hotelviertel von Limin Chersonissos genauso wie auf der Fahrt in die Messara-Ebene: kleine Betsäulen, »*Ikonostassias*« genannt. Die eine ist eine schlichte Stele, die andere eine kunstvolle Nachbildung einer kretischen Kirche. Sie sind aus Stein oder aus Metall, einfarbig bemalt oder farblich reich geschmückt. Allen gemeinsam ist die Ausstattung mit Heiligenbild und Öllampe – und die Funktion: Ikonostassias dienen dem Gebet und der Erinnerung an den Beistand eines Heiligen in einer Notsituation.

Zur Vorgeschichte der Ikonostassias: In den beiden byzantinischen Perioden entstanden auf Kreta prächtige Kirchenbauten, denn der Staat förderte den Bau von Gotteshäusern. Als die Venezianer die Herrschaft über die Insel antraten, brach die staatliche Unterstützung der orthodoxen Kirche ab. Jahrhundertelang flossen keine öffentlichen Gelder mehr in orthodoxe Sakralbauten. Die Kreter, damals nicht weniger fromm und wundergläubig als in vorangegangenen Zeiten, errichteten in Eigeninitiative und oft mit bescheidenen Mitteln viele kleine Kirchen und Kapellen, wie sie heute noch auf der Insel in großer Zahl zu sehen sind. Anlässe für derartige Stiftungen hatten sie genug: ein Unglück beispielsweise oder eine wundersame Errettung, eine lange Dürreperiode oder die Vision eines Dorfbewohners, der davon überzeugt war, daß ihm die Muttergottes erschienen sei.

Fast alle Ikonostassias sind kaum älter als 60 oder 70 Jahre, die meisten sind sogar noch jüngeren Datums. Sie haben die früher aus aktuellen Anlässen gestifteten Kirchen und Kapellen abgelöst – einen solchen Bau könnte und wollte heute niemand mehr bezahlen. Zumal die Anlässe mit zunehmendem Straßenverkehr ja nicht gerade weniger werden! Es ereignen sich wesentlich mehr – erinnerungswürdige – Unfälle. Dabei spielt es übrigens keine Rolle, ob der Unfall glimpflich verläuft oder tragische Folgen nach sich zieht: Eine neue Betsäule wird errichtet! Autofahrer können die meisten der neueren Ikonostassias auch als Verkehrszeichen deuten, denn sie signalisieren: Vorsicht, gefährliches Straßenstück!

Das manche dieser Ikonostassias kleine Kunstwerke sind, hängt mit der Tatsache zusammen, daß die orthodoxe Kirche keine Skulpturen kennt: Betsäulen sind der einzige Weg, tiefe Gläubigkeit plastisch auszudrücken.

ren kaum einem Urlauber bekannt war. Als erstes kamen die Hippies, für die Vaï ein Stück Paradies auf Erden war. Aber sie und all die anderen jungen Touristen, die folgten, erwiesen sich des Paradieses kaum würdig: Beim Übernachten im Freien verwüsteten sie die Landschaft und hinterließen bedauerlicherweise eine Menge Unrat in der wundervollen Umgebung. Inzwischen wurden der Strand unter Naturschutz gestellt, der Palmenhain eingezäunt und das Zelten unter Strafe verboten. Die Ausstattung mit Tavernen, Sonnenschirmen und Liegestühlen steht keinem anderen Strand der Insel nach. Um die Schar der Ausflügler besser zu kanalisieren, die Tag für Tag mit Bussen oder Mietwagen herbeiströmen, wurde ein großer Parkplatz angelegt. Da er gebührenpflichtig ist, wird die Zufahrtsstraße zum Strand permanent zugeparkt. Wer Ruhe sucht, wirft lieber nur einen kurzen Blick auf den Palmenstrand und weicht dann auf einsamere – aber bei weitem nicht so herrliche – Buchten Richtung Süden aus, die auf einem kurzen Fußmarsch erreicht werden können.

Eigentlich ist **Palekastro** 7 (S. 279) ein einfaches Dorf, das neben typisch kretischem Flair nichts zu bieten hat, dennoch entwickeln sich Ort und Umgebung zu einem neuen touristischen Zentrum: In dem hügeligen Gelände haben sich bereits mehrere Hotels etabliert. Im näheren Umkreis findet man in 2 km Entfernung – nach allerdings schattenlosem Weg – die kleine, landschaftlich bezaubernde **Bucht von Chiona** 8 und weiter nördlich, jenseits des Tafelbergs Kastri, die über 2 km lange **Bucht von Kouresmenos** 9, die wenig Infrastruktur bietet und nur von wenigen Urlaubern besucht wird.

Nichts erinnert mehr an das venezianische Kastell, das auf dem 90 m hohen

Bei Palekastro

Kastri stand und dem Ort Palekastro den Namen gab: *palaio kastro*, »altes Kastell«. Enttäuscht sind Ausflügler, die das Ausgrabungsgelände **Roussolakkos** 10 (S. 283), benannt nach der in dieser Region vorherrschenden roten Erde, besichtigen. Denn von der minoischen Stadt, die hier Anfang des 20. Jh. ausgegraben wurde, ist kaum noch etwas zu sehen. Die Siedlung ist wieder völlig zugewachsen.

Durch das ›Tal der Toten‹ nach Kato Zakros

2 km hinter dem verschlafenen Ort Zakros weist ein kleines Schild »Gorge« am Straßenrand den Weg hinab zu einer der schönsten Schluchten der Insel, zur Zakros-Schlucht – besser bekannt als ›**Tal der Toten**‹ 11 (S. 286). Die minoischen Bewohner des Palastes von Kato Zakros bestatteten ihre Toten in den Höhlen der Schluchtwände. Ein schmaler Pfad, unterbrochen von einem Drahttor, das man selbst öffnen kann, führt hinunter in die Schlucht, deren Weg sich

an einem im Sommer ausgetrockneten Flußbett entlangschlängelt (festes Schuhwerk, Kopfbedeckung und Wasserflasche nicht vergessen!). Hier und da verliert sich die Wegführung zwischen mannshohen Oleanderbüschen. Der Boden der Schlucht gleicht stellenweise einem Blumenteppich. Nach ca. 1 Std. Wanderung über Stock und Stein trifft der Weg auf einen Bambushain und führt dann an Bananenplantagen vorbei direkt zum Palast von Kato Zakros.

Im Gegensatz zu den Palästen von Knossos, Phaistos und Malia wurde der **Palast von Zakros** 12 (S. 272) nie geplündert. Erst um 1600 v. Chr., also in der Jüngeren Palastzeit, wurde er angelegt, in der Bauausführung übrigens nicht ganz so sorgfältig wie Knossos und Phaistos. Er geriet auch wesentlich kleiner als die anderen drei Palastanlagen. Aber was die griechischen Archäologen, die hier erst 1961 mit Grabungen begannen, zutage förderten, waren reiche Funde, die die Bedeutung des Palastes belegen: Von hier aus wurden wichtige Handelsbeziehungen in den Nahen Osten und nach Nordafrika unterhalten.

Im Archäologischen Museum von Iraklion (AMI) wurde den Funden aus Zakros Saal VIII gewidmet (s. S. 90): Besonders beachtenswert sind das Bergkristall-Gefäß mit Henkeln aus Kristallperlen in Vitrine 109, das vom Bild eines Gipfelheiligtums und kretischen Wildziegen gezierte Rhyton in Vitrine 111 sowie das Stierkopf-Rhyton in Vitrine 116. Zusammen mit dem Palastareal konnte eine (nahtlos) angrenzende Wohnstadt ausgegraben werden, lediglich der Hafen von Zakros ist bislang noch nicht freigelegt worden. Die Ausgrabungen sind längst nicht beendet, und auch hier wurden im Unterschied zu Knossos keine Rekonstruktionen vorgenommen, so daß schon recht viel Phantasie dazugehört, sich in dem Areal zu orientieren bzw. einzelne Bauteile zu identifizieren.

In das Ausgrabungsgelände gelangen Besucher heute über einen gepflasterten Weg, der einst die Wohnsiedlung, die das gesamte Gelände rechter Hand einnimmt, mit dem Hafen verband. Das gesamte Areal zur linken bedeckt der Palast – mit Ausnahme von ein paar Wohn-

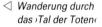

◁ *Wanderung durch das ›Tal der Toten‹*

An der Zisterne von Kato Zakros

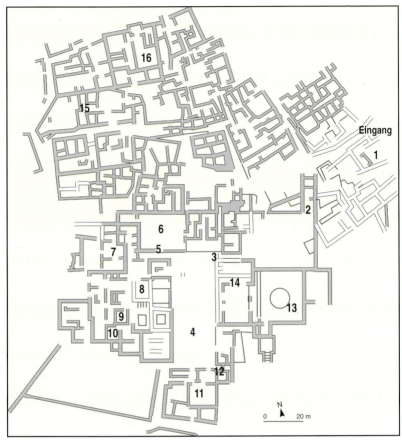

Kato Zakros 1 Bronzeschmelzofen 2 Haupteingang in den Palast zum Osthof 3 Korridor zum Zentralhof 4 Zentralhof mit Steinaltar 5 Propylon, Zugang zu Magazin- und Wirtschaftsräumen 6 Pfeilerhalle 7 Magazine 8 Lichthof, dahinter schließen sich Repräsentationsräume an 9 Bad 10 Schatzkammer mit eingebauten Depots aus Terrakotta 11 Werkstätten und Lagerräume 12 Wasserbecken 13 Hof mit rundem Becken (Zisterne?) 14 Königliche Gemächer unterteilt von einem Polythron 15 Im Bereich der Wohnstadt ein größeres Gebäude mit Innenhof (Heiligtum?) 16 Auf minoischen Ruinen errichteter Bau aus mykenischer Zeit

häusern und Werkstätten unmittelbar am Weg; eine Werkstatt dicht beim Eingang besaß sogar schon einen Bronze-Schmelzofen mit Luftzuführungskanälen. Der an den **Zentralhof** des Palastes angrenzende **Westflügel** umfaßt die Repräsentationsräume, Schatzkammern – darunter eine mit acht eingemauerten ›Safes‹ – und Magazinräume. Am Südende des Zentralhofes folgten wieder Werkstätten und Lagerräume. Den königlichen Gemächern war der **Ostflügel** vorbehalten. Dort stufte der Ausgräber Platon den nördlichen, kleineren Raum als Megaron der Königin ein, den großen im südlichen Ostflügel, der durch eine fünftürige Wand (Polythron) geteilt wird, als Megaron des Königs. Ob das östlich davon in einem Hof gelegene runde Becken eine Zisterne oder ein Kultbecken war, ist umstritten.

Kurvenreiche Straße nach Xerokambos

Nur 10 km südlich von Zakros liegt die Siedlung **Xerokambos** 13 (S. 288). Wer die Staubpiste dorthin vermeiden will, muß den weiten Umweg über Ziros wählen. Von dort führt eine 18 km lange, äußerst kurvenreiche, aber gut ausgebaute Strecke an die Südküste. (Wer Xerokambos von Westen ansteuert, also von der Straße, die Sitia mit Magrigialos verbindet, findet auf der Fahrt Richtung Ziros in Ethia ein prächtiges venezianisches Herrenhaus, das restauriert wird.)

Zwischen Olivenhainen und einigen Gewächshäusern standen früher nur ein paar Häuser. Einsamkeitsfanatiker waren am langen, immer wieder in kleinere Buchten unterteilten Sandstrand am Ziel ihrer Träume. Aber inzwischen hat der Bauboom, wenn auch noch gedämpft, Xerokambos ebenfalls erreicht. Jahr für Jahr entstehen zahlreiche neue Häuser; viele bieten Ferienappartements an. Es wird nicht mehr lange dauern, bis dahin ist, was bisher den Reiz dieser Ecke ausmachte: das Gefühl, mitten in der Natur und fernab der Zivilisation zu sein.

Karge Landschaft bei Xerokambos

Westkreta – Grandezza und rauhe Berge

Rethymnon – Kretas geistiges Zentrum

Zeitvorschlag: 4–5 Std.

■ (S. 282) Schneller als in Iraklion läßt die Innenstadt von Rethymnon die auch hier vorhandene Häßlichkeit der Außen- und Neubaubezirke vergessen. Mit Chania wetteifert Rethymnon um das Prädikat des schönsten Altstadtviertels von Kreta – schön deshalb, weil sich im Gassengewirr besonders viele venezianische und türkische Einflüsse einträchtig nebeneinander erhalten haben.

Die Gegend von Rethymnon war schon zu spätminoischer Zeit besiedelt. Wo sich heute die mächtige Fortezza über die Stadt erhebt, lag die antike Stadt *Rithimna,* die so einflußreich war, daß sie ihre eigenen Münzen prägen durfte. Unter den Venezianern wuchs die Bedeutung des Ortes wegen seiner strategischen Lage, und im Laufe der Jahrhunderte bauten sie die Stadt zum Verwaltungszentrum und Handelshafen aus – zwei Funktionen, die 1646 auch die Türken übernahmen. Heute kommt Rethymnon, mit etwa 20 000 Einwohnern drittgrößte Stadt auf Kreta, als Hafen kaum noch Bedeutung zu; die meisten Schiffahrtslinien verkehren ab der Souda-Bucht oder ab Iraklion. Doch gilt Rethymnon nach wie vor als geistiges Zentrum der Insel. Die Stadt beherbergt die Philosophische Fakultät der noch jungen Universität von Kreta (1976 gegr.) und ist auch Sitz der kretischen Theatergesellschaft, die in allen Landesteilen der Insel Werke mittelalterlicher und moderner kretischer Dramatiker aufführt. Aus Rethymnon stammt einer der bedeutendsten Schriftsteller Kretas, Pandelis Prevelakis (›Der Engel im Brunnen‹).

Ohne Zweifel ist Rethymnon auch ein touristischer Magnet. Dem Ort ist es gut bekommen, daß die Hotel- und Strandgegend ein wenig entfernt liegt. Dieser Neubaubereich ufert mehrere Kilometer weit Richtung Osten aus. Insgesamt stehen über 15 km Sandstrand zur Verfügung, der nur einen Makel aufweist: Er bietet keinen Schatten.

Stadtrundgang: Vom Hafen zur Kirche der Vier Märtyrer

Abends strömen Urlauber zu Tausenden in die Altstadt, wo sich in den engen Gassen, am Ende des **Stadtstrandes** 2 und am venezianischen Hafen, ein Restaurant an das andere drängt. Zum Teil sind sie originell und erstaunlich geschmackvoll ausgestattet, feingedeckte und mit viel Phantasie gestaltete Tische sind hier an der Tagesordnung. Der kleine **venezianische Hafen** 1 mit seinem schlanken Leuchtturm und seiner Zeile pittoresker, vom Zahn der Zeit sichtlich angenagter Häuser wirkt besonders intim. Direkt hinter dem Hafen beginnt das Gewirr der Altstadtgassen mit griechischen, türkischen und venezianischen Häusern, mit kleinen Tavernen, ausgefallenen Geschäften und versteckten Innenhöfen. Viele türkische Häuser tragen noch die originalen Holzbalkone, und z.T. zieren noch Original-Bepflasterungen die Innenhöfe der venezianischen Bauten. In einigen haben sich kleine, komfortable Hotels eingenistet.

In der **Souliou-Gasse** 3 liegen besonders außergewöhnliche Läden, z. B.

◁ *Botanikstudenten auf der Akrotiri-Halbinsel*

die Werkstatt des Ikonenmalers Andreas Theodorakis oder Nikos Leledakis' Schusterwerkstatt, in der kretische Stiefel gefertigt werden (s. S. 283).

Der formvollendetste venezianische Bau der Stadt ist die um 1600 errichtete **Loggia** 4. Der Renaissance-Bau, der eine schöne Holzdecke besitzt, hat nach sorgfältiger Restaurierung den Museums-Shop des etwas weiter entfernten Archäologischen Museums aufgenommen. Wie die Loggia Treffpunkt der Adligen und Vornehmen war, ist seit über 350 Jahren der **Rimondi-Brunnen** 5 (man liest auch oft *Arimondi-Brunnen*) gesellschaftlicher Mittelpunkt der Stadt. Als der venezianische Statthalter Alvise Rimondi ihn 1629 errichten ließ, veranlaßte er, den Brunnen so stabil zu bauen, daß das notwendige Bauwerk auf immer erhalten bliebe. Selbst die Türken waren von dem zierlichen Bauwerk mit seinen schlanken Säulen und wasserspeienden Löwenköpfen ange-

Rethymnon 1 *Venezianischer Hafen* 2 *Strand* 3 *Souliou-Gasse* 4 *Venezianische Loggia* 5 *Rimondi-Brunnen* 6 *Archäologisches Museum* 7 *Fortezza* 8 *Sultan Ibrahim-Moschee* 9 *Folkloremuseum* 10 *Minarett der Nerace-Moschee* 11 *Megali Porta* 12 *Tesseron Martyron* 13 *Stadtpark*

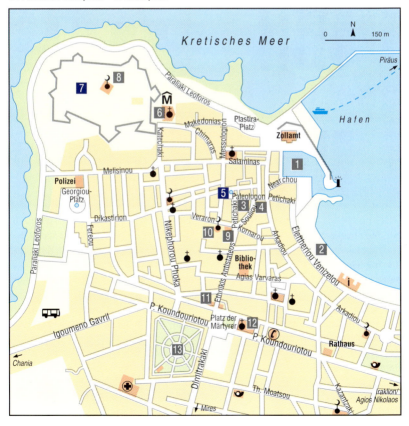

tan. Sie nutzten den Brunnen weiter zur Trinkwasserversorgung und versahen ihn mit einer Zentralkuppel, die allerdings im letzten Krieg zerstört wurde.

In ein unscheinbares Gebäude, das ehemalige Gefängnis gegenüber dem Eingang der Fortezza, ist das **Archäologische Museum** 6 umgezogen. Die kleine, hervorragend präsentierte Sammlung minoischer, griechischer und römischer Funde aus dem Raum Rethymnon lohnt auf jeden Fall einen Besuch. Zu den ausgestellten Kostbarkeiten zählt eine kleine Bronze-Statue eines nackten Jünglings mit Helm aus griechisch-römischer Zeit, die aus einem römischen Schiffswrack vor Agia Galini geborgen wurde.

Das immer noch mächtigste Bauwerk Rethymnons ist die **Fortezza** 7, ein großes Fort, wie es Chania und Iraklion nie besessen haben. Die Fortezza war mit ihren Wohn- und Verwaltungsgebäuden, einer Kirche, der Bischofsresidenz, Arsenalen und Zisternen einst eine Stadt in der Stadt. Hätte der Baumeister

Am Altstadthafen

Moschee 8, die 1646 die venezianische Kirche ersetzte. Vom Minarett der Moschee ist anders als bei der Nerace-Moschee (auch *Pascha-Nerazza, Tis Nerantzes* oder *Gaze-Hussein-Moschee* genannt) nur noch ein Stumpf übriggeblieben.

Haushalt, Handwerk und Landwirtschaft vergangener Zeiten dokumentiert das **Folkloremuseum** 9 in einem venezianischen Palai in der Odos M. Vernardou 28–30.

Das Minarett der **Nerace-Moschee** 10 konnte früher bestiegen werden, ist aber jetzt leider wegen Baufälligkeit geschlossen. Ursprünglich war die Moschee eine venezianische Kirche namens *Santa Maria,* die von den Türken dann ihren Glaubensvorstellungen entsprechend umgestaltet wurde. Die Bevölkerung der Stadt nennt die Moschee auch *Odeon,* da sie heute als Konzertsaal fungiert.

Von den Befestigungsanlagen, die einst die ganze Stadt umgaben, ist einzig die **Megali Porta** 11, auch *Porta Guora* genannt, erhalten. Das Tor markiert heute noch die Grenze zwischen der verwinkelten Altstadt und der pulsierenden, z. T. recht häßlichen Neustadt.

Der Platz vor dem Tor trägt den Namen **Platia Martyron,** vier christlichen Märtyrern zu Ehren, die die Türken hinrichteten. Ihnen wurde auch die moderne Kirche **Tesseron Martyron** 12 gewidmet, drei der Märtyrer liegen hier auch begraben. Die Kirche gilt den Kretern ebenso als Mahnmal des Widerstands gegen die Türken wie das **Denkmal des Konstantinos Giaboudakis** auf dem Platz der Märtyrer: Giaboudakis jagte 1866 beim Herannahen der türki-

Michele Sanmicheli seinen Willen durchgesetzt, wäre die Befestigungsanlage noch wesentlich gigantischer ausgefallen. Doch die stolzen Bürger der Stadt widersetzten sich seinen Plänen mit Erfolg: Zu viele Wohnhäuser hätten dem Bau zum Opfer fallen müssen! So wurde ein erheblich modifizierter Bauplan ab 1571 in drei Jahrzehnten verwirklicht. Daß auch die Türken die Fortezza für ihre Zwecke verwandten, bezeugen ein **Hamam** (Bad) und vor allem die gewaltige Kuppel der **Sultan Ibrahim-**

RICHTIG REISEN
Tip

Gastliche Fortezza

Fortezza nennen die Bewohner Rethymnons ihre Festung – ein verniedlichender Name für das mächtige, von den Venezianern gegen die Türken errichtete Bollwerk. *Fortezza* haben Vater Liodaki und seine drei Söhne ihr 1989 eröffnetes Hotel am Fuß der Festung getauft. Der Name paßt nicht allein wegen der Lage: Das 54-Zimmer-Hotel wirkt wie ein Bollwerk gegen den Lärm und die Hektik der Stadt. Es ist als Atrium-Haus mit einem Swimmingpool als geselligem Mittelpunkt konzipiert. Von den Balkonen der Hotelzimmer blicken die Gäste wie von Theaterlogen hinaus auf den Innenhof. Die Altstadthäuser der Nachbargasse bilden die Hintergrundkulisse.

Ähnlich ungewöhnliche Ein- und Ausblicke bietet die Innenarchitektur des kleinen Hotels: die Galerien und Emporen, Durchbrüche und Übergänge, dazwischen immer wieder gemütliche Sitzlandschaften, ein Kamin, eine Bar und das Restaurant. Kein Raum ist vom anderen abgeschlossen – bei den Hotelzimmern ist das natürlich anders.

Auch für die auf Kreta selteneren kühleren Tage ist das Hotel bestens gerüstet. Die Zimmer sind beheizbar (was keineswegs eine Selbstverständlichkeit ist), in der Halle flackert dann das Feuer im Kamin, und das Abendessen wird nicht mehr rund um den Pool, sondern im Frühstücksraum serviert. Der ist dann in ein elegantes Restaurant verwandelt. Perfekt erfüllt das *Fortezza* die schwere Aufgabe, Urlaubsquartier mitten in der Stadt zu sein (S. 283).

schen Übermacht das Kloster Arkadi (s. S. 193f.) in die Luft.

Der **Stadtpark** 13 ist nach anstrengendem Stadtrundgang eine Oase der Ruhe – allerdings nicht ab dem zweiten Samstag im Juli, wenn hier drei Wochen lang das berühmte Weinfest gefeiert wird. In Programm- und Weinangebot nicht mit dem Weinfest von Dafni bei Athen vergleichbar, ist es dennoch bei Urlaubern und Einheimischen gleichermaßen beliebt.

Verwinkelte Gassen laden zum Schlendern und Einkaufen ein

Abstecher von Rethymnon nach Osten

Zeitvorschlag: 1/2–1 Tag
(Karte, S. 197)

Von Rethymnon Richtung Osten erstreckt sich der ausgedehnteste Strand Kretas, über 15 km lang, bis zu 70 m breit und dicht an dicht mit Hotels, Pensionen und Appartementhäusern bebaut. Im Hinterland liegen attraktive Ausflugsziele, so daß sich eine Halbtages- oder bequeme Tagestour anbietet, die das Kloster Arkadi, das Töpferdorf Margarites sowie die Melidoni-Höhle bei Perama einschließt und im Badeort Bali endet. Von dort ist man auf der New Road schnell in die Badevororte von Rethymnon oder in die Innenstadt zurückgekehrt.

Arkadi – Symbol des Widerstands

1 (S. 264) Das Kloster Arkadi liegt etwa 25 km südöstlich von Rethymnon auf einem Plateau in 500 m Höhe. Arkadi zieht besonders viele griechische, vor allem kretische Besucher an, denn seit dem 19. Jh. ist es das bedeutendste kretische Nationalheiligtum. Am 9. November 1866 ereignete sich hier die größte Tragödie im Widerstand der Kreter gegen die türkische Besatzung. Zu dieser Zeit hatte sich ganz Kreta gegen die Türken erhoben, die – wie immer – massiv zurückschlugen. Allein das Kloster Arkadi, eines der Zentren des Aufstands, wurde von einer Armee belagert, die aus 15 000 Türken, Ägyptern und Albanern bestand. Bereits am 7. November hatten sich 964 Kreter nach Arkadi zurückgezogen: Bis auf 325 wehrfähige Männer – darunter 45 Mönche – waren es Frauen und Kinder. Als es den Türken zwei Tage später gelang, in das Kloster einzudringen, sprengte einer der Aufständischen, Konstantinos Giaboudakis, mit Erlaubnis des Abtes und Einwilligung aller anderen Insassen das Arsenal in die Luft, in das sich die Verteidiger zurückgezogen hatten. Noch heute wird Konstantinos Giaboudakis auf Kreta als Held verehrt. Nur 114 der Aufständischen überlebten die Explosion und entgingen dem anschließenden Massaker der eindringenden Soldaten. Die Türken beklagten 1500 Tote und Verwundete.

Auch wenn an allen Ecken und Enden der Klosteranlage auf das tragische Ereignis hingewiesen wird, können sich Arkadi-Besucher das Ausmaß der Tragödie kaum vorstellen: Allzu friedlich wirkt die große Klosteranlage, deren Atmosphäre auch bei größerem Andrang gefangennimmt. Besucher waren schon in früheren Zeiten im Kloster Arkadi an der Tagesordnung, denn es war eine Herberge, wie die riesigen Küchen, die Unterkünfte und ein großer Speiseraum mit langen Holztischen und Bänken beweisen. Im 11. Jh. gegründet, stammen die heutigen Gebäude Arkadis allesamt aus dem 16./17. Jh. Die Kreuzgänge des Klosters sind gut erhalten. Die vielfotografierte **Klosterkirche** mit ihrer kretischen Spielart einer venezianischen Renaissance-Fassade wurde im 16. Jh. erbaut. Die gesamte Ausstattung, auch die hölzerne Ikonostase der mehrfach restaurierten Kirche entspringt neuerer Zeit, da 1866 das Innere der Kirche zerstört worden war. Im kleinen **Klostermuseum** veranschaulicht ein Modell den Ablauf des Überfalls der Türken, und Zeitungsberichte und Bilder der

Richtig Reisen
Thema

»Freiheit oder Tod«
Kreta unter osmanischer Herrschaft

»Freiheit oder Tod« lautet der Titel eines Romans von Nikos Kazantzakis, in dem der Schriftsteller das Leiden des kretischen Volkes unter der Türkenherrschaft und den nie versiegenden Widerstandswillen schildert. Der 1953 publizierte Roman verarbeitet auch Kindheitserlebnisse: Zum ersten Mal flieht die Familie Kazantzakis 1889 während eines Aufstands vor der Willkür der Türken nach Paris, Kazantzakis war damals sechs Jahre alt. Auch beim letzten großen kretischen Aufstand 1897 begibt sich die Familie wieder auf die Flucht, diesmal nach Naxos.

Was die Kreter heute noch als »türkisches Joch« bezeichnen, begann 1669 durchaus mit Zustimmung vieler Kreter: Sie waren froh, sich mit Hilfe der Türken der venezianischen Herrschaft entledigen zu können. Doch schon bald gerieten die Kreter unter Druck. Die Türken regierten mit harter Hand. Verwaltungsmäßig wurde die Insel in vier Bezirke geteilt, denen jeweils ein Pascha vorstand: Iraklion, Chania, Rethymnon und Sitia. Der Pascha von Iraklion (damals *Megalo Kastro*, »großes Kastell« genannt) war der Gouverneur der Insel. Jedem Pascha standen ein oberster Richter *(Kadi)*, ein Untersuchungsrichter *(Mufti)* und eine Janitscharen-Truppe zur Seite. Die meisten Ländereien wurden beschlagnahmt und verdienten Türken zur Ausbeutung übereignet. Die Türken wohnten in den Städten, während die Kreter ihr Dasein auf dem Land fristen mußten. Wer noch Land besaß, wurde mit so hohen Steuern belegt, daß ihm kaum das Notwendigste zum Überleben blieb. Dazu kam die Kopfsteuer für jeden Christen, und dieser Begriff war wörtlich zu nehmen: Wer sie nicht zahlen konnte, wurde geköpft. Zu den Repressalien gehörte auch die *paidomassoma*, die »Knabenlese«.

Sprechen nicht die Zahlen dafür, daß es sich bei der Türkenherrschaft um ein relativ liberales Regime gehandelt haben muß? Immerhin lebten zur Mitte des 18. Jh. außer 60 000 Christen 200 000 Muslime auf der Insel, der weitaus größte Anteil davon Kreter. Doch die Zahlen trügen. Die meisten Glaubensübertritte wurden aus Furcht vor den Repressalien der Türken vollzogen, häufig sogar erpreßt: Dann umstellten Soldaten ein Dorf und zwangen den Bürgermeister zur Unterschrift unter ein Dokument, in dem sich das ganze Dorf zum muslimischen Glauben bekannte. Weigerte sich das Ortsoberhaupt, wurde es auf der Stelle durch Erwürgen hingerichtet. So ist es nicht verwunderlich, daß die Kreter immer wieder unter dem Schlachtruf *»Eleftheria i thanatos«*, »Freiheit oder Tod«, in den Kampf gegen die Türken zogen. Der erste große Aufstand brach 1770 in den Bergen der Sfakia unter Führung des Jannis Vlachos, Daskalojannis genannt, aus. Unter der Vorspiegelung, mit ihm Verhandlungen führen zu wollen, wurde Daskalojannis nach Megalo Kastro gelockt, dort gefangengesetzt und öffentlich geháutet. Öffentliche Hinrichtungen gehörten zum Abschreckungsinstrumentarium der Osmanen-Herr-

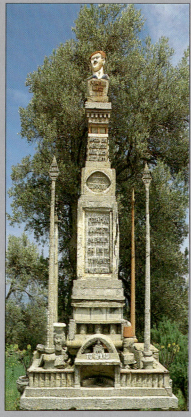

Mahnmal kretischen Martyriums 1866 / 1944

schaft. So wurde 1821 der orthodoxe Bischof Melchisedek in Chania öffentlich gehängt, weil er mit Aufständischen sympathisierte.

Bei ihren militärischen Operationen verschonten die Türken auch die Zivilbevölkerung nicht. 1823 wurden 2700 Frauen und Kinder und 150 Männer in der Höhle von Milatos, in der sie Schutz gesucht hatten, belagert und zur Aufgabe gezwungen. Die Männer wurden auf der Stelle getötet, Frauen und Kinder in eine Schlucht geworfen oder versklavt. Ein Jahr später ereignete sich in der Melidoni-Höhle ein ähnliches Drama: Dort hielten sich die Türken mit der Belagerung der Flüchtlinge erst gar nicht auf, sondern räucherten die Höhle aus.

Die Geschichte der kretischen Aufstände ist zugleich eine Aufzählung kretischer Niederlagen. Zwar konnten die Kreter immer wieder Teilsiege erringen, doch letztendlich behielt immer die militärische Übermacht des Gegners die Oberhand. So fielen 1828 700 sfakiotische Aufständische bei der Verteidigung der Burg Frangokastello im Kampf gegen 8000 türkische Soldaten. Und als es den Türken nicht gelang, die immer wieder aufflackernden Aufstände in der Lassithi-Ebene zu unterdrücken, schickten sie 1867 eine Truppe von 40 000 Mann auf die Hochebene, daraufhin fast jedes Haus dem Erdboden gleichmachte.

Das spektakulärste Drama spielte sich 1866 im Kloster Arkadi ab, als sich fast 1000 Kreter, davon zwei Drittel Frauen und Kinder, vor der heranstürmenden Übermacht der Türken selbst in die Luft sprengten und viele Türken mit in den Tod rissen. Während die kretischen Opfer des »Massenmordes«, wie das Sterben der Arkadi-Insassen auf Kreta genannt wird, noch heute als Helden verehrt werden, erinnert nichts und niemand mehr an die türkischen Opfer …

Kloster Arkadi: Westfassade im Stil der ›kretischen Renaissance‹

Freiheitskämpfer halten die Erinnerung an die Tragödie wach. Die Tische im **Refektorium** weisen heute noch Spuren der Waffen auf, mit denen die Überlebenden der Explosion niedergemetzelt wurden. Die Schädel der Opfer sind im **Mausoleum** am Parkplatz vor dem Kloster ausgestellt. Hier ist die Inschrift zu lesen: »Nichts ist edler und glorreicher, als für sein Vaterland zu sterben. Feuer und Schwert, was auch immer, trotzen den Herausforderungen.«

Töpferdorf Margarites

2 Zweite Station des Ausflugs ist das nahegelegene Töpferdorf Margarites (S. 276), das auch von der Küste – über die Stadt Perama – auf verschlungenen Nebenstraßen zu erreichen ist. Urlauber haben dem gefälligen Töpferdorf eine Renaissance beschert. Hatten einst 60 Töpfereien über 400 Handwerkern Lohn und Brot gesichert, war es zwischenzeitlich vom Aussterben bedroht. Nur noch ein halbes Dutzend von Werkstätten war übriggeblieben, die aber nach und nach immer mehr Urlauber anlockten, die sehen wollten, wie z. B. die riesigen Pithoi entstehen. Die Besucher zogen wiederum neue, meist junge Töpfer- und Keramikkünstler an, so daß in Margarites genauso wie in Thrapsano (s. S. 124) altes Handwerk neu erblühen konnte. Wer das Gewirr der engen, blumengeschmückten Gassen durchstreift, stößt auf so manche Werkstatt, in der nicht Gebrauchskeramik, sondern Souvenirs angefertigt werden.

Melidoni-Höhle bei Perama

Beim nächsten Routenstopp werden Ausflügler wieder mit den grausamen Auseinandersetzungen zwischen Kretern und türkischen Besatzern konfrontiert: Die **Melidoni-Höhle** 3 (S. 277) ist genauso wie Arkadi untrennbar mit einem kretischen ›Martyrium‹ verknüpft. Verzweigte Nebenstraßen verbinden Arkadi mit der von der Küste nach Perama führenden Hauptstraße, vom Städtchen Perama sind es noch einmal 4 km zum von vielen Bewohnern schon verlassenen, stellenweise zerfallenen Dorf Melidoni. Vom Ortszentrum weist ein Schild, das leicht übersehen werden kann – im Zweifelsfall die vor dem Kafenion sitzenden alten Männer nach der *spilion* (»Höhle«) fragen! –, den Weg hinauf zur Tropfsteinhöhle, die sich über dem Ort an einem Berghang verbirgt. Der Weg ist mit dem Auto befahrbar und windet sich in weiten Serpentinen hinauf zu einer im Schatten liegenden Kapelle. Beim weiten Blick über die Ebene sieht man, wie alle paar hundert Meter Rauch von Holzkohle-Meilern in den Himmel steigt. (Heimische Holzkohle, die überall benötigt wird, wo gegrillt wird, findet heute auf Kreta wieder guten Absatz.)

Von der Kapelle sind es nur noch ein paar Schritte bis zum Höhleneingang, der sich hoch über dem ersten, saalartigen Höhlenraum befindet. Der Weg in der Höhle erweist sich als steil und rutschig. Der Hauptraum (›Heldensaal‹) ist nun mit Halogenscheinwerfern gut ausgeleuchtet: Denn seit sich Touristen in Nebengängen der Höhle verirrt hatten, sind diese verschlossen und Taschenlampen nicht mehr erlaubt. Der große, steinerne Sarkophag in der Haupthöhle enthält die Gebeine von zahlreichen Opfern des türkischen Massakers.

1824, als der Unabhängigkeitskrieg auf dem griechischen Festland längst auch Kreta erfaßt hatte, die Türken aber mit unvorstellbarer Grausamkeit gegen die Aufständischen vorgingen, hatten sich rund 300 Bewohner der umliegenden Dörfer in der Höhle versteckt. Andere Quellen sprechen sogar von 500 Flüchtlingen. Als die Türken ihrem Versteck auf die Spur kamen, war ihr

Von Rethymnon nach Arkadi und Bali

Relaxen in Bali

Schicksal besiegelt: Die Verfolger schichteten vor dem Eingang Reisig auf und zündeten ihn an – die Insassen der Höhle erstickten qualvoll.

Rückweg über Bali

Von Melidoni wird der Rückweg am einfachsten über die New Road angetreten, auf die eine schmale Nebenstraße ein paar Kilometer westlich von **Bali** 4 (S. 265) trifft. Vielleicht bleibt noch Zeit für einen Abstecher in den einstigen Fischerort, der sich in den letzten Jahren von einem der schönsten kleinen Küstenorte des Nordens zu einem der wichtigsten Quartiere des Pauschaltourismus gemausert hat. Dabei sind die Ortsstrände noch nicht einmal so einladend, zu bevorzugen ist eine Badegelegenheit ein paar hundert Meter weiter nördlich auf dem **Kap Korakias.** Die noch ursprünglich wirkende Hafenszenerie mit Fischerbooten, Netze flickenden Fischern und Tavernen ringsherum erinnert an die vergangenen Zeiten des Örtchens Bali. 30 km sind es von hier über die New Road zurück in die Innenstadt von Rethymnon.

Abstecher von Rethymnon nach Westen

Zeitvorschlag: max. 5 Std.

Noch nicht einmal einen halben Tag brauchen Urlauber für einen Abstecher zum Süßwassersee Kournas. Der Ausflug läßt sich bequem mit einem Badeabstecher zur Halbinsel Drapano und zum Feriendorf Georgioupolis verbinden, das sich mit seinem geruhsamen Leben rund um die Platia einen gewissen ländlichen Charme erhalten hat. Ein kilometerlanger Sand- und Kiesstrand lockt Ausflügler und Stammgäste gleichermaßen an. Der Strand beginnt schon direkt hinter dem Kap Korakes, keine 10 km hinter Rethymnon Richtung Westen. Hier sind in den letzten Jahren mehrere große Hotels entstanden, aber noch findet jedermann am Strand ausreichend Platz.

Georgioupolis und Kournas-See

Georgioupolis 1 (S. 268, sprich *Jeorjupoli*), benannt nach dem 1898 eingesetzten Hochkommissar Prinz Georg, bezieht seinen Reiz aus dem Mündungsarm eines zwar wasserreichen, aber namenlosen Flusses, dessen Ufer Ankerplatz für ungezählte Fischerboote und Jachten ist. Obwohl sich der Ort ganz dem Tourismus verschrieben hat – es gibt kaum ein Haus, das nicht Zimmer vermietet –, ist er organisch rund um den großen Dorfplatz gewachsen und besitzt somit als einer der wenigen Ferienorte auf Kreta ein richtiges Dorfzentrum. Allerdings wimmelt es von Werbeschildern, auch Georgioupolis wird langsam vom Tourismus überrollt.

Von Rethymnon zur Drapano-Halbinsel

Die Berge der Halbinsel Drapano bilden eine malerische Kulisse für den Ort, dessen Reiz Einheimische und Gäste gleichermaßen schätzen: Am Wochenende strömen Besucher aus Rethymnon und Chania in die Sommerfrische.

Nur 6 km lang ist der – gut ausgeschilderte – Weg von Georgioupolis zum **Kournas-See** 2 (S. 273). Abgesehen vom Binnensee Voulismeni in Agios Nikolaos, der durch einen Stichkanal mit dem Meer verbunden ist, ist dies der einzige Süßwassersee der Insel. Die Szenerie gleicht einer alpenländischen Postkartenansicht: Rings um den See Berge, am Ufer Badewiesen, auf dem klaren, in vielen Blautönen schimmernden Wasser Ruderboote und Surfbretter. Bis auf ein paar Tavernen ist das Ufer frei von jeder Bebauung.

Drapano-Halbinsel

Ein Abstecher auf die benachbarte Halbinsel mutet an wie eine Reise in die Vergangenheit, denn in den Dörfern, die von den meisten jungen Leuten verlassen sind, scheint die Zeit stehengeblieben zu sein. Seitdem Michael Cacoyannis in **Kokkino Chorio** 3 eine Schlüsselszene seines Films ›Alexis Sorbas‹ drehte, die Steinigung und Ermordung der Witwe, hat sich das Dorf kaum mehr verändert. Nur im Küstenörtchen **Almirida** 4 tut sich etwas: Das kleine, einfache Dorf am schmalen, langen Sand- und Kiesstrand reift zum Badeziel, nachdem die Fischtavernen am Ufer auf die Bewohner der benachbarten Städte schon lange ihre abendliche Anziehungskraft ausgeübt haben.

Zu Traumstränden und Klöstern an der Südküste

Zeitvorschlag: mind. 1 Tag (Karte, S. 204)

Einen Tag mindestens muß sich Zeit nehmen, wer von Rethymnon aus einen Abstecher an die Südküste nach Plakias und zu den Nachbarstränden sowie zum Kloster Preveli unternehmen will, denn sobald nach etwa einem Drittel der Strecke die gutausgebaute, 60 km lange Nord-Südverbindung zwischen Rethymnon und Agia Galini verlassen werden muß, wird das Fahren auf den engen Nebenstraßen recht beschwerlich. Doch der Weg entschädigt durch großartige Landschaften – Berge, Täler, Schluchten und weite Strände. Außerdem verlocken so viele Zwischenstationen zum Bleiben, daß aus dieser Route auch leicht eine Mehrtagesfahrt werden kann.

Nekropole von Armeni

Als erster Zwischenstopp auf der New Road bietet sich **Armeni**, 10 km südlich von Rethymnon, an. Armenier sollen die Namenspaten gewesen sein, die von General Nikephoros Phokas, dem späteren Kaiser von Byzanz, hier nach 961 angesiedelt wurden. Etwa 2 km nördlich

Georgioupolis

vom Dorf liegt, rechts an der Straße von Rethymnon aus, eine große Begräbnisstätte aus spätminoischer und mykenischer Zeit. Fast 200 Felskammergräber sind hier in den 25 vergangenen Jahren freigelegt worden; die **Nekropole von Armeni** 1 (S. 264) ist eine der größten ganz Kretas.

Die Siedlung oder der Palast, zu dem die Begräbnisstätte gehört haben muß, blieb bislang verborgen, wird aber nordwestlich der Nekropole vermutet. In die gut erhaltenen Gräber geleiten als Treppen angelegte *Dromoi*, das sind nicht überdachte Grabkorridore. Der Dromos des größten Grabes ist allein 16 m lang. Reich bemalte Sarkophage aus den Grabkammern sind in den Museen von Rethymnon und Chania zu sehen.

Kammergrab bei Armeni

Spili, Preveli und Plakias

Wer nach dem Besuch Armenis direkt zum Baden an die Südküste fahren will, kann zwischen zwei Alternativen wählen: Entweder biegt man ca. 10 km südlich von Armeni rechts in eine Nebenstraße ab, die über Agios Vasilios und Kanevos durch die malerische, steile Kotsifou-Schlucht nach Plakias führt und gelangt dann von dort über Lefkogia zum Kloster Preveli, oder man biegt nach etwa 11 km von der Hauptstraße Rethymnon-Agia Galini nach rechts Richtung Koxare ab und nimmt die Straße durch die Kourtaliotiko-Schlucht bis nach Preveli und hängt anschließend die Schleife über Lefkogia nach Plakias an. Beide Straßen sollten nach Möglichkeit nicht bei Dunkelheit befahren werden!

Doch vor dem Abbiegen auf die Nebenstraße Richtung Südküste folgt auf der Hauptstraße der zweite Routenstopp: das 7–8 km weit entfernte Gebirgsdorf **Spili** 2 (S. 285), das sich mitten im Grünen an die Ausläufer des Ida-Gebirges schmiegt. Die Atmosphäre des Ortes mit seinen verwinkelten, blumengeschmückten Gassen ist an sich schon einen Besuch wert. Größte Attraktion ist aber der **venezianische Brunnen** auf dem Hauptplatz des Dorfes, an dem 25 Wasserspeier in langer Reihe nebeneinander, 19 in Form von – leider bemalten – Löwenköpfen, kräftig Wasser sprudeln lassen. Das Dorf, das auch eine **Sotiros Christou-Kapelle** mit Fresken aus dem Ende des 14. Jh. vorweist, ist bemerkenswerterweise Bischofssitz.

Wer will, kann nun von Spili aus ca. 25 km durch das Kedros-Gebirge bis Agia Galini (s. S. 133) fahren und die

Am Westhang des Ida-Gebirges

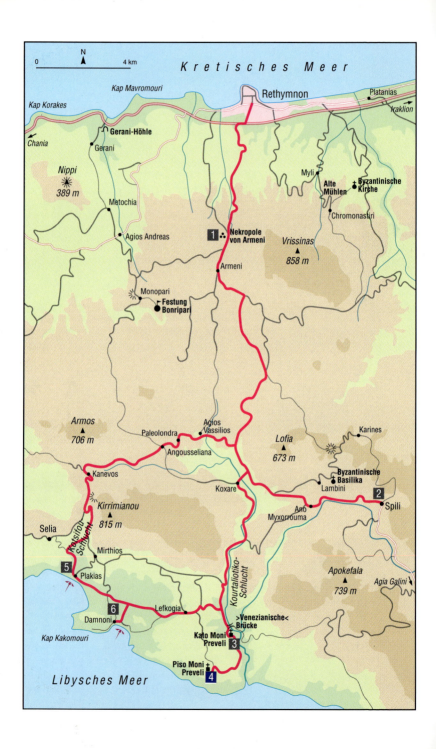

Kato Moni Preveli

Strände der Messara-Bucht aufsuchen. Zurück, Richtung Koxare und Preveli: Als die Hippies Kreta entdeckten, wohnten sie im ehemaligen – alten! – **Kloster Preveli** 3 (S. 281), das am Ende der Kourtaliotiko-Schlucht am gleichnamigen Fluß liegt. Das verlassene Kloster entstammt dem 16. und 17. Jh. und wird *Kato Moni Preveli* genannt. Die Brücke, die sich in der Nähe des Klosters über den Kourtaliotiko-Fluß spannt, wird immer als venezianische Brücke bezeichnet, dabei imitiert sie die venezianische Bauweise lediglich und stammt tatsächlich aus der ersten Hälfte des 19. Jh.

Die Hippies badeten an einem traumhaft schönen Sandstrand am Libyschen Meer, an der Mündung des **Kourtaliotiko-Flusses,** der sich hier zu einem See verbreitert. Leider ist dieser idyllische, palmenbestandene Flecken in letzter Zeit durch die Hinterlassenschaften wild campierender Rucksacktouristen sehr verunreinigt. Und da tagtäglich mehrere Ausflugsboote den Strand ansteuern, und dieser auch von beiden Seiten über recht gute Straßen und dann von den Parkplätzen aus in kurzen Fußwegen zu erreichen ist, gleicht er zeitweilig den überlaufenen Stränden an der Nordküste.

Über dem Strand erhebt sich in 170 m Höhe auf kargem Felsen das Kloster **Piso Moni Preveli** 4 (S. 281). Die bizarre Klosteranlage wird zwar »neues Kloster Preveli« genannt, doch so neu ist sie nicht: Wie die Architektur eindeutig verrät, entstand das Kloster zu venezianischer Zeit – wahrscheinlich ebenfalls im 16. Jh. Die **Klosterkirche** zählt zu den bedeutenden Wallfahrtszielen Kretas, denn hier hängt ein kostbares, 250 Jahre altes Silberkreuz, das angeblich einen Splitter des Kreuzes von Gol-

Über Armeni nach Preveli und Plakias

gatha enthält und Augenkranken Heilung bringt. Da das Kloster in türkischer Zeit ein ständiger Widerstandsherd war, wurde es mehrfach zerstört. Kloster und Kirche wurden aber immer wieder aufgebaut. Die heutige Kirche, der jüngste Bau der Anlage, wurde 1836 neu errichtet. Das Kloster unterhielt eine der Geheimschulen, wie sie während der türkischen Besatzung üblich waren, um orthodoxe Lehren weiterzugeben. Während des Zweiten Weltkrieges war das Kloster sogar Rettungsstation vieler alliierter Soldaten, die sich von hier aus auf der Flucht vor den Deutschen von der britischen Navy nach Ägypten übersetzen ließen. Eine Gedenktafel erinnert an die selbstlose und lebensgefährliche Hilfe der Mönche. Die Tafel ist in einem kleinen **Museum** des Klosters untergebracht, das u. a. Meßgewänder aus dem 17. und 18. Jh. und Ikonen zeigt.

Der **Strand von Plakias** 5 (S. 280), über 1,5 km lang und über weite Partien feinsandig, gilt als einer der schönsten Strände Kretas und hat den legendären Ruf der Südküsten-Badeorte mitbegründet. So wurde auch dieser frühere Geheimtip der Rucksack-Touristen schnell für Pauschalurlauber erschlossen, wie Hotels, Pensionen, Restaurants und Tavernen dicht an dicht beweisen.

Östlich vom Kap Kakomouri liegt ein Bauerndörfchen namens **Damnoni** 6, dessen große, von Tamarisken gesäumte Sand- und Kiesbucht ebenfalls frühen Ruhm unter den Pionieren der Rucksack-Touristen auf der Insel genoß. Mittlerweile hat sich auch hier die übliche touristische Infrastruktur entwickelt.

Ein Traumstrand Kretas: Die Mündung des Kourtaliotiko-Flusses bei Preveli

Chania – Kretas schönste Stadt

Zeitvorschlag: 4–5 Std.
(Stadtplan, S. 208)

■ Zweifellos ist Chania (S. 265) die schönste Stadt Kretas. Viele schätzen sie gar als eine der interessantesten Städte ganz Griechenlands. Zwar kämpft die zweitgrößte Stadt Kretas (60 000 Einwohner) mit denselben Problemen wie Iraklion und Rethymnon – an den Randbezirken ist die Stadt zu schnell und daher unorganisch gewachsen, und sie erstickt im Straßenverkehr –, aber wer sich bis zur Altstadt durchgequält hat, wird mit dem Anblick eines städtebaulichen Ensembles belohnt, das seinesgleichen sucht. Nur selten vermischen sich in einer griechischen Stadt griechische, venezianische und türkische Stilelemente in einer solchen Harmonie. So manches Haus trägt die stilistischen Merkmale mehrerer Epochen gleichzeitig: Als Wohnhaus wohlhabender Kreter erhielt es zu venezianischer Zeit die typisch venezianischen Steinverzierungen an Türen und Fenstern, wurde in türkischer Zeit um osmanische Holzerker bereichert und fungiert heute als zeitgenössisch ausgestattetes griechisches Restaurant.

Die Stilvielfalt gipfelt in der Kirche Agios Nikolaos, die gleichermaßen Kirchturm wie Minarett aufweist. Bilderstürmer waren in Chania weder zu türkischer Zeit noch nach Erlangung der Unabhängigkeit sonderlich aktiv. Dazu kommen Aktivitäten einer für griechische Verhältnisse außerordentlich bemühten Denkmalpflege, der die Restaurierung zahlreicher, vor allem mittelalterlicher Häuser zu verdanken ist. Seit einiger Zeit entdecken Denkmalschützer und Investoren auch den Wert alter türkischer Bauwerke, die jetzt in größerer Zahl instandgesetzt werden.

Chania zählt zu den ältesten, kontinuierlich besiedelten Städten Europas. Wie archäologische Ausgrabungen aus den 70er und 80er Jahren belegen, war der Hügel Kastelli in Hafennähe bereits im Neolithikum besiedelt. In minoischer Zeit erhob sich hier eine palastähnliche Anlage, die – den Palästen in Knossos, Phaistos, Malia und Kato Zakros vergleichbar – zugleich religiöses, politisches und wirtschaftliches Zentrum war; bis vor nicht allzu langer Zeit, nämlich bis die sensationellen Ergebnisse der Ausgrabungen von Kastelli ausgewertet waren, wurde die Existenz eines minoischen Zentrums auf Westkreta stets bestritten. Gerade die ständige Besiedlung hat dazu beigetragen, daß von Bauten der antiken Stadt *Kydonia* nicht mehr viel vorhanden ist: Byzantiner, Venezianer, Türken und Kreter verwendeten die antiken Baumaterialien zum Hausbau.

Bereits zu antiker Zeit war die Stadt von einer Mauer umgeben, die die Byzantiner später verstärkten. Obwohl Kreta schon ab 1204 den Venezianern unterstand, blieb die Stadt bis 1290 in der Hand der Genuesen, die hier zäh ihren illegal errichteten Handelsstützpunkt verteidigten. Die Venezianer, die Kydonia in *La Canea* umbenannten, verstärkten zunächst ebenfalls die alte Stadtmauer, von der noch Reste im Stadtteil Kastelli zu sehen sind, ehe sie von Michele Sanmicheli aus Verona, dem Baumeister der Befestigungen in Iraklion, eine neue, weit über das Kastelli-Areal hinausgehende Stadtmauer bauen ließen. Im 16. und 17. Jh. wurde aus La Canea einer der prächtigsten Handelsstützpunkte der Venezianer. Doch

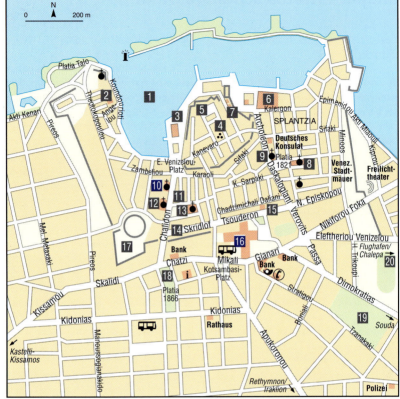

Chania 1 Venezianischer Hafen 2 Fort Firkas (Nautisches Museum) 3 Janitscharen-Moschee 4 Minoische Ausgrabungen 5 Venezianisches Palais 6 Arsenale 7 Santa Maria dei Miraculi 8 Agios Nikolaos 9 San Rocco 10 San Francesco (Archäologisches Museum) 11 Hamam 12 Folkloremuseum 13 Kathedrale Trimartyri 14 Odos Skridlof (›Lederstraße‹) 15 Minarett 16 Markthalle 17 Shiavo-Bastion 18 Platia 1866 19 Stadtpark 20 Chalepa (Richtung)

anders als in Iraklion hielt Sanmichelis Befestigungswerk dem Ansturm der Türken noch nicht einmal zwei Monate stand: La Canea war die erste von den Türken eingenommene Stadt Kretas. 200 Jahre später erkoren die Türken Chania zur Hauptstadt. Titel und Hauptstadtfunktionen fielen erst 1971 an Iraklion zurück.

Stadtrundgang: Rund um den Hafen

Im Levantehandel hat Chanias Hafen nie große Bedeutung erlangt, gleichwohl haben die Venezianer 300 Jahre daran gebaut. Das Hafenbecken geriet viel zu flach und ist nicht genug gegen Nordwinde geschützt. Aber das weite **Hafenrund** 1 ist beeindruckend! Vor der malerischen Kulisse der Altstadthäuser reiht sich rings um die Uferpromenade ein Restaurant an das andere. Besonders stimmungsvoll präsentiert sich das Bild am Abend. Bei Licht betrachtet, entpuppen sich die Hafentavernen jedoch häufig als reinste ›Fließband-Gastronomie‹. Wirklich gute Restaurants gibt es hier nur vereinzelt – es sei denn, man geht weiter in die Altstadt hinein.

An der engsten Stelle des Hafens stehen sich ein venezianischer Leuchtturm und das **Fort Firkas** 2 gegenüber. Von dieser venezianischen Hafenbastion aus hißten König Konstantin von Griechenland und Ministerpräsident Venizelos 1913 zum ersten Mal die griechische Flagge. Im Hof der Kasernenanlage finden regelmäßig Folkloreveranstaltungen statt, im Hauptgebäude ist das empfehlenswerte **Nautische Museum** untergebracht. Interessante Schiffsmodelle informieren über die Geschichte der griechischen Seefahrt – berühmte historische Seeschlachten inbegriffen. Eigene Abteilungen sind dem Unabhängigkeitskampf von 1821, den Balkan-Kriegen 1912–13 und dem Zweiten Weltkrieg einschließlich der Schlacht um Kreta gewidmet. Kinder haben vor allem Freude an zwei kleinen Aquarien und an einer großen Muschelsammlung. Aufschlußreich ist das Modell der venezianischen Stadt La Canea mit ihren Befestigungsanlagen.

Der markanteste Bau am Hafen ist die **Janitscharen-Moschee** 3, die 1645 errichtet wurde und damit nachweislich die älteste Moschee der Insel ist. Ihr Name leitet sich von der im 14. Jh. gebildeten osmanischen Elitetruppe der Janitscharen her. Die Janitscharen rekrutierten sich aus christlichen Jugendlichen, die in den von den Türken besetzten Gebieten zwangsweise zum Islam bekehrt und zu lebenslangem Militärdienst verpflichtet wurden. Schon seit mehreren Jahren wird die Moschee restauriert.

Einige Querstraßen hinter der Moschee liegen an der Kanevaro, inmitten

Am Venezianischen Hafen: Blick auf die Janitscharen-Moschee

Tavli-Spieler in der Altstadt

der sich übereinander türmenden Bebauung des **Kastelli-Hügels,** die in griechisch-schwedischer Zusammenarbeit durchgeführten **minoischen Ausgrabungen** 4 aus den 70er und 80er Jahren. Der Grabungsbezirk wirkt von außen recht unspektakulär, förderte aber beachtliche Funde zutage: Keramik im Pyrgos-, Agios-Onoufrios-, Vassiliki- und Kamares-Stil, Schrifttäfelchen mit Linear-A- und Linear-B-Schrift und vieles mehr. Die Kostbarkeiten können im Archäologischen Museum von Chania (s. S. 212) besichtigt werden. Bisher sind Wohnquartiere der minoischen Stadt freigelegt worden, weitere Ausgrabungen werden sich wegen der z. T. unter Denkmalschutz stehenden Nachbarhäuser recht schwierig gestalten.

Am westlichen, linken Ende der Kanevaro führt die Lithinon mitten in ein Gewirr teilweise verfallener oder überbauter venezianischer Häuser, von denen einige noch prächtige Torbögen vorweisen. Am Ende der Lithinon steht ein **venezianisches Palais** 5 aus dem Jahre 1624, das den Venezianern als Archiv diente und heute verschlossen ist. Am östlichen, also rechten Ende der Kanevaro weist ein Weg direkt hinunter zum Jacht- und Fischerhafen, an dem die Venezianer **Arsenale** 6 errichteten. Neun der ursprünglich 17 venezianischen Arsenale, die zwischen dem 16. und 17. Jh. entstanden, sind heute noch erhalten. In den riesigen Hallen mit Tonnengewölbe wurden früher Schiffsreparaturen durchgeführt, seit venezianischer Zeit dienen sie u. a. auch als Lagerhallen oder als Handwerker-Werkstätten. Ein Arsenal wird heute sogar als Halle für Kunstausstellungen verwandt. In der Nähe der Arsenale, an der Agiou Markou, sind noch die **Ruinen des Klosters Santa Maria dei Miraculi** 7 stehen geblieben, eines 1615 gegründeten Frauenklosters des Dominikanerordens. Die dem Kloster angeschlossene

Richtig Reisen Tip

Zu Hause im Doma

Der Name des Hotels im früheren Diplomatenviertel von Chania ist vielversprechend: *Doma* heißt auf deutsch »Zuhause« (S. 264). Und zu Hause fühlt sich jeder Gast, der sich in dem hochherrschaftlichen Haus einquartiert. Lediglich ein großes Emaille-Schild in der Eingangshalle sorgt für ein wenig Irritation, denn es weist das Haus als englisches Vize-Konsulat aus. Das war es in der Tat einmal, und zwar in den 1930er Jahren. In der kurzen Periode der kretischen (Halb-)Autonomie beherbergte das im neoklassizistischen Stil um 1900 errichtete Gebäude die österreichische Botschaft. Etwa seit Mitte der 70er Jahre betreiben die beiden Schwestern Rena und Dora Valeraki das Haus als Hotel mit einer sehr persönlichen Note. So lassen die Gastgeberinnen keinen Zweifel daran, daß dieses Haus auch ihr Zuhause ist: An den Wänden hängen Familienfotos, und der Salon heißt »*Living Room*«. Die Möbel erzählen die Geschichte des Hauses und verleihen jedem Zimmer ein eigenes Flair, das eine oder andere Zimmer sieht so aus, als hätte die Großmutter Valeraki die Gäste in der Mädchenkammer untergebracht.

Eindrucksvoll, vor allem bei Sonnenuntergang, ist der Blick auf Chania aus dem *Dining Room* im 3. Stock; die Ausstattung verrät die Sammelwut mehrerer Generationen der Familie Valeraki: An Schnüren aufgehängte Schlüssel, Briefe und Bilder hinter Glas, zahlreiche Ampellampen, ein Vertiko, ein Sofa, eine Holzwiege und buntgemischtes Küchengerät auf Borden entlang den Wänden. Im *Dining Room* wird, falls gewünscht, auch das Abendessen serviert – für jeden Gast individuell, vollkommen frisch und, das versteht sich fast von selbst, nach alten Familienrezepten: Hühnchen mit Wein oder Feta, mit Käse gefüllte Pies, Lamm in Wein mit Bergkräutern.

Kirche, die fälschlicherweise oft *San Marco* genannt wird, ist ebenfalls zum größten Teil zerstört. Die Venezianer nutzten sie als Bischofskirche, die Türken verwandelten sie in die Mustafa Pascha-Moschee.

Das Stadtviertel hinter den Arsenalen heißt *Splantzia*. Hier liegt die Platia 1821, benannt nach dem Jahr, in dem der griechische Freiheitskampf begann. Die Einwohner Chanias nennen den Platz aber wie das Viertel auch *Platia Splantzia*. Weil er befürwortet hatte, daß sich auch die Kreter am Aufstand von 1821 beteiligten, wurde im gleichen Jahr der orthodoxe Bischof Chanias Melchisedek von den Türken an der auf dem Platz stehenden alten Platane öffentlich gehängt. An der angrenzenden **Agios Nikolaos-Kirche** (oder *San Nicolao-Kirche*) 8, einer von den Dominikanern im 14. Jh. gegründeten Klosterkirche, fällt auf, daß sie an ihrer linken Seite von einem Glockenturm und an der rechten von einem

Minarett flankiert wird. Die Türken fügten der ursprünglich turmlosen Klosterkirche das Minarett hinzu, als sie diese in eine Moschee umwandelten. Nach der Rückwandlung in eine christliche Kirche wurde der linke Glockenturm ergänzt. Die schlichte Kirchenfassade ist jetzt endlich renoviert worden. An der Ecke zur Daskalojanni steht auf dem gleichen Platz, dem Verfall preisgegeben, die venezianische Einraumkirche **San Rocco** 9. Der kleine Renaissancebau wurde 1630 erbaut, wie auch eine Inschrift über dem Portal bezeugt.

Vom Hafen zum Stadtpark

Die Hauptstraße der Altstadt, die am Hafen in die belebte Platia Eleftheriou Venizelou mündet, heißt Chalidon. Auf ihr reihen sich die Souvenirgeschäfte aneinander. Mit ihrer unscheinbaren Fassade fällt die größte der 23 Kirchen, die die Venezianer einst in Chania bauten, die Kirche **San Francesco** 10 aus dem 14. Jh., kaum auf. Auch diese Basilika, einst mit einem mächtigen, quadratischen Turm versehen, war in türkischer Zeit Moschee. Im Garten der Kirche steht noch der **Sadirvan**, ein zwölfseitiger Reinigungsbrunnen, der dem Platz Eleftheriou Venizelou seinen volkstümlichen Namen *(Sandrivani)* gab. Die Kirche ist Sitz des Archäologischen Museums von Chania, das Funde von der neolithischen bis zur römischen Zeit ausstellt, u. a. spätminoische Sarkophage aus der Nekropole von Armeni (s. S. 201 f.). Als bedeutendstes Ausstellungsstück und wichtigster Fund des griechisch-schwedischen Archäologenteams auf dem Hügel von Kastelli wird das sogenannte ›Master Impression‹-Siegel aus der zweiten Hälfte des 15. Jh. v. Chr. gewertet. Auf dem Siegel sind von Meereswellen umspülte Hafenmauern sowie eine sich dahinter auftürmende Stadt- oder Palastanlage abgebildet, die von einem minoischen Lanzenträger gekrönt wird. Aus der Vielzahl der Ausstellungsstücke im Museum, das sehr viel mehr Atmosphäre als das Archäologische Museum von Iraklion (AMI) ausstrahlt, sei noch aus Ton gefertigtes Kinderspielzeug (8. Jh. v. Chr.) und der zierliche Kopf eines Tanagra-Figürchens aus dem 4. Jh. v. Chr. erwähnt. Es wurde in einem Familiengrab in Chania gefunden. Als *Tanagra-Figuren* wird ein bestimmter Typ von bemalten Tonfiguren bezeichnet, meist Mädchenstatuetten, die im 4. und 3. Jh. v. Chr. in Mode waren. Sie wurden in großer Zahl in der Nekropole von Tanagra in der Nähe von Theben (Böotien) gefunden, aber auch exportiert. Die Figuren waren bemalt; Spuren der Bemalung und der Vergoldung des Schmucks können Betrachter auch bei der Tanagräerin aus Chania ausmachen. Beeindruckend sind nicht zuletzt zwei Fußbodenmosaike aus einem Haus der römischen Stadt Kydonia, das die Ausgräber ›Haus des Dionyssos‹ genannt haben. Eine der Darstellungen zeigt, wie Dionyssos auf Naxos die schlafende Ariadne entdeckt. Ein drittes Fußbodenmosaik, das aus einem anderen römischen Haus aus Chania stammt, stellt Poseidon mit der Nymphe Amymone dar: Der Meeresgott befreit die Tochter des Königs Danaos aus der Gefangenschaft eines Satyrs.

Der flache Bau mit den vielen Kuppeln gegenüber dem Museum war einst ein **türkisches Bad** 11, ein *Hamam*. Heute beherbergt es verschiedene Geschäfte. Die Bronzegießerei, die einzige Glockengießerei der Insel, die früher unter einer der Kuppeln arbeitete, hat den Betrieb an den Stadtrand verlagert.

Käsetheke in der Markthalle

In der ›Lederstraße‹ (Odos Skridlof)

Im venezianischen Haus Chalidon 46 – über den Hof, an dem auch die katholische Kirche der Stadt liegt, und über eine steile Treppe zu erreichen – hat seit ein paar Jahren ein kleines **Folkloremuseum** 12 eine Bleibe gefunden, in dem liebevoll, aber unprofessionell – z. B. ohne jede schriftliche Erklärung – alte kretische Webwaren, Stickereien und Trachten zur Schau gestellt werden. In einem Raum steht ein großes Rad zum Aufwickeln gesponnener Wolle. In einer kretischen Küche lodert ein künstlicher Kamin, und von Puppen werden landwirtschaftliche Tätigkeiten nachgestellt, u. a. das traditionelle Dreschen mit Hilfe einer von zwei Ochsen betriebenen Scheibe. In einem anderen Zimmer sitzt eine Kreterin, die nach alten Vorlagen stickt.

Mit der 1857 eingeweihten Kathedrale **Trimartyri** 13, die in ihrer Schlichtheit keinem Vergleich mit der prächtigen Minas-Kathedrale in Iraklion standhalten kann, verbindet sich eine Geschichte, die trotz aller Aufstände und Massaker von einer bemerkenswerten Koexistenz von Christen und Türken zeugt. An ihrer Stelle stand einst eine Seifenfabrik, die dem späteren Ministerpräsidenten der Türkei, Mustafa Naili Pascha, gehörte. Zu seinem Amtsantritt in Konstantinopel schenkte er den Christen von Chania die Fabrik und Geld, um einen Kirchenbau an derselben Stelle zu finanzieren. Sein Sohn Veli, Generalgouverneur von Kreta, erhöhte die Summe noch einmal. Den Rest der Summe spendete die christliche Gemeinde. Als die Türken bei einem der vielen Aufstände 1897 das Christenviertel von Chania in Brand setzten, wurde auch die Kathedrale beschädigt. Das Geld für den Wiederaufbau spendete der russische Zar, aus dessen Schatulle auch die Kirchenglocke bezahlt wurde.

In lebhaftem Gegensatz zu der beschaulichen Ruhe auf dem Platz vor der Kathedrale steht die Hektik der **Skridlof,** Chanias ›Lederstraße‹ 14, in der beim Verkauf von Taschen und Schuhen gehandelt wird wie auf einem orientalischen Basar. Manchem Händler kann man bei der Herstellung seiner Lederwaren zuschauen. In der Verlängerung der Straße, der Tsouderon, erhebt sich ein schlankes, elegantes **Minarett** 15, das leider nicht bestiegen werden kann. Hier liegt die Rückseite der **Markthalle** 16 von Chania, deren Haupteingang sich an der belebten Platia Sofia Venizelou befindet. Mit ihrem kreuzförmigen Grundriß ist die Markthalle alles andere als ein typisch griechischer Bau: Das gewaltige Gebäude wurde nach dem Vorbild der Markthalle von Marseille erstellt. Pünktlich zu den Feiern anläßlich des Anschlusses von Kreta an das griechische Festland wurde sie 1913 eröffnet. Im Innern macht die Halle einen bemerkenswert aufgeräumten und ordentlichen Eindruck. Jeder Händler hat seinen festen, ladenähnlichen Platz, und die Stände sind nach Warengruppen sortiert. Auch hier strotzt das Angebot von orientalischer Fülle, und bei vergleichbarem Angebot liegen die Preise niedriger als auf dem Markt in der Hauptstadt Iraklion. Besonders gut kann man hier Gewürze und Honig einkaufen.

Von der Chalidon sind es nur wenige Schritte bis zur Skalidi, wo sich ein Blick auf die **Dimitri- bzw. Shiavo-Bastion** 17 erhaschen läßt; manchem Besucher mag der Fernblick vom oberen Ende der Chalidon auf die Reste der Befestigungen genügen, die nahezu völlig von modernen Bauten eingeschlossen werden. An die Skalidi grenzt die **Platia 1866** 18, eine kleine, schattige Oase mit einem türkischen Brunnen. Noch erholsamer

Happy Hour am Hafen

ist der recht große **Stadtpark** 19 zwischen Dimokratias und Tzanakaki, den ein türkischer Gouverneur 1870 anlegen ließ. Der Park, in dem Spielgeräte für Kinder aufgestellt sind, beherbergt auch einen kleinen Zoo, in dem u. a. auch einige Exemplare der kretischen Wildziege Kri-kri gehalten werden. Ein großes Pavillon-Restaurant mit schattiger Terrasse lädt zum Erfrischen ein.

Auf der Fahrt von der Innenstadt zum Flughafen oder zur Halbinsel Akrotiri passieren Autofahrer den östlich gelegenen Stadtteil **Chalepa** 20. Es ist das vornehmste Viertel der Stadt. In der kurzen Periode kretischer Autonomie (1898–1913) konzentrierten sich hier Regierungsgebäude und Diplomatenvillen. Von dieser kretischen Belle Époque zeugen noch viele **neoklassizistische Bauten.** An der Platia El. Venizelou steht das frühere Wohnhaus des Staatsmannes, das sich noch heute im Besitz seiner Familie befindet. In dem großen neoklassizistischen Bau am gleichen Platz residierte Prinz Georg, Sohn des griechischen Königs und erster Hochkommissar Kretas. Die in Anlehnung an den russisch-orthodoxen Stil errichtete **Maria Magdalena-Kirche** am Venizelou-Platz ließ einst der russische Großfürst Georg Romanov als Erinnerung an einen Besuch seiner Frau in Chania errichten. Seine Gattin, Großfürstin Maria, war eine Schwester von Prinz Georg aus dem Hause Wittelsbach – eine bayerische Randnotiz in der Geschichte Kretas.

Halbinsel Akrotiri

Zeitvorschlag: 1/2–1 Tag

Landschaftlich ist die Akrotiri-Halbinsel (*Akrotiri* heißt »Halbinsel« bzw. »Kap«), die zu einem großen Teil militärisches Sperrgebiet ist (die Nato unterhält hier einen Raketenschießplatz), bei weitem nicht so beeindruckend wie andere Teile Kretas. Am Rand des Sperrgebietes liegt der früher militärische, heute für den Zivilverkehr freigegebene Flughafen. Weil ihn viele Chartermaschinen anfliegen, hat er jetzt ein neues Terminal erhalten. Auf dem Weg von dort nach Chania durchquert man eine völlig zersiedelte Region. Eine Halbtagestour läßt sich je nach Belieben mit einem Abstecher zu ein paar passablen Badebuchten verlängern. Auf jeden Fall sollte man sehr früh starten, denn der Besuch des Felsenklosters Katholiko erfordert einen strammen Fußmarsch. Zudem schließen die beiden anderen Klöster zu verschiedenen Zeiten für eine ausgiebige Siesta. Verbindet man den Ausflug noch mit einem Abstecher zur Ausgrabung von Aptera, gerät er leicht zur Tagestour.

Venizelos' Grab

1 Alles andere als eine »bescheidene Anlage«, wie immer wieder zu lesen ist, sind die Gräber von Vater und Sohn Venizelos auf dem Hügel Profitis Ilias, nördlich von Chania. Die Großzügigkeit

Akrotiri-Halbinsel und Souda-Bucht

der Gräber in einer parkähnlichen Anlage entspricht der Wertschätzung, die zumindest der Vater Eleftherios (1864–1936) in seinem Land noch heute genießt (s. S. 218). Sein Sohn Sophokles (1894–1964) war langjähriger Vorsitzender der Liberalen Partei und 1943–1963 mehrfach Minister und Ministerpräsident. Zur Grabanlage der Venizelos gehört eine – künstlerisch unbedeutende – **monumentale Freiheitsstatue,** die seit einem Blitzeinschlag zerstört an der Seite liegt. 1997 wurde vor der Anlage eine ebenfalls künstlerisch belanglose, monumentale Statue eines Freiheitskämpfers errichtet. Von der Grabanlage aus öffnet sich ein schöner, weiter Blick über die Stadt Chania und auf die Weißen Berge.

Drei Klöster: Agia Triada, Gouverneto, Katholiko

Eine herrlich Zypressenallee führt zum **Kloster Agia Triada** 2 (S. 260), im 16. Jh. von den beiden venezianischen Brüdern Tzangarola gegründet, weshalb es auch oft *Moni Tzangarolou* genannt wird. Zahlreiche zerfallene Gebäude umringen das Kloster, von denen einige restauriert werden. In den Klosterhof gelangt man über eine Treppe und durch ein monumentales Tor. Torbau wie Fassade der Klosterkirche weisen Stilmerkmale der kretisch-venizianischen Renaissance auf, wie z. B. vorgeblendete Rundbögen und Säulen. Der Innenraum trägt großflächige Fresken aus den 80er Jahren, über deren künstlerischen Wert sich streiten läßt (was Besucher auch tun). Wahrzeichen des Klosters ist der hohe **Glockenturm** über dem Eingangsportal, der 1864 aufgesetzt wurde. Links vom Eingang der Klosteranlage liegt ein kleines **Museum,** in dem u. a.

alte Meßgewänder und Ikonen verwahrt werden.

Wie eine Festung liegt das **Kloster Gouverneto** 3 (S. 269) im Norden der Halbinsel. Die Außenfassaden sind extrem hoch und erwecken mit ihren wenigen kleinen Fenstern einen abweisenden Eindruck. Doch Besucher, die den Klosterhof betreten, werden auf Anhieb eingefangen von der anheimelnden Atmosphäre der einfachen, schnörkellosen Klosteranlage vom Anfang des 16. Jh. Die schlichte Anlage steht in bemerkenswertem Kontrast zur prächtigen Fassade der Klosterkirche aus der ersten Hälfte des 17. Jh., deren Säulen ohne Kapitelle – leider schon sehr verwitterte – Fratzen zieren, die aus einem ganz anderen, heidnischen Kulturkreis zu stammen scheinen. Gouverneto wurde als Nachfolgekloster Katholikos erbaut, nachdem das Felsen-Kloster wiederholt von Piraten überfallen worden war.

Die **Ruinen von Katholiko** 4 (S. 272) können heute noch unterhalb des Klosters Gouverneto in einer Schlucht über dem Meer besichtigt werden. Auf dem schattenlosen, streckenweise steilen, an anderen Stellen mit hohen Stufen versehenen Weg hinab in die Schlucht, für den Ausflügler mindestens eine halbe, wenn nicht gar eine Stunde (und auch festes Schuhwerk!) benötigen, passiert man auf halbem Weg die ›**Bärenhöhle**‹, deren Name von einem Stalagmiten herrührt, in dem man mit viel Phantasie einen Bär sehen könnte. Die kleine Höhle diente schon in minoischer Zeit kultischen Zwecken. In der Mitte steht eine Art Kanzel, auf die einige Treppenstufen hinaufführen, davor liegt ein Wasserbecken. An den Eingang der Höhle schmiegt sich eine winzige **Kapelle** aus dem 16. Jh.

Etwas oberhalb der Ruinen des Klosters Katholiko, die sich zu beiden Sei-

Eleftherios Venizelos
griechischer Staatsmann und Kreter

Es gibt kaum einen Ort auf Kreta, in dem nicht sein Denkmal steht oder zumindest eine Straße nach ihm benannt ist: Eleftherios Venizelos (1864–1936) ist nicht nur Kretas, sondern zugleich Griechenlands berühmtester Staatsmann der Neuzeit. Die neuere Geschichte Griechenlands ist maßgeblich von ihm geprägt worden.

Die Kreter verdanken ihm viel, hat er doch unermüdlich um den Anschluß (enosis) der Insel an Griechenland gekämpft. Als Kreta 1898 nach dem Abzug der Türken (halb-)autonomen Status erlangte, trat der Rechtsanwalt aus Chania zwar als Justizminister in die Regierung des Hochkommissars, Prinz Georg, ein, gründete aber gleichzeitig eine Partei, die eben diese Regierung bekämpfte. 1905 griff Venizelos das erste Mal zu einem Mittel, das er später noch mehrmals im politischen Kampf anwandte: Er putschte! Prinz Georg mußte zwar gehen, die Enosis blieb dennoch aus. Kreta erhielt lediglich einen neuen Hochkommissar, den Athener Politiker und Ex-Ministerpräsidenten Alexandros Zaimis. 1908, als Venizelos kurzerhand den Anschluß der Insel an das Mutterland proklamierte, erklärten die Großmächte diesen Akt für null und nichtig und verhinderten damit wohl einen neuen griechisch-türkischen Krieg.

Kurz darauf begann Venizelos' steile Karriere als Politiker in Athen. Dort gründete er die antiroyalistische Liberale Partei und wurde nach dem Wahlsieg 1910 Ministerpräsident. Dieses Amt hatte er mit vielen Unterbrechungen bis 1933 insgesamt achtmal inne. In den ersten Jahren seiner Regierung

Eleftherios Venizelos 1916

setzte Venizelos beachtliche innenpolitische Reformen durch. So wurden Verfassung und Verwaltung reformiert, das rückständige Erziehungssystem den Anforderungen der modernen Zeit angepaßt – es existierte bis dahin noch nicht einmal eine allgemeine Schulpflicht – und die total zerrütteten Staatsfinanzen saniert. Ein breites Programm von Hilfsmaßnahmen diente der Modernisierung der Landwirtschaft: Landwirtschaftliche Genossenschaften wurden gegründet, Bauern wurden Steuervorteile gewährt, und vor allem wurden Großgrundbesitzer (gegen Entschädigung) enteignet. Venizelos' Regierung ließ auch die Gründung von Gewerkschaften zu: 1918 waren in über 300 Gewerkschaften 100 000 Mitglieder organisiert.

Außenpolitisch jedoch verfolgte Venizelos mit der *Megali Idea* vom großgriechischen Reich (auf Kosten der Türkei) einen verhängnisvollen Kurs. Die Balkankriege 1912 und 1913 brachten den Griechen zunächst die von Venizelos versprochenen Erfolge: Griechenland verdoppelte sein Staatsgebiet! 1913 wurde schließlich auch Kreta Griechenland angeschlossen; höchstpersönlich hißte Venizelos die griechische Flagge auf der Firkas in seiner Geburtsstadt Chania. Die Fortsetzung der Expansionspolitik nach dem Ersten Weltkrieg – zu der Venizelos zwar die Weichen stellte, wegen seiner Wahlniederlage ab 1920 und seiner Flucht ins Exil aber nicht mehr beteiligt war – endete dann in der »Kleinasiatischen Katastrophe« (s. S. 51).

1923 kehrte Venizelos mit Triumph aus dem Exil zurück und wurde erneut griechischer Ministerpräsident. Seine politische Karriere war endgültig beendet, als er 1932 wieder einmal die parlamentarische Mehrheit verlor und 1935 vergeblich versuchte, gegen die Nachfolgeregierung zu putschen. Venizelos mußte emigrieren und starb 1936 im Pariser Exil. Eine unübersehbare Menschenmenge geleitete seinen Sarg, als die sterblichen Überreste von Venizelos auf dem Hügel Profitis Ilias bei Chania beigesetzt wurden.

ten der Schlucht erheben und durch eine mächtige, alte Steinbrücke verbunden sind, liegen mehrere **Einsiedlerhöhlen,** darunter auch die des hl. Johannes o Xenos, auf den der Legende nach die Gründung des Klosters Katholiko zurückgeht. Die Eremitenhöhle, die kleine Kapelle beim Eingang und die verlassene Klosteranlage sind jedes Jahr am 7. Oktober Pilgerziel zahlreicher Gläubiger, die z. T. schon am Vorabend eintreffen und hier übernachten. Auch im Kloster Gouverneto wird feierlich des Heiligen gedacht.

Badestrände zwischen Stavros und Kalatas

Vom Kloster Gouverneto ist es nicht weit zum Badeort **Stavros** 5 (S. 286), der vom Ruhm zehrt, daß hier eine der wichtigsten Szenen des Films ›Alexis Sorbas‹ gedreht wurde: u. a. die Schlußszene, in der Anthony Quinn und Alan Bates nach dem Zusammenbruch der Förderanlage den Sirtaki tanzen (s. S. 65). Andeutungen einer Schneise am Hang sind die einzig verbliebenen Spuren dieser Förderanlage. Die feinsandige Bucht von Stavros bildet fast einen Kreis, und die Wassertiefe ist sehr gering: Eine ungefährlichere Badestelle für kleine Kinder werden Eltern auf Kreta kaum finden. Leider fehlt jeder Schatten. Dennoch sprießen überall Appartementhäuser und Ferienwohnungen aus dem Boden.

Der Bauboom hat in den letzten Jahren die gesamte Westküste der Akrotiri-Halbinsel erfaßt, wobei auffällt, daß jedes Grundstück, es mag noch so klein sein, umzäunt ist. Einer der Anlaufpunkte, die sich für eine Runde Schwimmen und ein Mittagessen anbieten, ist der **Strand von Tersanas** 6: ein kleiner Sandstrand, der flach ins Wasser abfällt, ein paar Boote, auf einem Betonvorsprung eine Taverne, einige wenige Quartiere. Neubauten in der Umgebung, auch von Hotels, verraten, daß sich die Anwohner hier noch eine stärkere touristische Entwicklung ausrechnen. **Kalatas** 7, einige Kilometer weiter südlich, ist ein solch frisch geschaffener Touristenort mit gemütlichen Tavernen, einem mehrere hundert Meter langen, feinen Sandstrand und vielen, vielen Neubauten.

Nach Souda und Aptera

Der südliche Teil der Halbinsel Akrotiri bildet einen Schenkel der Souda-Bucht. Diese ist mit einer Länge von 10 km und einer maximalen Breite von 3$^{1}/_{2}$ km die größte natürliche Bucht der Insel. Die günstige Lage der Bucht dient seit der Antike militärstrategischen Zwecken. Heute ist der Hafen von **Souda** 8 (S. 285) ein wichtiger Militär- und Fährhafen. Der Ort selbst ist ohne jeden Reiz. Reizvoll dagegen, wenn man in diesem Zusammenhang überhaupt davon sprechen kann, ist der **britische Soldatenfriedhof** 9 am Scheitelpunkt der Souda-Bucht, vom Ort nicht mal 1 km entfernt. Hier sind 1500 Soldaten, vor allem Briten, Australier und Neuseeländer begraben, die bei der Schlacht um Kreta (s. S. 250) ihr Leben ließen.

Am Eingang der Souda-Bucht liegen drei kleine Inseln, im Altertum *Lefkai*, »die Weisen«, genannt. Auf der größten Insel, **Palaiosouda** 10, erhebt sich an der zur Bucht gewandten Seite eine mächtige venezianische Festungsanlage. Bei der Eroberung Kretas durch die Türken widerstand diese Festung ebenso wie die Festungen auf den Inseln Spinalonga und Gramvousa den Türkenangriffen. Alle drei wurden erst ein halbes Jahrhundert später, im Jahre 1715, den Türken übergeben. Fast genau gegenüber, an der südlichen Seite der Souda-Bucht, liegt unterhalb der Schnellstraße Rethymnon-Chania bei Kalami das türkische Fort **Izzedin** 11, das 1872 erbaut und nach dem Abzug der Türken als Gefängnis umfunktioniert wurde und heute als Kaserne dient.

Etwa 2 km westlich von Kalami zweigt von der New Road eine schmale, kurvenreiche Straße nach Megali Chorafia ab, die am Ende des Ortes zur Ausgrabungsstätte **Aptera** 12 (S. 263) führt. Aptera wurde im 7. Jh. v. Chr. auf einem von Menschenhand begradigten Plateau gegründet und stieg zu einer der mächtigsten Stadtstaaten der Insel auf. Die Lage in 200 m Höhe über der Küste war nicht nur strategisch günstig, die Aussicht auf das Fort Izzedin und die gegenüberliegende Halbinsel Akrotiri ist auch noch atemberaubend schön! Aptera existierte bis in byzantinische Zeit. Von der einst 4 km langen **Stadtmauer** ist im Osten noch ein mehrere hundert Meter langer Rest erhalten geblieben. Zu den weit verstreuten Funden gehören ein griechisches, in römischer Zeit umgebautes **Theater**, die Reste eines **Apollo-Tempels** und die Grundmauern eines **Demeter-Tempels** aus hellenischer Zeit sowie **römische Zisternen,** und zwar eine rechtwinklig gebaute und eine zweite mit drei Schiffen. Auch **byzantinische Baureste** sind zu sehen, darunter Reste einer byzantinischen Klosterkirche. Eine kleine **Klosterkapelle** aus heutiger Zeit steht mitten auf dem Gelände.

An den nordöstlichen Plateaurand grenzt – außerhalb der Ausgrabungsumzäunung – ein **türkisches Kastell,** das aus den 60er Jahren des 19. Jh. stammt und sorgfältig wiederaufgebaut worden ist.

Einstiges Eremitenkloster Katholiko

Von Chania aus in den Nordwesten

Zeitvorschlag: 1 Tag
(Karte, S. 226/227)

Seitdem die Reiseveranstalter ab den 90er Jahren Chania verstärkt in ihre Programme aufgenommen haben und der Flughafen von vielen Charterunternehmen als Alternative zu Iraklion angeflogen wird, hat sich das Bild an der Nordwestküste Kretas völlig verändert. Wo früher zwischen Chania und der Halbinsel Rodopos allenfalls die Strände von Platanias und Maleme ausreichend Übernachtungsmöglichkeiten boten, fügt sich jetzt an der 25 km langen Küstenstraße ein Quartier an das andere, unterbrochen allein von Souvenirgeschäften und Tavernen. Hotelneubauten, Pensionen und Appartements sowie Ferienwohnungen breiten sich nicht nur den Strand entlang aus, sondern bilden auch südlich der Straße schon Zweier- und Dreierreihen. Im Umkreis der Strände sind junge Touristenorte wie beispielsweise Kalamaki oder Ag. Apostoli so schnell gewachsen, daß der Strandname schon für die gesamte Siedlung verwendet wird – obwohl er noch auf keiner Karte verzeichnet ist.

Platanias, einst mit seinen vereinzelten Tavernen am Strand lediglich ein Badestopp auf dem Weg nach Rodopos oder weiter nach Kastelli, hat sich gemeinsam mit **Agia Marina** zum touristischen Zentrum der Nordwestküste gemausert. Die Orte liegen direkt an der Durchgangsstraße, und ihr abendlicher Rummel ist durchaus mit dem Trubel in den alteingesessenen Touristenzentren Limin Chersonissou und Malia östlich von Iraklion vergleichbar. Die kleine Insel vor der Küste heißt **Agii Theodori** und wird allein von kretischen Wildziegen bewohnt. Sie ist eines der drei offiziellen Kri-kri-Reservate (s. S. 26). Mit Ausnahme des Soldatenfriedhofes bei Maleme hat dieser Inselabschnitt kaum Sehenswürdigkeiten zu bieten. Ein Vorschlag für einen Tagesausflug ist die Route über Maleme zum Kloster Gonia am Fuß der Halbinsel Rodopos, weiter zur Bezirkshauptstadt Kastelli und von dort bis zum Strand von Phalassarna ganz im Westen.

Deutscher Soldatenfriedhof von Maleme

Auf der Fahrt von Chania nach Maleme fiel bis vor kurzem im Vorort **Galatas** auf der linken Seite an der Straße ein monumentales Denkmal auf, das einen herabstürzenden Adler darstellte – Sinnbild der deutschen Fallschirmjäger im Zweiten Weltkrieg. Das Denkmal wurde, wie eine Inschrift erklärt, »1941 von deutschen Fallschirmjägern für ihre toten Kameraden errichtet«. Vielleicht ist es Toleranz den früheren Feinden gegenüber oder aber totale Ignoranz, was die Kreter bewogen hat, dieses Denkmal stehen zu lassen und weder die Originalinschrift zu entfernen, noch durch eine Zusatztafel zu erklären. Ein Sturm und kein Protest hat den Adler jetzt vom Podest geholt; es ist wohl nicht zu erwarten, daß er rekonstruiert wird.

Solchen Inschriften wird man auf dem **deutschen Soldatenfriedhof von Maleme** 1 (S. 276) nicht begegnen – der Friedhof ist erst 1974 eingeweiht worden. Ein schmiedeeisernes Kreuz, 8 m hoch, weist schon von weitem den Weg zu dem Gräberfeld, das versteckt in einer der vielen Orangenplantagen liegt, die Rohr als Windschutz säumt. 4465 deutsche Soldaten aus den Kriegsjahren 1941–45 wurden hier begraben, die meisten fielen am ersten Tag des deutschen Überfalls auf Kreta, am 20. Mai 1941 (s. S. 250). 344 Gefallene konnten nicht geborgen werden, ihre Namen sind auf einer Granittafel festgehalten. Knapp 20 Jahre später, 1960, machte sich der Umbettungsdienst des Volksbundes Deutsche Kriegsgräberfürsorge daran, die Gebeine der gefallenen deutschen Soldaten aus verstreuten Feldgräbern in das Kloster Gonia überzuführen. Der Abt des Klosters hatte sich bereit erklärt, die Gebeine so lange im Kloster zu lagern, bis sie auf dem geplanten Soldatenfriedhof bei Maleme endgültig beigesetzt werden konnten. Elf Jahre später wurde die erneute Umbettung zur letzten Ruhestätte durchgeführt. Eine dreisprachige Fotodokumentation im Eingangsgebäude zum Friedhof informiert über den Kampf um Kreta, die spätere Anlage des Friedhofs und dessen Einweihung. Furchtbar sind die Bilder von weiteren Kriegen, die im Anschluß gezeigt werden.

Bis zu seiner Pensionierung vor ein paar Jahren versah auf dem Friedhof der Grieche George Psychoundakis als Friedhofswärter seine Dienste. Das wäre nicht weiter erwähnenswert, wäre George Psychoundakis, der als Schafhirte aufwuchs und im Krieg seine besten Jahre verlor, nicht Partisan gewesen: Als Melder hielt er Verbindung zwischen den einzelnen Gruppen des Widerstands gegen die Deutschen. Über diese Zeit hat George Psychoundakis ein Buch geschrieben, ein packendes Selbstporträt und gleichzeitig eine genaue Schilderung der grausamen Verhältnisse jener Zeit. Das Werk trägt den Titel ›The Cretan Runner‹, ist in London erschienen und wird auch auf Kreta verkauft. Eine deutsche Ausgabe gibt es nicht. Die englische Übersetzung erledigte Patrick Leigh-Fermor, einer der beiden britischen Agenten, die im April 1944 die Entführung des deutschen Generals Kreipe arrangierten.

Denkmal der Deutschen Wehrmacht in Galatas: Der herabstürzende Adler war das Emblem der Fallschirmjäger. In seinen Krallen hielt der Adler ein Hakenkreuz, das erst kürzlich herausgeschlagen wurde. Jetzt hat ein Sturm den Adler vom Sockel geholt.

Schätze
im Kloster Gonia

2 Auch das Kloster Gonia (S. 268) am Ende des Örtchens Kolimvari (auch *Kolimbari*) am Fuß der Halbinsel Rodopos wurde in die Wirren des Zweiten Weltkrieges hineingezogen. Als die deutsche Wehrmacht im Frühjahr 1941 Athen und das griechische Festland besetzte, richtete die griechische Armee im Kloster eine Kadettenschule ein. Dies war ein Grund dafür, weshalb die Deutschen das Kloster nach ihrem Überfall auf Kreta verwüsteten. Die Mönche wurden verhaftet und zum Tode verurteilt, aber ein paar Monate später begnadigt. 1942 durfte der festungsartige Bau wieder bezogen werden und diente bis zum Abzug der Deutschen als Feldlazarett. Gonia hatte unter anderen Besatzern schon einmal als Lazarett gedient, nämlich 1821, als sich die Kreter dem Freiheitskampf der Griechen gegen die Türken anschlossen.

Erbaut wurde Gonia zwischen 1618–34. Innerhalb kürzester Zeit entwickelte es sich zu einem der reichsten Klöster ganz Kretas. Im Widerstand gegen die Türkenherrschaft übernahm es eine führende Rolle, indem von hier aus Aufstände koordiniert wurden. Schon 1645, sofort nach der Landung der türkischen Truppen bei Chania, verwüsteten die Eroberer das Kloster zum ersten Mal. Weitere Zerstörungen mußte das Kloster 1652, 1822, 1841 und 1867 erdulden. Bei ihrer letzten Zerstörungsaktion vernichteten die Türken auch die damals berühmte Klosterbibliothek. Vier Kanonenkugeln zeugen vom letzten Türkenüberfall, die in der östlichen Außenwand der Kirche steckengeblieben sind. Sie lassen sich gut betrachten, da hinter der Apsis eine kleine Terrasse liegt, von der man auch weit aufs Meer hinausschauen kann.

Gonia besitzt wertvolle Ikonen, die in der der Mutter Gottes geweihten **Klosterkirche** und in einem **kleinen Museum** besichtigt werden können. In der Kirche zählt eine von Papadopoulos 1792 gemalte Ikone des Jüngsten Gerichts zu den wertvollsten Kunstwerken. Bemerkenswert ist, daß zu den Sündern auch weltliche und kirchliche Würdenträger zählen! Ihnen drohen die Höllenstrafen Feuer, Krankheit, Kälte und Dunkelheit. In die Ikonostase sind u. a. mehrere Ikonen des Mönchs Parthenios eingelassen, die alle 1671 entstanden:

Kloster Gonia

Johannes der Theologe, Johannes der Täufer (dargestellt als Engel mit Flügeln), Christus Pantokrator und die von den Kretern als wundertätiges Gnadenbild verehrte Gottesmutter auf dem Thron mit dem Jesuskind. Die älteste Ikone des kleinen Museums geht auf das Jahr 1300 zurück; leider sind einige der dort ausgestellten Gemälde schon stark in Mitleidenschaft gezogen. Außer Ikonen präsentiert das kleine Museum noch alte Schriften, darunter zwei offizielle, mit Siegeln versehene Schriftstücke: eines vom Patriarchen Kallinikos aus dem Jahre 1690, das andere vom Patriarchen Gregorios V. von 1797, sowie kirchliche Geräte und Ordensgewänder.

Heute leben noch fünf Mönche im Kloster, die auch in den Schulen der umliegenden Dörfer unterrichten. Immer wieder verschenkt das Kloster Grundstücke für kulturelle und soziale Zwecke, u. a. für Schulen und Genossenschaften. Auch das Grundstück für die benachbarte Orthodoxe Akademie Kretas ist eine Schenkung des Klosters Gonia. Irineos Galanakis, Bischof der westkretischen Diözese von Kissamos und Selinos, gründete die Orthodoxe Akademie im Jahr 1968. In ihrer Arbeit ist sie am ehesten unseren evangelischen Akademien vergleichbar. Nur zu einem relativ geringen Teil befassen sich die Programme und Veranstaltungen der Aka-

demie mit der Stärkung des Glaubens. Wichtiger ist den Betreibern die ökumenische Verständigung und Beschäftigung mit Fragen des modernen Lebens – von Emanzipation bis Tourismus.

Kastelli – Kissamos

Mit ihrem kargen Bewuchs und nur wenig befahrenen Straßen ist die Halbinsel Rodopos fast ebenso unwirtlich wie die Halbinsel Gramvousa. Derzeit werden auf Kreta Erschließungs- und Besiedlungsprogramme für beide Halbinseln diskutiert, die aber auf wenig Gegenliebe der Naturschützer stoßen. Etwa auf halbem Weg zwischen beiden Halbinseln liegt das verschlafene Provinzstädtchen **Kastelli** 3 (S. 272), Hauptstadt des Verwaltungsbezirks Kissamos. Der Ort geht auf die antike Stadt *Kissamos* zurück, die in griechisch-römischer Zeit als wichtige Hafenstadt der weiter südlich gelegenen Stadt *Polyrinia* fungierte. Seit byzantinischer Zeit ist Kastelli Bischofssitz. Ihren heutigen Namen *Kastelli* (auf Hinweisschildern liest

Von Chania nach Phalassarna

wurde aus dem Boden gestampft. Als Fährhafen für die Verbindung Kreta–Peloponnes spielt Kastelli eine eher untergeordnete Rolle; der Anleger liegt 2 km westlich der Stadt, die übrigens auch einen kleinen, malerischen Fischereihafen vor ihren Toren aufzuweisen hat.

Fahrt nach Phalassarna

Nicht weit ist die Fahrt von Kastelli über Platanos nach Phalassarna. Die Distanz beträgt noch nicht einmal 20 km, nimmt aber wegen der vielen Kurven relativ viel Zeit in Anspruch. Mittlerweile wurde die von Platanos zur Küste hinunterführende Straße asphaltiert, aber die letzten 2 km von der im Wachsen begriffenen, kleinen Appartement-Siedlung Phalassarna bis zur antiken Ausgrabungsstätte sind noch unbefestigte Piste.

Das Panorama von der **Paßhöhe bei Kavoussi** 4 hinunter auf die Westküste wird als eine der schönsten Aussichten gerühmt, die man auf Kreta genießen kann. Der Blick fällt auf eine riesige Ebene, die im Norden durch Berge begrenzt wird. Soweit man nach links und rechts schauen kann, blinken die typischen Plastikplanen der Gewächshäuser in der Sonne, in denen Tomaten, Gurken und Bananen angebaut werden. Der Strand ist feinsandig, der weiße Sand erstreckt sich weit bis in flache Wasser hinein.

Auf dem Weg von den Strandtavernen bis zur Ausgrabungsstätte steht ein überdimensionales, thronähnliches Gebilde aus Stein, für das die Wissenschaftler bisher noch keine Erklärung gefunden haben. Weder seine Entstehungs-

man in letzter Zeit wieder häufiger ›Kissamos‹) erhielt sie durch die Festung, die die Venezianer errichteten und die Türken später ausbauten. Die spärlichen Reste des **Kastells,** die über der Stadt liegen, stammen aus türkischer Zeit. Seit der Öffnung des früheren Militärflughafens Chania für den internationalen Charterverkehr gewinnt auch Kastelli mit einem ca. 2 km langen Sand- und Kiesstrand für Urlauber an Bedeutung. Die entsprechende Infrastruktur mit Pensionen und Appartementhäusern, Restaurants und Tavernen jedenfalls zeit noch die Funktion des ›**Throns**‹ sind enträtselt. Einer der Erklärungsversuche deutet den Thron als Basis einer monumentalen, antiken Statue.

Phalassarna 5 (S. 280), benannt nach einer Nymphe gleichen Namens, war im 5. und 4. Jh. v. Chr. eine so bedeutende Stadt, daß sie ihre eigenen Münzen prägen durfte. Neben Kissamos war sie ebenfalls Hafen der Stadt Polyrinia. Im 3. oder 4. Jh. n. Chr. hob sich dieser Küstenabschnitt Kretas um mehr als 6 m, so daß der Hafen, einst mit dem Meer durch einen kleinen Kanal verbunden, jetzt buchstäblich auf dem Trockenen liegt. Viel ist von der antiken Stadt nicht übrig geblieben, die wohl im 4. Jh. n. Chr. von einem Erdbeben verwüstet wurde. Die Kammern, die linker Hand im Fels liegen und früher fälschlicherweise für Hafenbecken gehalten wurden, sind **antike Steinbrüche.** Der Hafen lag am Bergrücken, der rechter Hand rechtwinklig zum Wasser zeigt. Dort sind auch **Reste einer Stadtmauer** aus Quadersteinen zu sehen. Der mächtigste zusammenhängende Bau rechts im Ausgrabungsgelände ist ein mehrere Meter hochragender **Turm.** Auch wenn die Ausgräber, wie so oft auf Kreta, Besuchern des Grabungsgeländes jede Erklärung schuldig bleiben, lohnt sich der weite Weg nach Phalassarna – schon allein wegen des weiträumigen Ausblicks und der herrlichen Landschaft.

Durch die Samaria-Schlucht in die Sfakia

Zeitvorschlag: 1–2 Tage

Chania ist ein guter Stützpunkt für Touren durch den westlichen Teil Kretas und an die westliche Südküste. Einer der beliebtesten Ausflüge, der allerdings in seinem Schwierigkeitsgrad oft unterschätzt wird, ist die Wanderung durch die Samaria-Schlucht. Linien- und auch in allen größeren Urlaubsorten zu buchende Ausflugsbusse verlassen Chania für diesen Trip schon kurz nach fünf Uhr morgens, weil mit dem Abstieg in die Schlucht spätestens um sieben Uhr begonnen werden sollte, um die größte Hitze zu meiden. Bis zum Anfangspunkt der Schlucht müssen aber noch 40 km Fahrstrecke auf zwar landschaftlich sehr attraktiver, aber wegen der vielen Kehren, Berg- und Talfahrten schwierig zu befahrenen Straße zurückgelegt werden. Für die Besichtigung der interessanten Orte am Wegesrand bleibt bei einer Tagestour keine Zeit. Man sollte dafür besser einen weiteren Urlaubstag reservieren.

Eine Alternative ist, von Anfang an zwei Tage einzuplanen und auf der Omalos-Hochebene zu übernachten, um von dort frühmorgens mit der Samaria-Wanderung zu beginnen. Diese Möglichkeit bleibt allerdings Mietwagenfahrern verschlossen, denn der Rückweg von der Samaria-Durchquerung nach Chania ist recht umständlich: Zuerst geht es per Boot nach Chora Sfakion, von dort mit dem Bus auf einer nicht weniger kurvenreichen Straße zurück nach Chania. Da auf dem Heimweg auch

Durch die Samaria-Schlucht

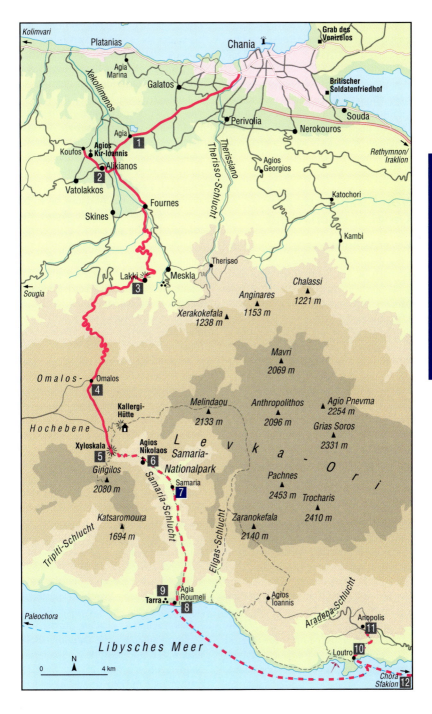

keine Zeit für einen Zwischenstopp bleibt, empfiehlt sich die Route von Chania nach Chora Sfakion als eigenständiger Ausflug (s. S. 240).

Normalerweise ist die Samaria-Schlucht vom 10. April bis 31. Oktober geöffnet, wobei je nach Witterung der Besuch noch bis Ende April und auch schon ab Mitte Oktober eingeschränkt sein kann.

Von Chania aus zur Omalos-Hochebene

Der erste nennenswerte Ort auf dem Weg von Chania zur Samaria-Schlucht ist nach 10 km Fahrt durch unendlich groß erscheinende Orangenhaine **Agia** 1. Das Dorf erlangte im Zweiten Weltkrieg traurige Berühmtheit: Das an der Ortszufahrt gelegene Gefängnis wurde im Zweiten Weltkrieg von der deutschen Wehrmacht als Internierungslager für Widerstandskämpfer und deren Angehörige genutzt. Hunderte Kreter wurden hier gefoltert, Hunderte fanden hier den Tod. Am Ortsausgang steht ein **Denkmal** für 118 von deutschen Soldaten erschossene Partisanen. Die Gebeine der Opfer, von denen das jüngste damals 15 Jahre alt war, sind in einem Glasschrein in das Denkmal eingelassen.

Einige der von den Deutschen hingerichteten Partisanen stammen aus dem Dorf **Alikianos** 2 (S. 260), einige Kilometer südlich von Agia gelegen. Schon zu venezianischer Zeit war das Dorf Schauplatz eines blutigen Dramas. Als der venezianische Gouverneur von Chania im 16. Jh. seine Tochter einem kretischen Revolutionär zur Frau gab, erließ er zur Täuschung eine Amnestie und lud 350 Freiheitskämpfer zur Hochzeitsfeier nach Alikianos. Waffenlos und weintrunken wurden die Hochzeitsgäste ermordet oder gefangengenommen, um sie später als Sklaven zu verkaufen.

Heute ist Alikianos ein friedliches Dorf. Mitten im Ort steht die winzige **Kapelle Agios Georgios** aus dem 13. Jh. mit gut erhaltenen Fresken vom Anfang des 15. Jh. Gegenüber sieht man die Reste eines **venezianischen Turms,** einst Teil eines feudalen Schlosses der venezianischen Sippe Damolinos, die über Alikianos herrschte. Von Alikianos lohnt sich ein kurzer Abstecher Richtung Koufos: Kurz hinter Alikianos versteckt sich im Grünen die große **Agios Kir Ioannis-Kirche** aus dem 14. Jh. Leider befindet sich die Kreuzkuppelkirche mit ihren auffallend ausgewogenen Proportionen in einem beklagenswerten Zustand. Ein Plastikdach ersetzt Tambour-Kuppel sowie größere Teile der Decke, und an den meisten Stellen der Wände fehlt der Putz. Nur wenige Fresken sind erhalten.

Ab Fournes, wo sich die Wege Richtung Sougia und Omalos gabeln, wird die Strecke gebirgiger, die Straße steigt steil bergan. Die großartige Panorama-Sicht auf die **Levka Ori,** die Weißen Berge, lenkt den Blick der Autofahrer hier zum ersten Mal von der nicht ungefährlichen Fahrstrecke ab. In dieser Region werden Obst und Oliven mühselig auf Terrassen angebaut. Das Dorf **Lakki** 3, das malerisch inmitten von Bergwäldern an einen Hügel gebettet ist, machte als Hauptquartier sämtlicher Aufstände gegen die Türken Geschichte. Für kurze Zeit wurde der 500-Seelen-Ort in Deutschland bekannt, als hier 1975 eine Bundeswehr-Maschine abstürzte und 42 Soldaten ums Leben kamen.

Unvermittelt erreicht die Straße nach einigen Kilometern die **Omalos-Hochebene.** Die fast kreisförmige Ebene, die eine Fläche von rund 25 km^2 bedeckt, liegt in 1080 m Höhe und ist einer Alm

An den Ausläufern der Weißen Berge: Lakki

vergleichbar, denn nur in den Sommermonaten wird sie bewirtschaftet. Dann weiden hier Schafe und Ziegen, der Anbau von Kartoffeln, Getreide und Tomaten ist heute zweitrangig. Im Winter fallen bis zu zwei Meter Schnee, der dann bei der Schneeschmelze einen See bildet. Der Ort **Omalos** 4 (S. 278) fast in der Mitte der Ebene besteht nur aus einigen wenigen Häusern: ein kleines Hotel, eine handvoll Tavernen und Cafés. Von der Omalos-Hochebene windet sich eine nur mit einem Geländefahrzeug zu bewältigende Straße hinauf zur 600 m höher liegenden Kallergi-Hütte des griechischen Bergsteigervereins, die vom Beginn der Samaria-Schlucht auch über einen Fußweg angelaufen werden kann. Im Sommer wird die Hütte regelmäßig von der Alpinschule Innsbruck als Stützpunkt für Wanderungen in die Weißen Berge benutzt.

Durch die Samaria-Schlucht

Die Samaria-Schlucht (S. 283) entstand vor 14 Mio. Jahren, als tektonische Erdbewegungen die Gesteinsschichten fal-

Panorama der Weißen Berge von Omalos her

teten und spalteten. Gleichzeitig grub sich das Regenwasser auf seinem Weg zum Meer in Richtung Südosten immer tiefer in die aus Kalk, Schiefer und Marmor bestehenden Felsen. Der Abstieg in die Schlucht beginnt an der Stelle **Xyloskala** 5 (»Holztreppe«) in einer Höhe von 1250 m und endet nach 16 km Fußmarsch an der Küste des Libyschen Meeres. Die Samaria-Schlucht ist die längste und tiefste Schlucht Europas. Sie durchschneidet Felswände einer Höhe von 200–1000 m. An ihrer breitesten Stelle mißt sie 300 m, an der schmalsten, einer der beiden ›Pforten‹, 3,5 m in der Breite. Hier ragen die Felsen bis zu 600 m empor. Die Wanderung dauert 5–7 Std. Sie ist nichts für Turnschuh-Touristen: Feste Schuhe, nach Möglichkeit sogar eingelaufene Wanderschuhe sind unabdingbare Voraussetzung. Auch einen Sonnenhut sollte man tragen, denn auf weiten Abschnitten gibt es keinen Schatten. An den Pforten steigt die Temperatur schnell auf 40° Celsius und mehr. In den höheren Lagen empfiehlt sich vor allem frühmorgens ein Pullover.

Ein einzigartiges Naturerlebnis entschädigt für alle Mühsal. Schon der Blick

auf die zahlreichen Gipfel der Weißen Berge ringsherum, vor allem auf den **Gingilos** (1864 m), den ›Hausberg‹ der Schlucht, bleibt unvergeßlich!

Da die Samaria-Schlucht bereits 1962 zum »Nationalen Naturschutz-Park« erklärt wurde, konnte sich hier Kretas Pflanzenwelt in aller Vielfalt erhalten. Im **Naturschutz-Park** wachsen mehr als 450 Pflanzenarten, 70 von ihnen sind endemische Arten oder Unterarten, wie beispielsweise der Diktamo *(Dictamnus)*. Das Hasenohr *(Bopleurum kakiskalae)* und eine Vergißmeinnicht-Art *(Mysostis refracta refracta)* gehören zu den Pflanzen, die nur in der Schlucht gedeihen. Auch für die etwa noch 500 freilebenden Exemplare der kretischen Wildziege Agrimi *(Kri-kri)* bedeutete die Erklärung zum Nationalpark die letzte Rettung. Von großer Bedeutung für die Vegetation in der Schlucht sind die 22 Quellen, die hier entspringen. Auf ihrem Weg durch die Schlucht müssen Wanderer fast 50 mal Wasserläufe auf großen Steinen überqueren.

Die ersten 3,5 km bestehen aus einem Steilpfad, der Wanderer 800 m in die Tiefe leitet. Dort erreicht man die kleine byzantinische Kapelle **Agios Nikolaos**

Kapelle am Ausgang der Samaria-Schlucht

6 unbestimmten Alters. Für diese Strecke benötigt man ca. 1,5 Std. und hat dabei keineswegs den Eindruck, in eine Schlucht hinabzusteigen, sondern eher Impressionen wie im Oberbayerischen. Der Baumbestand allerdings verrät den Süden! Prächtigere Zypressen als in der Samaria-Schlucht sind auf der Insel kaum anzutreffen. Seit 1962 darf kein Baum mehr gefällt werden. Wegen der Brandgefahr bilden nach jedem Kilometer kleine Hütten einen Feuerposten, von denen aus erste Maßnahmen gegen einen Waldbrand unternommen werden

Ruinen des Dorfes Samaria

können. Seit einiger Zeit patrouillieren auch Wärter mit Eseln und Maultieren in der Schlucht, um verletzte Urlauber sicher ans Ende zu geleiten. Um zu gewährleisten, daß niemandem der 2000–3000 Besucher pro Tag etwas passiert ist – und auch, daß keiner in der Schlucht übernachtet, was verboten ist –, werden die an der Xyloskala-Kasse ausgegebenen Eintrittskarten den Besuchern am Ausgang der Schlucht zur Kontrolle wieder abgenommen. Erfreulich ist, daß in der Samaria-Schlucht eine Menge Papierkörbe aufgestellt sind, die Urlauber an den Stränden so häufig vermissen.

Zum Trost der fußmüden Wanderer wird jeder Kilometer, der zurückgelegt ist, auf einer Tafel angezeigt. Rast- und Picknickplätze gibt es reichlich, und die Quellen spenden bestes Trinkwasser. Beliebtester Rastplatz ist der Ort **Samaria** 7, der der Schlucht den Namen gab.

Der Ortsname wiederum rührt von einer kleinen koptischen Kirche in der Nähe des Dorfes her, die *Ossia Maria* heißt und von den Venezianern *Santa Maria* genannt wurde. Für den Namen *Samaria* gibt es zwei Erklärungen: Zum einen, daß aus Santa Maria einfach Samaria geworden ist, zum anderen, daß sich Ossia Maria über Sia Maria zu Samaria gewandelt hat. Das Dorf Samaria war bis 1962 bewohnt, dann wurden die Einwohner der acht oder zehn Häuser wegen der Einrichtung des Nationalparks zum Verlassen ihres Dorfes gezwungen.

Kreter behaupten, daß der düstere Ort – die Sonne erreicht ihn erst um 14 Uhr und bleibt selbst im Sommer nur für 4 Std. – das einzige Dorf Kretas ist, das niemals den Türken in die Hände gefallen sei. Mehrfach wurde den türkischen Besatzungstruppen der Abstieg vom Omalos-Plateau sowie der Durchgang

Für die Samaria-Wanderung ist Kondition unerläßlich

an den Pforten zur tödlichen Falle. Auch im Zweiten Weltkrieg war Samaria ein Zentrum des Widerstands. Es war die Samaria-Schlucht, die der griechische König Georg II. und die griechische Regierung im Mai 1941 als Fluchtweg wählten, um vor der deutschen Besatzungsarmee über das Libysche Meer zu entfliehen. Die Männer der in der Samaria-Schlucht herrschenden Viglis-Sippe, die die Flucht absicherten, waren nicht nur tapfere Krieger, sondern auch unbändige, in ihrem Stolz leicht verletzbare Kreter. Noch 1947 kam es wegen eines Streits um Weiderecht auf der Omalos-Hochebene zu einer blutigen Fehde zwischen Bewohnern aus Lakki und Samaria. Die Blutrache forderte ihre Opfer, es sollen über 50 gewesen sein! Auf Kreta erzählt man sich, daß der Verwaltung des Bezirkes die Gründung des Naturparks 1962 einen willkommenen Anlaß lieferte, die stolze Viglis-Familie zu vertreiben und der Vendetta ein Ende zu setzen. Übrig blieben die zur Picknick-Kulisse für Touristen verkommenen Hausruinen.

Vermutet wird, daß hier einst die dorische Siedlung *Kainon* lag, die in der Antike wegen ihres Apollo-Orakels bekannt war. In jener Stadt soll auch das kretische Pendant zur Jagdgöttin Artemis, die Göttin Brytomartis, verehrt worden sein. Der Sage nach wurde eine Nymphe namens Akales, Tochter des Minos, hier geboren. Sagen und Legenden im Zusammenhang mit der Samaria-Schlucht sind in der kretischen Bevölkerung noch heute lebendig. Die Hirten von Omalos glauben ernsthaft an Dämonen und Feen, die in der Schlucht ihr (Un-)Wesen treiben. Höhlen, die den Aberglauben nähren, gibt es in der Schlucht reichlich. Und nicht wenige Kreter sind nach wie vor der Überzeugung, daß Kranke in der Schlucht von Samaria auf wundersame Weise ihre Gesundheit wiedererlangen können.

Viele Samaria-Wanderer halten den Ort Samaria für eine wichtige Etappe, so als hätten sie dort die Hälfte des Weges bewältigt. So kommt entsprechende Picknick-Stimmung auf. Doch bei Samaria ist noch nicht Halbzeit: Der Weg zum Libyschen Meer zieht sich noch hin. Allerdings ist er abgesehen von seiner Länge jetzt ohne große körperliche Anstrengung fortzusetzen. Nach den ›Pforten‹ hat man es bald geschafft. Das Tal weitet sich. Die letzte Etappe führt über Geröll – noch einmal eine Qual in glühender Sonne.

Und plötzlich stehen die Wanderer am Meer, und auf geschichtlichem Boden! Beim Hafenort **Agia Roumeli** 8 (S. 260) sind die Reste einer byzantinischen **Muttergottes-Kirche** zu entdecken. Die neben der Kirche liegenden Fragmente eines griechisch-römischen Mosaiks entstammen dem **Apollo-Artemis-Tempel** der antiken Stadt **Tarra** 9. Seine Reste sind über die ganze Gegend verstreut. Tarra war eine unabhängige Stadt und prägte eigene Münzen. Ihre größte Blütezeit erlebte sie unter den Doriern, damals war die Stadt ein religiöses Zentrum ersten Ranges.

Von Agia Roumeli nach Chora Sfakion

Von Agia Roumeli, dessen schlechte Kiesstrände nicht zum Verweilen animieren, verkehren nachmittags Boote nach Paleochora (s. S. 249) oder Chora Sfakion, von wo aus die Heimfahrt nach Chania mit Linienbussen oder den hier wartenden Ausflugsbussen angetreten

Die ›Pforten‹

Laissez-fâire in Loutro

Wer Kreta-Urlaub weitab vom Rummel genießen möchte, ist in der Bucht von Loutro gut aufgehoben. Denn hier gibt es weder Autos noch irgendeine Straße, Loutro ist nur mit dem Schiff zu erreichen. Es waren Samaria-Wanderer, die in den 70er Jahren auf dem Rückweg von der Schlucht per Fährschiff von Agia Roumeli kurz vor Chora Sfakion den idyllischen Reiz des alten Fischerdorfs entdeckten.

Ein richtiger Geheimtip ist Loutro nun nicht mehr. Aber der Ort ist nie überfüllt, den schmalen Kiesstrand säumen nur eine handvoll Wohnhäuser, einige Tavernen und zwei kleine Hotels. Beide heißen *Porto Loutro* und gehören Stavros, dem Kreter, und Alison, seiner britischen Frau. Um Personalnachwuchs brauchen sich beide keine Gedanken zu machen, denn immer wieder verlängern junge Engländerinnen ihren Urlaub in Loutro um Wochen oder gar Monate oder um die ganze Saison – und servieren in bester Stimmung auf der Terrasse des Hotels hoch über dem Örtchen das (sehr britische) Frühstück.

Der Tagesablauf der Loutro-Gäste ist immer gleich: vor dem Frühstück ein erstes Bad, Frühstück mit Schwatz von Balkon zu Balkon, anschließend geht es zu Fuß oder mit dem Motorboot zu einer der Nachbarbuchten, der **Sweetwater-** oder der **Marble-Beach-Bucht,** wo es niemanden stört, wenn alle Hüllen fallen. Abends bleibt den Sonnenanbetern nicht viel Abwechslung; nach Loutro reist ohnehin nur, wer auf Disko- und Livemusik verzichten kann. Duschen (wenn das Wasser nicht mal wieder knapp ist), dann ein Mahl in der Taverne – z. B. Wildziegenfleisch im *Kri-kri* –, danach noch ein Drink auf der Hotelterrasse oder auf dem Zimmerbalkon: Was brauchen Loutro-Urlauber mehr?

wird. Bei der Fahrt nach Chora Sfakion passieren die Transfer-Schiffe auf halbem Weg das kleine Dörfchen **Loutro** 10 (S. 275), das aus wenigen Häusern, einigen Tavernen und zwei kleinen Hotels besteht. Der Strand allerdings ist klein, steinig und nicht attraktiv. Wer in dieser Idylle seine Ferien verbringt, ist auf einen beschwerlichen Fußmarsch oder den täglichen Bootstransfer zu sandigen und noch recht einsamen Stränden angewiesen, die sich vor traumhafter Steilküsten-Kulisse zu beiden Seiten Loutros erstrecken. Loutro kann ohnehin nur per Schiff erreicht werden, denn dorthin führt keine Fahrstraße. Es fällt schwer, sich vorzustellen, daß der Miniort mit seinen zwei Dutzend Einwohnern sowohl im Altertum – die antike Stadt hieß *Phönix* –, als auch zu byzantinischer und venezianischer Zeit ein bedeutender Hafen war. In byzantinischer Frühzeit war Loutro auch Bischofssitz. Von der ruhmvollen Vergangenheit künden nur noch wenige Ruinen und ein zerfallenes Kastell.

600 m über Loutro liegt in den Bergen das verschlafene Dorf **Anopolis** 11, dessen Hafen einst Loutro war. Im Altertum galt Anopolis mit seinen 60 000 Einwohnern als Großstadt. Anopolis, dessen Besuch allein der herrliche Panorama-Blick auf die Weißen Berge lohnt, verfügt über einen Busanschluß nach Chora Sfakion. Wer gut zu Fuß ist, schafft die Strecke von Loutro hinauf in 2 Std.

Die Hafenstadt **Chora Sfakion** 12 (S. 266) lebt heute fast ausschließlich von den Samaria-Ausflüglern. Wenn am späten Nachmittag die Ausflugsbusse davongefahren sind, versinkt das Städtchen mit seinen 300 Einwohnern in den Dornröschenschlaf. In türkischer Zeit lebten hier 3000 Menschen, eine Zahl, auf die heute noch nicht einmal die ganze Provinz Sfakia kommt, deren Hauptstadt Chora Sfakion ist. In venezianischer Zeit gelangten die Sfakioten durch Seehandel zu beträchtlichem Reichtum. Keiner der Inselbezwinger, weder die Venezianer noch die Türken und erst recht nicht die Deutschen, bekamen diese Region je in den Griff.

Dies liegt zum einen an der Unwegsamkeit des Geländes, denn hier gibt es nur wenige Fahrstraßen. Zum anderen ist es das Verdienst der unbeugsamen Sfakioten. Es wird behauptet, daß die Männer der Sfakia besonders hart, stolz und tapfer seien. Weitaus mehr Sfakioten verloren in wechselseitiger Vendetta ihr Leben als im Kampf gegen äußere Feinde. Der Held aller Helden allerdings, der Freiheitskämpfer Daskalojannis, an den auf Kreta zahlreiche Straßen und Plätze erinnern, starb 1770 während der Folter durch die Türken: Er wurde in Iraklion öffentlich gehäutet.

Auch der deutschen Wehrmacht erwuchsen in den Partisanen der Sfakia erbitterte Gegner. Noch heute ist kaum ein Mann der Sfakia ohne Waffe anzutreffen. Doch so grimmig die Sfakioten oft blicken: Besuchern gegenüber legen sie eine gewinnende Herzlichkeit an den Tag.

Von Chania nach Chora Sfakion und Frangokastello

Zeitvorschlag: 1 Tag
(Karte, S. 243)

Die Route von Chania nach Chora Sfakion entspricht in umgekehrter Reihenfolge dem Rückweg von Chora Sfakion an die Nordküste nach der Durchquerung der Samaria-Schlucht (s. S. 239). Für den Heimweg von Chora Sfakion nach Chania gibt es keine Alternativ-Strecke, es kann nur derselbe Weg zurückgefahren werden. Von einer Rückfahrt bei Dunkelheit ist abzuraten!

Vrysses und Alikambos

Um an die Südküste zu gelangen, müssen Autofahrer zunächst von Chania die New Road Richtung Rethymnon nehmen und nach 30 km bei **Vrysses** 1 (S. 288) Richtung Süden abbiegen. Das Dorf bietet keinerlei Sehenswürdigkeit, wird aber von Ausflüglern wegen seiner vielen Tavernen unter schattenspendenden Platanen als beliebte Rast- und Picknick-Station gern angesteuert. Auch abends strömen Bewohner und Besucher von Chania und Rethymnon in Scharen herbei, um in den Tavernen die drei Spezialitäten des Ortes zu probieren: besonders schmackhaftes Hammelfleisch, Ziegenmilchjoghurt mit Honig und ein hochprozentiger Maulbeerschnaps, der in Vrysses gebrannt wird.

Die Straße von Vrysses nach Chora Sfakion windet sich die Berge hinauf, um dann wieder zur Küste hin abzufallen, die nach ca. 40 km Fahrstrecke erreicht ist. Die Straße ist gut ausgebaut und sicher, verlangt vom Fahrer aber volle Konzentration – auch wenn sich hinter fast jeder Kurve eine neue, schöne Aussicht auf die Levka Ori, die Weißen Berge, bietet.

Bei der Abzweigung nach **Alikambos** 2 (S. 262, 6 km) sollte man sich Zeit für einen Abstecher nehmen. Kurz vor dem Ort, an einer scharfen Rechtskurve, versteckt sich auf einem Friedhof eine sehenswerte **Panagia-Kapelle,** die ungewöhnlich gut erhaltene Fresken aus dem 14. Jh. aufweist. Die reiche Bemalung des Kirchenraums erfolgte 1315–16 durch den kretischen Maler Johannes Pagomenos. Der Ort Alikambos kann mit Sehenswürdigkeiten nicht aufwarten.

Archaisches Westkreta: Während die Frau arbeitet, ...

Drama in der Katre-Schlucht

Südlich von Alikambos steigt die Straße Richtung Chora Sfakion steil an, bis sie schließlich die kleine Krapis-Ebene erreicht hat. Rechts unterhalb der Straße verläuft die **Katre-Schlucht** 3, von Einheimischen auch »Thermopylen von Sfakia« genannt: Hier gerieten türkische Truppen zweimal, 1821 und 1866, in eine tückische Falle. Beide Male wurden Hunderte Türken von Sfakioten, die sich in den Hängen oberhalb der Schlucht versteckt hielten, durch Steinwürfe getötet.

Nach vielen Kehren erreicht die Straße auf 800 m Höhe einen Paß, der den Blick auf die völlig grüne **Askifou-Ebene** 4 freigibt. Die ganzjährig bewirtschaftete Hochebene ist sehr fruchtbar. Hier stehen Obst- und Nußbäume, neben Kartoffeln wird Wein angebaut. Die beiden größeren Orte der Ebene, Askifos und Ammoundari, sind ursprünglich geblieben und erwachen nur aus ihrem Dämmerschlaf, wenn ein Touristenbus hält. Die meisten Busse wählen als Zwischenstation allerdings den nächsten Ort, **Imbros** 5 (oft auch *Nimbros* genannt). Denn hier sollte man heimischen Pfannkuchen mit Thymianhonig probieren!

Durch die Imbros-Schlucht

6 Seit einigen Jahren bieten auf ganz Kreta Ausflugsunternehmen eine Wanderung durch die Imbros-Schlucht (S. 270) als Alternative zur Samaria-Schlucht an. Die Imbros-Schlucht ist 7 km lang und läßt sich in 2 1/2 Std. bequem durchwandern. Ihr Gefälle ist gering, so daß auch ältere Besucher und sogar kleine Kinder Spaß an dem Fußmarsch haben. Wem

... schläft der Mann

der Weg dennoch zu beschwerlich ist, kann die zweite Hälfte auf dem Rücken eines Esels zurücklegen, denn auf halbem Wege haben Einheimische eine Eselstation eingerichtet, an der auch Erfrischungsgetränke angeboten werden. So bequem sich der Wanderweg am Fuß der Imbros-Schlucht präsentiert: Die Schlucht ist wild, zerklüftet, felsig und trotzdem von unglaublich üppiger Vegetation. An den schmalsten Stellen verengt sich die Schlucht auf 2 m, und die Felswände ragen 300 m hoch.

Die Schlucht endet beim Dörfchen **Komitades,** das sich mit zahlreichen Tavernen auf den Ansturm der Schlucht-Wanderer eingestellt hat. Von dort kann man in ca. 1 Std. – allerdings nur auf der asphaltierten Straße – nach Chora Sfakion (s. S. 239) weiterlaufen.

Bis zum Bau der Autostraße nach dem Zweiten Weltkrieg war der Maultier-Pfad durch die Imbros-Schlucht die einzige Verbindung von Vrysses oder Askifos zur Küste. Heute folgt die mo-

Autofahren auf Kreta

Sie merken es beim ersten Hinsehen: Die Autos auf Kreta sind moderner und die Kontrollen strenger geworden. Daß – wie früher so häufig – Seitenspiegel oder gar Innen-Rückspiegel fehlen, ist heute eher die Ausnahme. Auch kretische Autos müssen jetzt zum TÜV! Dennoch: Inspizieren Sie Ihr Mietfahrzeug, bevor Sie losfahren und tauschen Sie es sofort aus, wenn es beim Ziehen der Handbremse 15mal oder mehr klickt, bis die Bremse greift, denn eine funktionierende Handbremse werden Sie beim Rangieren in Kretas Bergen dringend brauchen!

Kreter fahren schnell oder – vor allem auf dem Land – extrem langsam. Ihr Fahrstil ist aber defensiv. Bestehen Sie trotzdem nie auf die Vorfahrt, als Mietwagenfahrer werden Sie ohnehin nicht ernst genommen ...

In den kretischen Straßenbau ist in den letzten Jahren enorm viel Geld investiert worden, aber immer wieder passiert es, daß nach 20 km bestens asphaltierter Straße ohne Warnung plötzlich ein tiefes Schlagloch auftaucht. Das kann gerade bei Dunkelheit böse Folgen haben. Fahren Sie weite Strecken, besonders die gebirgigen und kurvenreichen, ohnehin nur bei Tageslicht, denn auf vielen Straßen fehlen Randmarkierungen, und bei Dunkelheit sind oft viele ›einäugige‹ Autos und waghalsige Katzen unterwegs; ein defektes Fahrlicht stört auf Kreta nämlich niemanden.

Hupt ein Kreter, will er Ihnen signalisieren, daß er Sie überholt. Sie sollten es genauso handhaben. Bei Dunkelheit wird die Lichthupe benutzt. Häufig ersetzt die Hupe beim Überholen gleich den Blinker – warum auch noch blinken, wenn man schon gehupt hat? In einem Fall gilt Hupen jedoch auch als Kritik: Wenn Sie nämlich auf einer Land- oder gar Schnellstraße zu langsam fahren – Geschwindigkeitsbegrenzungen werden gern als Mindesttempo angesehen. Was zu langsam ist, bestimmen natürlich die kretischen Autofahrer! Langsamfahrer sollten besser die Standspur benutzen, auf Kreta gilt sie als ganz normale Fahrbahn.

Und auch das gibt es auf Kreta, obwohl es unglaublich klingt: Viele Autofahrer blinken links, wenn sie am rechten Straßenrand anhalten wollen. Die Logik, die dahinter steckt: Man will anzeigen, daß nachfolgende Autos links am Fahrzeug vorbeifahren sollen ...

---

derne Straße in großer Höhe dem Verlauf der Schlucht. Mit ihren herrlichen Ausblicken zwischen gigantischen Felswänden auf die Südküste ist die Serpentinen-Straße eine der landschaftlich schönsten Straßen der gesamten Insel.

Frangokastello

Fährt man nicht das kurze Stück weiter nach Chora Sfakion (s. S. 239), sondern wählt die Nebenstraße Richtung Osten (die Fahrt läßt sich mit einem – aller-

Auf dem Weg nach Frangokastello

dings zeitraubenden – Abstecher nach Plakias und zum Kloster Preveli verbinden; s. S. 205f.), erblickt man schon bald die gewaltige Burg **Frangokastello** 7 (S. 268). Sie liegt nicht in den Bergen oder am Bergrand, sondern auf einem Vorsprung der Küstenebene unmittelbar am Wasser. Daraus läßt sich schließen, daß die Venezianer das Kastell 1371 in erster Linie zum Schutz der Südküste gegen Piraten-Überfälle erbauten.

Die venezianische Küstenfestung weist einen äußerst einfachen Grundriß auf: ein langgestrecktes Rechteck mit einem Befestigungsturm an jeder Ecke. Die sehr gut erhaltenen Außenmauern sind venezianisch, die Gebäude im Innern der Burg entstammen türkischer Zeit. Frangokastello wurde 1828 sogar einmal von den Sfakioten erobert. Doch die Türken setzten 8000 Mann in Marsch, die mit den 700 kretischen Freiheitskämpfern leichtes Spiel hatten: Alle 700 Sfakioten unter der Führung ihres Generals Dalialis, dem heute an der Burg ein Denkmal gewidmet ist, wurden niedergemetzelt.

Der Tag der Niederlage ist den Kretern in Erinnerung geblieben, denn angeblich spukt es im Kastell an jedem 17. Mai: Die Geister der geschlagenen Freiheitsarmee ziehen dann im Morgengrauen um die Festungsmauern. Zahlreiche Faktoren müssen zusammentreffen, erklären die Wissenschaftler, damit alljährlich diese Fatamorgana möglich wird. Was den Einheimischen so gespenstisch erscheint, ist nichts anderes als eine Luftspiegelung von der Küste Libyens.

Bis vor ein paar Jahren stand die Burg noch einsam und verlassen am Strand, heute präsentiert sich die Küstenebene leider mit einer recht planlosen Bebauung. Am Strand von Frangokastello werden bereits die ersten Quartiere angeboten: Hier machen vor allem Familien Urlaub. Das feinsandige Ufer, mehrere hundert Meter lang und bis zu 65 m breit, ist eine ausgesprochene Kinder- und Nichtschwimmer-Badestelle. Wer schwimmen will, muß 150 m weit ins Wasser hinauswaten.

Frangokastello – »Burg der Franken« ▷

Von Chania aus in den äußersten Südwesten

Zeitvorschlag: 1–2 Tage

Wer den beliebten Südküstenort Paleochora und den äußersten Westen der Insel erkunden will, kann sich auf eine gutausgebaute Nord-Süd-Verbindung verlassen, die bei Tavroniti auf der Nordküstenstraße zwischen Chania und Kastelli Richtung Süden abbiegt und in knapp 80 km Paleochora erreicht. Von dort sind es noch nicht einmal 20 km Luftlinie bis zum Kloster Chrissoskalitissa und zum »Traumstrand« von Elafonissi, aber die Straßen sind eng und zu zwei Dritteln der Strecke unbefestigt, so daß für diesen – wirklich lohnenden! – Abstecher in den äußersten Westen ein halber Tag zusätzlich einkalkuliert werden muß. Wir empfehlen, zur Anfahrt nach Paleochora nicht die Strecke über Tavroniti zu wählen, sondern die Route Chania-Fournes-Sougia, die zwar kurvenreicher verläuft, aber landschaftlich wesentlich abwechslungsreicher ist. Von Sougia aus schließt sich dann die Weiterfahrt über Kandanos nach Paleochora an. Für den Rückweg bietet sich die bequemere Straße Paleochora-Tavroniti an. Für diese Routenkombination benötigt man mindestens zwei Tage.

Zur Bucht von Sougia

Der erste Teil der Strecke von Chania nach Sougia ist mit dem Weg in die Samaria-Schlucht identisch (s. S. 228). Bei Fournes zweigt eine schmale Nebenstraße Richtung Sougia ab. Der Serpentinenweg schlängelt sich in ständigem Auf und Ab durch eine Gebirgslandschaft, deren Talsohlen selbst im Spätsommer noch erstaunlich grün sind. Zwischen Pases und Agia Irini erstreckt sich dann eine bizarre, aber karge ›Mondlandschaft‹.

Kurz hinter Agia Irini folgt die **Agia Irini-Schlucht** 1 (S. 259): Sie ist 7 km lang und bis zu 500 m tief in den Fels

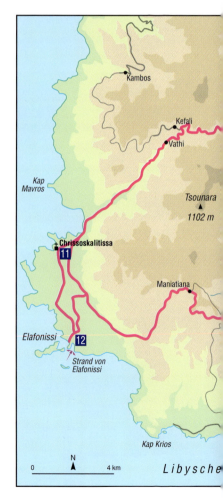

Über Kandanos nach Paleochora

eingekerbt. Da es in der Schlucht immer kühl bleibt, ist sie leicht zu durchwandern.

Schluchtende und Fahrstraße, die inzwischen zahlreiche ›Umwege‹ gemacht hat, treffen bei **Moni** 2 (S. 278) wieder aufeinander. Am Dorfeingang zweigt ein kleiner Weg zu einem Bach und zur kleinen **Agios Nikolaos-Kirche** aus dem 14. Jh. ab. In der Kirche sind Fresken von Johannes Pagomenos aus dem Jahre 1315 zu betrachten.

Für die Strapazen der langen Fahrt entschädigt schließlich der Anblick der weiten, von Felsen eingerahmten Bucht von **Sougia** 3 (S. 285). Beim näheren Hinsehen wird verständlich, warum sich hier der Ansturm der Touristen in Grenzen hält: Die Bucht besteht aus grobem Kies. In ca. 1,5 Std. Fußmarsch, der am modernen kleinen Hafen westlich von Sougia beginnt und zunächst durch eine Schlucht führt, gelangen Wanderer zur antiken Hafenstadt **Lissos** 4 (S. 275),

die archäologisch kaum erschlossen ist: Lediglich ein **Asklipios-Tempel** aus dem 3. Jh. v. Chr. wurde ausgegraben. In seinem Innern sind die Reste eines römischen Fußbodenmosaiks zu sehen. Unweit vom Ausgrabungsgelände steht eine kleine **Panagia-Kapelle** aus dem 14. Jh. mit Fresken in schlechtem Erhaltungszustand. Zum Bau der am Meer gelegenen **Kyrikos-Kapelle** wurden zahlreiche antike Baureste verwendet.

Über Kandanos nach Paleochora

Da Sougia und Paleochora keine Küstenstraße verbindet, muß man über enge, gebirgige Nebenstraßen ein beträchtliches Stück Richtung Norden fahren, ehe man bei Kandanos auf die Hauptstraße trifft, die zügig nach Paleochora leitet. 2 km vor Kandanos sind im kleinen Dorf **Anisaraki** 5 (S. 262) gleich vier byzantinische Kapellen zu bewundern, die allerdings nicht einfach zu finden sind: die **Agia Anna-Kapelle** aus dem 15. Jh. mit einer Ikonostase aus Stein, die **Agios Georgios-Kapelle** aus dem 13. Jh. mit Wandmalereien des 13. und 14. Jh. sowie die beiden dem 14. Jh. entstammenden Friedhofskapellen **Panagia** und **Agia Paraskevi**.

Kandanos 6, (auch *Kantanos;* S. 272) Verwaltungszentrum des Bezirks Selinos, ist ein ruhiges Städtchen, in dem auf Anhieb auffällt, daß hier kein einziges altes Haus mehr existiert. Eine Tafel auf dem Hauptplatz liefert die Erklärung: »Hier stand Kandanos. Es wurde zerstört als Sühne für die Ermordung von 25 deutschen Soldaten«. Die Steintafel wurde 1941 von deutschen Soldaten errichtet, nachdem sie als Vergeltung für einen Partisanen-Überfall zahlreiche Ortsbewohner – nicht nur Männer, sondern auch Frauen und Kinder – erschossen und Kandanos bis auf die Grundmauern zerstört hatten. Im Marine-Museum von Chania (s. S. 209) gedenkt eine Foto-Ausstellung dieser barbarischen Vergeltungsaktion. Als Beitrag zur Wiedergutmachung erbaute die Aktion Sühnezeichen 1963 im ›neuen Kandanos‹ ein Wasserwerk.

Richtung Paleochora folgt die Straße dem Verlauf eines fruchtbaren Tales. Unterwegs sollten ein paar Stopps zur Besichtigung byzantinischer Kirchen eingelegt werden. In **Plemeniana** 7 (S. 281) steht am südlichen Ortsausgang die kleine, einfache **Einraumkapelle Agios Georgios** mit z. T. guterhaltenen Freskomalereien vom Anfang des 15. Jh. Die Kirche ist ein Kleinod am Wegesrand und ein guter Beleg dafür, in welchem Dilemma sich die Denkmalschützer auf Kreta befinden: Die Insel ist so reich an ausgemalten byzantinischen Kirchen, daß es den Konservatoren unmöglich ist, jede Malerei vor dem weiteren Verfall zu bewahren, geschweige denn zu restaurieren. Eine sorgfältige Behandlung hätten die Darstellungen in der Agios Georgios Kirche dringend nötig! Der Putz weist viele Risse auf, die Farben sind teilweise verblaßt. In der Mitte der Decke sind die Fresken sogar völlig zerstört. Bisher hat das Geld nur gereicht, die Kirche von außen – stilwidrig! – zu modernisieren.

Bei **Kakodiki** 8 (S. 271) lohnt sich der Abstecher über eine unbefestigte Straße (1 km) zum Ortsteil Astratighos, wo auf dem Friedhof neben einer modernen Kirche die **Kapelle Michael Archangelos** steht, die teilweise gut erhaltene Fresken aus der ersten Hälfte des 14. Jh. zeigt. Winzig klein ist die **Panagia-Kirche** in **Kadros** 9 (S. 271), die versteckt hinter einer kleinen Taverne liegt. Die Fresken aus der zweiten

Autofahrer dürfen auf Kreta mit Überraschungen rechnen

Hälfte des 14. Jh. befinden sich in gutem Zustand, ihre Farben sind kaum verblaßt, wenn auch von der Decke der Putz an manchen Stellen herabfällt. Leider wird die Kirche zweckentfremdet: In der Einraumkapelle stapelt sich der Müll! Außerdem sind im Zuge einer Renovierung, bei der eine neue Eingangstür eingefügt und die kleine Kirche mit elektrischer Beleuchtung ausgestattet wurde, einige Fresken unfachgemäß übermalt, andere einfach weiß übertüncht worden.

Auf einem Hügel oberhalb des Dorfes liegt im Wald verborgen und nur zu Fuß zu erreichen, ein **archäologisches Areal,** in dem offensichtlich seit Jahren nicht mehr gegraben worden ist. Mächtige Mauern wurden freigelegt, die allerdings nur einen halben Meter hoch sind. Es sind die Grundmauern privater und öffentlicher Gebäude der antiken Stadt *Kadros,* die vom 4.–1. Jh. v. Chr. besonders einflußreich war und sich mit einer Stadtmauer schützen mußte.

Szene-Treff Paleochora

[10] Paleochora (S. 279), nach Ierapetra zweitgrößte Stadt an Kretas Südküste, hat seit Ende der 60er Jahre alle Phasen der touristischen Entwicklung Kretas durchlebt. Von den Hippies entdeckt und fast zwei Jahrzehnte lang ausschließlich von Rucksack-Touristen frequentiert, hat die Hafenstadt mittlerweile Eingang in die Kataloge der Reiseveranstalter gefunden. Als einstiger Insider-Tip ist Paleochora in der Hauptsaison so gefragt, daß sämtliche Pensionen und Appartementhäuser ausgebucht sind und in den vielen Tavernen kein unbesetzter Stuhl mehr aufzutreiben ist. An der abends für den Verkehr gesperrten Hauptstraße und an der Uferpromenade drängen sich Tavernen und Bars dicht an dicht, und inzwischen findet man kaum mehr eine Straße ohne Restaurant, Kafenion oder Zimmervermietung. Am Ortsrand sind häßliche Neubauviertel gewachsen.

Operation »Merkur«
Der deutsche Überfall auf Kreta

Ein schmiedeeisernes Kreuz, 8 m hoch, weist schon von weitem den Weg zum deutschen Soldatenfriedhof bei Maleme. Er liegt inmitten der vielen, von Rohr als Windschutz gesäumten Orangenplantagen, die für diese Gegend so typisch sind. Erst 29 Jahre nach Kriegsende, im Oktober 1974, wurde der Soldatenfriedhof eingeweiht, mit dem sich der *Volksbund Deutsche Kriegsgräberfürsorge* besonders große Mühe gegeben hat. 4465 Soldaten liegen hier begraben: von Abele, Ludwig – geboren am 25. August 1918, gefallen am 20. Mai 1941 – bis Zwilling, Hans – geboren am 15. September 1914, gestorben am 20. Mai 1941. Die meisten Grabtafeln tragen dieses Todesdatum: Es ist der Tag, an dem die deutsche Invasion auf Kreta begann. Sie kam für niemanden überraschend. Am 28. Oktober 1940 griffen italienische Truppen Griechenland an. Am 6. April 1941 überfielen die Deutschen Jugoslawien und Griechenland. Nach der Kapitulation beider Länder konzentrierten die Alliierten ihre Mittelmeer-Streitkräfte auf Kreta. Drei neuseeländische, zwei australische und zwei britische Brigaden, insgesamt 32 640 Soldaten, und dazu noch acht griechische Bataillone mit 10 000 Mann richteten sich auf die mit Gewißheit erwartete deutsche Invasion ein. Für die deutsche Wehrmacht hing von der Einnahme Kretas die Nachschubsicherung für Rommels *Afrika-Korps* ab.

Das Unternehmen *Merkur,* so das Codewort für die größte Luftlande-Operation des Zweiten Weltkriegs, begann am frühen Morgen des 20. Mai 1941 mit der Bombardierung kretischer Städte. 330 Bombern folgten 108 Jäger, 500 Transportflugzeuge und 80 Lastensegler im Schlepp der JU 52. 10 600 Fallschirmjäger – für die meisten von ihnen war dies der erste Einsatz – und 13 980 Gebirgsjäger sprangen über Kreta ab. Die Angriffe konzentrierten sich auf die Flugplätze bei Maleme, Rethymnon und Iraklion sowie auf die damalige Hauptstadt Chania und die Souda-Bucht. Die Angreifer stießen auf erbitterten Widerstand. Sogar die kretische Zivilbevölkerung ging mit einfachen Waffen sowie Mistgabeln, Stöcken und Steinen gegen die deutsche Wehrmacht vor. Statt der geplanten eintägigen Operation dauerte die Eroberung Kretas zehn Tage: Am 1. Juli wurden die letzten alliierten Soldaten von der Südküste Kretas nach Ägypten eingeschifft.

Die Verluste waren ungeheuer: 15 700 Gefallene, Verwundete und Gefangene beklagten die alliierten Truppen. Hinzu kamen 1000 gefallene griechische Soldaten. Die Bilanz auf deutscher Seite betrug 6580 Tote, Verwundete und Vermißte – sechsmal so viel Opfer wie beim ›Balkan-Feldzug‹. Nachdem die Deutschen die Schlacht um Kreta gewonnen hatten, war der Kampf noch längst nicht beendet. Die

Besatzungsjahre waren von grausamen Partisanenkämpfen und nicht minder schrecklichen Vergeltungsaktionen begleitet. Die Kreter schonten keinen der in einen Hinterhalt geratenen, deutschen Soldaten. Häufig ließen die Partisanen ihre Opfer verstümmelt zurück.

Am 31. Mai 1941 ordnete der Oberbefehlshaber der deutschen Fallschirmjäger, General Student, mit Billigung Görings Vergeltungsmaßnahmen für die Partisanen-Aktionen an. Unter die Vergeltungsmaßnahmen fielen – bei ausdrücklicher Ausschaltung kriegsgerichtlicher Verfahren! – »Kontributionen«, »Erschießungen«, das »Niederbrennen von Ortschaften« sowie die »Ausrottung der männlichen Bevölkerung ganzer Gebiete«. Insgesamt verwüstete die deutsche Wehrmacht 40 Ortschaften, 40 weitere wurden völlig vernichtet, darunter Anogia und Kandanos. Bei der »Ausrottung der männlichen Bevölkerung« machten die Erschießungskommandos auch vor Kindern nicht halt.

Selbst die Bevölkerung, die nicht von Partisanenkämpfen und Vergeltungsaktionen betroffen war, litt während der Besatzungszeit entsetzliche Not: Die Wehrmacht verbrauchte einen Großteil der landwirtschaftlichen Produktion und exportierte die Erzeugnisse sogar, so daß die Inselbevölkerung hungern mußte. Aus jener Zeit sind u. a. Bilder von auf das Skelett abgemagerten Kindern überliefert.

Im September 1944 räumten die Deutschen den Ostteil der Insel und konzentrierten ihr Militärpotential, Waffen und 12 000 Soldaten, auf das Gebiet von der Souda-Bucht bis Maleme, »Kernfestung Kreta« genannt. Der Teilrückzug verlief ohne Partisanenüberfälle – offensichtlich gab es Absprachen zwischen der deutschen Wehrmacht und der mit den Briten verbündeten Partisanenorganisation EOK. Das Stillhalten belohnten die Deutschen mit Waffenlieferungen. Hintergedanke war wohl auch, die EOK in ihrem Kampf gegen die konkurrierende ELAS, Kretas kommunistische Partisanenorganisation, zu unterstützen. Noch einen Monat nach Unterzeichnung der bedingungslosen Kapitulation durften die Deutschen in der »Kernfestung« unter Waffen bleiben, da die Briten befürchteten, daß andernfalls das Kriegsgerät in die Hände der kommunistischen ELAS fallen würde. Sie gingen sogar so weit, die Deutschen mit der Bekämpfung der ELAS-Gruppen und der Verhaftung der Partisanen zu beauftragen. Erst im Juni 1945 verließen die letzten deutschen Soldaten Kreta in britische Kriegsgefangenschaft. Die Besatzung kostete 3474 kretischen Zivilpersonen das Leben.

NS-Mahntafel in Kandanos

Trotz Szene-Rummel und quirligem Nightlife konnte Paleochora noch etwas vom Charme eines griechischen Provinzstädtchens bewahren. Die Bewohner sitzen nach der Siesta auf alten Holzstühlen vor ihren Wohnungen und Geschäften und plaudern miteinander. Die Häuser im inneren Stadtbereich machen einen gepflegten Eindruck, und die Tavernen und Cafés sind einfach, aber geschmackvoll eingerichtet.

Paleochora liegt auf einer Landzunge, die früher von einem venezianischen Kastell gekrönt wurde. Aber von der Befestigung aus dem 13. Jh. sind nur noch wenige **Reste der Festungsmauer** übriggeblieben. Paleochora besitzt zwei Strände. An die Uferpromenade schließt sich am östlichen Rand der Stadt ein 2 km langer, schmaler Kiesstrand an. Der **westliche Strand** ist die Attraktion des Ferienortes: Ein 1 km langer, herrlicher Sandstrand, 60 m breit, wird z. T. von einem Tamariskenwald gesäumt und geht stellenweise in Dünengelände über. Kinder können unbesorgt in einem flachen Naturschwimmbecken planschen, das sich in einer Felspartie gebildet hat.

Abstecher nach Chrissoskalitissa und Elafonissi

Nur auf teilweise sehr schlechten Straßen läßt sich das **Kloster Chrissoskalitissa** 11 (S. 266) von Paleochora aus ansteuern. Doch die Mühen stundenlanger Staubpistenfahrt sind nicht vergebens. Wie eine Burg erhebt sich das Kloster auf einem Felsen direkt am Meer – ein herrlicher Anblick!

Chrissoskalitissa heißt »Goldene Treppe«. Der Sage nach soll eine der 90 Stufen, über die Besucher auf den 35 m hohen Fels gelangen, aus purem Gold sein; doch nur diejenigen, die ohne Sünde sind, können die Stufe erkennen. Eindrucksvoll wirkt die Farbgebung der verschachtelten Klosteranlage: Alle Mauerteile sind weiß gestrichen, sämtliche Holzteile wie Fenster und Türen sowie das Dach der **Klosterkirche** erstrahlen himmelblau. Von der Klosteranlage aus kann man einen weiten Blick über die wilde, zerklüftete Westküste Kretas genießen. Die Ursprünge des Klosters verlieren sich im geschichtlichen Dunkel, da alle Dokumente bei wiederholten Zerstörungen verlorengingen. Noch nicht einmal die Frage, ob das Kloster einst Mönchen oder Nonnen vorbehalten war, wird in den wenigen erhaltenen historischen Schriften eindeutig beantwortet.

Im Zweiten Weltkrieg fanden nach der Landung deutscher Fallschirmjäger Sol-

daten der alliierten Streitkräfte in Chrissoskalitissa Unterschlupf, ehe sie heimlich nach Ägypten verschifft werden konnten. Im Juni 1943 vertrieben deutsche Soldaten die Klosterinsassen und richteten dort ein Gefängnis ein, in dem auch straffällig gewordene deutsche Soldaten einsaßen.

Ein Mönch und eine Nonne, die miteinander verwandt sind, leben heute als einzige im Kloster. Besucher begrüßen sie herzlich und zeigen ihnen ihr kleines, wohnzimmerähnliches Museum, in dem ein paar Ikonen hängen. Einmal im Jahr ist das einsame Kloster, das der Heiligen Dreifaltigkeit und dem »Heimgang der Allerheiligsten Gottesmutter« gewidmet ist, mit Leben erfüllt: Am 15. August, zu Mariae Entschlafung, ist es Ziel unendlich vieler Pilger aus Kreta und sogar vom griechischen Festland.

Lediglich 5 km gut ausgebaute Straße trennen die Klosterbesucher von einem der einsamsten Strände Kretas, der den Namen »Traumstrand« nur noch mit Einschränkung verdient hat: der **Strand von Elafonissi** 12 (S. 267). Die große Bucht mit ihrem kilometerlangen, feinen, fast weißsandigen Strand, dem flachen Ufer und dem in verschiedenen Türkistönen schimmernden Wasser wirkt wie eine Südsee-Lagune. Vor dem Strand liegt eine **Insel gleichen Namens,** zu der man hinüberwaten kann, denn das Wasser ist nur 50 cm tief. Leider widerfährt der Bucht das Schicksal so mancher kretischen Strandes, der einmal als Geheimtip galt. An der schönsten Stelle des Strandes stehen Liegestühle dicht an dicht, dahinter Tavernen. Die Zahl der Besucher wächst, und immer häufiger trübt Müll das Strandidyll.

Überfahrt nach Gavdos

13 **Gavdos** (S. 268), der südlichste Punkt Europas, ist auf absehbare Zeit vielleicht das letzte Refugium für all die Kreta-Urlauber, die touristischer Infrastruktur partout entkommen wollen. Auf dem äußerst kargen Eiland gibt es nur einen Krämerladen, in dem man sich mit dem Nötigsten versorgen kann; Pensionen, geschweige denn Appartements, existieren (noch) nicht, für Unterkunft und Verpflegung sorgen eine Handvoll Privatunterkünfte sowie einige Tavernen. Den Mangel an Komfort wiegen die schönen Strände und das phantastisch klare Wasser auf. Die Überfahrt von Paleochora dauert 3–4 Std. und von Chora Sfakion 2–2,5 Std.

Einsam und schön gelegen: Kloster Chrissoskalitissa

- Information
- Verkehr
- Unterkunft
- Restaurant
- Sehenswert
- Museum
- Einkauf
- Nachtleben
- Feste
- Aktivitäten
- Strand
- Wichtig

Tips & Adressen

Tips & Adressen

▼ Das erste Kapitel, **Tips & Adressen von Ort zu Ort,** listet die im Reiseteil beschriebenen Orte in alphabetischer Reihenfolge auf. Zu jedem Ort finden Sie hier Empfehlungen für Unterkünfte und Restaurants sowie Hinweise zu den Öffnungszeiten von Museen und anderen Sehenswürdigkeiten, zu Unterhaltungsangeboten, Aktivitäten, Verkehrsverbindungen etc. Piktogramme helfen Ihnen bei der raschen Orientierung.

▼ Die **Reiseinformationen von A bis Z** bieten ein Nachschlagewerk – von A wie Anreise über N wie Nachtleben bis Z wie Zeit – mit vielen nützlichen Hinweisen, Tips und Antworten auf Fragen, die sich vor und während der Reise stellen.

Bitte schreiben Sie uns, wenn sich etwas geändert hat!
Alle in diesem Buch enthaltenen Angaben wurden von den Autoren nach bestem Wissen erstellt und von ihnen und dem Verlag mit größtmöglicher Sorgfalt überprüft. Gleichwohl sind – wie wir im Sinne des Produkthaftungsrechts betonen müssen – inhaltliche Fehler nicht vollständig auszuschließen. Daher erfolgen die Angaben ohne jegliche Verpflichtung oder Garantie des Verlages oder der Autoren. Beide übernehmen keinerlei Verantwortung und Haftung für etwaige inhaltliche Unstimmigkeiten. Wir bitten dafür um Verständnis und werden Korrekturhinweise gerne aufgreifen:
DuMont Reiseverlag, Postfach 10 10 45, 50450 Köln
E-Mail: info@dumontreise.de

Richtig Reisen Service

Inhalt

Adressen und Tips von Ort zu Ort

Agia Galini (RE) 259
Agia Irini (CHA) 259
Agia Pelagia (IR) 260
Agia Roumeli (CHA) 260
Agia Triada (IR) 260
Agia Triada, Kloster (CHA) 260
Agii Deka (IR) 260
Agios Georgios (LA) 261
Agios Nikolaos (LA) 261
Agios Nikolaos, Kloster (IR) 262
Agios Pandeleimon, Kirche (IR) 262
Alikambos (CHA) 262
Alikianos (CHA) 262
Ammoudara-Strand (IR) 262
Anissaraki (CHA) 262
Anissaras (IR) 263
Anogia (RE) 263
Aptera (CHA) 263
Archanes (IR) 263
Arkadi, Kloster (RE) 264
Armeni (RE) 264
Arolythos (IR) 264
Bali (RE) 265
Chania (CHA) 265
Chora Sfakion (CHA) 266
Chrissoskalitissa, Kloster (CHA) 266
Dikti-Höhle (LA) 266
Elafonissi (CHA) 267
Elounda (LA) 267
Fodele (IR) 267
Frangokastello (CHA) 268
Gavdos (CHA) 268
Georgioupolis (RE) 268
Gonia, Kloster (CHA) 268
Gortys (IR) 269
Gournia (LA) 269
Gouverneto, Kloster (CHA) 269
Ierapetra (LA) 269
Imbros-Schlucht (CHA) 270
Iraklion (IR) 270
Istro (LA) 271
Itanos (LA) 271
Kadros (CHA) 271
Kakodiki (CHA) 271
Kamares (IR) 272
Kandanos (CHA) 272
Kastelli (CHA) 272
Katholiko, Klosterruinen (CHA) 272
Kato Karouzana (IR) 272
Kato Zakros (LA) 272
Kera, Kloster (IR) 273
Keratokambos (IR) 273
Knossos (IR) 273
Kournas-See (RE) 273
Koutsounari (LA) 273
Koutsouras (LA) 273
Krasi (IR) 274
Kritsa (LA) 274
Lato (LA) 274
Lendas (IR) 274
Limin Chersonissou (IR) 274
Limnes (LA) 275
Lissos (CHA) 275
Loutro (CHA) 275
Makrygialos (LA) 275
Maleme (CHA) 276
Malia (IR) 276
Margarites (RE) 276
Matala (IR) 277
Melidoni-Höhle (RE) 277
Milatos, Höhle von (IR) 277
Mires (IR) 277
Mochlos (LA) 277
Moni (CHA) 278
Myrtia (IR) 278
Myrtos (LA) 278
Omalos (CHA) 278
Pachia Ammos (LA) 279
Palekastro (LA) 279
Paleochora (CHA) 279
Panagia Kera, Kirche (LA) 279
Phaistos (IR) 280
Phalassarna (CHA) 280
Piskopiano (IR) 280
Pitsidia (IR) 280
Plakias (RE) 280
Platanias (CHA) 281

Plemeniana (CHA) 281
Preveli, Klöster (RE) 281
Red Butterfly Gorge (LA) 282
Rethymnon (RE) 282
Roussolakkos (LA) 283
Samaria-Schlucht (CHA) 283
Seli-Ambelou-Paß (LA) 284
Sissi (LA) 284
Sitia (LA) 284
Sklavokambos (IR) 285
Souda (CHA) 285
Sougia (CHA) 285
Spili (RE) 285
Spinalonga-Kalidona (LA) 286
Stavros (CHA) 286
›Tal der Toten‹ (LA) 286
Thrapsano (IR) 286
Toplou, Kloster (LA) 286
Tylissos (IR) 286
Tzermiado (LA) 287
Vaï (LA) 287
Valsomonero-Kloster (IR) 287
Vathypetro (IR) 287
Vori (RE) 287
Vrondissi-Kloster (IR) 288
Vrysses (CHA) 288
Xerokambos (LA) 288
Zaros (IR) 288
Zoniana (RE) 288

Reiseinformationen von A bis Z
Anreise 289
... mit dem Flugzeug 289
... mit dem Auto 289
... mit dem Bus 290
... mit der Bahn 290
... mit dem Schiff 290
Auskunft 291
... der GZF in Deutschland 291
... der GZF in Österreich 291
... der GZF in der Schweiz 291
... der EOT auf Kreta 291
Diplomatische Vertretungen
Griechenlands 292
Diplomatische Vertretungen
Deutschlands, Österreichs
und der Schweiz 292
Behinderte 292
Diebstahl 292
Einreise- und Zollbestimmungen 293
Personaldokumente 293
Zollvorschriften 293

Duty-Free 293
Hunde und Katzen 293
Mobiltelefone 293
Elektrizität 293
Essen und Trinken 293
Feste und Feiertage 295
FKK 296
Frauen allein unterwegs 296
Fremdenführer 296
Geld und Banken 296
Gesundheit 297
Vorsorge und Reiseapotheke 297
Apotheken 297
Notfall und Krankenhaus 297
Kinder 298
Kur- und Heilbehandlung 298
Nachtleben 298
Öffnungszeiten 298
Polizei 299
Post und Telefon 299
Radio und Presse 301
Reisezeit und Kleidung 300
Klimatabelle 301
Souvenirs 300
Sport 301
Strände 303
Toiletten 303
Trinkgeld 303
Unterkunft 304
Hotels 304
Privatzimmer 304
Ferienhäuser 304
Camping 305
Jugendherbergen 305
Verhalten als Tourist 305
Fotografieren und Videoaufnahmen .305
Gastfreundschaft 305
Kleidung 305
Politik 306
Umwelt 306
Verkehrsmittel und Verkehrsregeln ...306
Linienbusse 306
Taxis 306
Mietwagen 306
Autofahren auf Kreta 307
Zeit 307

Kleiner Sprachführer 308
Glossar 311
Literaturauswahl 313
Abbildungsnachweis 314
Register 315

Adressen und Tips von Ort zu Ort

■ **Allgemeines:** Öffnungszeiten wechseln häufig. Die mit 15 Uhr angegebenen Schlußzeiten werden bei einigen Ausgrabungsstätten in der Hochsaison auf 17 oder gar 19 Uhr verlängert. Andererseits können sich länger angegebene Öffnungszeiten, z. B. 19 oder 20 Uhr, in der Vor- und Nachsaison oder im Winter um mehrere Stunden verkürzen. Klöster bleiben außerhalb der Saison oft ganz geschlossen.

Am griechischen Osterfest sind alle öffentlichen Einrichtungen – auch Ausgrabungsstätten und Museen – geschlossen.

Da sich die Eintrittspreise im Laufe einer Saison ändern können, wird auf nähere Angaben verzichtet. Inhaber eines deutschen Studentenausweises haben in allen archäologischen Museen und Ausgrabungsstätten freien Eintritt.

■ Das **Kategoriensystem der Tourismusbehörde** sieht folgenden Preisrahmen für ein DZ mit Frühstück vor:

Luxus	75–225 €
Kategorie A	45–125 €
Kategorie B	35–50 €
Kategorie C	20–45 €

■ Abkürzungen der **Verwaltungsbezirke:** Nomos Chanion = CHA, Nomos Rethymnis = RE, Nomos Irakliou = IR, Nomos Lassithiou = LA

■ Die **Ortvorwahlen** sind in Griechenland Bestandteil der neuen Telefonnummern geworden. Diese bestehen aus der alten Ortvorwahl (mit der 0 davor, die nur bei Gesprächen aus dem Ausland weggelassen wird), einer dahinter gesetzten 0 (ab Oktober 2002: eine 2 statt der 0) und der alten individuellen Telefonnummer. Die komplette Nummer muß auch bei Anrufen im gleichen Ortsnetz gewählt werden.

Agia Galini (RE)

Lage: H 3
Vorwahl: 0 83 20 (ab Okt. 2002: 0 83 22)

Bis nachmittags täglich gute **Busverbindung** von und nach Iraklion, Fahrtdauer etwas mehr als 2 Std. Außerdem von und nach Matala (Fahrtdauer 45 Min.) und Phaistos. Weitere Busse von und nach Rethymnon (häufig) und nach Plakias (3 × tägl.), außerdem über Bale nach Chora Sfakion und Preveli (1–2 × tägl.) und zurück und über Rethymnon nach Chania. Mit dem **Auto** von Iraklion über Mires (ca. 80 km) oder von Rethymnon Richtung Süden über Armeni und Spili (ca. 60 km).

Adonis, nettes, freundliches Hotel der C-Kategorie inmitten von Neubauten, 20 Zimmer, Tel. 0 83 20-9 13 33.

Steinige, teilweise mit Sand aufgeschüttete Ortsstrände. Eine Stunde zu Fuß Richtung Westen Kokkinos Pyrgos mit kilometerlangem Sandstrand. Anschließend Strand von Timbaki

Agia Irini (CHA)

Lage: C 5
Vorwahl: 08 23 50 (ab Okt. 2002: 08 23 52)

Mit dem **Bus** von Chania 2 × tägl. und zurück. Mit dem **Auto** von Chania Richtung Süden, nach Fournes, dort auf Nebenstraße Richtung Sougia abbiegen, sehr langwierige, da kurvenreiche Fahrt, von Chania aus ca. 60 km

Einfache **Dorftaverne**, nur für kurzen Stopp

Kurz hinter Agia Irini beginnt die **Agia Irini-Schlucht,** 7 km lang, Felswände ragen bis 500 m hoch. Die Schlucht ist stets kühl und leicht zu durchwandern; sie endet beim Dörfchen Moni

Hotelrestaurant **Agia Roumeli;** mehrere Restaurants und Tavernen im Ort, aber Achtung: Massenabfertigung, recht eintönige, übertuerte Speisen, vor allem Restaurant **Kri-kri** meiden!

Agia Pelagia (IR)

Lage: L 5
Vorwahl: 08 10 (ab Okt. 2002: 08 12)

Bus von und nach Iraklion 6 × tägl., 45 Min. Mit dem **Auto** über die New Road, 27 km westlich von Iraklion

Capsis Beach (Hotel und Bungalows), üppig bepflanzte Anlage der Kategorie A mit 880 Betten. Gepflegter Sandstrand auf felsigem Untergrund mit abfallendem Ufer, oft überfüllt. Swimmingpools, Tennisplätze, Wassersportschule, Gesundheitsstudio mit Sauna, Freiluftkino und Spielmöglichkeiten für Kinder, Tel. 08 10-81 12 12, 08 10-81 11 12

Am schönen, aber schmalen Sand- bzw. Kiesstrand, der flach abfällt und somit kinderfreundlich ist, bieten die Hotels viele Wassersportmöglichkeiten. Daher oft überfüllt. Kreta-Wassersport-Zentrum im Hotel **Capsis Beach,** Tel. 08 10-81 11 12. **Barakuda-Club Kreta** (auch Tauchkurse) im Hotel **Peninsula,** Tel. 08 10-81 13 57

Agia Roumeli (CHA)

Lage: D 4
Vorwahl: 0 82 50 (ab Okt. 2002: 0 82 52)

Im Sommer mehrmals tägl. **Fährverbindungen** von und nach Chora Sfakion, Sougia und Paleochora; zu Fuß durch die Samaria-Schlucht

Agia Roumeli, ruhige, ordentliche Pension der B-Kategorie mit 9 Zimmern, eigenes Restaurant, Tel. 0 82 50- 2 56 57. Weitere Quartiere, auch Privatzimmer, im Ort

Agia Triada (IR)

Lage: J 3
Vorwahl: 0 89 20 (ab Okt. 2002: 0 89 22)

Mit dem **Auto** 66 km von Iraklion über Mires, bei Phaistos schmaler Abzweig.

Ausgrabung des minoischen Palastes, tägl. 8.30–15 Uhr, je nach Saison Mo oder Di geschlossen; Eintritt

Agia Triada, Kloster (CHA)

Lage: E 7
Vorwahl: 08 21 50 (ab Okt. 2002: 08 21 52)

Mit dem **Bus** von Chania 2 × tägl. frühmorgens und mittags, zurück 3 × tägl. (das letzte Mal spätnachmittags). Mit dem **Auto** von Chania Richtung **Flughafen** *(aerodromio),* von dort noch ein kurzes Stück geradeaus; oder auf dem Hügel Profitis Ilias (Venizelos' Grab) links abbiegen nach Kounoupidiana und von dort über Kambani zum Kloster (17 km)

Klosteranlage aus dem 16. Jh, mit kleinem **Museum** (Meßgewänder, Ikonen) Besucher mit kurzen Hosen erhalten leihweise Röcke; tägl. 7.30–14, 17–19 Uhr, Eintritt

Agii Deka (IR)

Lage: L 3
Vorwahl: 0 89 20 (ab Okt. 2002: 0 89 22)

Liegt an der **Busstrecke** Iraklion– Mires (tägl. ganztägig gute Verbindung), Fahrtdauer ca. 1 Std. Weitere Busverbindungen nach Agia Galini, Matala,

Gortys und Lendas. Mit dem **Auto** 45 km von Iraklion über kurvige Gebirgsstraßen

🍴 Viele **Restaurants** und **Bars** entlang der Hauptstraße, keine besondere Empfehlung möglich

👁 **Dorfkirche** mit eindrucksvoller Ikone im Dorfzentrum abseits der Hauptstraße. **Kapelle** mit den Gräbern der zehn Heiligen am Ortsausgang, Ri. Mires

Agios Georgios (LA)

Lage: O 4
Vorwahl: 0 84 40 (ab Okt. 2002: 0 84 42)

🚌 **Busverbindung** von und nach Iraklion (bis zur Dikti-Höhle), tägl. morgens und nachmittags (So eingeschränkt), Fahrtdauer 2 Std. Von und nach Agios Nikolaos morgens und nachmittags jeweils ein Bus (Sa und So eingeschränkt), Fahrtdauer 3 Std. Mit dem **Auto** entweder von Agios Nikolaos über Neapolis und den dortigen Abzweig oder von Iraklion über die New Road Richtung Osten. Westlich von Limin Chersonissou beschilderter Abzweig über Gonies und den Ambelos-Paß, weiter die Rundstraße über Tzermiado

🛏🍴 **Rented Rooms Maria,** sehr hübsches, kleines Hotel mit individueller Note und freundlichen Wirten. Ausgezeichnete Küche im dazugehörenden Hotel/Restaurant **Rea** in der Nähe, Tel. 0 84 40-31209

🏛 **Folkloremuseum,** tägl. 10–16 Uhr.
Venizelos-Museum, tägl. 10–18 Uhr

Agios Nikolaos (LA)

Lage: Q 4
Vorwahl: 0 84 10 (ab Okt. 2002: 0 84 12)
Stadtplan: S. 150

ℹ️ Touristinformation am Voulismeni-See, Akti Koundouron 20, Tel. 0 84 10-22357

🚌 **Busverbindungen** nach Iraklion (über Malia, Fahrtdauer 1,5 Std.), Elounda, Plaka-Beach, Kritsa (Panagia Kera), Istro, Ierapetra (über Gournia), Sitia, Lassithi-Hochebene und Sissi. Mit dem **Auto** gute Verbindung über die New Road nach Chania, Rethymnon und Iraklion im Westen und Sitia im Osten. Auch Ierapetra im Süden ist gut erreichbar

🛏 **Mantraki,** ruhiges Appartement-Haus der Kategorie B in Zentrumsnähe, kein Frühstück. Kapetan Tavla 1, Tel. 0 84 10-28880
Minos Beach, Bungalow-Anlage der Kategorie De Luxe mit üppigem Garten, etwa 15 Minuten zu Fuß vom Zentrum. Akti Ilia Sotirchou, Tel. 0 84 10-223459.
Camping: Gournia Moon Camping, ca. 16 km östlich des Ortes. Schattige Terrassenanlage in einer kleinen Bucht mit Steilküste und aufgeschütteten Sandflächen

🍴 **Du Lac,** recht schickes Restaurant direkt am See in der Omirou 14 mit griechischer und internationaler Küche
Grigoris, Familienbetrieb mit herzlicher Atmosphäre und preiswerter Küche in der Odos Kritsas (200 m nach der Brücke auf dem Weg zum Almiros-Strand)
Rouga, rustikales Restaurant an der Straße, die vom Hafen nach Elounda führt (Akti St. Koundourou 25), von Einheimischen bevorzugt, typisch kretische Küche und gute Weine

👁 **Archäologisches Museum** in der Odos Paleologou 68, Di–So 8–15 Uhr. Kleines **Folkloremuseum** in der Odos Paleologou, So–Fr 10–15 Uhr, Eintritt
Kirche Agios Nikolaos, nördlich der Stadt unterhalb der Hotelanlage Minos Palace, den Schlüssel gibt's an der Hotelrezeption

🏖 Drei kleine, überlaufene **Ortsstrände.** Angenehmer und schattiger ist das kleine Strandbad 300 m südlich des Busbahnhofs mit Cafeteria und Wassersportangeboten, Eintritt

Ferner: **Ausflüge** zur Lepra-Insel Spinalonga, nach Kritsa (mit Panagia Kera) und zu den Ausgrabungen von Lato

Agios Nikolaos, Kloster (IR)

Lage: K 3, nördlich von Zaros
Vorwahl: 0 89 40 (ab Okt. 2002: 0 89 42)

Von Iraklion in südlicher Richtung bis Agia Varvara, dort den westlichen Abzweig der Bergstraße nach Ano Zaros nehmen (47 km). Hier am Ortsausgang Abzweig des Weges zum Kloster

 Kapelle Agios Efthimios, etwa 1 Std. zu Fuß; Nonnen führen durch das Kloster (Spende in der Kirche hinterlegen)

Agios Pandeleimon, Kirche (IR)

Lage: N 4
Vorwahl: 0 89 10 (ab Okt. 2002: 0 89 12)

Mit dem **Auto** von Iraklion über die New Road in östlicher Richtung. Kurz vor Limin Chersonissou Abzweig der Straße nach Kastelli in südlicher Richtung, 1 km vor Kastelli Schotterstraße nach Tsikouna

 Taverne Paradise direkt neben der Kirche

 Kirche Agios Pandeleimon; nach dem Schlüssel in der Taverne fragen

Alikambos (CHA)

Lage: E 5
Vorwahl: 0 82 10 (ab Okt. 2002: 0 82 12)

Mit dem **Bus** von und nach Chania 4× tägl. Mit dem **Auto** ab Chania auf der New Road Richtung Rethymnon, bei Vrysses (30 km) Straße Richtung Süden, nach etwa 6 km Abzweig nach Alikambos

Kurz vor dem Ort (scharfe Rechtskurve) steht auf dem Friedhof eine **Panagia-Kapelle** mit gut erhaltenen Fresken aus dem 14. Jh. (Schlüssel hat der Dorfpope im Ort)

Alikianos (CHA)

Lage: C 6
Vorwahl: 0 82 10 (ab Okt. 2002: 0 82 12)

 Mit dem **Bus** von und nach Chania 4 × tägl. (erste Abfahrt von Chania 6.15 Uhr), von der Hauptstraße kurzer Fußweg. Mit dem **Auto** von Chania in südlicher Richtung Richtung Omalos, Abzweigung nach Alikianos rechts nach etwa 10 km

 Tavernen im Ort

 Kleine **Kapelle Agios Georgios** aus dem 13. Jh. mit schönen Fresken aus dem 15. Jh. mitten im Ort (Schlüssel über dem Türbalken). Gegenüber **Reste eines venezianischen Turms.**
1 km nördlich vom Ort liegt Richtung Koufos die **Ruine der Agios Kir Ioannis-Kirche** aus dem 14. Jh.

Ammoudara-Strand (IR)

Lage: M 5, westlich von Iraklion
Vorwahl: 08 10 (ab Okt. 2002: 08 12)

 Von und nach Iraklion gute Verbindung mit **Stadtbuslinie** 6 ab Eleftherias-Platz (Iraklion). Mit dem **Auto** von Iraklion über einen Abzweig der alten Straße nach Rethymnon (ca. 5 km)

Agapi Beach (Hotel und Bungalows), Kat. A, direkt am Strand. Pools, Tennisplätze, Wassersport, Spielmöglichkeiten für Kinder, Tel. 08 10-25 05 02

 Sehr langgezogener und flach abfallender, aber verbauter **Sandstrand** mit schönem Blick über die Bucht. Am westlichen Ende große Industrieansiedlung. Gute Wassersportmöglichkeiten

Anissaraki (CHA)

Lage: B 5, östlich von Kandanos
Vorwahl: 0 82 30 (ab Okt. 2002: 0 82 32)

Mit dem **Bus** von und nach Chania 5 × tägl. Mit dem **Auto** von Chania Richtung Westen, bei Tavroniti die Hauptstraße in den Süden nach Paleochora nehmen. In Kandanos (etwa 65 km) Abzweigung nach Osten nehmen (2 km)

Agia Anna-Kapelle (15. Jh.), Agios Georgios-Kapelle (13. Jh.); Friedhofskapellen **Panagia** und **Agia Paraskevi**; falls geschlossen, beim Dorfpopen nach dem Schlüssel fragen

Anissaras (IR)

Lage: O 5
Vorwahl: 0 89 70 (ab Okt. 2002: 0 89 72)

Bis zum späten Abend von und nach Iraklion bzw. Limin Chersonissou halbstündliche **Busverbindungen**. Mit dem **Auto** 20 km östlich von Iraklion über die New Road

Zorbas Village, komfortable und weiträumige Bungalowanlage der Kategorie A mit Tennisplätzen, Animation und Wassersportangeboten. Spielmöglichkeiten für Kinder, Tel. 0 89 70-2 26 04
Anissa Beach, Schwesterhotel von **Zorbas Village,** Tel. 0 89 70-2 24 54

Sehr langgezogener und breiter **Sand- und Kiesstrand** ca. 4 km nordwestlich von Limin Chersonissou. Unterhalb der Wasserlinie felsig. Negativ die planlose Bebauung. Die Hotels bieten zahlreiche Wassersportmöglichkeiten

Anogia (RE)

Lage: J 5
Vorwahl: 0 83 40 (ab Okt. 2002: 0 83 42)

Von und nach Iraklion 5 × tägl. ein **Bus** (So eingeschränkt), Fahrtdauer 1 Std. Mit dem **Auto** auf der Old Road Richtung Rethymnon. Nach 11 km Abzweig zur Bergstraße nach Anogia über Gonies (34 km)

 Das kleine **Skoulas-Museum** liegt am Dorfausgang Ri. Nida-Ebene

 Anogia ist bekannt für seine Webwaren. Viele Dorfbewohner verfügen noch über eigene Webstühle, d. h. man darf davon ausgehen, daß keine Souvenir-Ware aus Fernost verkauft wird

Die **Hochzeiten** des Dorfes sind ein beliebter Anlaß für organisierte Ausflüge

 Ausflug zur Nida-Ebene mit Ida-Höhle. Kein Busverkehr. Anfahrt mit dem Auto über eine nur teilweise asphaltierte Straße, die letzten 10 km über steinige Sandpisten sind mühsam. Ida-Höhle z. Zt. geschlossen

Aptera (CHA)

Lage: E 6

 Mit dem **Bus** nicht erreichbar; mit dem **Auto** von Chania über die New Road Richtung Rethymnon, nach etwa 10 km rechts Abzweigung nach Megali Chorafia, 1 km weiter nach links beschilderte Abzweigung zur Ausgrabungsstelle

 griech.-röm. Siedlung mit recht spärlichen Funden, **orthodox. Kloster, türkisches Kastell,** überwältigender Ausblick auf die **Souda-Bucht;** außer Mo tägl. 8.30–15 Uhr, das türkische Kastell ist jederzeit zugänglich

Archanes (IR)

Lage: M 4
Vorwahl: 08 10 (ab Okt. 2002: 08 12)

 Von und nach Iraklion ganztägig gute **Busverbindungen,** teilweise im Stundentakt (So eingeschränkt), Fahrtdauer 30 Min. Mit dem **Auto** über die Straße von Iraklion nach Knossos. Kurz hinter Spilia Abzweig der sehr gut ausgebauten Straße nach Archanes (15 km)

Die **Taverne** von Kostas mit schattigem Garten liegt am Ortseingang gegenüber der Kirche. Spezialität sind Schweinekoteletts aus eigener Mast

Folkloremuseum, etwa 1,5 km vor dem Ortsteil Kato Archanes, Mi–Mo 9–15 und 17–20 Uhr, Eintritt
Archäologisches Museum, in der Stadtmitte (Hinweisschild am Hauptplatz); tägl. außer Di 8.30–15.30 Uhr
Weiße, dreischiffige **Panagia-Kirche** mit freistehendem Glockenturm am Hauptplatz, schöne Ikonen; selten geöffnet
Grabhügel von Fourni, 2 km außerhalb in nordwestlicher Richtung, div. Anfahrtswege, u. a. Hinweisschild bei den Weinfabriken am Ortseingang; die Anlage ist jetzt neu gestaltet und korrekt umzäunt, Parkplätze, neue Wege zum Grabhügel; Di–So 8.30–15 Uhr
Tempelhügel Anemospilia, etwa 2,5 km außerhalb des Ortes am Nordosthang des Berges Jouchtas, die Straßen sind z. T. schlecht und sehr steil; das Grabungsgelände ist nur von außen (sehr schlecht) durch Gitter einsehbar
Minoischer Palast, die Ausgrabung in Ano Archanes (Ortsteil Turkojitonia) kann nur von außen durch ein Gitter betrachtet werden
Berg Jouchtas: Südlich von Archanes führt eine etwa 5 km lange Straße zum mittleren Gipfel

Am 5./6. August kirchliche **Prozession** zum Berg Jouchtas;
Mitte August findet **Archanes** ein Traubenfest statt

Arkadi, Kloster (RE)

Lage: H 5
Vorwahl: 0 83 10 (ab Okt. 2002: 0 83 12)

Mit dem **Bus** von und nach Rethymnon 4 × tägl. (Achtung: letzte Rückfahrt: 16 Uhr). Mit dem **Auto** ca. 3 km auf der Küstenstraße Richtung Osten, von dort beschilderte Abzweigung in südöstlicher Richtung (25 km)

Einfache, auf Massenandrang eingestellte **Selbstbedienungstaverne** direkt am Kloster

Klosteranlage aus dem 17. Jh., **Mausoleum** und kleines **Museum**; tägl. frühmorgens bis Sonnenuntergang; das Museum kostet Eintritt

Armeni (RE)

Lage: G 5

Mit dem **Bus** Rethymnon–Agia Galini 6 × tägl. Mit dem **Auto** von Rethymnon südliche Straße Richtung Agia Galini (8 km)

2 km nördlich des Dorfes **minoische Nekropole** mit etwa 200 Felskammergräbern, geöffnet tägl. außer Mo 8.30–15 Uhr

Arolythos (IR)

Lage: L 5
Vorwahl: 08 10 (ab Okt. 2002: 08 12)

Mit dem **Auto** 10 km über die Old Road von Iraklion nach Rethymnon. Keine Busverbindung

Hotelsiedlung **Arolythos** mit 31 Zimmern der Kategorie A im nachgebauten kretischen Dorfstil, Tel. 08 10-82 10 51

Restaurant/Kafenion mit kretischer Küche

Handwerker und Kunsthandwerker produzieren im Dorf. Geschäfte bieten z. B. Ikonen, Goldschmuck, Töpferarbeiten, Schnitzereien sowie Webwaren an

Kretische Abende mit **Folkloreveranstaltungen** (Musik und traditionelle Tänze) und Barbecue sind in Verbindung mit einem **Busausflug** über viele Agenturen zu buchen

Bali (RE)

Lage: J 5
Vorwahl: 0 83 40 (ab Okt. 2002: 0 83 42)

Mit dem **Bus** halbstündliche Verbindungen zwischen Iraklion und Rethymnon, von der Hauptstraße noch ca. 500 m Fußweg. Mit dem **Auto** auf der New Road jeweils ca. 40 km von Rethymnon Richtung Osten, von Iraklion Ri. Westen

Paradise Beach, Anlage im Dorfstil der Kategorie B, 120 Zimmer, Tel. 0 83 40-9 42 53
Bali Beach, terrassenförmiges Badehotel der C-Kategorie mit schönem Bougainvillea-Bewuchs, 85 Zimmer, Tel. 0 83 40-9 42 52

Astali, Fischtaverne am Hafen;
Gorgona, schattige Taverne auf dem Weg von der New Road zum Ort

Chania (CHA)

Lage: D 6
Vorwahl: 0 82 10 (ab Okt. 2002: 0 82 12)
Stadtplan: S. 208

Touristeninformation in der Kriaria 40 (Neustadt, versteckt im 4. Stock eines Firmenhauses, Büro 14 u. 15), Mo–Fr 8–15 Uhr, Tel. 0 82 10-9 29 43. Touristenpolizei in der Innenstadt (Karaiskaki 61) Mo–Sa 8–21.30, So 8–15 Uhr, Tel. 0 82 10-9 34 78

Der zentrale **Omnibusbahnhof** liegt im neuen Teil der Stadt südlich der Platia 1866. Von dort fahren Fernbusse in alle Richtungen des Landes. Die Abfahrten werden auf englisch angesagt. Von der Ecke Platia 1866/Kidonias fahren die Busse zu den Vororten und Stränden im Westen und zu den Badeorten an der westlichen Nordküste. Gegenüber der Markthalle ist die Haltestelle für Busse Richtung Profitis Ilias (Venizelos' Grab) und Souda; von Souda verkehren **Fähren** nach Piräus

Amphora, kleines Hotel der A-Kategorie in einem venezianischen Haus des 13. Jh. in der Altstadt, 15 Zimmer, mit Klimaanlage, z. T. Kochnische, Theotokopoulou 2A, Haus Nr. 20, Tel. 0 82 10-9 32 24
Casa Delfino, exquisites, kleines Hotel der A-Kategorie in einem venezianischen Palais aus dem 17. Jh., schöne Altstadtlage, Klimaanlage u. Kochnische, geschmackvolle Ausstattung, anheimelnder Innenhof mit Arkaden und historischer Bepflasterung, Theofanous 9, Tel. 0 82 10-9 30 98
Doma, familiäres Hotel (B-Kategorie) in Chanias früherem Regierungsviertel, neoklassizistisches Gebäude (ehemals österreichische Botschaft); herrlicher Fernblick auf Stadt und Hafen aus dem Diningroom im 3. Stock, 28 Zimmer, 1 Suite, Venizelou 124, Tel. 0 82 10-5 17 72
Porto Veneziano, ruhiges, solides Hotel direkt am Ostende des Hafens, schöner kleiner Garten, schöne Dachterrasse, B-Kategorie, 61 Zimmer und 6 Suiten, Akti Enosseos, Tel. 0 82 10-2 71 00
Suites Pandora, versteckt in einer Altstadt-Seitenstraße liegendes kleines Appartement-Haus der A-Kategorie, mit eigenwilliger, künstlerisch gestalteter Rezeption (z. B. Thron von Knossos), herrlicher Blick von Dachgarten-Bar auf Altstadt und Hafen, Lithinon 29, Tel. 0 82 10-4 35 88
Thereza, gemütliche, aber auch enge Pension in einem Altstadthaus (15. Jh.), das Stockwerk über Stockwerk mit dem Nachbarhaus verschachtelt ist, nur 8 unterschiedlich, aber originell ausgestattete Zimmer (C-Kat.), einf. Bäder, z. T. Betten auf Empore, Agelou 8, Tel. 0 82 10-4 30 73

Konaki, gediegenes, erstaunlich preiswertes Altstadt-Restaurant mit großer Speisekarte (Inhaber studieren alte kretische Küchenbücher!) – z. B. Lammspezialität *sfakiano,* sehr reiche Weinkarte, Kondoulaki 40
Mirovolos, großes Altstadtrestaurant in einem 700 Jahre alten Gebäude, Sitzgelegenheiten innen und in einem großen Garten (dort stehen Tische eng), auch Fischgerichte, abends oft Live-Musik, Zambeliou 18
Tamam, in der Altstadt wirkt eher wie ein Kaffeehaus, gehörte früher zu einem türkischen Bad, Küche aus Fernost, Nahost und Griechenland, Zambeliou 49

The Well of the Turk, Altstadtrestaurant in einem venezianischen, später von Türken umgebauten Haus, Fr u. Sa Live-Musik, gemütliche kleine Bar, Küche ist eine Mischung aus Griechenland und Mittlerem Osten, Kalinikou Sarpaki 1–3
Tholos, Restaurant mit vornehmlich kretischer Küche, das mit nach außen offenen Gewölben und Treppen wie eine Opernkulisse wirkt, 800 Jahre altes Haus, ein Raum mit interessantem Brunnen sogar 900 Jahre alt, Agion Deka 36.
Auch in der **Markthalle** kann man essen.
 Jenseits des Hafenbeckens (Richtung Chalepa und Flughafen) trifft sich die einheimische Jugend in zahlreichen Tavernen der **Uferstraße** (Epimenidou Akti Miaouli)

Minoische Ausgrabungen auf dem Kastelli-Hügel, Karnevaro, von außen hinter Drahtzaun zu sehen

Archäologisches Museum, Chalidon 25, Di–So 8.30–15 Uhr, Eintritt.
Folklore-Museum, Mo–Sa 9–15 u. 18–21 Uhr, Eintritt
Marine-Museum im Fort Firkas, Mo–Sa 10–16 Uhr, Nov.–März 10–14 Uhr, Eintritt

›Ledergasse‹ (Skridlof), besonders empfehlenswert: **Kouros,** Haus Nr. 3A, gute Lederwaren; Markthalle, Mo–Sa 8.30–14, Mi–Fr auch 18–21 Uhr

Überlaufener Stadtstrand knapp 1 km Richtung Westen vom venezianischen Hafen, Richtung Westen schließen sich mehrere gute Sandstrände an; überall komplettes **Wassersportangebot**; interessante **Bootsausflüge,** u. a. vom Hafen zur nahegelegenen Insel Agii Theodori; **Folklore-Veranstaltungen** in der Firkas in der Hochsaison fast tägl.

Chora Sfakion (CHA)

Lage: E 4
Vorwahl: 0 82 50 (ab Okt. 2002: 0 82 52)

Mit dem **Bus** von und nach Chania 4 × tägl. Mit dem **Auto** ab Chania auf der New Road Richtung Rethymnon, bei Vrysses (30 km) Straße Richtung Süden (insgesamt 70 km); **Fährverbindungen** nach Agia Roumeli

Xenia Sfakion, einfaches Haus der B-Kategorie, die Zimmer sind von sehr unterschiedlicher Qualität, z. T. ohne eigene Dusche, Tel. 0 82 50-9 12 02

Restaurant des Hotels **Xenia;** weitere Restaurants und Tavernen im Ort

Bootsausflüge nach Gavdos (s. S. 268) oder **Wandern** durch die Imbros-Schlucht (s. S. 270)

Chrissoskalitissa, Kloster (CHA)

Lage: A 5
Vorwahl: 0 82 20 (ab Okt. 2002: 0 82 22)

Mit dem **Bus** von Chania oder Kissamos 1 × tägl. frühmorgens, zurück nach Chania 1 × tägl. nachmittags. Mit dem **Auto** von Paleochora (s. S. 279), auch von Chania über Kastelli (s. S. 272) möglich, dann Straße Richtung Süden über Platanos und Sfinari. Die Straßen sind eng und kurvenreich.

In der Nähe des Klosters liegen mehrere **Tavernen**, die auch einige wenige Zimmer vermieten

Malerisch gelegene **Klosteranlage**, wohnzimmerähnliches Museum; tägl. 9–12 und 15–17 Uhr. Am 15. August ist das Kloster Ziel einer großen Marien-Wallfahrt

Dikti-Höhle (LA)

Lage: O 3/4
Vorwahl: 0 84 40 (ab Okt. 2002: 0 84 42)

s. Agios Georgios, teurer Parkplatz, die Einnahmen dienen laut Anschlag öffentlichen Wohltätigkeitsprojekten

Auf lebhaften Andrang eingestellte **Tavernen** bei der Eselstation

Öffnungszeiten: Tägl. 9.30–15 Uhr, in der Hochsaison länger (Öffnungszeiten wechseln häufig!), Eintritt

Elafonissi (CHA)

Lage: A 4/5
Vorwahl: 0 82 20 (ab Okt. 2002: 0 82 22)

Mit dem **Bus** von Chania und auch von Kissamos 1 × tägl. hin frühmorgens, zurück nach Chania 1 × tägl. nachmittags. Mit dem **Auto** von Paleochora (s. S. 279), auch Anfahrt von Chania über Kastelli (s. S. 272) möglich, dann Straße Richtung Süden über Platanos und Sfinari. Bei jeder Route: Im Westen der Insel enge, kurvenreiche und im letzten Teil unbefestigte Straßen

Am Strand einfache **Tavernen** bzw. als Taverne umfunktionierte Transporter, in der weiteren Umgebung gibt es auch Restaurants (mit Zimmervermietung)

Große Bucht mit kilometerlangem, feinem Sandstrand, Wasser sehr flach

Elounda (LA)

Lage: Q 4
Vorwahl: 0 84 10 (ab Okt. 2002: 0 84 12)

 Von und nach Ag. Nikolaos ganztägig bis in den Abend sehr gute Verbindungen, Fahrtdauer 20 Min. Von und nach Plaka 5 × tägl. Mit dem **Auto** von Ag. Nikolaos 12 km über die Küstenstraße Richtung Norden

Elounda Beach, dorfähnliche Bungalowanlage der Kategorie De Luxe, vor dem Ortseingang rechts am Strand. Vielfältiges Sport- und Freizeitangebot. Tel. 0 84 10-4 14 12.

Elounda Mare, geschmackvolle Hotel- und Bungalowanlage der Kategorie De Luxe, Mitglied von **Relais & Chateaux.** Jeder Bungalow mit eigenem Swimmingpool, Tel. 0 84 10-4 11 02

 Reste einer frühchristlichen **Basilika** hinter dem Damm in der Nähe der Kanalbrücke, frei zugänglich

Schmaler, verschmutzter Sandstrand am Damm. Ansonsten Hotelstrände. Ferner: **Ausflüge** zur Lepra-Insel Spinalonga, nach Kritsa (mit Panagia Kera) und zu den **Ausgrabungen** von Lato. **Wassersportzentren** befinden sich in den Hotels Elounda Beach u. Elounda Mare

Fodele (IR)

Lage: L 5
Vorwahl: 08 10 (ab Okt. 2002: 08 12)

 Von und nach Iraklion 2 × tägl. außer Sa/So eine **Busverbindung** (frühmorgens und nachmittags), Fahrtdauer 1 Std. Mit dem **Auto** von Iraklion auf der New Road Richtung Rethymnon. Nach 23 km folgt der Abzweig nach Fodele

 Fodele-Beach, nicht im Ort, sondern etwa drei Kilometer entfernt in der Bucht von Fodele gelegene Hotelanlage der Kategorie De Luxe. Würfelförmige, buntbemalte Bauten am Hang oberhalb des Sandstrandes. Swimmingpool, Tennisplätze, Kinderbetreuung. Tel. 08 10-52 12 51-5, 08 10-52 13 51-5

El-Greco-Museum, das jetzt nicht mehr am Hauptplatz, sondern (gut beschildert) etwa 1 km außerhalb jenseits des Flusses (über die Brücke!) in ›El Grecos Geburtshaus‹ untergebracht ist, Di–So 9–17 Uhr, Eintritt

 Im ganzen Ort, vor allem entlang der Hauptstraße, viele Geschäfte mit Web-, Stickerei- und Spitzenarbeiten

 Wassersportzentrum **Eldorador** im Hotel **Fodele Beach,** Tel. 08 10-52 12 51

Frangokastello (CHA)

Lage: E 4
Vorwahl: 0 82 50 (ab Okt. 2002: 0 82 52)

 Mit dem **Bus** von Chania 1 × tägl. hin (mittags) und zurück (frühmorgens), oder mit dem Bus von Chania 4 × tägl. nach Chora Sfakion hin und zurück; ab Chora Sfakion mit dem **Taxi** oder 1 × tägl. (nachmittags) mit dem Bus Richtung Agia Galini. Mit dem **Auto** ab Chania auf der New Road Richtung Rethymnon, bei Vrysses (30 km) Straße Richtung Süden nehmen, an der Küste nach links abbiegen, dann noch etwa 10 km (insgesamt 75 km).

 Zahlreiche **Privatquartiere** in der näheren und weiteren Umgebung. **Restaurants und Tavernen** direkt am Strand und in der Umgebung

 Venezianisches Kastell aus dem 14. Jh., frei zugänglich

 Strand mehrere 100 m lang, feinsandig und extrem flach ins Wasser übergehend

Gavdos (CHA)

Lage: D/E 1
Vorwahl: 0 82 30 (ab Okt. 2002: 0 82 32)

 Europas südlichster Punkt ist mehrmals in der Woche von Chora Sfakion (Überfahrt: 2–2,5 Std.) und Paleochora (Überfahrt: 3–4 Std.) aus mit dem **Boot** zu erreichen; im Sommer werden größere Boote eingesetzt und die Frequenzen erhöht. Einige Boote laufen auf dem Weg nach Gavdos auch Sougia und Loutro an. (Besucher werden häufig bei der Überfahrt seekrank.)
Auf der nur 37 km² großen Insel muß man sich entweder zu Fuß, auf Mauleseln oder auf von Traktoren gezogenen kleinen Anhängern fortbewegen

 10 sehr einfache **Privatzimmer** stehen zur Verfügung, die über Reisebüros in Paleochora vorgebucht werden sollten. Des weiteren gibt es mehrere **Restaurants und Tavernen** mit einfachem Speiseangebot

 Schöne, fast menschenleere Sand- und Kiesstrände, z. T. schattig

Georgioupolis (RE)

Lage: E/F 5
Vorwahl: 0 82 50 (ab Okt. 2002: 0 82 52)

 Zwischen Rethymnon und Chania pendelnde **Busse** halten halbstündlich an der New Road, von dort kurzer Fußweg bis zum Ort; der Bus von und nach Rethymnon über die Old Road mit Halt direkt im Zentrum von Georgioupolis verkehrt nur 2 × tägl. Nach Omalos fährt 2 × sehr früh morgens und 1 × am frühen Nachmittag ein Bus, der von dort am späteren Nachmittag zurückfährt. Mit dem **Auto** von Rethymnon sind es über die New Road 22 km

 Mehrere kleine Hotels und Pensionen, sehr viele Privatzimmer.
Paradise, pensionsähnliche private Zimmervermietung, 50 m vom Hauptplatz, schattig, gute Ausstattung, mit Taverne

 Zahlreiche Tavernen im Ort und in Strandnähe;
Georgis, Taverne an der New Road, Treffpunkt auch der Besucher aus Rethymnon, mitunter Livemusik;
Arkadi, Taverne auf der Landzunge direkt am Meer, herrlicher Rundumblick

 Geschwungene Badebucht mit Sandstrand, Dünen; Richtung Rethymnon erstreckt sich ein kilometerlanger Sandstrand, der z. T. unter Naturschutz steht

Gonia, Kloster (CHA)

Lage: B 7
Vorwahl: 0 82 10 (ab Okt. 2002: 0 82 12)

Mit dem **Bus** von und nach Chania ca. 30 × am Tag bis Kolimvari, kleiner Fußweg zum Kloster; mit dem **Auto** von Chania Richtung Westen 24 km

Gemütliche **Tavernen** und **Kafenia** direkt am Strand und an der Dorfstraße von Kolimvari

Klosteranlage aus dem 17. Jh. mit wertvollen Ikonen, kleines Museum; auf angemessene Kleidung wird Wert gelegt, So–Fr 8–12.30 u. 16–20, Sa 16–20 Uhr

Gortys (IR)

Lage: L 3
Vorwahl: 0 89 20 (ab Okt. 2002: 0 89 22)

46 km von Iraklion, s. Agii Deka

Griechisch-römische **Ausgrabungen**, tägl. 8–17 Uhr; Öffnungszeiten und Eintritt (So frei) gelten nur für den engeren Grabungsbezirk, die weit verstreuten Relikte sind ansonsten frei zugänglich

Gournia (LA)

Lage: Q 3

Der Ort liegt an der **Busstrecke** Ag. Nikolaos–Sitia und hat ganztägig gute Verbindungen. Mit dem **Auto** von Ag. Nikolaos über die Hauptstraße Richtung Sitia 19 km

Ausgrabungen einer minoischen Stadt, sehr guter Erhaltungszustand; Di–So 8.30–15 Uhr, Eintritt

Gouverneto, Kloster (CHA)

Lage: E 7
Vorwahl: 0 82 10 (ab Okt. 2002: 0 82 12)

Mit dem **Bus** nur bis zum Kloster Agia Triada (s. S. 260), von dort ca.

5 km Fußweg. Mit dem **Auto** wie zum Kloster Agia Triada, von dort ca. 5 km, das erste Stück ist eine unbefestigte Piste

Klosteranlage aus dem 16. Jh.; tägl. 8–12 u. 15–19 Uhr; Achtung: angemessene Kleidung erforderlich.
In einem halb- bis einstündigen Fußmarsch (eine Strecke) kann man in einer Schlucht am Meer die Ruinen des **Klosters Katholiko** mit einer kleinen Kapelle aus dem 16. Jh. besichtigen;
großes Pilgerfest am 7. Oktober

Ierapetra (LA)

Lage: Q 2
Vorwahl: 0 84 20 (ab Okt. 2002: 0 84 22)

Touristinformation, beim Rathaus, Tel. 0 84 20-2 25 60, 0 84 20-2 87 21.

Ganztägig gute **Busverbindung** von und nach Iraklion über Istro und Gournia, Fahrtdauer 2,5 Std. Ebenfalls gute Verbindungen nach Ferma über Koutsonari, Makrygialos (Fahrtdauer: 30 Min.), Myrtos (Fahrtdauer: 30 Min.) und Sitia über Makrygialos, Fahrtdauer eineinhalb Stunden. Mo und Fr fährt morgens und nachmittags ein Bus über Viannos nach Iraklion. Mit dem **Auto** von Ag. Nikolaos über die Hauptstraße Richtung Sitia, bei Pachia Ammos Abzweig nach Süden über Kato Chorio

Cretan Villa, einfacheres, aber gemütliches Hotel in Zentrumsnähe, dennoch ruhig gelegen, freundliche Atmosphäre, reichhaltiges Frühstück, 10 Zimmer, Kategorie D, Oplarghiu Lakerda 16, Tel. 0 84 20-2 85 22

To Tzaki, Restaurant der Oberklasse unter deutscher Leitung in der Odos Filotheou A' 33. Spezialitäten sind Fondue, Steaks, Rouladen und fangfrische Fische

Das **Kastell** am Hafen ist Di–So 8.30–15 Uhr geöffnet, Eintritt

Archäologisches Museum, Di–Fr 9–15 Uhr, Sa u. So 9.30–14.30 Uhr

Der kilometerlange Ortsstrand ist grau und wenig attraktiv. Hier gibt es die üblichen **Wassersportangebote**. Ca. 8 km östlich der Stadt liegt ein besserer Strand in der Nähe des Campingplatzes. Zur nur im Sommer bewohnten Insel Chrissi mit weißen Sandstränden fahren regelmäßig Boote ab Ierapetra

Imbros-Schlucht (CHA)

Lage: E 4/5

Mit dem **Bus** von und nach Chania 4 × tägl. Mit dem **Auto** ab Chania auf der New Road Richtung Rethymnon, bei Vrysses (30 km) Straße Richtung Süden (insgesamt 55 km)

Tavernen in Imbros und in Komitades am Ende der Imbros-Schlucht

7 km lange **Imbros-Schlucht,** Gehzeit etwa 2,5 Std., geringes Gefälle (auch für ältere Wanderer und Kinder geeignet), dennoch festes Schuhwerk erforderlich, auf halbem Weg Eselstation und Erfrischungsgetränke

Iraklion (IR)

Lage: M 5
Vorwahl: 08 10 (ab Okt. 2002: 08 12)
Stadtplan: S. 78/79

 Touristeninformation in der Xanthoulidou Straße 1 (gegenüber dem Archäologischen Museum), Mo–Fr 7.30–15, Sa 8.30–13.30 Uhr, Tel. 08 10-22 82 25.

 Es gibt zwei **Busbahnhöfe**. Von Bahnhof A/Harbour (400 m östlich vom alten Hafen) Verbindungen nach Agia Pelagia, Agios Nikolaos, Archanes, Gournia, Ierapetra, Istro, Lassithi, Limin Chersonissou, Malia, Milatos, Sissi und Sitia. Von Bahnhof B/Chanion Porta (an der Sadtmauer außerhalb des Chania-Tores) nach Agia Galini, Agia Pelagia, Anogia, Fodele, Lendas, Matala, Mires und Phaistos

 Galaxy, Stadthotel mit 144 Zimmern der Kategorie A. Dachgarten, Sonnenterrasse, Swimmingpool, Sauna. Nahe am Zentrum. Dimokratias 67, Tel. 08 10-23 88 12
Irini, relativ ruhiges Hotel der gehobenen Mittelklasse oberhalb des Hafens. 59 Zimmer, Kategorie C. Idomeneos 4, Tel. 08 10-22 64 07, 08 10-22 65 61
Dädalus, 60-Zimmer-Hotel von guter Qualität in der Fußgängerzone, Kategorie C. Daedalou 15, Tel. 08 10-22 43 91-5
Jugendherberge, Vironos Str. 5, Tel. 08 10-22 29 47

Vardia, kretisches Spezialitätenrestaurant, auch Menus, Daedalou 8
Kyriakos, teuer und schick, empfehlenswerte kretische Küche, Dimokratias 45 (an der Ausfallstraße nach Knossos auf der linken Seite)

Archäologisches Museum, Xanthoudidou 1, Di–So 8–20, Mo 12.30–20 Uhr, Eintritt teuer; Cafeteria im großen, schattigen Museumsgarten.
Altes Kastell, am Ende der Hafenmole, Di–So 8.30–15 Uhr
Ikonenmuseum in der Agia Ekaterini Kirche (Platia Agias Ekaterinis), Mo–Sa 8.30–13.30 Uhr, Di, Do, Fr auch 17–19 Uhr, So/Fei geschl
Die kleine **Minaskirche** mit schöner Ikonostase liegt neben der Agia Ekaterini-Kirche
Historisches Museum, Kalokerinou 7, Mo–Fr 9–17, Sa 9–14 Uhr, Eintritt
Städtische **Galerie San Marco,** Mo–Sa 9–14 Uhr
Museum »Kampf um Kreta«, ausgezeichnete Fotos und Dokumente, leider Beschriftung nur in Griechisch, Chatzidaki/Beaufort, Mo–Fr 9–15 Uhr (Winter 9–14)
Neues, hervorragendes **Naturhistorisches Museum,** Beschriftung auch in Englisch, Knossos Av. 157 (auf dem Weg nach Knossos); tägl. 9–14 u. 18–21 Uhr, Eintritt

 Große Auswahl an Lederwaren und Schmuck. Wirklich schöne Geschäfte in der Daedalos Straße. Empfehlenswert die Volkskunstgalerie **Grimm** mit guter Beratung, Odos 25. Avgustou 96

 Bootsausflüge zur Insel Dia werden von der Agentur **Summerland Travel** veranstaltet, Epimenidou 30, Tel. 08 10-2 41 10 89, 22 50 03 45. Strände s. Ammoudara

Istro (LA)

Lage: Q 3
Vorwahl: 0 84 10 (ab Okt. 2002: 0 84 12)

Istro liegt an der **Busstrecke** Ag. Nikolaos–Sitia, ganztägig gute Verbindungen. Mit dem **Auto** von Ag. Nikolaos über die Hauptstraße Richtung Sitia 13 km

Elpida, familiäres, üppig begrüntes Hotel der Kategorie C in Hanglage, 72 landestypisch eingerichtete Zimmer, 25 Suiten. Tel. 0 84 10-6 14 03
Istron Bay, 2 km östlich des Ortes herrlich gelegenes Deluxe-Hotel (111 Zimmer, 7 Suiten), das unterhalb der vorbeiführenden Straße in mehreren Terrassen hinunter zur eigenen Sand- und Kiesbucht führt. Schöne Aufenthaltsräume, hervorragendes Restaurant! Tel. 0 84 10-6 13 03

Mehrere **Tavernen/Restaurants** entlang der vielbefahrenen Hauptstraße. Sehr empfehlenswert: Restaurant **Meltemi** des Hotels **Istron Bay!**

Folkloremuseum, klein, an der Ortsdurchfahrt, Juni–Sept. tägl. 18–19 Uhr

 Mehrere ansprechende Badebuchten (Sand und Kies, z. T bewirtschaftet) direkt beim Ort oder in der Nähe. Empfehlenswert ist der Strand des Hotels **Istron Bay,** an der Rezeption fragen

Itanos (LA)

Lage: T 4

 Mit dem **Auto** von Sitia die kurvenreiche Küsten- und Bergstraße über Vaï bis zum Küstenort Ermoupolis im äußersten Nordosten

 Fundamente einer **minoischen Stadt,** frei zugänglich

 Zwei Grobsand-/Kieselstrände, viele Wohnmobile

Kadros (CHA)

Lage: B 5

 Mit dem **Bus** von und nach Chania 5 × tägl. Mit dem **Auto** von Chania Richtung Westen, bei Tavroniti die Hauptstraße in den Süden nach Paleochora nehmen, insgesamt ca. 70 km

 Winzige **Panagia-Kirche** mit gut erhaltenen Fresken aus dem 14. Jh., falls Tür geschlossen, beim Dorfpopen nach dem Schlüssel fragen

Kakodiki (CHA)

Lage: B 5

 Mit dem **Bus** von und nach Chania 5 × tägl. Mit dem **Auto** von Chania Richtung Westen, bei Tavroniti die Hauptstraße in den Süden nach Paleochora nehmen, insgesamt ca. 70 km

 Im Ortsteil Astratighos auf Friedhof (neben moderner Kirche) **Kapelle Michael Archangelos** mit z. T. gut erhaltenen Fresken aus dem 14. Jh.; falls geschlossen, beim Dorfpopen nach dem Schlüssel fragen

Kamares (IR)

Lage: J 3/4
Vorwahl: 0 89 20 (ab Okt. 2002: 0 89 22)

Mit dem **Auto** von Iraklion in südlicher Richtung 30 km bis Agia Varvara, dort Abzweig der kurvenreichen Bergstraße. Nochmals 26 km in westlicher Richtung über Ano Zaros

Kamares-Höhle, Aufstieg etwa 3,5–4 Std. zu Fuß, frei zugänglich

Kandanos (CHA)

Lage: B 5
Vorwahl: 0 82 30 (ab Okt. 2002: 0 82 32)

Mit dem **Bus** von und nach Chania 5 × tägl. Mit dem **Auto** von Chania Richtung Westen, bei Tavroniti die Hauptstraße in den Süden nach Paleochora nehmen, insgesamt ca. 65 km

An der Platia liegt ein kleines **Kafenion**

Die von deutschen Soldaten im Zweiten Weltkrieg angebrachte Tafel steht noch immer unkommentiert auf der Platia. In der näheren Umgebung sind viele kleine **byzantinische Kapellen** zu entdecken

Kastelli (CHA)

Lage: B 6
Vorwahl: 0 82 20 (ab Okt. 2002: 0 82 22)

Mit dem **Bus** von und nach Chania bis zu 17 × am Tag. Mit dem **Auto** von Chania Richtung Westen 42 km

Elena Beach, ansprechendes Hotel der B-Kategorie am Westende der Stadt mit eigener kleiner Bucht und Restaurant, Tel. 0 82 20-2 33 00; zahlreiche kleinere Pensionen und Appartement-Häuser

Café-Bar **Plaka** direkt am Ufer und an der Flußmündung, schöne grüne Anlage; mehrere Tavernen am Strand

2 km langer Sand- und Kiesstrand mit begrenztem Wassersportangebot

Katholiko, Klosterruinen (CHA)

s. Kloster Gouverneto
Lage: E 7

Kato Karouzana (IR)

Lage: N 4, nahe Agios Pandeleimon
Vorwahl: 0 89 10 (ab Okt. 2002: 0 89 12)

Mit dem **Auto** von Iraklion über die New Road in östlicher Richtung. Kurz vor Limin Chersonissou Abzweig in südlicher Richtung nach Kastelli. Kurz vor Kastelli Abzweig nach Kato Karouzana

Webwaren (Achtung: z.T. Synthetikfasern!) und teilweise originelle Souvenirs (z.B. Kräutersäckchen)

»**Kretische Nächte**« mit Folklore im Dorf. Außerdem ähnliche Veranstaltungen im nahegelegenen **Traditional Village**, Ausflüge buchbar über Agenturen

Kato Zakros (LA)

Lage: T 3
Vorwahl: 0 84 30 (ab Okt. 2002: 0 84 32)

Mit dem **Bus** von Sitia über Palekastro und Zakros. Mit dem **Auto** von Agios Nikolaos über Sitia und Palekastro, von dort führt die kurvenreiche Straße weiter nach Süden über Zakros und endet in Kato Zakros (116 km)

Mehrere **Tavernen** an der Uferstraße

Ausgrabung des **minoischen Palastes**, Di–So 8.30–15 Uhr, Eintritt

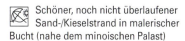 Schöner, noch nicht überlaufener Sand-/Kieselstrand in malerischer Bucht (nahe dem minoischen Palast)

Kera, Kloster (IR)

Lage: O 4
Vorwahl: 0 84 40 (ab Okt. 2002: 0 84 42)

 Liegt an der **Buslinie** Iraklion–Lassithi (Verbindung morgens und nachmittags, Sa und So eingeschränkt). Mit dem **Auto** von Iraklion über die New Road in östlicher Richtung, westlich von Limin Chersonissou ausgeschilderter Abzweig Richtung Lassithi (49 km)

Öffnungszeiten: tägl. 9–13 u. 17–19 Uhr

Keratokambos (IR)

Lage: O 2
Vorwahl: 0 89 50 (ab Okt. 2002: 0 89 52)

 Mit dem **Auto** von Ierapetra auf der Küstenstraße in westlicher Richtung über Ano Viannos bis Kato Viannos, kurz dahinter zweigt die kleine Stichstraße über Chondros Richtung Süden ab

Einige **Privatunterkünfte** sowie **Tavernen** findet man an der Uferpromenade

 Langer Sand-/Kiesstrand, der erst außerhalb des Ortes schön, wird wenig besucht

Knossos (IR)

Lage: M 5
Vorwahl: 08 10 (ab Okt. 2002: 08 12)

 Stadtbuslinie 2 zwischen Iraklion und Knossos. Haltestellen in Iraklion am Hafen oder vor dem El Greco-Park. Mit dem **Auto** über die Straße Iraklion–Knossos (ca. 5 km)

Entlang der Straße vor dem Palasteingang liegen mehrere **Restaurants**

Öffnungszeiten: Ausgrabungen, tägl. 8–19 Uhr, Eintritt teuer

Kournas-See (RE)

Lage: F 5
Vorwahl: 0 82 50 (ab Okt. 2002: 0 82 52)

 Bus von und nach Rethymnon über die Old Road, Haltestelle an Kreuzung 3 km vom See entfernt, verkehrt nur 2 × tägl. Mit dem **Auto** von Rethymnon über die New Road 22 km bis nach Georgioupolis. Von dort gut ausgeschilderter Weg bis zum Kournas-See (6 km)

Taverne **I Amorfi Limni,** schattige Terassenplätze direkt am See

Badewiesen am See, Ruderboot-Verleih; Spaziergang rund um den See ca. 1 Std. (bei höherem Wasserstand nicht als Rundgang passierbar)

Koutsounari (LA)

Lage: Q 2
Vorwahl: 0 84 20 (ab Okt. 2002: 0 84 22)

 Liegt an der **Busstrecke** Ierapetra–Sitia, ganztägig gute Verbindung. Mit dem **Auto** von Ierapetra über die Küstenstraße in östlicher Richtung

Traditional Cottages, Ferienwohnungen in alten kretischen Häusern
Taverne bei den **Traditional Cottages**

Koutsouras (LA)

Lage: R 3
Vorwahl: 0 84 20 (ab Okt. 2002: 0 84 22)

 Liegt an der **Busstrecke** Ierapetra–Sitia, ganztägig gute Verbindung.

Mit dem **Auto** von Ierapetra über die Küstenstraße in östlicher Richtung

 Schöner Kiesstrand, der in Felsenklippen übergeht

Krasi (IR)

Lage: O 4

 Liegt nahe der **Buslinie** Iraklion–Lassithi (Verbindung morgens und nachmittags, Sa und So eingeschränkt). Von der Hauptstraße (einige Kilometer hinter Gonies) ca. 1 km zu Fuß. Mit dem **Auto** von Iraklion über die New Road in östlicher Richtung, westlich von Limin Chersonissou ausgeschilderter Abzweig Richtung Lassithi. Abzweig nach Krasi einige Kilometer hinter Gonies (ca. 45 km)

 **Venezianische Brunnenanlage;** auf ganz Kreta berühmte **Riesenplatane** als Naturdenkmal auf dem Dorfplatz

Kritsa (LA)

Lage: P 3
Vorwahl: 0 84 10 (ab Okt. 2002: 0 84 12)

 Ganztägig gute **Busverbindungen** von und nach Ag. Nikolaos, Fahrtdauer 15 Min. Mit dem **Auto** 11 km von Ag. Nikolaos in südwestlicher Richtung

 Viele **Souvenirläden**, vor allem Web- und Wollwaren, Achtung: z. T. Souvenirs aus Fernost!

Lato (LA)

Lage: P 4

Mit dem **Auto** von Kritsa 4 km über gutausgebaute Straße; eignet sich auch für Fußwanderung

Ausgrabung der antiken Stadt, Di–So 8.30–14.30 Uhr, freier Eintritt

Lendas (IR)

Lage: K 2 und L 2

 Von und nach Iraklion 1 × tägl. **Busverbindung**, Abfahrt Lendas 6.30 Uhr, Fahrtdauer 3 Std. Weitere Busverbindung mit Mires. Mit dem **Auto** von Mires etwa 35 km über serpentinenreiche Bergstraßen

 Ausgrabung des Asklepios-Heiligtums, nicht zugänglich, aber von außen einzusehen

 Dürftiger, verschmutzter Ortsstrand. 15 Min. zu Fuß westlich des Ortes langer, schöner Sandstrand mit Tavernen. Versteckte Buchten in der Umgebung

Limin Chersonissou (IR)

Lage: O 5
Vorwahl: 0 89 70 (ab Okt. 2002: 0 89 72)

 Von und nach Iraklion bis zum späteren Abend halbstündliche **Busverbindungen**. Fahrtdauer 45 Min. Die Strecke führt weiter nach Malia. Nach Lassithi täglich ein Bus morgens. Fahrtdauer ca. 1,5 Std. Mit dem **Auto:** 26 km östlich von Iraklion über die New Road

Creta Maris, gelungener Nachbau eines ägäischen Dorfes mit Hotel. Weiträumige, üppig bepflanzte Anlage mit eigenem Strand 800 m westlich vom Ortsrand, Openair-Kino, Disko, Gesundheitszentrum, Schönheitsfarm, Wassersportzentrum (Schulen für Tauchen, Windsurfen und Wasserski), beheizbares Hallenbad, eigener Bergsteigerverein (organisierte Wandertouren), Mountainbike-Touren, Tennis, Badminton, Volleyball und Animationsangebote, qualifizierte Kinderbetreuung, Kategorie De Luxe, Tel. 0 89 70-2 21 15
Grecotel Creta Sun, beheizbarer Swimmingpool, Wassersportzentrum, Tennisplätze, Mountainbike-Zentrum, Kinder-Camp und Kindermenüs, Hotel und

Bungalows, Kategorie A, Tel. 0 89 70-4 11 03
King Minos Palace, etwas abseits der New Road Richtung Iraklion, Hotel und Bungalows mit Tennisplätzen und Swimmingpool, Spielmöglichkeiten für Kinder. Kategorie A, Tel. 0 89 70-2 28 81

Unzählige, in Einzelfällen recht ansprechende **Tavernen** am Ufer, die Atmosphäre ist vor allem abends – trotz des Rummels ringsherum – durchaus angenehm

Aqua Splash Water Park, 4,5 km von der New Road auf dem Abzweig Richtung Kastelli, April/Okt. 10–18, Mai/Sept. 10–19.30, Juni–Aug. 10–19 Uhr

Lychnostatis Museum an der New Road Richtung Iraklion (Meerseite), Di–So 9.30–14 Uhr, deutschsprachige Führungen 10, 11, 12, 13 Uhr, Nov.–März. geschl., Tel. 0 89 70-2 36 60

Zwei kleine, überlaufene Sandstrände im Ort mit den üblichen Wassersportangeboten. Am Hafenkap Felsen zum Sonnen

Im Lychnostatis Museum **griechische Tänze** und **Filmvorführungen,** jeweils Sa um 21 Uhr, Reservierungen unter Tel. 0 89 70-2 36 60

Limnes (LA)

Lage: P 4
Vorwahl: 0 84 10 (ab Okt. 2002: 0 84 12)

Mit dem **Auto** nahe der New Road zwischen Neapolis und Agios Nikolaos

Handwerkliche Vorführungen finden in der Hochsaison, wenn überhaupt, nur noch selten statt; vor dem Besuch sollte man auf jeden Fall beim örtlichen Kulturverein nachfragen, Tel. 0 84 10-3 35 59

Lissos (CHA)

Lage: B/C 4

Mit dem **Bus** von Chania 2 × tägl. (morgens und mittags) und zurück (morgens und nachmittags). Mit dem **Auto** von Chania Richtung Süden, nach Fournes, dort auf Nebenstraße Richtung Sougia abbiegen, sehr langwierige, da kurvenreiche Fahrt, insgesamt ca. 80 km. Von Sougia längerer Fußweg (1,5 Std.)

Reste eines **Asklipios-Tempels** aus dem 3. Jh. v. Chr., **römisches Fußbodenmosaik, Panagia-Kapelle** aus dem 14. Jh. und Kyrikos-Kapelle mit antiken Bauteilen, frei zugänglich (der Tempel ist umzäunt)

Loutro (CHA)

Lage: D 4
Vorwahl: 0 82 50 (ab Okt. 2002: 0 82 52)

Nur per **Fähre** von Chora Sfakion aus zu erreichen, 3–5 × tägl. (in der Hochsaison wesentlich öfter)

Porto Loutro, einfaches, aber anheimelndes, von griechisch-britischem Ehepaar sehr persönlich betreutes Hotel der B-Kategorie, 18 Zimmer und 4 Appartements, Frühstücksterrasse hoch über der Bucht, Tel. 0 82 50-9 10 91. Weitere Quartiere im Ort (u. a. ein weiteres Hotel gleichen Namens)

Taverne **Kri-kri,** exzellentes Wildziegenfleisch; weitere Tavernen im Ort

Ortsstrand klein und steinig (Achtung: ›oben ohne‹ verboten!), schöne (auch FKK-)Strände in der Nähe, zu Fuß oder mit dem Boot zu erreichen

Makrygialos (LA)

Lage: R 3
Vorwahl: 0 84 30 (ab Okt. 2002: 0 84 32)

Von und nach Ierapetra ganztägig gute **Busverbindung,** weiter nach Sitia. Fahrtdauer 30 Min. Mit dem **Auto** von Ag. Nikolaos über die Hauptstraße nach Ierapetra, dort weiter über die Küstenstraße in östlicher Richtung

Viele **Tavernen** mit empfehlenswerten Fischgerichten in Strandnähe

Langer, sehr schmaler Strand mit feinem Sand und flachem Ufer, stellenweise Schatten, manchmal unsauber

Maleme (CHA)

Lage: C 6
Vorwahl: 0 82 10 (ab Okt. 2002: 0 82 12)

Mit dem **Bus** von und nach Chania und zu den meisten anderen Orten entlang der Nordküste westlich von Chania morgens und abends alle 15 Min., dazwischen in größeren Abständen. Mit dem **Auto** von Chania Richtung Westen 16 km

Chandris Crete, große, aber aufgelockerte Hotel- und Bungalowanlage am Strand, Kategorie A, 414 Zimmer, Tennis, Disko, Animation, Tel. 0 82 10-96 12 21

Taverne **Zorbas** an der Durchgangsstraße, übliches Angebot; mehrere **Tavernen** am Strand; sehr ansprechende **Snackbar** direkt beim Soldatenfriedhof

Deutscher Soldatenfriedhof in der Nähe des Ortes, tägl. 9–17 Uhr. Kurz vor dem Friedhof an der Zufahrtsstraße kleines Hinweisschild auf spätminoisches **Tholos-Grab** (ca. 100 m zu gehen), sehenswert!

Langer Kiesstrand, kein Schatten, üblicher Wassersport

Malia (IR)

Lage: O 5
Vorwahl: 0 89 70 (ab Okt. 2002: 0 89 72)

Von und nach Iraklion (über Limin Chersonissou) tägl. halbstündliche **Busverbindungen,** Fahrtdauer 1 Std. Von Malia nach Lassithi (über Limin Chersonissou) einmal morgens ein **Bus** (Rückfahrt nachmittags), Dauer 1,5 Std. Mit dem **Auto** von Iraklion über die New Road (34 km)

Alexander Beach, Kategorie B, hübsche Anlage mit langem und gepflegtem Sandstrand. Swimmingpool, Tennisplätze, Spielmöglichkeiten für Kinder, Tel. 0 89 70-3 15 68.
Grecotel Malia Park (Hotel und Bungalows), Kategorie A, Swimmingpool, Tennisplätze, Wassersport- und Mountainbikezentrum, Kinder-Club und Kindermenüs, Tel. 0 89 70-3 14 61-2, 0 89 70-3 23 01-3

Minoischer Palast, zu erreichen mit dem Bus Iraklion–Agios Nikolaos (den ganzen Tag über z. T. halbstündlich), der an der Abzweigung zur Ausgrabung hält, dann noch 1 km zu Fuß, tägl. außer Mo 8.30–15 Uhr, Eintritt
Die Ausgrabungen von **Chrysolakkos** sind frei zugänglich

An dem kilometerlangen Sandstrand werden außer Tauchen alle Wassersportarten angeboten. Daher häufig überfüllt. Im Osten schönes Dünengelände

Margarites (RE)

Lage: H 5
Vorwahl: 0 83 40 (ab Okt. 2002: 0 83 42)

Mit dem **Bus** von Rethymnon Richtung Archea Eleftherna 3 × tägl. hin und zurück, aber Achtung: letzte Rückfahrt nach Rethymnon schon mittags. Mit dem **Auto** von Rethymnon auf der New Road Richtung Osten, von Iraklion auf der New Road Richtung Westen, Abzweigung Perama, von dort auf verschlungenen Wegen bis Margarites (ca. 10 km)

Nur einige wenige, sehr gemütliche **Kafenia,** kein Restaurant

Töpferdorf mit zahlreichen Werkstätten, in denen man auch einkaufen kann

Matala (IR)

Lage: J 2
Vorwahl: 0 89 20 (ab Okt. 2002: 0 89 22)

 Von und nach Iraklion ganztägig gute **Busverbindungen**. Mit dem **Auto** von Iraklion über Mires, dann Abzweig über Petrokefali

 Die Bergwand mit den relativ kleinen **Felshöhlen,** die jahrelang von einem Zaun umgeben und nicht zugänglich war, kann jetzt als »Römischer Friedhof« besichtigt werden, tägl. 8–18 Uhr (im Winter 8.30–15 Uhr), Eintritt

Im Ort sehr schöner, von malerischen Felsen begrenzter Grobsand-/Kiesstrand. Verleih von Tretbooten, Kanus und Surfbrettern

Melidoni-Höhle (RE)

Lage: H/J 5

 Mit dem **Bus** nicht zu erreichen, mit dem **Auto** von Rethymnon auf der New Road Richtung Osten, von Iraklion auf der New Road Richtung Westen, Abzweigung bei Skepasti/Siripidiana Richtung Melidoni

 Gut ausgeleuchtete **Tropfsteinhöhle** (feucht, feste Schuhe erforderlich), tägl. 9–19 Uhr, freiwillige Spende zum Unterhalt der Höhle; kleine Cafeteria

Milatos, Höhle von (IR)

Lage: P 5
Vorwahl: 0 84 10 (ab Okt. 2002: 0 84 12)

 Busverbindung von und nach Iraklion, 2 x tägl. morgens und nachmittags, Fahrtdauer etwas mehr als 1 Std. Von und nach Ag. Nikolaos 3–4 x am Tag. Mit dem **Auto** von Iraklion oder von Ag. Nikolaos über die New Road, Abzweig zwischen Malia und Neapolis; vom Ortszentrum keine Busverbindung hinaus zur Höhle. Für Autofahrer ist die entsprechende Abzweigung vor dem Ort gut beschildert. Von Parkmöglichkeit bis zur Höhle 300 m Fußweg über (z. T. spitze) Feldsteine

 Eher wegen ihrer historischen Bedeutung (Aufstand gegen die Türken) als wegen ihrer nicht sehr ausgeprägten Stalagmiten und Stalagtiten besuchenswerte **Tropfsteinhöhle;** im Innern Thomaskapelle; Höhle jederzeit frei zugänglich (Taschenlampe erforderlich)

Mires (IR)

Lage: J 3
Vorwahl: 0 89 20 (ab Okt. 2002: 0 89 22)

 Ganztägig gute **Busverbindung** von und nach Iraklion, Fahrtdauer etwas mehr als 1 Std., außerdem tägl. nach Agia Galini (Wochenende eingeschränkt), gute Verbindungen nach Phaistos und Matala, nach Lendas tägl. 2 × vormittags (So eingeschränkt). Mit dem **Auto** über kurvenreiche Straßen durch gebirgige Gegend, 53 km von Iraklion

 Einfache **Restaurants,** im Zentrum schattige **Cafés**

 Großer **Markt** am Samstagmorgen

Mochlos (LA)

Lage: R 4
Vorwahl: 0 84 30 (ab Okt. 2002: 0 84 32)

 Mit dem **Auto** von Agios Nikolaos die Küstenstraße in südöstlicher Richtung über Istro. Zwischen Kavoussi und Mirsini je ein Abzweig von Westen und von Osten meerwärts

Westlich vom Ort felsige Buchten mit kleinen Kiesstränden, teilweise verschmutzt. Ferner: **Ausflug** zur vorgelagerten gleichnamigen Insel mit frühminoischen Gräbern. Es ist möglich, herüberzuschwimmen

Moni (CHA)

Lage: C 5
Vorwahl: 0 82 30 (ab Okt. 2002: 0 82 32)

 Mit dem **Bus** von Chania 2 × tägl. (morgens und mittags) und zurück (morgens und nachmittags). Mit dem **Auto** von Chania Richtung Süden, nach Fournes, dort auf Nebenstraße Richtung Sougia abbiegen, sehr langwierige, da kurvenreiche Fahrt, insgesamt ca. 75 km

 Kleine **Agios Nikolaos-Kirche** aus dem 14. Jh. am Dorfeingang, falls geschl., beim Dorfpopen nach dem Schlüssel fragen
In Moni endet der Weg durch die **Agia Irini-Schlucht** (s. S. 246 f., 259)

Myrtia (IR)

Lage: M/N 4
Vorwahl: 08 10 (ab Okt. 2002: 08 12)

 Mit dem **Auto** von Iraklion über die Straße nach Knossos. Kurz nach dem Palast beschilderter Abzweig nach Myrtia

 Nikos-Kazantzakis-Museum, geöffnet vom 1.3. bis 30.10. tägl. außer Do 9–13 Uhr und Mo, Mi und am Wochenende auch 16–20 Uhr, im Winter nur So 9–14 Uhr, Eintritt

Myrtos (LA)

Lage: P 2
Vorwahl: 0 84 20 (ab Okt. 2002: 0 84 22)

 Von und nach Ierapetra ganztägig gute **Busverbindung,** Fahrtdauer 30 Min. Mit dem **Auto** von Ag. Nikolaos über die Haupstraße bis Ierapetra, von dort 16 km über die Küstenstraße in westlicher Richtung

 Hotel **Mirtos,** C-Kategorie, 16 Zimmer, einfach, aber ordentlich, Tel. 0 84 20-5 12 26
Des weiteren zahlreiche **Privatzimmer;** mehrere **Tavernen** in schöner Lage direkt am Strand

 Pyrgos-Hügel mit sehenswerter Ausgrabung eines minoischen Herrenhauses, ca. 10 Min. zu Fuß östlich des Ortes, frei zugänglich, Aufstieg etwa 15 Min.
Fournou Korfi-Hügel mit Ausgrabung einer minoischen Siedlung, etwa 2 km östlich des Ortes, Aufstieg etwa 10 Min. (aber Pyrgos ist sehenswerter)

 Schattenloser Sand/Kiesstrand mit schöner Atmosphäre, in der Saison überfüllt

Omalos (CHA)

Lage: C 5
Vorwahl: 0 82 10 (ab Okt. 2002: 0 82 12)

 Mit dem **Bus** von und nach Chania 4 × tägl. (erste Abfahrt von Chania 6.15 Uhr); von und nach Kastelli 3 × tägl., (erste Abfahrt von Kastelli 5 Uhr); weitere Verbindungen von verschiedenen Orten der Nord- und Südküste (z. B. 2 × tägl. frühmorgens von Platanias). Mit dem **Auto** von Chania in südlicher Richtung über Fournes (gut ausgeschildert), knapp 40 km

Neos Omalos, nettes Hotel der C-Kategorie, 26 Betten, gemütliche Taverne, Tel. 0 82 10-9 67 35
To Exari, gemütliches, kleines Hotel der C-Kategorie, Restaurant; Tel. 0 82 10-67180

Wanderung durch die Samaria-Schlucht (s. S. 231 ff., 283)

Pachia Ammos (LA)

Lage: Q 3
Vorwahl: 0 84 20 (ab Okt. 2002: 0 84 22)

Liegt an der **Busstrecke** Ag. Nikolaos–Sitia, ganztägig gute Verbindung. Mit dem **Auto** von Ag. Nikolaos über die Hauptstraße Richtung Sitia, 21 km

Mehrere gute **Tavernen** am Ufer, die auch die Fahrt von Ag. Nikolaos lohnen und auch bei Kretern sehr beliebt sind, vor allem das **Eolos**

Langer Sand-/Kiesstrand, außerhalb (manchmal auch während) der Hochsaison stark verschmutzt

Palekastro (LA)

Lage: T 4
Vorwahl: 0 84 30 (ab Okt. 2002: 0 84 32)

Mit dem **Bus** von und nach Sitia ganztägig gute Verbindungen. Nach Vaï 5 × tägl., nach Kato Zakros 2 × tägl. Mit dem **Auto** von Sitia über die Küstenstraße in nordöstlicher Richtung, einige Kilometer vor dem Kloster Toplou Abzweig nach Osten

2,5 km unterhalb des Dorfes liegt Chiona mit Sand-/Kieselstrand. Gut besucht durch die vielen Ausflugsbusse. Außerdem der lange Sandstrand von Kouresmenos, ruhig und mit schattigen Bäumen. Keine Strandeinrichtungen

Paleochora (CHA)

Lage: B 4
Vorwahl: 0 82 30 (ab Okt. 2002: 0 82 32)

Eine kleine Touristinformation befindet sich im Rathaus an der Hauptstraße (häufig wechselnde Öffnungszeiten).

Mit dem **Bus** von und nach Chania 5 × tägl. Mit dem **Auto** von Chania Richtung Westen, bei Tavroniti die Hauptstraße in den Süden nach Paleochora nehmen, insgesamt ca. 80 km. **Bootsverbindungen** nach Sougia und Agia Roumeli, von dort Anschluß nach Loutro und Chora Sfakion

Polydorus, modernes, kleines Hotel (13 Zimmer) der C-Kategorie in der Stadt (aber mit Innenhof), Tel. 0 82 30-4 10 68
Zahlreiche kleine Hotels, Pensionen, Appartementhäuser und Privatzimmervermietungen

Pelikan, Taverne an der Hafenmole, gute Fischgerichte; ungezählte Restaurants, Tavernen und Kafenia im gesamten Ort, Schwerpunkte an der Uferpromenade und an der Hauptstraße (abends für den Verkehr gesperrt)

Im Osten 2 km langer, schmaler Kiesstrand. Im Westen 1 km langer, sehr schöner Sandstrand, teilweise von Tamarisken und Dünen gesäumt, kleines Naturschwimmbecken, komplettes **Wassersportangebot;**
Schiffsausflüge zu den Küstenorten am Fuß der Levka Ori und Tagesausflüge mit dem Boot nach Gavdos (3–4 Std.)

Panagia Kera, Kirche (LA)

Lage: P 3

Gute **Busverbindungen** über Kritsa ganztägig von und nach Ag. Nikolaos. Mit dem **Auto** von Ag. Nikolaos 10 km in südwestlicher Richtung auf der Straße nach Kritsa, 1 km vor dem Dorf auf der rechten Seite

Kleines **Kafenion** und **Tavernen** in der Nähe

Öffnungszeiten: Mo–Sa 8.30–14, So 9–14 Uhr. So freier Eintritt

Phaistos (IR)

Lage: J 3
Vorwahl: 0 89 20 (ab Okt. 2002: 0 89 22)

Ganztägig gute **Busverbindungen** von und nach Iraklion, Fahrtdauer 1,5 Std. Mit dem **Auto** 63 km von Iraklion über Agii Deka, Abzweig einige Kilometer hinter Mires

Café am Ausgrabungsgelände

Öffnungszeiten: Ausgrabung des minoischen Palastes, tägl. 8–17 Uhr, Eintritt

Phalassarna (CHA)

Lage: A 6
Vorwahl: 0 82 20 (ab Okt. 2002: 0 82 22)

Mit dem **Bus** von Chania 3 × tägl. hin, zurück nur 2 × tägl. Mit dem **Auto** von Chania Richtung Kastelli, 2 km hinter Kastelli nach Süden Richtung Platanos abbiegen, von dort über schmale, kurvenreiche Paßstraße hinunter nach Phalassarna, auf dem letzten Stück ist der Weg unbefestigt

Appartement-Häuser, kleine Pensionen und Hotels im Bau bzw. gerade eröffnet; zwei Tavernen am Strand

Ausgrabungen der antiken Stadt **Phalassarna** aus dem 5. und 4. Jh. v. Chr., frei zugänglich

Kilometerlanger, feinsandiger, flach ins Wasser abfallender Strand; an einigen Stellen werden Sonnenschirme und Liegestühle vermietet

Piskopiano (IR)

Lage: O 5, südlich von Limin Chersonissou
Vorwahl: 0 89 70 (ab Okt. 2002: 0 89 72)

Anreise mit **Bus** oder **Auto** bis Limin Chersonissou. Der kleine Ort liegt direkt oberhalb von Limin Chersonissou am Hang und ist von dort aus zu Fuß oder mit dem Auto bequem über ausgeschilderte Straßen zu erreichen

Museum of Country Life, ausgeschilderter Weg im Ort, tägl. außer Mo, 11–13 und 16–20 Uhr

Pitsidia (IR)

Lage: J 2
Vorwahl: 0 89 20 (ab Okt. 2002: 0 89 22)

Liegt an der **Busstrecke** Iraklion–Matala. Mit dem **Auto** von Iraklion über Mires, dann Abzweig über Petrokefali

Camping Komos, im Ort ausgeschildert. Leidlich schattiges Gelände mit weiter Sicht, Tel. 0 89 20-4 25 96

Sun Set, einfache, aber stilvolle Taverne mit schöner Terrasse an der Hauptstraße nach Matala, Spezialität *stiffado*. Fleisch und Gemüse oft aus eigener Schlachtung bzw. Anbau

Ausgrabungen von Kommos, dem antiken Hafen von Phaistos. Von außen guter Einblick, Besichtigung nicht mögl.

Ca. 30 Min. zu Fuß entfernt erstreckt sich der kilometerlange, dunkle Sandstrand von Komo. Hier darf nicht gebaut werden. Nach Norden schließt sich der häßlich bebaute Kalamaki-Strand an.

Plakias (RE)

Lage: F 4
Vorwahl: 0 83 20 (ab Okt. 2002: 0 83 22)

Mit dem **Bus** von und nach Rethymnon 8 × tägl., von und nach Agia Galini 3 × tägl., von Agia Galini über den Busumsteigeort Bale (nur eine Taverne) 2 × tägl. mittags und nachmittags, vom Umsteigeort Bale 8 × tägl. Mit dem **Auto** von Rethymnon Straße Richtung Süden (Agia Galini), nach ca. 18 km Abzweigung rechts Richtung Ag. Vassilios oder nach ca. 20 km Abzweigung Richtung Koxare-Preveli und von dort nach Plakias

Neos Alianthos, großes, architektonisch aufgelockertes, weiß gestrichenes Hotel der B-Kategorie, 88 Zimmer, Tel. 0 83 20-3 12 27
Lamon, einfaches Hotel, aber freundlich (auch im Service), B-Kategorie, 23 Zimmer, Tel. 0 83 20-3 13 18
Mehrere weitere Hotels der unteren und Mittelklasse; fast jedes Haus vermietet Zimmer (teilweise sehr ansprechend)

Sofia, legendäres Restaurant aus der Pionierzeit des Rucksack-Tourismus, mittlerweile vergrößert. Unerschöpfliches Angebot an weiteren Tavernen und Restaurants

Über 1,5 km Strand aus grobem Sand und Kies; in der Nachbarschaft von Tamarisken gesäumte Badebucht; übliches Wassersportangebot; tägl. Bootsausflüge nach Preveli und Frangokastello

Platanias (CHA)

Lage: C 6
Vorwahl: 0 82 10 (ab Okt. 2002: 0 82 12)

Mit dem **Bus** von und nach Chania und zu den meisten anderen Orten entlang der Nordküste westlich von Chania morgens und abends alle 15 Min., dazwischen in größeren Abständen. Mit dem **Auto** von Chania Richtung Westen 5 km

Filoxenia, freundliches kleines Hotel (10 Zimmer) der Kategorie B, Tel. 0 82 10-4 85 02.
Villa Platanias, kleine, gemütliche, blau-weiß gestrichene Pension (Kategorie B) mit 18 Zimmern, kleines Restaurant, Tel. 0 82 10-6 83 39
Nur wenige Hotels, aber ungezählte Appartement-Häuser an dem gesamten Küstenabschnitt (auch in Ag. Apostoli, Kalamaki und Ag. Marina)

Restaurant **Villa Platanias** (gehört zum gleichnamigen Hotel), 20 Tische unter Weinranken, hervorragender frischer Lammbraten, kleine Bar zwischen Restaurant und Strand
Ariani (am westl. Ortsende von Kalamaki direkt an der Durchgangsstraße), äußerst gemütliches Restaurant mit schattigen Sitzplätzen, kleine Palmen zur Dekoration, viele griechische Spezialitäten

Große Strandauswahl, da auch Nachbarstrände zu Fuß zu erreichen sind; alle Strände voll ausgestattet mit Liegestühlen, Sonnenschirmen, Tavernen, Wassersportangebot

Plemeniana (CHA)

Lage: B 5

Mit dem **Bus** von und nach Chania 5 × tägl. Mit dem **Auto** von Chania Richtung Westen, bei Tavroniti die Hauptstraße in den Süden Richtung Paleochora nehmen. Fahrstrecke insgesamt ca. 70 km

Kapelle **Agios Georgios** mit z.T. gut erhaltenen Fresken vom Anfang des 15. Jh. am südlichen Ortsausgang; falls geschl., beim Dorfpopen nach dem Schlüssel fragen

Preveli, Klöster (RE)

Lage: G 4
Vorwahl: 0 83 20 (ab Okt. 2002: 0 83 22)

Mit dem **Bus** von und nach Rethymnon 5 × tägl., mit dem Bus von Agia Galini über Bale (Umsteigeort, nur eine Taverne) 2 × tägl. frühmorgens und mittags, von und nach Plakias 5 × tägl. Mit dem **Auto** von Rethymnon südliche Straße Richtung Agia Galini, nach etwa 20 km rechts Abzweigung Richtung Koxare; mit dem **Boot** von Agia Galini oder Plakias

›**Mobile Taverne**‹ am Strand von Preveli

 Traumhaft schöner Strand an der Mündung des Kourtaliotiko-Flusses. Ruinen des alten Klosters (**Kato Moni Preveli**) aus dem 16. und 17. Jh., eingezäunt; neues Kloster Preveli (**Piso Moni Preveli**) aus dem 16.–19. Jh., kleines Museum; Achtung: Es wird Wert auf angemessene Kleidung gelegt; wechselnde Öffnungszeiten, meist aber von Mitte/Ende März bis Ende Mai tägl. 8–17 Uhr, Juli–Okt. Mo–Sa 8–13.30 u. 15.30–19, So 8–17 Uhr geöffnet, Eintritt für Kloster inkl. Museum

Red Butterfly Gorge (LA)

Lage: R 3

 Liegt an der **Busstrecke** Ierapetra–Sitia, ganztägig gute Verbindung. Mit dem **Auto** von Ierapetra über die Küstenstraße in östlicher Richtung, kurz vor dem Ort Koutsouras

 Kleine, durch umgestürzte Bäume und Steine stellenweise verstellte **Schlucht** (etwa 7 km) mit ungezählten Schmetterlingen. Ständig geöffnet, beste Besuchszeit: März–Oktober, möglichst um 10 Uhr

Eine **Wanderung** durch die Schlucht dauert 2–3 Std., streckenweise mit etwas Kraxeln verbunden (deshalb für kleine Kinder nicht geeignet), festes Schuhwerk ist erforderlich

Rethymnon (RE)

Lage: G 5
Vorwahl: 0 83 10 (ab Okt. 2002: 0 83 12)
Stadtplan: S. 189

Städtisches Informationsbüro in der Eleftheriou Venizelou an der Uferpromenade, in der Hochsaison Mo–Fr 8–16, Sa u. So 10–15 Uhr, Tel. 0 83 10-2 91 48 u. 0 83 10-2 41 43

Zwei **Busbahnhöfe** gibt es in Rethymnon. Der größere, wichtigere Busbahnhof liegt im Westen der Stadt auf dem Gelände zwischen Igoumeno Gavril und Paraliaki Leoforos. Hier fahren Busse zur Südküste, aber auch nach Iraklion und Chania ab. Ein kleinerer Busbahnhof liegt an der Platia Iroon in der Nähe des Strandes am östlichen Ende der Altstadt. Ab hier fahren die Busse nach Anogia und in den Raum Amari.

Fortezza, kleines, architektonisch äußerst gelungenes modernes Hotel der B-Kategorie am Fuß der Festung, Melisinou 16, 54 Zimmer, von denen zahlreiche auf einen Atrium-Hof hinausgehen, dort Swimmingpool, Tel. 0 83 10-2 38 28
Galeana, schmale, familiengerechte Appartementanlage der Kategorie B im Hotelvorort Platanias, 48 weißblau gestrichene Appartements in einem Meer von Blumen und Grün, direkt am Strand, Tel. 0 83 10-2 95 53
Mantenia, Designer-Hotel des Athener Stararchitekten Dimitris Rizo im Hotelvorort Platanias, Kategorie B, Halle mit Säulenportal und verspiegelter Bar sowie die 22 Zimmer sind eine Augenweide, Tel. 0 83 10-5 51 64
Palazzo Rimondi, ein Traum vom kleinen Stadthotel (21 Appartements, Kategorie A) mitten in der Altstadt (Xanthoudidou 21) in einem restaurierten venezianischen Palais aus dem 15. Jh. Tel. 0 83 10-5 12 89
Rithymna Beach, älteres Großhotel der **Grecotel**-Gruppe (Luxus-Kategorie) im Hotelvorort Adele mit 447 Zimmern, 13 Suiten und 106 Bungalows. Wegen seiner familiären Atmosphäre ist es bei Stammgästen sehr beliebt. Komplette Ausstattung von Swimmingpools bis Bar, das Restaurant **Le Gourmet** gilt als das beste der Insel, Tel. 0 83 10-2 94 91

Alana, Garten-Taverne in ruhiger Altstadt-Seitenstraße (Salaminas) mit griechischen Spezialitäten, vor allem Fisch
Cava d'Oro, auch von Einheimischen geschätztes Hafenrestaurant mit hervorra-

genden Fischspezialitäten, Nearchou 42–43
La Rentzo, hervorragendes Restaurant in einem restaurierten venezianischen Haus, Tische vor der Tür, Radamanthiou 9
Le Gourmet, im Hotel **Rithymna Beach,** telefonische Vorbestellung erforderlich, Tel. 0 83 10-2 94 91
Palazzo, zweistöckiges Restaurant direkt am Hafenrund, Balkon und Terrassen bieten herrliche Aussicht, Nearchou 33

Fortezza, venezianisches Kastell aus dem 16. Jh., Di–So 8–20, Nebensaison 9–17 Uhr, Eintritt
Minarett der **Nerace-Moschee,** tägl. 10–14, 17–20 Uhr

Folklore-Museum, Odos M. Vernardou 28–30, Mo–Sa 10–14.30 Uhr, Eintritt
Archäolisches Museum (direkt vor dem Eingang zur Fortezza), Di–So 8.30–15 Uhr, Eintritt (So frei)

 Onyx-Schleiferei am Fuß der Fortezza, z. T. preiswerte Souvenirs, Georgiou Katechaki 3, Mo–Sa 8–21 Uhr; Läden für Schmuck und alle anderen Souvenirs in der Altstadt; besonders empfehlenswert ist die Souliou-Gasse: Maler Andreas Theodorakis, Souliou 15, Tel. 0 83 10-2 34 92, Mo–Fr 11–21 Uhr; Kräuterladen, Souliou 58, Tel. 0 83 10-2 96 64, Mo–Sa 10–21 Uhr; Schuhmacher Nikos Leledakis, Souliou 60, Tel. 0 83 10-2 17 64, Mo–Sa 10–21 Uhr

Weinfestival zweite Julihälfte; Veranstaltungen in der **Fortezza** Mai–Sept. (z. B. Renaissance-Festival mit allen Sparten bildender und darstellender Kunst ab Mitte Juli bis in den Aug. hinein); **Fischerfest** im Rahmen der Nautischen Wochen Ende Juni, Anfang Juli

15 km Sandstrand, ohne Schatten, an verschiedenen Plätzen umfassendes Wassersportangebot; Bootsausflüge zu verschiedenen Orten an der Nordküste

Roussolakkos (LA)

Lage: T 4

 Mit dem **Bus** von und nach Sitia ganztägig gute Verbindungen. Mit dem **Auto** von Sitia über die Küstenstraße in nordöstlicher Richtung, einige Kilometer vor dem Kloster Toplou, Abzweigung nach Osten. Von Palekastro (22 km von Ag. Nikolaos entfernt) etwa 2 km zu Fuß Richtung Küste

Wenige, meist zugewachsene Reste einer **minoischen Stadt;** eingezäunt, aber jederzeit frei zugänglich

Samaria-Schlucht (CHA)

Lage: C/D 4/5
Vorwahl: 0 82 10 (ab Okt. 2002: 0 82 12)

 Mit dem **Bus** von und nach Chania 4 × tägl. (erste Abfahrt von Chania 6.15 Uhr); von und nach Kastelli 3 × tägl. (erste Abfahrt von Kastelli 5 Uhr); weitere Verbindungen von verschiedenen Orten der Nord- und Südküste (z. B. 2 × tägl. frühmorgens von Platanias). Mit dem **Auto** von Chania in südlicher Richtung über Fournes (gut ausgeschildert), 45 km

Xenia-Pavillon am Eingang zur Schlucht, einfaches Quartier, 7 Betten in 3 Räumen, Achtung: manchmal längere Zeit geschlossen, unbedingt vorher anrufen (auch zur Reservierung), Tel. 0 82 10-9 32 37;
auch **Übernachtungsmöglichkeiten** in Omalos (5 km entfernt, s. S. 278)

Restaurant des **Xenia-Pavillons,** am Kiosk kann man auch Verpflegung für die Wanderung kaufen;
Restaurants auch in Omalos (s. S. 278)

Samaria-Schlucht; Gehzeit je nach Kondition 5–7 Std.; feste Schuhe, warme Kleidung (für den ersten Teil der Wanderung) und Sonnenschutz erforderlich; geöffnet nur von 10. April bis 31. Oktober (die Schlucht kann auch bis zum 30. April und schon ab 16. Oktober gesperrt sein); Einlaß (gebührenpflichtig) nur von 6–16 Uhr möglich, von 16 Uhr bis Sonnenuntergang ist nur noch der Besuch der ersten 2 km gestattet (das gilt auch für das Schluchtende ab Ag. Roumeli); Zelten, Übernachten, Feuer anzünden, Konsum von Alkohol sind verboten, Rauchen nur an bestimmten Rastplätzen erlaubt; die Auflagen werden in letzter Zeit strenger kontrolliert.

Vom Eingang der Samaria-Schlucht Höhenwanderung zur **Kallergi-Hütte,** etwa 2 Std., dort auch Übernachtung auf Matratzenlager möglich, unbedingt vorher anrufen, Tel. 0 82 10-5 45 60

Seli-Ambelou-Paß (LA)

Lage: O 4
Vorwahl: 0 93 70 (ab Okt. 2002: 0 93 72)

Busverbindung von und nach Iraklion tägl. morgens und nachmittags (So eingeschränkt), Fahrtdauer 2 Std. Von und nach Agios Nikolaos morgens und nachmittags (Sa u. So eingeschränkt), Fahrtdauer 3 Std. Mit dem **Auto** entweder von Agios Nikolaos über Neapolis und den dortigen Abzweig oder von Iraklion über die New Road Richtung Osten. Westlich von Limin Chersonissou beschilderter Abzweig über Gonies.

Venezianische Getreidemühle aus dem 15. Jh., die noch intakt ist (aber nicht mehr benutzt wird). Hier auch Souvenir-Verkauf von Dora und Ziko Pantatossaki, Verwandte des früheren Müllers Zacharias, der die Mühle jahrzehntelang betrieben hatte.
»**Homo Sapiens Village«,** etwa 1 km vom Seli-Ambelou-Paß Richtung Nordküste, zeigt die Entwicklung des Menschen vom Höhlenbewohner zum Beherrscher der Umwelt, wenig spektakulär, April–Okt. tägl. 9–19 Uhr, Eintritt

Sissi (LA)

Lage: O 5
Vorwahl: 0 84 10 (ab Okt. 2002: 0 84 12)

Busverbindung von und nach Iraklion (bis Milatos) 2 × tägl. morgens und nachmittags, Fahrtdauer etwas mehr als 1 Std. Von und nach Agios Nikolaos 3–4 × am Tag. Mit dem **Auto** von Iraklion oder von Ag. Nikolaos über die New Road, Abzweig zwischen Malia und Neapolis

Sissi Camping, etwa 8 km von Malia, ausgeschilderter Weg, Schattenplätze oberhalb der hohen Felsküste, Stufen zum Wasser, Tel. 0 84 10-7 12 47

Verschiedene rustikale **Fischtavernen** mit weit bekannter, guter Küche

Schöne Bucht mit Kies/Sandstrand etwa 500 m östlich vom Ort. Weitere Buchten in der Nähe werden erschlossen

Sitia (LA)

Lage: S 4
Vorwahl: 0 84 30 (ab Okt. 2002: 0 84 32)
Stadtplan: S. 174

Touristinformation am Iroon Polytechnou-Platz, Tel. 0 84 30-2 49 55

Von und nach Agios Nikolaos ganztägige **Busverbindung** über Istro und Gournia, Fahrtdauer 1,5 Std. Von und nach Iraklion über Agios Nikolaos 6 × tägl., Fahrtdauer ca. 1 Std. Von und nach Vaï über Paleokastro mehrmals tägl., Fahrtdauer 1 Std. Von und nach Ierapetra 6 × tägl., Fahrtdauer 1,5 Std. Von und nach Kato Zakro über Palekastro je einmal vormittags und nachmittags (Wochenende eingeschränkt), Fahrtdauer 1 Std. Mit dem **Auto** von Agios Nikolaos über die New Road in östlicher Richtung, 73 km

O Michos, gemütliche Taverne mit Holzkohlengrill in der Vitsenzou Kornarou, Spezialitäten Hähnchen und Lammzunge, immer gut besucht

 Archäologisches Museum an der Straße nach Ierapetra, Di–Sa 8.30–15 Uhr, Eintritt
Kleines, aber sehenswertes **Folkloremuseum** in der Odos Kapetan Sifi, Di–Sa 10–14.30 Uhr, Di auch 17–20 Uhr, Eintritt

 Schmaler Sandstrand mit flachem Ufer entlang der ganzen Bucht direkt an der Straße. Ferner: **Ausflüge** nach Petra mit minoischer Villa (2 km östlich) und Agia Fotia mit minoischen Gräbern (7 km östlich)

Sklavokambos (IR)

Lage: L 4/5

 Busverbindung über die Strecke Iraklion–Anogia, von und nach Iraklion 5 × tägl. (sonntags eingeschränkt), Fahrtdauer etwa 45 Min. Mit dem **Auto** von Iraklion über die Old Road Richtung Rethymnon, nach 11 km Abzweig der Bergstraße nach Anogia (22 km)

 Ausgrabung eines minoischen Herrenhauses, frei zugänglich

Souda (CHA)

Lage: D 6
Vorwahl: 0 82 10 (ab Okt. 2002: 0 82 12)

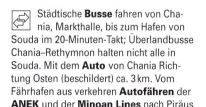 Städtische **Busse** fahren von Chania, Markthalle, bis zum Hafen von Souda im 20-Minuten-Takt; Überlandbusse Chania–Rethymnon halten nicht alle in Souda. Mit dem **Auto** von Chania Richtung Osten (beschildert) ca. 3 km. Vom Fährhafen aus verkehren **Autofähren** der **ANEK** und der **Minoan Lines** nach Piräus

 Mehrere **Kafenia** direkt am Hafen

Sougia (CHA)

Lage: C 4
Vorwahl: 0 82 30 (ab Okt. 2002: 0 82 32)

 Mit dem **Bus** von Chania 2 × tägl. (morgens und mittags) und zurück (morgens und nachmittags). Mit dem **Auto** von Chania Richtung Süden nach Fournes, dort auf Nebenstraße Richtung Sougia abbiegen, sehr langwierige, da kurvenreiche Fahrt, insgesamt ca. 80 km

 Lotos, kleiner, pensionsähnlicher Betrieb, der einige Zimmer vermietet, schöne Terrasse zum Meer, einfache Speisen, beliebter Frühstückstreff.
Weitere kleine Hotels, Pensionen und Privatzimmer-Vermieter, mehrere Restaurants und Tavernen im Ort

 Landschaftlich sehr schöne, feldgesäumte Bucht, leider aber nur grober Kies. **Wanderung** auf Fußweg (ca. 1,5 Std.) zur antiken Hafenstadt Lissos (s. S. 275)

Spili (RE)

Lage: G 4
Vorwahl: 0 83 20 (ab Okt. 2002: 0 83 22)

 Mit dem **Bus** Rethymnon–Agia Galini 6 × tägl. Mit dem **Auto** von Rethymnon südliche Straße Richtung Agia Galini ca. 25 km

 Hotel Green, dem Namen entsprechend unter Blumen versteckt, C-Kategorie, nur 9 Zimmer, Tel. 0 83 20-2 22 25,
zahlreiche Privatzimmer

 Schönes **Gebirgsdorf** am Auslauf des Ida-Gebirges mit venezianischem Brunnen (25 Wasserspeier, leider sehr unschön weiß angemalt) Friedhofskapelle **Sotiros Christou** mit Fresken aus dem 14. Jh. am Ortsende Richtung Agia Galini, kurz hinter der

Abzweigung nach Mourne; falls geschl., beim Dorfpopen nach dem Schlüssel fragen

Spinalonga-Kalidona (LA)

Lage: Q 5

Schiffe von Agios Nikolaos und Elounda, **Boote** ab Plaka. Abfahrtszeiten in Plaka hängen von den Passagierwünschen ab; ansonsten mehrfach tägl., in der Hauptsaison ab Elounda stündl.

Stavros (CHA)

Lage: D/E 7
Vorwahl: 0 82 10 (ab Okt. 2002: 0 82 12)

Mit dem **Bus** von und nach Chania 6 × tägl. Mit dem **Auto** von Chania Richtung Flughafen, auf dem Hügel Profitis Ilias (Venizelos' Grab) links abbiegen nach Kounoupidiana, von dort über Kalatas und Choratakia (ca. 20 km)

Zahlreiche **Appartementhäuser** und **Ferienwohnungen**, am Strand reiht sich eine **Taverne** an die andere

Schöne, sehr flache und damit für Kinder geeignete (aber schattenlose) Badebucht, Tretboote; von den Filmaufnahmen zu ›Alexis Sorbas‹ sind keine Relikte mehr vorhanden; interessante Ausflüge zu den Klöstern Agia Triada, Gouverneto und Katholiko

›Tal der Toten‹ (LA)

Lage: T 3

Mit dem **Bus** von Sitia über Palekastro nach Zakros. Mit dem **Auto** von Ag. Nikolaos über Sitia und Palekastro, von dort kurvenreiche Straße nach Süden bis Zakros (110 km); 2 km hinter Zakros an der Straße Richtung Kato Zakros weist ein Schild »Gorge« auf den Eingang der Schlucht hin

Schöne, zweistündige **Wanderung** durch die Schlucht, in der die Minoer in Höhlen ihre Toten bestatteten; der Weg endet an der minoischen Palastanlage von Kato Zakros

Thrapsano (IR)

Lage: N 4
Vorwahl: 0 89 10 (ab Okt. 2002: 0 89 12)

Mit dem **Auto** von Iraklion auf der New Road in östlicher Richtung. Kurz vor Limin Chersonissou Abzweig nach Süden bis Kastelli, dort Abzweig nach Apostoli und wiederum Abzweig nach Thrapsano

Traditionelles **Töpferdorf,** zahlreiche Souvenirwaren aus Ton

Toplou, Kloster (LA)

Lage: T 4
Vorwahl: 0 84 30 (ab Okt. 2002: 0 84 32)

Mit dem **Auto** von Sitia über die teilweise kurvenreiche Küstenstraße in östlicher Richtung über Agia Fotia

Direkt am Kloster gibt es eine kleine **Taverne**

Sehenswerte **Klosterkirche** mit angeschlossenem kleinen Museum, tägl. 9–13 und 14–18 Uhr. Hinweis: Besucher mit kurzen Hosen erhalten leihweise (kostenlos) ein großes Handtuch, um damit die Beine zu bedecken

Tylissos (IR)

Lage: L 5
Vorwahl: 08 10 (ab Okt. 2002: 08 12)

Busverbindung über die Strecke Iraklion–Anogia, von und nach Iraklion 5 × tägl. (sonntags eingeschränkt), Fahrtdauer ca. 30 Min. Mit dem **Auto** von Iraklion über die Old Road Richtung Rethymnon, nach 11 km Abzweig der Bergstraße nach Anogia (15 km)

 Taverne direkt am Ausgrabungsgelände

 Ausgrabung minoischer Herrenhäuser, tägl. 8.30–15 Uhr (auch im Winter), Eintritt

Tzermiado (LA)

Lage: O 4
Vorwahl: 0 84 40 (ab Okt. 2002: 0 84 42)

 s. Agios Georgios

 Souvenirs bei **Russetos** (s. S. 162), direkt an der Straße, die im Ort zur Trapeza-Höhle abzweigt

 Trapeza-Höhle, kein Eintritt (Führung nicht notwendig). Ausgeschilderter Weg (ca. 1 km) hinter der Schule von Tzermiado oder markierte Straße von Marmaketo. Zur Höhle hinauf muß man ein gutes Stück klettern

Vaï (LA)

Lage: T 4
Vorwahl: 0 84 30 (ab Okt. 2002: 0 84 32)

 Mit dem **Bus** von und nach Sitia mehrmals täglich, Fahrtdauer eine Stunde. Mit dem **Auto** von Sitia über die kurvenreiche Küstenstraße in nordöstlicher Richtung über Kloster Toplou

Cafeteria und **Restaurant** am Strand (auf Massenbetrieb eingestellt!)

 Sandstrand mit dem berühmten Palmenhain, gute **Wassersportmöglichkeiten**. Betreten nur von 7–21 Uhr erlaubt

Valsomonero-Kloster (IR)

Lage: J 3
Vorwahl: 0 89 40 (ab Okt. 2002: 0 89 42)

 Mit dem **Auto** von Iraklion in südlicher Richtung bis Agia Varvara, dort Abzweig der Bergstraße. Weiter in westlicher Richtung über Ano Zaros bis Vorizia, dort südlicher Abzweig drei Kilometer zum Kloster

 Verlassenes **Kloster**, dessen Kirche bedeutende Fresken aus byzantinischer Zeit birgt; in Vorizia nach dem Wächter (Filakas) fragen oder im Kloster Vrondissi den Schlüssel besorgen

Vathypetro (IR)

Lage: M 4

 Ab Iraklion mit **Bus** oder **Auto** bis Archanes, von dort über eine teilasphaltierte Straße 5 km südlich

 Minoisches Landgut, tägl. 9–14.30 Uhr, Eintritt, sehr schöner Ausblick

Vori (RE)

Lage: J 3
Vorwahl: 0 89 20 (ab Okt. 2002: 0 89 22)

 Mit dem **Auto** knapp 70 km von Iraklion über Mires, gegenüber dem Abzweig nach Phaistos (links) liegt rechts die Zufahrtsstraße nach Vori.

 Preisgekröntes, vorzügliches **ethnologisches Museum,** museumsdidaktisch eine der besten Ausstellungen auf der Insel, bis Ende Okt. tägl. 10–16 Uhr, Eintritt

Vrondissi-Kloster (IR)

Lage: J 3
Vorwahl: 0 89 40 (ab Okt. 2002: 0 89 42)

Mit dem **Auto** von Iraklion in südlicher Richtung 30 km bis Agia Varvara, dort dem Abzweig der Bergstraße in westlicher Richtung über Ano Zaros folgen. Nach weiteren 21 km Abzweig des Weges zum Kloster

Wanderer können im **Kloster** übernachten, adäquate Spende hinterlegen!

Auf Wunsch zeigt der Mönch einen Raum, der die Rolle des Klosters im Widerstand gegen die Türken und die Deutsche Wehrmacht dokumentiert

Vrysses (CHA)

Lage: E 5
Vorwahl: 0 82 50 (ab Okt. 2002: 0 82 52)

Auf halbem Weg zwischen Chania und Rethymnon, mit dem **Bus** von und nach Chania 4 × tägl. Mit dem **Auto** ab Chania auf der New Road Richtung Rethymnon

Eine **Ausstellung kretischer Folklore** und **Fabrik und Verkaufsräume** für kretische Produkte von Olivenöl und Schnaps über Gewürze bis zu Honig vereinigt das Haus der Familie Braoudakis, vernünftige Preise; zu üblichen Ladenöffnungszeiten geöffnet (auf Wunsch auch darüber hinaus), Tel. 0 82 50-5 15 94

Xerokambos (LA)

Lage: T 3
Vorwahl: 0 84 30 (ab Okt. 2002: 0 84 32)

 Es gibt keine öffentlichen Verkehrsmittel. Zufahrt mit dem **Auto** von Sitia über Palekastro und Zakros, ab dort unbefestigte Piste

 Mehrere **Tavernen** in der näheren Umgebung

 Kleine Buchten mit hellen, feinen Sandstränden

Zaros (IR)

Lage: K 3 und L 3
Vorwahl: 0 89 40 (ab Okt. 2002: 0 89 42)

 Da es keine öffentlichen Verkehrmittel nach Zaros gibt: mit dem **Auto** von Iraklion in südlicher Richtung bis Agia Varvara, dort Abzweig der Bergstraße in westlicher Richtung (47 km)

 Hotel Idi, Kategorie C, Reihenhäuser im Garten hinter dem Haupthaus, kleiner Swimmingpool. Tel. 0 89 40-3 15 11

 Restaurant neben dem Hotel Idi, Spezialität frische Forellen

 Spaziergang in der Rouvas-Schlucht, Ausschilderung im Ort

Zoniana

Lage: J 5
Vorwahl: 0 83 40

 Von und nach Iraklion mit dem **Bus** 5 × tägl. (So eingeschränkt), Fahrtdauer 1 Std. Mit dem **Auto** auf der Old Road Richtung Rethymnon, nach 11 km Abzweig zur Bergstraße nach Anogia über Gonies

 Potamianos Museum, Wachsfiguren-Kabinett zur Geschichte Kretas, köstlich-naiv, tägl. 9–19 Uhr, Eintritt
Sendoni-Höhle (Ausschilderung vor dem Ortsanfang), eine der spektakulärsten Schauhöhlen der Insel, gut ausgeleuchtet und sicher, permanent 18 °C, Führungen 9–18.30 (oder 19, im Winter 10–16.30 Uhr)

Reiseinformationen von A bis Z

Ein Nachschlagewerk – von A wie Anreise über N wie Nachtleben bis Z wie Zeit – mit vielen nützlichen Hinweisen, Tips und Antworten auf Fragen, die sich vor oder während der Reise stellen. Ein Ratgeber für die verschiedensten Reisesituationen.

Anreise

■ ... mit dem Flugzeug

Weder die Lufthansa noch Olympic Airways fliegen im Linienverkehr direkt nach Kreta. Doch da die Grenzen zwischen Linien- und Charterflügen nahezu aufgehoben sind, kann man bei fast allen Charterfluggesellschaften – z. B. Condor, LTU, Aero Lloyd – Einzelplätze buchen, also wie bei Linienflügen Flugtickets ohne Unterkunft. Das Angebot ist riesig, die Preise differieren von Fluggesellschaft zu Fluggesellschaft und je nach Saisonzeit sehr stark. Der größte Teil der Flugverbindungen geht von fast allen deutschen Flughäfen nach Iraklion, der geringere Teil verbindet deutsche Flughäfen mit Chania.

Wer die Anreise über Athen – ebenfalls mit Charterfluggesellschaften bzw. mit Lufthansa oder Olympic Airways – wählt, kann tägl. mit Olympic Airways, Cronus und Aegean Airlines nach Iraklion und Chania weiterfliegen, 2 x in der Woche gibt es auch eine Verbindung nach Sitia.

■ ... mit dem Auto

Die Pkw-Anreise auf dem Landweg nach Griechenland ist wegen der Kriegsfolgen im ehemaligen Jugoslawien immer noch mühsam und zeitlich schwer zu kalkulieren. Möglich ist derzeit eine Anreise über Serbien/Mazedonien oder Rumänien/Bulgarien, von der aber wegen Visapflicht und Transitgebühren (Serbien) sowie langen Wartezeiten an den Grenzübergängen abzuraten ist.

Statt dessen sei für Autoreisen nach Griechenland die Kombination mit italienischen Fährschiffen ab Ancona, Bari bzw. Brindisi empfohlen (s. S. 290). Genaue Informationen und Streckenkarten können vorab bei einem der nachstehend aufgeführten Automobilclubs angefordert werden:

Allgemeiner Deutscher Automobilclub (ADAC)
Am Westpark 8
81373 München
Tel. 0 89/7 67 60
Fax 76 76 25 00
www.adac.de

auto club europa (ACE)
Schmidener Str. 233
70374 Stuttgart
Tel. 07 11/5 30 32 88
Fax 01 82/33 66 78

Automobilclub von Deutschland (AvD)
Lyoner Str. 16
60528 Frankfurt/Main
Tel. 0 69/6 60 60
Fax 6 60 67 89

Deutscher Touring Automobil Club (DTC)
Amalienburgstr. 23
81247 München
Tel. 0 89/76 76 36 34

Kraftfahrer-Schutz (KS)
Uhlandstr. 7
80336 München
Tel. 0 89/53 98 10
Fax 53 98 12 50

Verkehrsclub Deutschland (VCD)
Eifelstraße 2
53119 Bonn
Tel. 02 28/98 58 50
Fax 9 85 85 10

Die wichtigsten Daten und Verkehrsvorschriften für die Transitländer Österreich, Schweiz und Italien können erfragt werden für ...

... Österreich:
Österreichischer Automobilclub (ÖAMTC)
A-1010 Wien
Schubertring 1–3
Tel. 01/71 19 90, Fax 7 13 18 07
Pannenhilfe: Tel. 1 20
Höchstgeschwindigkeiten: in Ortschaften 50 km/h, auf Landstraßen 100 km/h, auf der Autobahn 130 km/h.

... die Schweiz:
Touring-Club der Schweiz (TCS)
CH-1211 Genf 3
9 rue Pierre-Fatio
Tel. 0 22/4 17 27 27, Fax 4 17 22 02
Pannenhilfe: Tel. 1 40
Höchstgeschwindigkeiten: außerhalb von Ortschaften 80 km/h, auf Schnellstraßen 100 km/h, auf Autobahnen 120 km/h.

... Italien:
Automobile Club d'Italia (ACI)
I-00185 Rom
Via Marsala 8
Tel. 06-4 99 81, Fax 06-49 98 24 69
Pannenhilfe: Tel. 1 16
Höchstgeschwindkeiten: außerhalb von Ortschaften 90 km/h, auf Schnellstraßen 110 km/h, auf Autobahnen 130 km/h.

■ **... mit dem Bus**
Eine weitere Möglichkeit der Anreise ist die Fahrt mit dem **Europabus.** Dieser fährt von über 20 deutschen Städten über Italien (mit Fährverbindung) oder direkt über Land nach Griechenland (Thessaloniki/Athen). Diese Reise ist zweifellos sehr strapaziös, aber vergleichsweise kostengünstig. Die Fahrt von Frankfurt/Main nach Athen beispielsweise dauert etwa zweieinhalb Tage. Bei der Italien-Route sind die Kosten für die Fähre nicht im Preis enthalten. Buchung und Informationen bei:
Deutsche Touring Gesellschaft
Am Römerhof 17
60486 Frankfurt/Main
Tel. 0 69/79 03 50, Fax 7 90 32 19

■ **... mit der Bahn**
Es gibt mehrere Möglichkeiten, Griechenland mit der Bahn zu erreichen. Eine Verbindung besteht über die Strecke München–Wien–Budapest–Belgrad nach Athen. Eine andere Zugstrecke führt über München und den Brenner zum italienischen Fährhafen Brindisi und weiter mit Fährverbindung via Patras nach Athen. Auf beiden Strecken können Schlaf- oder Liegewagen gebucht werden. Eine Alternative ist die Fahrt mit dem Autoreisezug nach Österreich, Slowenien oder Italien mit anschließender individueller Weiterreise.

■ **... mit dem Schiff**
Von Italien aus existieren mehrere Fährverbindungen ab Ancona, Bari und Brindisi nach Griechenland. Die Zielhäfen Patras und Igoumenitsa werden sowohl direkt wie über die Ionischen Inseln angesteuert. Iraklion wird ab Ancona direkt angelaufen. Die wichtigsten Reedereien sind Agoudimos Lines, Anek Lines, Avontale Navigation, Blue Star Ferries, HML, Medlink Lines, Minoan Lines, Superfast Ferries und Ventouris Ferries.

Ganzjährig verkehren Fähren von Anek Lines, Minoan Lines und Cretan Ferries von Piräus nach Iraklion und Chania, nicht ganz so häufig ist die Fährverbindung zwischen Piräus und Rethymnon. Auch kleinere Städte wie Sitia haben Fährverbindungen nach Piräus, aber mit deutlich dünnerem Fahrplan.

Darüber hinaus existieren zahlreiche Fährverbindungen zwischen Kreta und den griechischen Inseln. Eine gute Übersicht über alle Fährverbindungen bietet das Handbuch ›Fähren in Europa‹. Es kann in jährlich aktualisierter Fassung beim **Gerd Achilles Verlag,** Postfach 10 61 04, 20042 Hamburg, zum Preis von 14 € bestellt werden. Aktuelle Fährverbindungen können auch unter folgenden Internetadressen erfragt werden: www.ocean24.com, www.kreta.de, www.gnto.gr (Homepage der Griechischen Zentrale für Fremdenverkehr Athen, in Englisch). Trotzdem ist es empfehlenswert, sich vor der Abreise bei den Reedereien über genaue Abfahrtszeiten zu erkundigen, da sich diese häufig ändern. Während der Hauptreisezeit wird dringend eine Vorbuchung empfohlen.

Adressen der wichtigsten Buchungsagenturen in Deutschland:
Anek Lines bei **Ikon-Reiseagentur**
Schwanthaler Str. 31
80336 München
Tel. 0 89/5 50 10 41, Fax 59 84 25
oder bei
Viamare Seetouristik
Apostelnstr. 9
50667 Köln
Tel. 02 21/2 57 37 81, Fax 2 57 36 82
Marlines bei **Euronautic Tours**
Fürther Str. 46
90429 Nürnberg
Tel. 09 11/26 90 40, Fax 26 89 83
Minoan bei **Seetours International**
Seilerstr. 23
60313 Frankfurt/Main
Tel. 0 69/13 33-2 62, Fax 1 33 32 54
Rethymniaki S.A.
Odos Arkadiou 250
GR-74100 Rethymnon/Kreta
Tel. 00 30-8 31/2 92 21, Fax 00 30-8 31/2 15 19

Auskunft

Die Zweigstellen der **Griechischen Zentrale für Fremdenverkehr** (GZF) in Deutschland, Österreich und der Schweiz verschicken Prospekte und Broschüren (z. B. ein Hotelverzeichnis oder einen Prospekt zum Griechenlandangebot deutscher Reiseveranstalter). Auch individuelle Anfragen werden beantwortet – zumindest dann, wenn man hartnäckig bleibt. Zuschriften an folgende Adressen ...

■ ... **der GZF in Deutschland**
Direktion Frankfurt
Neue Mainzer Str. 22
60311 Frankfurt
Tel. 0 69/23 65 61–63
Fax 23 65 76
www.gnto.gr,
info@gzf-eot.de
Büro Berlin
Wittenbergplatz 3a
10789 Berlin
Tel. 0 30/2 17 62 62 62
Fax 2 17 79 65
info-berlin@gzf-eot.de
Büro Hamburg
Neuer Wall 18
20354 Hamburg
Tel. 0 40/45 44 98
Fax 45 44 04
info-hamburg@gzf.eot.de
Büro München
Pacellistr. 5
80333 München
Tel. 0 89/22 20 35 36
Fax 29 70 58
info.muenchen@gzf.de

■ ... **der GZF in Österreich**
Opernring 8
1010 Wien
Tel. 01/5 12 53 17
Fax 5 13 91 89
grezt@vienna.at

■ ... **der GZF in der Schweiz**
Löwenstr. 25
8001 Zürich
Tel. 01/2 21 01 05
Fax 2 12 05 16
eot@bluewin.ch

■ ... **auf Kreta**
Iraklion:
gegenüber dem Eingang des Archäologischen Museums
Tel. 08 10-22 85 25
Agios Nikolaos:
am Voulismeni-See,
Akti Koundourou 20,
Tel. 0 84 10-2 23 57
Ierapetra:
beim Rathaus,
Tel. 0 84 20-2 25 60, 0 84 20-2 87 21
Sitia:
Iroon Polytechniou-Platz,
Tel. 0 84 30-2 83 00
Rethymnon:
an der Uferpromenade,
Tel. 0 83 10-2 91 48
Chania:
Kriari-Str. 40,
Tel. 0 82 10-4 26 24

■ **Diplomatische Vertretungen Griechenlands …**
… in Deutschland:
An der Marienkapelle 10
53179 Bonn
Tel. 02 28/8 30 10
Fax 35 32 84

… in Österreich:
Argentinierstr. 14
1040 Wien
Tel. 01/5 05 57 91
Fax 5 05 62 17

… in der Schweiz:
Jungfraustr. 3
3005 Bern
Tel. 0 31/3 52 16 37/38
Fax 3 52 05 57

■ **Diplomatische Vertretungen Deutschlands, Österreichs und der Schweiz …**
… in Griechenland
Botschaft der Bundesrepublik Deutschland
Leoforos Vass. Sofias 10
15124 Athen-Amaroussio
Tel. 0 10-7 28 51 11
Botschaft der Republik Österreich
Leoforos Alexandras 26
10683 Athen
Tel. 0 10-8 21 10 36
Botschaft der Schweiz
Iassiou 2
11521 Athen
Tel. 0 10-7 23 03 64

… auf Kreta
Honorarkonsulat der Bundesrepublik in Iraklion
Papalexandrou 16
71110 Iraklion
Tel. 08 10-22 62 88;
… in Chania
Daskalogianni 64
73100 Chania
Tel. 0 82 10-5 79 44.
Honorarkonsulat der Republik Österreich und der Schweiz in Iraklion
Dedalou 36
71110 Iraklion
Tel. 08 10-24 21 06
Dieses Konsulat besitzt keine Paß- und Sichtvermerkbefugnis, d. h. es darf weder Pässe noch Visa ausstellen.

Behinderte

Wie in vielen anderen Mittelmeerländern darf man auch auf Kreta keine behindertengerechte Infrastruktur erwarten. Die offene Hilfsbereitschaft der Einheimischen sowie ein ungehemmter, selbstverständlicher Umgang mit Behinderten kann freilich über so manche Hürde hinweghelfen.

Angepaßte Mietautos sind nicht, Personal für Diabetiker und Schonkost sind nur schwer zu bekommen. Lokale Betreuer können unter Umständen vom Reiseveranstalter organisiert werden. Angebote für weitgehend behindertengerechte Unterkünfte können in **TUI-Reisebüros** und beim Spezialveranstalter **rfb-Touristik** (Nikolaus-Otto-Str. 6, 40670 Meerbusch, Tel. 0 21 59/52 08 60) erfragt werden.

Diebstahl

Die Zeiten, in denen man sich in Griechenland darauf verlassen konnte, nicht bestohlen zu werden, sind vorbei. Übertriebenes Mißtrauen ist nicht angebracht, doch sollten einige grundsätzliche Vorsichtsmaßnahmen beachtet werden. Dazu gehört unbedingt, Gepäck nicht unbeaufsichtigt herumstehen zu lassen und, soweit möglich, Wertsachen im Hotelsafe zu deponieren. Auf gar keinen Fall sollten Wertsachen im Auto liegen bleiben. Zur Ehrenrettung der Kreter muß allerdings gesagt werden, daß auf Kreta im Durchschnitt immer noch weniger gestohlen wird als in vielen anderen Touristenregionen. Aber jeder Urlauber sollte bedenken: Gelegenheit macht Diebe.

Einreise- und Zollbestimmungen

■ Personaldokumente

Griechenland ist dem Schengener Abkommen beigetreten, so daß bei der Ein- und Ausreise neuerdings weder Reisepaß noch Personalausweis erforderlich sind. Die Paßkontroll-Counter auf den Flughäfen sind abgebaut worden. Allerdings empfiehlt es sich, ›für alle Fälle‹ einen Ausweis bei sich zu führen, zumal er häufig in Hotels als Pfand hinterlegt werden muß. Für die Anreise über Bulgarien, Rumänien und Serbien benötigt man Reisepaß und entsprechende Visa.

Für die **Einreise mit dem eigenen Kraftfahrzeug** werden Führerschein und Fahrzeugschein benötigt. Das Mitführen der Internationalen Grünen Versicherungskarte ist dringend zu empfehlen, da sie bei Unfällen und Verkehrskontrollen oft verlangt wird. Andernfalls muß an der Grenze eine Kurzhaftpflichtversicherung abgeschlossen werden.

■ Zollvorschriften

Griechenland ist Mitglied der EU, d. h. im privaten Reiseverkehr dürfen Waren zum eigenen Verbrauch in unbegrenzter Menge mitgeführt werden. Folgende **Richtmengen** wurden zur Abgrenzung gegen gewerbliche Einfuhren festgelegt: 400 Zigarillos, 800 Zigaretten, 200 Zigarren, 1000 g Rauchtabak, 10 l Spirituosen, 20 l Zwischenerzeugnisse, 90 l Wein (davon maximal 60 l Schaumwein) und 110 l Bier. Diese Angaben gelten ausschließlich für eingeführte Waren aus EU-Mitgliedsstaaten, aber nicht für Einkäufe in Duty-Free-Läden.

Die **Ausfuhr** jedweder antiker Gegenstände, ganz egal ob gekauft oder gefunden, ist strengstens verboten. Dazu zählen auch kleinste Scherben. Die Strafen sind extrem hoch!

■ Duty-Free

Die Einfuhr zollfrei eingekaufter Waren wird auf folgende **Höchstmengen** begrenzt: 200 Zigaretten oder 100 Zigarillos oder 50 Zigarren oder 250 g Rauchtabak, 2 l nicht schäumende Weine, 1 l Spirituosen, 50 g Parfüm, 0,25 l Toilettenwasser und 500 g Kaffee.

■ Hunde und Katzen

Hunde und Katzen können mit einer Tollwutimpfbescheinigung (mindestens 15 Tage und höchstens 12 Monate alt) und einem amtstierärztlichen Gesundheitszeugnis einreisen. Beide Bescheinigungen müssen im Internationalen Impfpaß eingetragen sein.

■ Mobiltelefone

Telefonieren mit deutschen Mobiltelefonen ist im D1- und D2-Netz möglich, allerdings muß mit ›blinden Flecken‹ in den Netzen gerechnet werden.

Elektrizität

Auf Kreta – wie in ganz Griechenland – gibt es **220 V Wechselstrom** (lediglich auf Fähren findet man mitunter 110 V Gleichstrom). Die meisten griechischen Steckdosen sind nur für flache Euro- und nicht für Schuko-Stecker passend; für Geräte mit Schuko-Stecker benötigt man einen Adapter (**Südeuropastecker**).

Essen und Trinken

Die kretische Küche unterscheidet sich nicht wesentlich von der griechischen. Der Tourismus hat zudem dazu geführt, daß auf Kreta immer weniger **traditionell-bäuerliche Gerichte** und mehr und mehr internationale Einheitsküche serviert wird. Die Auswahl ist oft geringer als in griechischen Restaurants in Deutschland. Wer sich allerdings etwas umschaut, kann abseits der Touristenzentren durchaus noch Tavernen mit ursprünglicher Küche entdecken. Diese basiert meist auf Hammel-, Lamm- oder Ziegenfleisch, das mit viel Olivenöl so einfach wie schmackhaft zubereitet und häufig lauwarm serviert wird (s. auch S. 68).

Ein typisch **griechisches Frühstück** besteht aus einer Tasse Kaffee und einem Zwieback. Mittlerweile wird den Touristen aber fast überall ›Continental Breakfast‹ (Brötchen, abgepackte Butter und Marmelade) oder ›English Breakfast‹ (gebratener Schinken oder Speck mit Spiegelei) offeriert. Viele Tavernen öffnen deshalb schon morgens. Dazu kann man zwischen dem allgegenwärtigen **Nescafe** oder dem traditionellen **kafes ellenikos** wählen. Letzterer wird im Stielkännchen mit Zucker mehrmals aufgekocht und mit Kaffeesatz serviert. Man kann bei der Bestellung wählen zwischen **skettos** (»ohne Zucker«), **metrios** (»mittelsüß«) und **glikos** (»süß«). Dazu wird ein Glas Leitungswasser serviert, daß man ohne Bedenken trinken kann.

Für den Hunger zwischendurch hat sich auch auf Kreta eine Vielzahl von **Snackbars und Pizzerien** etabliert. Empfehlenswerter ist ein Gyros (Brot mit Fleisch und Salatfüllung, ähnlich dem türkischen Kebab), das an Straßenständen oder auf Märkten angeboten wird.

Eine Institution der griechischen Männergesellschaft ist das **Kafenion**, eine Mischung aus Café und Kneipe. Hier treffen sich fast ausschließlich Männer – weibliche Besucher sind in der Regel Touristinnen –, obwohl Frauen der Zutritt nicht verwehrt wird. Außer Getränken werden in der Regel nur kleine Appetithappen serviert. Es gibt Übergangsformen vom Kafenion zur Taverne, in denen man auch eine Kleinigkeit essen kann.

Das **Mittag- oder Abendessen** kann man in einer Taverne oder einem Restaurant einnehmen. Zwischen beiden gibt es kaum Unterschiede. **Tavernen** sind meist etwas billiger, der Umgang ist ungezwungener, die Einrichtung ist spartanischer. Früher war es hier üblich, daß die Gäste selbst in der Küche das Gewünschte nach Augenschein auswählten. Diese nützliche Sitte, die auch mühelos Sprachschwierigkeiten überwand, bildet heute eher die Ausnahme. Meist kommen alle Speisen zusammen auf den Tisch. Will man bestimmte Gerichte nacheinander essen, sollte man sie auch getrennt bestellen. Bei einem typisch griechischen Essen werden alle Gerichte in die Mitte gestellt, so daß jeder direkt zulangen kann. Dazu, davor und danach trinkt man reichlich Wein und Ouzo (Anisschnaps) mit oder ohne Wasser. Man prostet sich häufig zu und wünscht sich Gesundheit: **»Jamas«**.

Die **Restaurants** sind ebenso wie die Hotels von der griechischen Tourismusbehörde EOT in Kategorien eingeteilt worden und werden von der Marktpolizei kontrolliert. Sie müssen eine Speisekarte aushändigen, die auch häufig in Englisch oder Deutsch verfaßt ist. Werden tiefgefrorene Gerichte, z. B. Fisch, serviert, muß das auf der Speisekarte angegeben werden. Vegetarische Gerichte werden mittlerweile häufiger angeboten und entsprechend gekennzeichnet. Bedienungsgeld ist gesetzlich vorgesehen und wird auf der Rechnung ausgewiesen. Zusätzlich sollte man ein paar Münzen als Trinkgeld auf dem Tisch liegen lassen (s. S. 61).

Trotz steigender Preise hat sich gerade in den **touristischen Hochburgen** der Service nicht verbessert. In der Hochsaison sind mürrische Kellner keine Seltenheit. Besucht man hingegen Lokale, in denen auch Einheimische essen, überraschen einen häufig die Freundlichkeit und Aufmerksamkeit gegenüber Gästen. Hier ist auch das Preisniveau im allgemeinen etwas niedriger. Aber auch hier ist es üblich, das Essen lauwarm zu servieren. Viele Hotels haben kein Restaurant. In den größeren Hotels sind die Restaurants meist öffentlich. Hier gibt es, im Gegensatz zu den meisten Straßenrestaurants, auch regelrechte Menüs. Es empfiehlt sich, höchstens **Halbpension** zu buchen, da sehr viele Hotels nur einfallslose internationale Einheitskost und so gut wie überhaupt kein landestypisches Essen anbieten. Oft werden Buffets aufgebaut, von denen man dann das auswählen kann, worauf man Appetit hat.

Griechische **Lebensmittelläden** bieten ein ausreichendes Sortiment internationaler und landestypischer Waren. In den Städten, größeren Orten und Touristenzentren gibt es immer mehr Supermärkte mit einem ähnlichen Warenangebot wie bei uns. Preisvergleiche lohnen sich immer. Außerdem gibt es noch Läden, die sich mit unseren **Bäckereien** vergleichen lassen

(artopolion) und **Milchläden (galktopolion)**, die alles verkaufen, was man für ein Frühstück in unserem Sinne braucht. In sehr kleinen Orten sind Krämerladen und Kafenion häufig identisch. Die Öffnungszeiten verlängern sich dementsprechend (s. S. 298).

Märkte sind auf Kreta nicht so verbreitet, wie man es in einem südlichen Land erwarten würde. In Iraklion gibt es eine Marktstraße (Odos 1866), in Chania eine Markthalle (Platia Sofokli Venizelou), deren Ladenstände mehrmals wöchentlich geöffnet sind. In Agios Nikolaos (Odos Konstantinou Paleologou), Iraklion (Uferstraße am Fährhafen/keine Lebensmittel), Mires (an der Hauptstraße), Rethymnon (Odos Dimitraki) und Sitia (Odos Plastira) gibt es weitere Straßenmärkte.

An den Ausfallstraßen, aber auch mitten im Land stehen häufig **Straßenstände**, die Obst und Gemüse, vor allem aber Melonen anbieten. Heranbrausende Autofahrer werden hier urplötzlich von wildwinkenden Frauen aufgeschreckt, die so ihre Ware an den Mann oder die Frau bringen wollen.

Kioske sind eine griechische Institution. Es gibt sie fast überall, teilweise haben sie bis zu 18 Std. am Tag geöffnet. Sie sind zwar keine Verpflegungsstation, aber man kann dort nach Geschäftsschluß noch erstaunlich viel bekommen: Schokolade und Bonbons, Zigaretten und Feuerzeuge, Aspirin und Pflaster, auch Hygieneartikel – kurioserweise auch Pornohefte völlig ohne Verpackung und Aufkleber. Ein Kiosk **(peripteron)** ist also praktisch ein kleines Warenhaus. Häufig gibt es hier auch ein Telefon mit Zähler, von dem man sogar Auslandsgespräche führen kann.

Feste und Feiertage

An nationalen Feiertagen sind Behörden und Geschäfte geschlossen, z. T. auch Museen.

■ Feste Feiertage

1. Januar	Neujahr
6. Januar	Heilige Drei Könige *(Epiphanias;* Geschäfte sind geöffnet)
25. März	Nationalfeiertag: Erinnert wird an den Beginn des Befreiungskrieges 1821
1. Mai	Tag der Arbeit *(Protomaja)*
15. August	Mariä Entschlafung *(Kimesis tou Theotokou):* Im Unterschied zur römisch-katholischen Kirche erkennt die Orthodoxie die leibliche Himmelfahrt Mariens nicht als Dogma an.
28. Oktober	Nationalfeiertag: Erinnert wird an das historische »Nein« *(Ochi)* des griechischen Diktators Metaxas gegenüber dem von Mussolini 1940 gestellten Ultimatum. Infolge des italienischen Einmarsches trat Griechenland an der Seite der Alliierten in den Krieg gegen die Achsenmächte Deutschland und Italien ein.
24. Dezember	Heiligabend *(Paramoni Christoujennon;* halbtägiger Feiertag)
25. Dezember	Weihnachten *(Christoujenna)*
31. Dezember	Silvester *(Vradi tis Protochonjas;* halbtägiger Feiertag)

■ Bewegliche Feiertage und lokale Feste

Die Termine für **Karfreitag** *(Megali Paraskevi)*, **Ostern** *(Paska)* und **Pfingstmontag** *(Deftera tis Pendikosti)* variieren von Jahr zu Jahr.

Orthodoxe Ostertermine: 2002: 5./6. Mai; 2003: 27./28. April; 2004: 11./12. April.

Orthodoxes Pfingsten: 2002: 23./24. Juni; 2003: 15./16. Juni; 2004: 30./31. Mai.

Besonders erlebnisreich können lokale **Kirchweihfeste** *(panigiria)* sein, die jeweils am Patronatstag der oder des Heiligen einer Kapelle oder Kirche begangen werden. Entsprechende Hinweise

finden Sie an Ort und Stelle im Reiseteil. Darüber hinaus seien folgende Feste von überregionaler Bedeutung empfohlen:
Ende Juni bis Mitte September: Iraklion-Festival mit viel Musik und Folklore, Theater- und Ballettaufführungen
Zweite Julihälfte: Weinfestival in Rethymnon
Juli und August: Musikfestival in Agios Nikolaos
13.–15. August: Sultaninenfest in Sitia
Zweite Augusthälfte: Renaissance-Festival in Rethymnon
Ende August: Traubenfest in Perama an der Nordküste
25. August: Fest des hl. Titus mit Prozessionen in Iraklion und Gortys

FKK

Mittlerweile gibt es auf Kreta einige wenige offizielle und ein paar inoffizielle FKK-Strände. ›Oben-ohne‹-Baden ist an den meisten Hotelstränden üblich. Nacktbaden ist strikt verboten und stößt auch bei der Bevölkerung auf Ablehnung. Vor allem in der Nähe griechischer Familien sollte man darauf verzichten und sich auf wirklich einsame Gegenden beschränken. Allerdings interpretieren griechische Männer das Nacktbaden von Frauen oft als Hinweis auf weitergehende Freizügigkeit.

Frauen allein unterwegs

Alleinreisende Frauen sollten Fahrten per Anhalter vermeiden. Das Tragen von lokkerer und legerer Sommerkleidung ist im Sommer auf Kreta selbstverständlich. Allerdings ist die Grenze zu dem, was die einheimische Bevölkerung als aufreizend oder gar unanständig empfindet, fließend. **Auf dem Lande** sollte man sich eher an den Einheimischen orientieren und allzu Auffälliges vermeiden. Auch **bei Kirchenbesuchen** ist Zurückhaltung in der Kleidung angebracht (s. S. 61).

Bei **aufdringlicher Anmache** hilft nur ein unmißverständliches, energisches »Nein« *(ochi)*. Selbst dort, wo Sprachbarrieren nicht im Weg stehen, sind Diskussionen oder Belehrungen zwecklos und ermuntern die Griechen eher zu weiteren Annäherungsversuchen.

Der einzige Veranstalter in Deutschland, der **ausschließlich Reisen für Frauen** anbietet, darunter auch eine Kreta-Reise, ist das gemeinnützige Unternehmen *Frauen unterwegs – Frauen Reisen* (Potsdamer Straße 139, 10783 Berlin, Tel. 0 30/2 15 10 22; Fax 0 30/2 16 98 52, www.frauenunterwegs.de).

Fremdenführer

Griechische Fremdenführer gelten aufgrund ihrer gründlichen und qualifizierten Ausbildung als hervorragend. Bei Rundreisen oder auf Ausflügen auf Kreta werden Teilnehmer in aller Regel fachkundig und zuverlässig informiert. Eine stundenweise Beschäftigung einer Fremdenführerin – 95 % der kretischen ›guides‹ sind Frauen – durch private Urlauber ist nicht möglich. Nur am Eingang von Knossos warten zu diesem Zweck einige wenige Führer auf Kunden: Branchenintern genießen diese ›guides‹ aber keinen guten Ruf.

Geld und Banken

Auch Griechenland hat den **Euro** eingeführt (allerdings ist der Umrechnungskurs wesentlich komplizierter als in Deutschland: 1 € entspricht 340 Drachmen).

■ Banken

(ΤΡΑΠΕΖΑ, *trapesa*) haben Mo–Do 8–14 Uhr geöffnet, Fr nur bis 13.30 Uhr. In vielen Orten können an Bankautomaten mittels EC-Karten Euro gezogen werden; bei Ausnutzung der Höchstgrenze sind die Gebühren vergleichsweise niedrig.

■ Kreditkarten

Die gängigen Kreditkarten werden von vielen Geschäften, Hotels und Restaurants der gehobenen Kategorie akzeptiert. **Notrufnummern** bei Verlust von Scheck- und Kreditkarten (dt. Vorwahl 00 49):

Euroscheck und -karte Tel. 0 69/74 09 87
American Express Tel. 0 69/75 76 10 00
Diners Club Tel. 0 69/26 03 50
Eurocard Tel. 0 69/79 33 19 10
Visa Cards: keine zentrale Notrufnummer

Gesundheit

■ Vorsorge und Reiseapotheke

Besondere Gefahren durch Seuchen, vergiftetes Trinkwasser oder wilde Tiere gibt es auf Kreta nicht. Die Reiseapotheke sollte aber auf jeden Fall ein ausreichendes **Sonnenschutzmittel** und ein Mittel gegen **Darmverstimmung** (plus Glukose-Elektrolyt-Mischung gegen Flüssigkeitsverlust) enthalten. Empfehlenswert ist auch ein **Insektenschutzmittel**. Auf Kreta kann man in Supermärkten und an Kiosken neben den handelsüblichen Lotions und Cremes auch *Mosquito coils* kaufen. Das sind Räucherringe, durch deren Abbrennen man Mücken fernhalten kann. **Impfungen** sind nicht vorgeschrieben. Empfohlen wird ein Tetanus/Polio-Schutz.

Vor Reiseantritt sollte bei der Krankenkasse ein sogenannter **Anspruchsausweis E 111** besorgt werden. Das ist kein Krankenschein, sondern eine Bescheinigung. Diese muß zusammen mit Personalausweis oder Reisepaß bei der griechischen Sozialversicherungsanstalt I.K.A. vorgelegt werden, um dort ein für ganz Griechenland geltendes »Krankenanspruchsheft« ausgehändigt zu bekommen. Mit diesem können dann folgende Sachleistungen kostenfrei in Anspruch genommen werden:

■ Ärztliche und zahnärztliche Behandlung

Die Behandlung ist kostenfrei, wenn sie bei einem Vertragsarzt der I.K.A. erfolgt. Ansonsten ist nach Vorlage der Artzrechnung und des Anspruchsheftes eine Kostenerstattung durch die I.K.A. möglich.

■ Stationäre Krankenhausbehandlung

Hält ein griechischer Arzt eine Krankenhausbehandlung für nötig, übernimmt die zuständige Zweigstelle der I.K.A. die Einweisung.

Die Hauptverwaltung der I.K.A. ist in Athen, Odos Agiou Konstantinou 8 (nahe Omonia-Platz). Auf Kreta gibt es mehrere Zweigstellen. Das Büro in Iraklion liegt in der Odos Monis Kardiotissis 31.

Wem das Verfahren mit dem Anspruchsausweis E 111 und der Übertragung durch die I.K.A. vor Ort zu umständlich und bürokratisch ist, sollte vor Reiseantritt einfach eine **Auslandskrankenversicherung** abschließen. Sie schützt gegen eventuelle Mehrkosten für ärztliche Behandlung, falls es Schwierigkeiten mit der Abrechnung geben sollte. (Arztrechnungen und Arzneiquittungen aufbewahren!) Außerdem wird im Notfall der Rücktransport kranker Urlauber übernommen – eine Leistung, die die Krankenkassen ausschließen. Angebote gibt es von Automobilclubs, Reiseveranstaltern und privaten Versicherungsunternehmen.

■ Apotheken

Apotheken (ΦΑΡΜΑΚΕΙΟΝ, *farmakion*) sind an einem Schild mit rotem oder blauem Malteserkreuz auf weißem Grund zu erkennen. Die Öffnungszeiten entsprechen den normalen Geschäftszeiten. In Iraklion können Apotheken mit **Nacht- oder Feiertagsdienst** unter der Telefonnummer 173 erfragt werden. In kleinen Dörfern erhält man Arzneimittel beim Arzt. Griechische Apotheken verfügen im allgemeinen über eine gute Auswahl, die meisten Medikamente gibt es rezeptfrei. Bei Rezepten von griechischen Ärzten muß man sich prozentual an den Kosten beteiligen. Wichtige, individuell benötigte Medikamente sollte man auf jeden Fall von zu Hause mitbringen. Deutsche Medikamente sind meist nur in geringer Auswahl zu bekommen.

■ Notfall und Krankenhaus

Im Notfall wendet man sich an einen Taxifahrer, einen Hotelier oder den Wirt eines Kafenion. Sie können helfen, den Arzt zu finden und den Notruf übernehmen.
Notruf Polizei: Tel. 100
Notruf Krankenwagen: Tel. 166

Notruf Feuerwehr: Tel. 199
Rettungsnotrufnummern von Griechenland nach Deutschland:
ADAC-Notrufzentrale München:
Tel. 00 49/89/22 22 22
Deutsche Rettungsflugwacht Stuttgart:
Tel. 00 49/7 11/70 10 70
DRK-Flugdienst Bonn:
Tel. 00 49/2 28/23 32 32
    Krankenhäuser gibt es in Iraklion (Tel. 08 10-22 22 22), Chania (Tel. 0 82 10-2 70 00), Rethymnon (Tel. 0 83 10-2 74 91), Agios Nikolaos (Tel. 0 84 10-2 23 69), Ierapetra (Tel. 0 84 20-2 24 88) und Sitia (Tel. 0 84 30-24 31 12). Auf dem Lande stellen sogenannte **Gesundheitszentren** *(kentra ygieias)* die ärztliche Versorgung sicher. Der medizinische Standard und die Qualifikation von Ärzten und Personal ist besser als der Ruf des griechischen Gesundheitswesens!

Kinder

Auf Kreta gibt es relativ wenige Einrichtungen für Kinder. Ausnahme sind z. B. die beiden Water-Parks an der Nordküste zwischen Iraklion und Limin Chersonissou mit Wasserrutschen und Planschbecken und ein sehr kleiner Kindervergnügungspark bei Chania. Im allgemeinen sind Griechen sehr kinderfreundlich, so daß in Hotels oder Restaurants keine Probleme zu erwarten sind. Erhebliche **Ermäßigungen für Kinder** gibt es in Museen, Verkehrsmitteln, Kinos usw. Besonders hingewiesen werden muß auf die Gefahren des Straßenverkehrs, da durch die meisten Touristenorte vielbefahrene Durchgangsstraßen führen. Fußgängerübergänge gibt es in kleineren Orten nicht.

Kur- und Heilbehandlung

In Chersonissos verfügt das Hotel *Creta Maris* über ein Health-Center, das zum ersten griechischen Zentrum für Naturmedizin ausgebaut werden soll. Auch das benachbarte *Chersonissos Palace* unterhält ein kleineres Gesundheitszentrum. Das *Creta Maris* bietet eine komplette Thalassotherapie (basierend auf der beruhigenden Wirkung von Meerluft und -wasser) zusammen mit weiterer Alternativ-Medizin und einem Beauty-Farm-Programm an. Die Gesundheitsangebote dienen eher der Vorsorge als der Heilung. Sie beinhalten Alternativmedizin für Knochenleiden, Homöopathie, Behandlung mit pflanzlichen Medikamenten, Akupunktur, Magnet- und Physiotherapie. Außerdem gibt es unterschiedliche Fitneß-Kur-Kombinationsangebote. Alle Leistungen werden von geschultem Fachpersonal betreut und können ganzjährig in Anspruch genommen werden.

Nachtleben

Abgesehen von den Hotelbars und oft bis in die Nacht reichenden Folklore-Veranstaltungen in den Hotels oder entsprechenden Ausflugslokalen beschränkt sich das kretische Nachtleben auf den Besuch von Kinos, Diskotheken und Musiklokalen.
    Filmvorführungen finden in vielen Orten im Sommer im Freien statt; dabei werden Filme im Original mit griechischen Untertiteln gezeigt. Lediglich das hoteleigene Freiluftkino des Hotels *Creta Maris* in Limin Chersonissou bringt auch Filme in deutscher Fassung.
    Diskotheken, die man in fast jedem Urlaubsort findet, dürfen wochentags bis 3 Uhr, freitags–sonntags bis 4 Uhr geöffnet halten. Der Eintritt variiert.
    Die **Musiklokale**, die in erster Linie von Einheimischen besucht werden, liegen an den Stadträndern (in Iraklion beispielsweise an der Straße Richtung Knossos). Sie verpflichten für ihre griechische Folklore-Darbietungen erstklassige Sänger. Der Eintritt ist meist frei, allerdings besteht Speise- und Getränkezwang; die servierten Menüs sind aber selten von guter Qualität.

Öffnungszeiten

Auf Kreta wie in ganz Griechenland sind sämtliche Öffnungszeiten häufigenÄnderungen unterworfen, so daß folgende Angaben nur als Orientierung gelten können. **Geschäfte** sind in der Saison Mo, Mi, Sa von 8–15 Uhr und Di, Do, Fr von 8–14 und von 17.30–20 Uhr geöffnet, im Winter Mo, Mi von 8.30–16, Sa von 8.30–15 Uhr, Di, Do, Fr von 8.30–14 und von 17–20 Uhr. **Banken** sind meist werktags von 8–14 Uhr geöffnet, einige auch an ein oder zwei Tagen nachmittags. In den Städten gibt es immer ein oder zwei wichtige **Postämter**, die von 7.30 Uhr bis mindestens 18 Uhr aufgesucht werden können, in kleineren Orten von 7.30–14 oder 15 Uhr.

Polizei

Die Polizei ist auf Kretas Straßen nur wenig präsent. **Verkehrsverstöße** werden – vor allem bei ausländischen Mietwagenfahrern – nur selten geahndet, die Strafen sind mäßig. Alkoholkontrollen gibt es kaum.

Der **Anzeige eines Diebstahls** geht die Polizei korrekt nach, allerdings sprechen nur sehr wenige Beamte eine Fremdsprache; vorbereitete Formulare in englisch oder deutsch gibt es nicht. Auch die Beamten der Touristenpolizei, die in größeren Städten Dienststellen unterhält, sprechen die Fremdsprache (meist Englisch, seltener Deutsch), die sie laut entsprechender Länderflagge am Revers beherrschen sollten, selten perfekt.

Beim Thema **Drogen** versteht die griechische Polizei keinen Spaß. Unterscheidungen zwischen weichen und harten Drogen werden nicht getroffen. Schon der Besitz von kleinsten Mengen Haschisch führt zu empfindlichen Haft- oder Geldstrafen.

Telefonnummern:
Iraklion: Tel. 08 10-82 24
Ag. Nikolaos: Tel. 0 84 10-2 22 51
Rethymnon: Tel. 0 83 10-2 73 33
Chania: Tel. 0 82 10-7 11 11

Post und Telefon

In den meisten Orten gibt es ein **Postamt** (ΤΑΧΥΔΡΟΜΕΙΟΝ, *tachidromion*) oder an Durchgangsstraßen steht ein Postcontainer. Das Hauptpostamt von Iraklion liegt an der Platia Daskalogianni und ist wochentags von 8–18 Uhr geöffnet. Post von Kreta nach Deutschland wird immer mit Luftpost befördert, ein spezieller Vermerk ist nicht nötig. An einigen Briefkästen gibt es getrennte Einwurfschlitze für **Inlandspost** *(esoteriki)* und **Auslandspost** *(exoteriki)*. Auf das Verschicken von Paketen sollte man auf Kreta verzichten. Es ist teuer und unzuverlässig.

In Griechenland gibt es eine eigenständige **Telefongesellschaft** (OTE). Auch einige Lebensmittelgeschäfte sind mit offiziellen OTE-Telefonen ausgestattet. Hotels, Reisebüros und Geschäfte verlangen z. T. erhebliche Aufschläge je Telefoneinheit. Für öffentliche Telefonzellen benötigt man **Telefonkarten**, die an Kiosken, in Supermärkten und Telefonämtern erhältlich sind. Vorbei sind die Zeiten, in denen man dutzende Male anrufen mußte, ehe nach ständigem Besetztzeichen eine Verbindung zustande kam: Die Kartentelefone funktionieren auch bei Auslandsverbindungen sehr gut.

In Griechenland ist es üblich, daß sich immer der Anrufer zuerst mit Namen meldet. Anrufe während der Mittagsruhe, d. h. zwischen 14 und 17 Uhr, gelten als unhöflich.

Die **Vorwahl-Nummern** von Griechenland lauten ...
... nach Deutschland: 00 49
... nach Österreich: 00 43
... in die Schweiz: 00 41

Die **Vorwahl von Deutschland nach Griechenland** ist 00 30.

Vorwahlnummern auf Kreta:
Agios Nikolaos 0 84 10, ab Okt. 2002
0 84 12
Chania 0 82 10, ab Okt. 2002
0 82 12

Ierapetra	0 84 20, ab Okt. 2002 0 84 22
Iraklion	08 10, ab Okt. 2002 08 12
Limin Chersonissou	0 89 70, ab Okt. 2002 0 89 72
Malia	0 84 10, ab Okt. 2002 0 84 12
Rethymnon	0 83 10, ab Okt. 2002 0 83 12
Sitia	0 84 30, ab Okt. 2002 0 84 32

Wichtig: Die Ortvorwahlen sind in Griechenland in die neuen Telefonnummern integriert worden. Diese bestehen aus der alten Ortvorwahl (mit der 0 davor, die nur bei Gesprächen aus dem Ausland weggelassen wird), einer dahinter gesetzten 0 (ab Oktober 2002: eine 2 statt der 0) und der alten individuellen Telefonnummer. Die komplette Nummer muss auch bei Anrufen im gleichen Ortsnetz gewählt werden.

Radio und Presse

■ Radio

Das deutsche Programm der *Deutschen Welle* ist ganztägig über die Kurzwellen-Frequenzen 6.075 khz und 9.545 khz zu empfangen. Zu jeder halben und vollen Stunde werden Nachrichten gesendet.

■ Zeitungen

Wer überregionale ausländische Zeitungen sucht, bekommt sie auf Kreta mühelos in den Städten und rund um die touristischen Zentren. Allerdings sind sie teuer und treffen in der Regel erst einen Tag nach dem Erscheinen ein.

Reisezeit und Kleidung

Die klimatisch beste Reisezeit für Kreta sind die Monate April, Mai und Juni. Die Durchschnittstemperaturen in diesem Quartal liegen zwischen 20 und 27 °C, die durchschnittlichen Meerwassertemperaturen zwischen 16 und 22 °C. Etwa ab April regnet es kaum noch, und die Temperaturen steigen schnell an. Juli und August sind die heißesten und trockensten Monate. An der Nordküste bringt der Nordwind *Meltemi* eine Erleichterung. Ab September bis in den November hinein wird das Klima wieder milder und angenehmer. Die Meerwassertemperaturen liegen in dieser Zeit noch zwischen 20 und 24 °C. Die Regenzeit nimmt wieder langsam zu. Der Winter auf Kreta ist mild, die Temperaturen fallen selten unter 0 °C, aber es regnet häufiger. Diese Jahreszeit eignet sich sehr gut für Wander- und Studienreisen.

Abgesehen von leichter Sommerkleidung darf auch in der wärmeren Jahreszeit ein warmer Pullover im Gepäck nicht fehlen. In Höhenlagen und in den Höhlen ist es auch im Juli recht kühl. Zu empfehlen sind feste, bereits eingelaufene Wanderschuhe, Sonnenbrille und Kopfbedeckung gegen die UV-Strahlung und für den Abend Kleidung, die möglichst den ganzen Körper bedeckt. Mücken sind auch auf Kreta eine Plage. Für den Winter sind warme, regenfeste Kleidung und in kleineren Hotels oder Privatunterkünften vorsichtshalber ein warmer Schlafsack angebracht.

Souvenirs

Gute **Lederwaren** (Taschen, Gürtel und Schuhe) werden relativ preiswert in allen Touristenorten und in besonders großer Auswahl in Iraklion, Rethymnon und Chania angeboten; auf den Märkten und im Straßenverkauf ist dabei Handeln an der Tagesordnung (s. S. 140f.). **Web- und Strickwaren** sowie Spitzen, Stickereien und Decken in allen Farben und Größen gibt es vor allem in Fodele, Anogia, Kritsa und auf der Lassithi-Ebene. Hier ist jedoch Vorsicht geboten: Viele der angeblich in mehrmonatiger Handarbeit hergestellten Stücke stammen aus Fernost und enthalten z. T. Synthetikzusätze.

Keramik erwirbt man am besten in den Töpferdörfern Thrapsano oder Margarites. Andere originelle Mitbringsel sind **Olivenöl** (am besten direkt vom Bauern), **Thymianhonig** (z. B. aus Imbros) oder die

Das Wetter auf Kreta

	Tages- temperatur °C	Nacht- temperatur °C	Wasser- temperatur °C	Regentage
Januar	15,6	8,7	16	12
Februar	16,2	8,8	15	7
März	17,1	9,6	16	8
April	20,1	11,6	16	4
Mai	23,7	14,8	19	2
Juni	27,5	19,1	22	1
Juli	29,0	21,3	24	0
August	29,2	21,7	25	0
September	26,6	19,1	24	2
Oktober	23,5	16,2	23	6
November	20,8	13,5	20	6
Dezember	17,4	10,8	17	10

Die Angaben gelten für den Ort Iraklion.
Es kann, vor allem bei der Wassertemperatur, von Ort zu Ort Unterschiede geben.

Tagestemperatur bedeutet:	mittlere Höchstwerte der Lufttemperatur
Nachttemperatur bedeutet:	mittlere Niedrigstwerte der Lufttemperatur
Wassertemperatur bedeutet:	durchschnittliches Monatsmittel der Wassertemperatur an der Wasseroberfläche
Regentage	sind Tage mit mindestens 1,0 mm Niederschlag

Höchste jemals in Iraklion gemessene Temperatur (16. 6. 1914): 45,7 °C
Niedrigste jemals in Iraklion gemessene Temperatur (28. 2. 1928): –0,1 °C

allgegenwärtigen **Spielkettchen** griechischer Männer, die *komboloia*. – Viele Orte auf Kreta scheinen auf den ersten Blick ausschließlich aus Souvenirläden zu bestehen. Kitsch und Imitationen machen dabei den Löwenanteil des Angebots aus.

Wer etwas mehr ausgeben will, kann beispielsweise zwischen **Siegelsteinen**, alten griechischen **Brotstempeln, Silber- und Goldschmuck** und einer Vielzahl von **Onyx-Souvenirs** wählen. Onyx ist eine Abart des Achats, die auf Kreta meist gelackt und nur selten geschliffen verkauft wird. Der Preis richtet sich nach Form, Farbe und Größe. Siegelsteine kosten bis zu 500 €. Brotstempel, die überall in Griechenland Sammlern angeboten werden, werden immer seltener und damit auch teurer. Die Preise liegen je nach Alter zwischen 50 und 100 €. Manchmal wird durch ein Bad in heißem Olivenöl künstliches Alter vorgetäuscht. Gold- und Silberschmuck wird nach Gewicht verkauft und ist noch wesentlich preiswerter als in Deutschland.

Sport

■ Angeln
Nach einer Lizenz zum Hochseeangeln kann man sich beim Hafenamt in Iraklion erkundigen, Tel. 08 10-24 49 56. Es gibt nur einen kleinen Süßwassersee bei Kournas, etwa 30 km westlich von Rethymnon. Über eventuelle **Angelsperren** gibt die Touristenpolizei in Rethymnon Auskunft, Tel. 0 83 10-2 81 56.

■ Radfahren
Sehr beliebt und wegen des hügeligen und gebirgigen Geländes auch praktisch

sind Mountainbikes. **Tagestouren** können auf Kreta bei *Hellas Bike Travel, Grecotel Rithymna Beach* (P.O. Box 23, 74100 Rethymnon, Tel. 0 83 10-7 10 01 und 0 83 10-7 11 68) gebucht werden. Auch viele andere Hotels veranstalten Touren. Unter den deutschen Reiseveranstaltern hat **Sport Scheck Reisen** (Nymphenburger Str. 1, 80335 München), Tel. 0 89/5 45 50-57, Fax 5 45 59-19) ›Mountainbike Erlebniswochen‹ sowie Tauchkurse im Angebot.

■ Reiten

Bei Amnissos gibt es ein Reitzentrum für Anfänger und Fortgeschrittene. Englischsprachige Lehrer geben hier Reitstunden. Das Zentrum ist ganzjährig geöffnet und organisiert auch ein- oder mehrtägige Touren in die Berge. Weitere Reitmöglichkeiten gibt es u. a. in Flamoriana, Kanderos und Sissi.

■ Schwimmen

Abgesehen vom offenen Meer gibt es auch einige **Strandbäder,** beispielsweise bei Iraklion, Rethymnon und Chania. Alle großen Hotels verfügen in der Regel über Swimmingpools.

■ Segeln

Sportsegelboote können auf Kreta gemietet werden. Auskunft über Kurse sind in den großen Hotels erhältlich. Die Einreise im eigenen Boot ist über Chania und Iraklion möglich: Hier gibt es Hafen-, Zoll- und Gesundheitsbehörden, bei denen die **Transitbescheinigungen für Jachten** *(Transit Log)* beschafft werden müssen. Nähere Auskünfte erteilen die Zweigstellen der Griechischen Zentrale für Fremdenverkehr (s. S. 291).

■ Surfen

Surfboards werden an vielen Stränden verliehen. Besonders empfehlenswert wegen der besseren Materialqualität sind die **Surf-Schulen** deutscher Sportreiseveranstalter (z. B. *Overschmidt International*, s. Wasserski). Gemäßigte Windverhältnisse gibt es im Sommer an der Nordküste, während Surfen an der Südküste eher für Fortgeschrittene ist.

■ Tauchen

Schnorcheln ist überall erlaubt. Das Tauchen mit Atmungsgeräten ist generell dort verboten, wo archäologische Schätze unter Wasser vorhanden sind bzw. vermutet werden. **Genehmigte Tauchzonen liegen im ...**

... Raum Chania: entlang der Küste von der Bucht Megalon Sfakou bis zur Bucht von Afrata auf Rodopos

... Raum Iraklion: in der Bucht von Fodele, am Kap Chersonissos, entlang der Küste nördlich von Gournes und am Kap Diakori

... im Raum Lassithi: an der Küste 500 m östlich vom Ort Pangea

... Raum Rethymnon: am Kap Korakios und westlich von Panormo.

Diese Bestimmungen können sich kurzfristig ändern. Auskünfte erteilen die Polizei, die Küstenwache und örtliche archäologische Dienste.

Unterwasserfischen mit Atmungsgeräten ist generell verboten. Ohne Atmungsgeräte dürfen nur Fische über 150 g Gewicht harpuniert werden. In Häfen und vor Badestränden ist das Unterwasserfischen untersagt. **Tauchbasen auf Kreta:** *Elounda Diving Centre Beach Hotel*, Tel. 0 84 10-4 14 12/3. *Diving Centre in Plakias*, Tel. 0 83 10-89 45 49.

■ Tennis

Größere Hotels verfügen über Tennisplätze in gutem Zustand und bieten auch Tennisunterricht an.

■ Wandern

Obwohl es auf Kreta nur wenige markierte Wanderwege gibt, ist die Insel durch ihre vielen Schluchten und Höhenzüge insbesondere zum Bergwandern sehr geeignet. Der Veranstalter *TUI* und verschiedene Spezialreiseveranstalter bieten entsprechende Arrangements an. Die *Alpinschule Innsbruck* (ASI), auch von der *TUI* angeboten, hat beispielsweise die größte Berghütte Griechenlands, die Kallergi-Hütte in den Weißen Bergen, im Programm. Von dort aus werden Wanderungen in die Weißen Berge unternommen. Von längeren Wanderungen ohne ortskundigen Führer sollte man absehen. Oft bieten auch große Hotels eigene organisierte Touren an.

Nähere Auskünfte erteilen die **Zweigstellen des Griechischen Bergsteigervereins** (EOS), Karageorgi Servias 7, GR-10563 Athen, Tel. 0 10-3 23 45 55 und 0 10-3 23 76 66. Zweigstellen existieren in Iraklion, Dikeosinis 53, Tel. 08 10-22 76 09, und in Chania, Tzanakaki 90, Tel. 0 82 10-2 46 47. Auskünfte über Spezialveranstalter erteilt auch die Griechische Zentrale für Fremdenverkehr (s. S. 291).

■ **Wasserski**

Fast alle großen Hotels und Strandanlagen verleihen Wasserskier und bieten Unterricht an, z. B. das **Kreta-Wassersport-Zentrum,** Hotel *Capsis Beach*, Agia Pelagia, Tel. 08 10-81 13 57, sowie Hotel *Elounda Mare*, Elounda, Tel. 0 84 10-4 18 12; Hotel *Chandris Crete*, Maleme, Tel. 0 82 10-6 22 21; *Overschmidt International, Grecotel Malia Park*, Gouves, Tel. 0 89 70-3 14 61, und *Grecotel Rithymna Beach*, Adele/Rethymnon, Tel. 0 83 10-7 10 02.

Strände

Die Nordküste Kretas bietet viele lange und ausgedehnte Strandabschnitte. Das Ufer ist meist sehr flach, so daß auch Kinder unbesorgt baden können. Gefährlich können allerdings **Strömungen** werden, nach denen man sich vor Ort erkundigen sollte. Im Sommer kann der *Meltemi* sehr stark werden. Das Meer an der Südküste bleibt dann ruhiger.

Mangels Bäumen oder sonstigem Bewuchs sind die meisten Strände ohne Schatten. Statt dessen werden überall neonbunte Sonnenschirme und -liegen vergleichsweise teuer vermietet. Die Strände sind in der Regel gut gepflegt, da die Betreiber der Verleihstellen zur Strandsäuberung verpflichtet sind. Auch die Hotelstrände sind sauber und gut gepflegt, die übrigens laut Gesetz jedermann zugänglich sein müssen.

Der **Norden** ist das Zentrum des Pauschaltourismus, in der Saison sind die Strände überfüllt. Bedingt durch den gewaltigen Bauboom werden häufig auch neue Strandabschnitte angelegt beziehungsweise aufgeschüttet. Leider werden in den letzten Jahren immer mehr Plastikmüll, Ölrückstände und Teer an die Küsten getrieben. In Stadtnähe fließen außerdem die Abwässer häufig noch ungeklärt ins Meer.

Die **Südküste** ist unzugänglicher. In die schroffe Felsküste sind, von Ausnahmen wie Ierapetra im Osten und Paleochora im Westen abgesehen, nur kleinere Buchten oder Strände eingelagert. Die touristische Erschließung schreitet auch hier stetig voran, so daß einsame und unbebaute Strandabschnitte immer seltener werden. Aber wer mobil und gut zu Fuß ist, kann hier noch relativ einsame Strände entdecken. Gleiches gilt für die **Westküste**. Das Übernachten oder Zelten an den Stränden ist übrigens generell verboten, das Nacktbaden ebenfalls (s. S. 296).

Toiletten

Toiletten sind in einfachen Restaurants und Tavernen – und vor allem auf dem Lande – nicht mit westeuropäischen Hygiene-Standards zu messen: Sie sind häufig verschmutzt oder verstopft. Seltener sind die früher üblichen Stehtoiletten mit Wasserspülung anzutreffen. Da die Abwasserleitungen wegen ihres geringen Querschnitts rasch verstopfen, ist es in Griechenland – selbst in vielen moderneren Hotels – üblich, das genutzte Toilettenpapier nicht in das Becken, sondern in bereitgestellte Eimer zu werfen.

Die meisten Toiletten sind mit Symbolen gekennzeichnet und nicht mit den Bezeichnungen ΑΝΔΡΩΝ (*andron*, »Männer«) bzw. ΓΥΝΑΙΚΩΝ (*jinekon*, »Frauen«).

Trinkgeld

In den Restaurantrechnungen ist ein Trinkgeld von 10–15 % bereits enthalten. Zusätzlich wird in touristischen Gegenden ein weiteres kleines Trinkgeld erwartet. Unbedingt bedenken sollte man den Gehilfen des Kellners, den *mikro*; für die kleinen Jungen, die den Gästen Besteck oder Wasser bringen, ist das Trinkgeld der einzige Verdienst. Trinkgelder sind ebenfalls üblich bei Taxifahrern, Portiers, Zimmermädchen, Friseuren und Platzanweiserinnen im Kino.

Unterkunft

■ Hotels

Die staatliche Tourismusbehörde EOT teilt sämtliche Hotels in die **Kategorien** Luxus, A, B und C ein. Die frühere Einteilung einfacherer Häuser, unseren Pensionen und einfacheren Gasthäusern vergleichbar, in die Kategorien C und D läuft aus; von der EOT werden keine neuen Lizenzen erteilt. In Zukunft sollen die einfacheren Hotels als *Rent Rooms* (»Zimmervermietung«) geführt werden. Die Kategorie-Einteilung soll demnächst durch ein internationales Sterne-System ersetzt werden. Die Einstufungen der EOT lassen sich ohnehin nicht immer nachvollziehen; während mit der Kategorie Luxus verschwenderisch umgegangen wird, hätte so manches C-Hotel eine höhere Einstufung verdient. Viele Hoteliers bevorzugen allerdings eine niedrigere Einstufung, weil sie auf der einen Seite dadurch Steuern sparen und auf der anderen Seite die Getränke im Hotel, deren Mindestpreise an die Kategorien gekoppelt sind, preiswerter anbieten können. Folgender **Preisrahmen** gilt für ein Doppelzimmer mit Frühstück für die Vor- und Nachsaison und für die Hauptsaison, wobei nur selten und das nur in ausgebuchter Hochsaison die Höchstpreise verlangt werden:

Luxus	75–225 €
Kat. A	45–125 €
Kat. B	35–50 €
Kat. C	20–45 €

Je nach Haus, Lage und Saison können auch wesentlich höhere Preise verlangt werden. Andererseits unterschreiten Hotels bei schwacher Auslastung auch mitunter den Preisrahmen; Pauschalreiseveranstalter buchen ohnehin zu weitaus niedrigeren Preisen.

Feriendörfer sind eine spezielle Unterkunftsform, die den Service und die Annehmlichkeiten großer Hotels mit den Vorteilen individuellen Wohnens verbinden. Auf Kreta gibt es beispielsweise das *Creta Maris* in Chersonissos (zu dem auch ein Hotel gehört), das *Alexander Beach* in Malia, *Zorbas Village* in Anissaras bei Chersonissos und die vor allem für Familien mit Kindern geeignete Anlage *Galeana* in Platanias bei Rethymnon.

■ Privatzimmer

Die Ausschilderung »Rent Rooms« gibt es in fast jedem auch noch so kleinen Ort. Ratsam ist es, sich das Zimmer zunächst anzusehen und sich vor einer Zusage über Vergleichspreise zu informieren. Oft läßt sich der Preis herunterhandeln. Die Qualitätsunterschiede sind sehr groß. Für ein gut ausgestattetes Doppelzimmer (ohne Frühstück) sind pro Nacht 20–30 € zu zahlen. Die fast 62 000 angemeldeten Betten in Privatzimmern werden von der EOT in Klassen von A bis C eingeteilt und kontrolliert. Darüber hinaus gibt es aber noch eine große Zahl nicht angemeldeter Privatzimmer.

Vorsicht ist bei Offerten geboten, die Reisenden gleich bei der Ankunft am Flughafen, Hafen oder von Taxifahrern gemacht werden: Diese Preise sind in der Regel überhöht. In größeren Orten sind die EOT-Auskunftstellen mit Zimmerlisten behilflich. In kleinen Orten erkundigt man sich am besten im Kafenion.

■ Ferienhäuser

Viele deutsche Reiseveranstalter bieten Ferienhäuser und Appartements auf Kreta an. Die Quartiere werden ebenfalls von EOT klassifiziert und kontrolliert. Auskünfte erteilen Reisebüros. Auf der Insel selbst gibt es ebenfalls mehrere Agenturen, die direkt an Urlauber vermieten. Eine davon, deren Inhaber fließend Deutsch spricht und sich bemüht, seinen Gästen Kreta möglichst unverfälscht zu vermitteln, ist der Veranstalter *Minotours Hellas* in GR-72100 Istro, Tel. 0 84 10-6 11 68, Fax 0 84 10-6 10 43. Die Spezialität seiner Firma sind einzelnstehende Villen und Landhäuser mit Komfort.

■ Camping

Die Campingplätze auf Kreta sind je nach Ausstattung in Kategorien von A bis D unterteilt. Die folgenden Plätze liegen entweder direkt oder in akzeptabler Nähe am Meer, betreiben ein Restaurant oder eine Bar, Schattenplätze, sind mit dem Bus erreichbar:

Ag. Nikolaos/Bezirk Lassithi: *Gournia Moon Camping*, 16 km östlich des Ortes, Tel. 0 84 20-9 32 43
Drapanias/Bezirk Chania: *Camping Nopigia*, 5 km östlich von Kastelli, Tel. 0 82 10-3 11 11
Gouves/Bezirk Iraklion: *Camping Creta*, 16 km östlich von Iraklion, Tel. 0 89 70-4 14 00
Pitsidia/Bezirk Iraklion: *Camping Comos*, 1,5 km von der Ortsmitte entfernt, Tel. 0 89 20-4 25 96
Sissi/Bezirk Iraklion: *Sissi Camping*, 8 km östlich von Malia (Steilküste), Tel. 0 84 10-7 12 47

■ Jugendherbergen

Kretas Jugendherbergen sind ganzjährig geöffnet. Ausländer dürfen zwar nur max. 5 Tage bleiben, aber eine Verlängerung um weitere fünf Tage ist nach eintägiger Unterbrechung möglich. Einige Anschriften:
Iraklion Youth Hostel: Vironos Straße 5, Tel. 08 10-22 29 47
Chania Youth Hostel: Drakonianou 33, Tel. 0 82 10-5 35 65
Sitia Youth Hostel: Therisou 4, Tel. 0 84 30-2 26 93
Für Übernachtungen in den Jugendherbergen Kretas ist ein **Ausweis des Deutschen Jugendherbergswerks** (DJH) oder eines anderen Verbandes, der Mitglied der *International Youth Hostel Federation* (YHF) ist, vorzulegen. Die Ausgabestellen für DJH-Ausweise können beim DJH-Hauptverband (Bismarckstr. 8, 32756 Detmold, Tel. 0 52 31/74 01 49) erfragt werden.

In Griechenland bekommt man einen **internationalen Jugendherbergsausweis** auch bei folgender Stelle: *Greek Hostel Association*, Dragatsaniou 4, 10559 Athen, Tel. 0 10-3 23 41 07 und 0 10-3 23 75 90. Gegen Vorauszahlung ist hier auch eine Reservierung möglich. Die Öffnungszeiten sind werktags von 9–14, 18–20.30 Uhr, Mi und Sa nachmittags geschlossen.

Verhalten als Tourist

■ Fotografieren und Videoaufnahmen

Wer jemanden fotografieren möchte, sollte ihn um sein Einverständnis bitten. Selbst in Dörfern, die schon viele Urlauber gesehen haben, gilt dies vor allem gegenüber älteren Menschen als Grundregel der Höflichkeit.

Das **Fotografieren von militärischen Anlagen** – wozu alle Flughäfen zählen! – ist auch beim Fehlen entsprechender Warnschilder streng verboten.

Ohne Blitzlicht und Stativ darf in jedem **Museum** und in jeder **Ausgrabungsstätte** fotografiert werden; allerdings muß dafür eine zusätzliche Gebühr meist in Höhe des Eintrittsgeldes gezahlt werden. Das gilt auch für **Videoaufnahmen**, für die die Erlaubnis in der Regel 4 € kostet. Noch nicht publizierte Funde, die gesondert gekennzeichnet werden, dürfen weder gefilmt noch fotografiert werden. Dia-, Farb- und Videofilme sind in Griechenland 30 bis 50% teurer als daheim.

■ Gastfreundschaft

Die sprichwörtliche kretische Gastfreundschaft gibt es auch heute noch. Wird man angesprochen oder eingeladen, sollte dies nicht mißtrauisch als Aufdringlichkeit verstanden werden. Möchte man die Einladung nicht annehmen, ist Höflichkeit und Respekt geboten: Die kretische Ehre ist schnell gekränkt! Kleinere Hilfeleistungen, zu denen Kreter oft gern bereit sind, müssen nicht unbedingt mit Geld entlohnt werden. Hier muß man Fingerspitzengefühl an den Tag legen.

■ Kleidung

Respekt vor der einheimischen Kultur und Lebensweise drückt sich auch in angemessener Kleidung aus. Speziell auf dem

Lande und bei Kirchen- und Klösterbesuchen ist allzu leichte, grellbunte oder gar Strandkleidung fehl am Platz.

■ Politik
Kreter reagieren wie die meisten Griechen bei der Diskussion ihres Verhältnisses zu den Türken und auch beim Thema Mazedonien höchst empfindlich. Diese Themen sollten gar nicht oder nur zurückhaltend angesprochen werden.

■ Umwelt
Insbesondere in kretischen Dörfern herrscht im Sommer akuter **Wassermangel.** Überall auf dem Lande sind die mühsam aufgebauten Verteilungssysteme zu sehen. Der sparsame Umgang mit Wasser sollte deshalb auch Urlaubern in den größeren Hotels – die selbst zur Hochsaison nicht unter Wassermangel leiden – selbstverständlich sein.

Ebenso wichtig ist äußerst vorsichtiger Umgang mit **Feuer im Freien.** Im Sommer genügt oft der kleinste Funke, um die spärlichen Reste der Vegetation zu entzünden. Im Wald darf auf keinen Fall geraucht werden, die Strafen sind zu Recht sehr hoch. Für die Entsorgung des mitgebrachten Mülls an Stränden, in Schluchten usw. ist jeder selbst verantwortlich, auch wenn die Kreter hier ein schlechtes Vorbild sind.

Verkehrsmittel und Verkehrsregeln

■ Linienbusse
Busse sind das mit Abstand wichtigste Verkehrsmittel auf Kreta. Den Linienverkehr betreiben zwei gleichnamige Gesellschaften: Die *KTEL* für Ostkreta (Bezirke Iraklion und Lassithi) und die *KTEL* für Westkreta (Bezirke Chania und Rethymnon). Die Zusammenarbeit beider Unternehmen funktioniert gut. **Fahrkarten** können nur im Busbahnhof, im Bus selbst oder in einigen Tourist-Shops gekauft werden. Man kann die Busse auch auf freier Strecke durch Winken zum Halten veranlassen.

Sie verkehren im allgemeinen recht pünktlich, allerdings sind sie oft auch sehr voll. Vereinzelt werden auch Doppeldeckerbusse eingesetzt.

■ Taxis
Ein Taxi kann von jedem Hotel auf Kreta gerufen werden. Ist ein Taxameter vorhanden, sollte man darauf achten, daß es auch eingeschaltet ist. Falls nicht, ist es ratsam, den Preis vor Fahrtbeginn auszuhandeln. Gleiches gilt in jedem Fall für längere Fahrten über Land.

Bei griechischen Taxis ist es üblich, unterwegs zuzusteigen. Der Fahrer kassiert dann von allen Fahrgästen für die jeweiligen Teilstrecken.

■ Mietwagen
Auf Kreta ist es kein Problem, einen Mietwagen zu leihen. Entsprechende Firmen sind an den Flughäfen, bei großen Hotels und bei Tourismusagenturen präsent. Wegen der niedrigen Deckungsbeiträge der griechischen Kfz-Versicherungen empfiehlt sich auf jeden Fall der Abschluß einer zusätzlichen **Vollkasko-Versicherung** (*collison damage weaver*, CDW). Aber Achtung: Durch diese Versicherung sind Schäden am Fahrzeugboden und Reifenschäden nicht abgegolten. Das bedeutet in der Praxis, daß man mit Mietfahrzeugen eigentlich nur asphaltierte Straßen befahren darf!

Wegen des häufig schlechten Zustandes der Fahrzeuge sollte man vor Vertragsabschluß eine kurze **Überprüfung** vornehmen. Internationale Firmen sind in der Regel teurer als einheimische, bieten aber einen besseren Standard. Normalerweise muß die erste Tankfüllung sofort bezahlt werden, der Wagen darf dann mit leerem Tank zurückgegeben werden. (Dieser Punkt sollte aber bei Vertragsabschluß sofort geklärt werden.)

Wegen der wenigen unbefestigten Straßen lohnt es sich kaum einen **Geländewagen** (Jeep) zu mieten. Zudem ist die Fahrt in den offenen Wagen sehr staubig und zugig, und sehr viele Fahrzeuge sind in noch schlechterem Zustand als normale Mietwagen.

■ **Autofahren auf Kreta**
Allgemein sind die Straßen an der Nordküste besser ausgebaut als im Süden. Die **New Road**, eine Schnellstraße, ist für längere Distanzen von Ost nach West die günstigste Verbindung: Sie reicht von Sitia bis nach Chania und ist zwischen Iraklion und Rethymnon zu jeder Tageszeit dicht befahren. Ansonsten ist bei den Straßen Vorsicht geboten: Selbst bei scheinbar intakten Straßen treten unvermittelt große **Schlaglöcher** auf. Gerade in und hinter Kurven können unangenehme Überraschungen auftauchen: Fuß vom Gas ist hier das beste, denn die Kreter sind Meister im **Kurvenschneiden**. Griechenland-Neulinge werden sowieso überrascht sein, wie erfrischend unorthodox mediterranes Fahrverhalten sein kann: **Überholen** kündigt man üblicherweise mit der Hupe an, auch vor scharfen Kurven wird gehupt. Die Standspur der New Road dient als Ausweichspur für langsamere Autos. Bei **Nachtfahrten** muß mit unbeleuchteten Zweirädern gerechnet werden.

Verkehrsregeln: Innerhalb geschlossener Ortschaften liegt die zulässige Höchstgeschwindigkeit bei 50 km/h, außerhalb bei 90 km/h, auf Schnellstraßen bei 110 km/h und auf Festlandautobahnen bei 120 km/h, für Motorräder über 100 ccm außerhalb geschlossener Ortschaften bei 80 km/h, auf Schnellstraßen und Autobahnen bei 90 km/h; Motorräder unter 100 ccm dürfen nur max. 70 km/h fahren. Die **Promillegrenze** von 0,5 wird von der Polizei nicht streng ausgelegt. In den Städten ist **Parken** fast nur noch mit an Kiosken erhältlichen Parkscheinen erlaubt.

Das kretische **Tankstellennetz** ist an der Nordküste sehr dicht. Die Tankstellen sind Mo–Fr 7–19 Uhr und Sa 7–15 Uhr geöffnet, Nachtdienste öffnen 19–24 Uhr, Sonntagsdienste 7–19 Uhr. In abgelegeneren Gegenden kann man sich auf diese Öffnungszeiten nicht verlassen, vor größeren Überlandtouren sollte man sicherheitshalber unbedingt volltanken. **Diesel** (*diesel* bzw. *petrolio*) und **Super verbleit** (*souper*) sind überall erhältlich, die Verbreitung von **bleifreiem Benzin** (*amolivdi*) nimmt auch auf Kreta zu. Z. T. werden an Tankstellen Kreditkarten akzeptiert.

Pannenhilfe leistet der griechische Automobilklub *ELPA* (Tel. erst die Ortsvorwahl, dann 104), die Hilfe ist natürlich kostenpflichtig. Inhaber des *ADAC-Euroschutzbriefes* können sich Teilbeträge erstatten lassen. **Polizeinotruf:** Tel. 100; **Unfallrettung:** Tel. 166.

Zeit

Kreta liegt in der **OEZ,** d. h. die kretische Zeit ist der mitteleuropäischen ganzjährig um eine Stunde voraus. Ist es in Deutschland neun Uhr, dann ist es auf Kreta bereits zehn Uhr. Das gilt auch bei Sommerzeit.

Kleiner Sprachführer

Auf Kreta kommt man auch ohne griechische Sprachkenntnisse gut zurecht. Dank Schule und einer traditionellen Vorliebe der Briten für Urlaub in Griechenland ist Englisch die am weitesten verbreitete Fremdsprache. In den touristischen Zentren wird auch zunehmend Deutsch gesprochen.

Als ein Zeichen der Höflichkeit und des Entgegenkommens gegenüber dem Gastland wird es gern gesehen, wenn man sich die Mühe macht, ein paar Brocken Griechisch zu sprechen. Da für das gesprochene Griechisch Aussprache und Betonung entscheidend sind, werden die folgenden Redewendungen in einer möglichst ausspracheorientierten Umschrift wiedergegeben. Für die **Umschrift im Reiseteil** ist hingegen die Nähe zur griechischen Schreibweise, z. B. auf Orts- und Hinweisschildern, ausschlaggebend. Ein gleichermaßen widerspruchsfreies wie praktikables Umschriftsystem des Griechischen existiert leider nicht: Im Zweifelsfall sollte man einfach das griechische Alphabet erlernen.

Die wichtigsten Redewendungen

Ausspracheorientierte Umschrift; die richtige Betonung ist sehr wichtig, um verstanden zu werden.

■ Begrüßungsformeln

káli méra	Guten Tag (bis etwa 17 Uhr)
káli spéra	Guten Abend (ab etwa 17 Uhr)
káli níchta	Gute Nacht (ab 22 Uhr, nur beim Abschied zu verwenden)
jássu	Hallo, Tschüß, Prost (einem einzelnen gegenüber, Du-Form)
jássas	Hallo, Tschüß, Prost (mehreren gegenüber, zugleich Sie-Form)
jámmas	Prost (wörtlich: auf unsere Gesundheit)
chérete	Seien Sie gegrüßt (nur auf dem Lande üblich)
ti kánis/ ti kánete?	Wie geht es Dir/ Ihnen?
adío/adíosas	Auf Wiedersehen (gegenüber einem/mehreren)

■ Höflichkeitsformeln

parakaló/ efcharistó	Bitte/Danke
nä/óchi	Ja/Nein
típota	Nichts
singnómi	Entschuldigung
den pirási	Macht nichts
endáxi	In Ordnung, okay
kaló/kalí	Gut (männlich/weiblich)
kakó/kakí	Schlecht (männlich/weiblich)
den katálawa	Ich habe nicht verstanden

■ Nationalitäten

jermanós, jermanída, jermanía	Deutscher, Deutsch, Deutschland
anatolikí, ditikí	Ost-, West-
afstriakós, afstriakí (afstriakiá)	Österreicher, Österreicherin,
afstría	Österreich
elwetós, elwetída, elwetía	Schweizer, Schweizerin, Schweiz
ápo pú ísse	Woher kommst Du?

■ Reisen

limáni/karáwi	Hafen/Schiff
stathmós/ leoforío	Station/ Bus
aerodrómio/ aeropláno	Flughafen/ Flugzeug

Das griechische Alphabet

Groß-buchstabe	Klein-buchstabe	Name	Ausspracheregeln	Umschrift-möglichkeiten
Α	α	álfa	kurzes a wie in ›Land‹	a
Β	β	wíta	w wie in ›Wille‹	v (w)
Γ	γ	ghámma	j wie in ›Jonas‹ vor den Vokalen i und e	g (j)
			weiches g vor den übrigen Vokalen	(gh)
Δ	δ	délta	wie stimmhaftes englisches th, z. B. in ›the‹	d (dh)
Ε	ε	épsilon	e wie in ›Bett‹	e
Ζ	ζ	síta	stimmhaftes s wie in ›Rose‹	s
Η	η	íta	kurzes i wie in ›Tritt‹	i
Θ	θ	thíta	wie stimmloses englisches th, z. B. in ›thanks‹	th
Ι	ι	jóta	gleiches i wie beim ›ita‹, also wie in ›Ritt‹	
			vor einem a wie ein j	i
Κ	κ	káppa	k wie in französisch ›col‹	k
Λ	λ	lámbda	l wie im Deutschen	l
Μ	μ	mi	m wie im Deutschen	m
Ν	ν	ni	n wie im Deutschen	n
Ξ	ξ	kssie	ks wie in ›Haxe‹	ks
Ο	ο	ómikron	o wie in ›oft‹	o
Π	π	pi	p wie im französischen ›pomme‹	p
Ρ	ρ	ro	Zungenspitzen-r wie im Italienischen	r
Σ	σ	sígma	stimmloses s wie in ›Tasse‹; im Auslaut stimmhaft	ss (s)
Τ	τ	taf	t wie im französischen ›tableau‹	t
Υ	υ	ípsilon	i wie in ›Ritt‹	y
			w wie in ›Wonne‹ nach ›álfa‹ und ›épsilon‹, wenn ein stimmloser Konsonant folgt	v (w)
			f wie in ›Fehler‹, wenn ein stimmhafter Konsonant folgt	f
Φ	φ	fí	f wie in ›Fehler‹	f (ph)
Χ	χ	chi	ch wie in ›ich‹ vor Konsonanten und dunklen Vokalen	ch
			ch wie in ›ach‹ vor hellen Konsonanten	ch
Ψ	ψ	psi	ps wie in ›Pseudonym‹	ps
Ω	ω	ómega	o wie in ›oft‹	o

Buchstabenkombinationen

AI	αι		e wie in ›Bett‹	e
ΓΓ	γγ		ng wie in ›lang‹	ng
ΕΙ	ει		i wie in ›Ritt‹	i
ΜΠ	μπ		b wie in ›Bar‹	b
ΝΤ	ντ		d wie in ›du‹ im Anlaut	d
			nd wie in ›landen‹ im Wortinneren	nd
ΟΙ	οι		i wie in ›Ritt‹	i
ΟΥ	ου		u wie in ›Bluff‹	ou (u)
ΤΖ	τζ		ds	ds

Kleiner Sprachführer

isitírio/ ispráktoros	Fahrkarte/ Fahrkartenverkäufer
motosikléta/ podílato	Motorrad/ Fahrrad
póte thá féwji?	Wann fährt er/es ab?
póte thá ftáni?	Wann kommt er/es an?
póssa chiliómetra sto...?	Wieviel Kilometer bis...?
pú féwji tó leofórío já...?	Wo fährt der Bus nach...?
póte féwij	Wann fährt der letzte Bus

tó teleftéo leoforío já...?	nach...?
íne aftós ó drómos já...?	Ist das der Weg nach...?
kaló taxídi!	Gute Reise!

■ Bank, Post, Arzt

trápesa/sinállagma	Bank/Geldwechsel
tachidromío/grammatósima (Pl.)	Post/Briefmarken
thélo ná tilefonísso	Ich möchte telefonieren
jatrós/jatrío/nosokomío	Artz/Praxis/Krankenhaus
thélo na wró éna farmakío	Ich suche eine Apotheke

■ Einkaufen/Essen

períptero/magasí	Kiosk/Laden
pandopolío/fúrnos	Gemischtwarenhandel/Bäckerei
estiatório/tawérna	Restaurant/Taverne
kafenío/sacharoplastío	Kaffeehaus/Konditorei
kréas/psári	Fleisch/Fisch
gála/tirí/awgá	Milch/Käse/Eier
psomí/frúta/lachaniká	Brot/Obst/Gemüse
tí thélete?	Was wünschen Sie?
parakaló thélo...	Bitte, ich möchte...
pósso káni aftó?	Wieviel kostet das?
íne akriwós!	Es ist teuer!
to logarjasmó parakaló!	Die Rechnung, bitte!

■ Auskünfte, Adjektive

pú íne...?	Wo ist...?
tí óra íne?	Wie spät ist es?
thélo ná wró éna...	Ich suche eine...
pú íne í tualéta parakaló?	Wo ist die Toilette, bitte?
kalós/kakós	gut/schlecht
néos/paliós	neu/alt
mé/chorís	mit/ohne

■ Wochentage

deftéra/tríti	Montag/Dienstag
tetárti	Mittwoch
pémpti	Donnerstag
paraskewí	Freitag
sáwato	Samstag
kiriakí	Sonntag

■ Tageszeiten

to proí	Der Vormittag
to mísomeri	Der Mittag
to apógewma	Der Nachmittag
to wrádi	Der Abend
i níchta	Die Nacht

■ Zahlen

1	éna, mía (w)
2	dío
3	tría, tris
4	téssera, tésseris
5	pénde
6	éxi
7	eftá
8	októ
9	enéa
10	déka
11	éndeka
12	dodéka
13	dekatría
14	dekatéssera, usw.
20	íkossi
21	íkossi éna, usw.
30	triánda
40	saránda
50	penínda
60	exínda
70	eftomínda
80	októnda
90	enenínda
100	ekató
200	diakósja
300	triakósja
400	tetrakósja
500	pendakósja
600	exakósja
700	eptakósja
800	oktakósja
900	enjakósja
1000	chílja
2000	dio chiljádes
3000	trís chiljádes
1 Mio.	ekatomírrio

Glossar

Agia, Agios, Agii (Mz.) Heilige, -r
Agora Marktplatz einer antiken Stadt
Adorant männliche oder weibliche Figur, eine Gottheit anbetend
Amphore enghalsiges Gefäß mit zwei Henkeln
Ano Ober- (bei Ortsnamen)
Apsis halbkreisförmige Nische im Altarraum christlicher Kirchen
Aquädukt Wasserleitungsbrücke
Basilika mehrschiffiger Kirchenbau bei dem das Mittelschiff höher ist als die Seitenschiffe
Dromos überdachter Korridor zu einer Grabkammer
endemisch nur in einem bestimmten Gebiet verbreitet
Enosis (griech.: Vereinigung) Nationalbewegung für den Anschluß Kretas an das griechische Mutterland
Freske auf frischem Putz aufgetragenes Wandgemälde
Ikone geweihtes Tafelbild in der orthodoxen Kirche
Ikonoklasmus Bildersturm, Bilderzerstörung; Bilderstreit in der byzantinischen Kirche des 8. und 9. Jh.
Ikonostase Bilderwand in orthodoxen Kirchen, die den Gemeinde- vom Altarraum trennt
Ikonostassia Betsäulen
in situ am ursprünglichen Ort
Janitschar Soldat der Elitetruppe des osmanischen Heeres (14.–17. Jh.)
Kapitell oberer Säulenabschluß
Kato Unter- (bei Ortsnamen)
Konche halbkreisförmige Nische
koptische Kirche christliche Kirche in Ägypten
Krater Mischgefäß für Wein
Kyrenaika Gebiet an der Mittelmeerküste im heutigen Libyen
Levante östlicher Mittelmeerraum
Loggia (ital.: Laube) offene Bogenhalle; offizielles Gebäude in der italienischen Renaissance-Architektur
Lustralbad in der minoischen Architektur kleiner rechteckiger Raum mit ein-

Schematischer Aufbau einer Ikonostase

Türen:
I Königstür   II Nordtür   III Südtür
Ikonen:
IV hl. Johannes   V Maria
Ikonen über der Königstür:
A Abendmahl   B Christus als Hohepriester
Ikonen auf der Königstür:
C Erzengel   D Maria   E–H Evangelisten oder Kirchenväter
Ikonen links und rechts oberhalb der Königstür:
1 Christus   2 Maria   3 Johannes der Täufer   4 Kirchenpatron   a–n Die 12 Kirchenfeste

gelassenem Becken zur kultischen Reinigung
Megaron rechteckige, längliche Hausform mit einer Vorhalle an der Schmalseite
Naos in der orthodoxen Kirche Gemeinderaum
Nekropole Totenstadt; antike Begräbnisstätte
Neolithikum Jungsteinzeit
Ökumenischer Patriarch seit dem 6. Jh. Titel des orthodoxen Patriarchen von Konstantinopel
Panagia (griech.: Allheilige) Muttergottes; Beiname Marias
Pantokrator (griech.: Allherrscher) Christus
Pendentif Konstruktives Element in Form eines sphärischen Dreiecks, das von einem eckigen Raumteil in die Rundung einer Kuppel überführt
Pithos mannshohes Vorratsgefäß
Polis (griech.: Stadtstaat) bei den Mykenern Burg mit dazugehöriger Siedlung
Polythron Raumabtrennung durch eine von mehreren Türen durchbrochene Wand
Prätorium Amtssitz eines römischen Stadthalters
Propyläen Säulentor als Eingang zu einem Tempelbezirk
Rhyton Kegelförmiges Opfergefäß, bei den Minoern häufig in Tierform
Sarkophag Monumentalsarg
Spolien wiederverwendetes älteres Baumaterial
Tambour zylinderförmiger Unterbau einer Kuppel
Tanagra-Figur bemalte (vor allem Mädchen-)Figur aus Ton, besonders im 3. Jh. v. Chr. gebräuchliche Grabbeigabe im griechischen Ort Tanagra in Böotien
Tholosgrab bienenkorbförmige, meist mit Erde bedeckte Grabanlage
Zisterne Auffangbecken für Regenwasser

Literaturauswahl

Alexiou, Stylianos: Minoische Kultur, Musterschmidt, Göttingen 1976; locker geschriebenes, aber wissenschaftlich exaktes Bändchen, das in die Welt der Minoer einführt.

Bird, Michael J.: Who Pays the Ferryman?, Efstathiadis Group, Athen 1981; auf einer britischen Fernsehserie basierende Novelle, in deren Mittelpunkt der kretische Ort Elounda steht. Leichte, aber spannende Unterhaltung mit Lokalkolorit. Auf Kreta wird auch eine deutsche Fassung des Bandes vertrieben.

Faure, Paul: Kreta – Das Leben im Reich des Minos, Philipp Reclam jun., Stuttgart, 3. Aufl. 1983; umfangreicher, recht trocken geschriebener Versuch, aus den archäologischen Dokumenten ein genaues Bild des politischen, gesellschaftlichen, religiösen und künstlerischen Lebens der Minoer zu zeichnen. Die souveräne Beherrschung des Forschungsmaterials und die Detailkenntnisse des Autors machen das Werk lesenswert.

Schneider, Lambert: Kreta, DuMont Reiseverlag, Köln, 2. Aufl. 2002; detailreicher Reiseführer zu den bekannten, aber auch den versteckten Kunstwerken Kretas. Mit vielen Lageplänen und Skizzen, reich bebildert.

Kästner, Erhart: Kreta, Insel Verlag, Frankfurt am Main; Kästner war 1943 als Soldat auf Kreta stationiert und hatte Gelegenheit zu ausgedehnten Wanderungen und Reisen auf der Insel. Seine Aufzeichnungen sind eine genaue Studie kretischen Lebens in den 40er Jahren.

Kazantzakis, Nikos: Alexis Sorbas, Ullstein-Verlag, Frankfurt am Main/Berlin; Roman über ein schicksalhaftes Abenteuer auf Kreta – das weltberühmte, preisgekrönte Werk in neuer, autorisierter Übersetzung.

ebds.: Freiheit oder Tod, Ullstein-Verlag Frankfurt am Main/Berlin; Roman über den Freiheitskampf der Kreter gegen die Türken.

ebds.: Griechische Passion, Ullstein-Verlag, Frankfurt am Main/Berlin; Roman, dessen eindringliche Schilderung traditioneller kretischer Lebensweise von Kazantzakis' kritischer Einstellung gegenüber der orthodoxen Kirche geprägt ist.

ebds.: Im Zauber der griechischen Landschaft, Wilhelm Heyne Verlag, München; nach seinem juristischen Staatsexamen bereiste der junge Kazantzakis seine Heimat Griechenland; dem Grabungsgelände von Knossos widmet er in seinen Reiseschilderungen ein sehr persönliches Kapitel.

ebds.: Rechenschaft vor El Greco, Ullstein-Verlag, Frankfurt am Main/Berlin; Kazantzakis' autobiographische Notizen, eher eine Lebensbeichte als eine Biographie.

Miller, Henry: Der Koloß von Maroussi, Rowohlt Taschenbuchverlag, Reinbek bei Hamburg 1993; das berühmte Griechenland-Buch des Schriftstellers, das er nach einer fünfmonatigen Hellas-Reise 1940 schrieb. Kreta sind 50 Seiten gewidmet: eine Mischung aus Erlebtem, Tatsachen und höchst eigenwilligen Gedanken.

Psychoundakis, George: The Cretan Runner, Verlag John Murray, London 1980; spannende Schilderung der Verhältnisse auf Kreta während der deutschen Besatzung. Der Autor, der nach dem Krieg als Friedhofswärter auf dem deutschen Soldatenfriedhof von Maleme arbeitete, erzählt von seinen Einsätzen als Melder zwischen den Partisanenverbänden.

Sakellarakis, Janis: Digging for the Past, Verlag Ammos, Athen 1995; populärwissenschaftliche Essays über die Tätigkeit des Ausgrabens und der Ausgräber, ausgezeichnet bebildert.

Wunderlich, Hans Georg: Wohin der Stier Europa trug, Kretas Geheimnis und das Erwachen des Abendlandes, Rowohlt Taschenbuchverlag, Reinbek bei Hamburg 1979; als Wunderlichs Buch in der Originalfassung (1972) erschien, löste es eine jahrelang anhaltende, kontrovers geführte Diskussion aus: Sind die minoischen Paläste wirklich Zeugnisse eines imponierenden Totenkultes, wie der Außenseiter Wunderlich behauptet? Trokken geschriebenes Werk, aber wegen der darin vertretenen Thesen äußerst lesenswert (vergriffen).

Kreta-Touristikkarte, harms-ic-verlag, Kandel 1997; Satz von zwei Karten: Der Westen (ISBN 3-927468-16-9) und Der Osten (ISBN 3-927468-17-7); das derzeit wohl aktuellste und genauste Kartenwerk, sehr detailgetreu. Zur Zeit vergriffen.

Abbildungsnachweis

Archiv für Kunst und Geschichte (Berlin) S. 53, 218
Bötig, Klaus (Bremen) S. 251
Engelmeier, Peter W., Kinoarchiv (Hamburg/München) S. 49, 65
Hirmer Kunstverlag (München) S. 41, 90
Liese, Knut (Ottobrunn) Titelbild
T. McHugh/NAS/Okapia Bildarchiv (Frankfurt a. M.) S. 26
Schneider, Andreas (Hamburg) S. 4 oben
Schwartz, Horst (Berlin) S. 31, 63 oben, 140, 160

Spitta, Wilkin (Loham) S. 38, 42 f., 89, 92, 311
Ullstein Bilderdienst (Berlin) S. 82

Alle anderen Abbildungen stammen von Rainer Hackenberg (Köln) oder aus dem Archiv des Verlages

Kartographie: Karten, Grund- und Aufrißzeichnungen © DuMont Reiseverlag

Register

Aartun, Kjell   88
Abu Hafs Omar   45, 137, 179
Ägäis   39, 51
Agia   230
Agia Fotia   **169**, 175
Agia Galini   **133ff.**, 202, 259
Agia Irini   258
- Agia-Irini-Schlucht   **246f.**, 259f.
Agia Pelagia   108, 260
Agia Roumeli   **236**, 260
Agia Triada (minoische Ausgrabungen)   92, **133**, 260
Agia Triada (Kloster)   **217**, 260
Agia Varvara   126
Agii Deka   126f., 260f.
Agios Efthimios (Felsenkapelle)   143
Agios Georgios   136, **160ff.**, 261
Agios Nikolaos (Frauenkloster bei Zaros)   **142**, 262
Agios Nikolaos (Stadt)   **147ff.**, 156, 172, 173, 201, 261
- Archäologisches Museum   **147**, 172
Agios Pandeleimon   **124**, 262
Agios Pavlos   136
Ägypten   50, 113, 168, 206, 250, 252
Akrotiri-Halbinsel   216ff.
Alexander (Sohn von Konstantin I.)   51
Alexiou, Galatia   83
Alikambos   **240**, 262
Alikianos   **230**, 262
Almirida   201
Almiros   166
Ammolakkos   175
Ammoudara   166, 262
Anemospilia   **120**, 122f.
Anisaraki   **248**, 262f.
Anissaras   **102**, 263
Ano Karouzana   **124f.**
Ano Viannos   172
Anogia   **112ff.**, 263
Anopolis   239
Aptera   **221**, 263
Araber   **45f.**, 76, 128
Archanes   30, 89, 93, **117ff.**, 263f.

Arkadi-Kloster   50, 192, **193f.**, 195, 264
Armeni   201, 264
- Nekropole   202
Arolythos   **111**, 264
Arvi   172
Askifou-Hochebene   17, 22, **241**
Asteroussia   126
Atatürk (Mustafa Kemal)   52
Australier   250

Bali   **198**, 265
Bärenhöhle (Akrotiri-Halbinsel)   217
Bates, Alan   219
Bonifatius II., Markgraf von Montferrat   17, 47
Briten   250, 251
Bulgarien   51
Byzantiner   17, **45f.**, 76, 127, 173, 207

Cacoyannis, Michael   14, 65, 201
Candia (Iraklion)   17, 46, 48, 78, 80, 81
Chalepa   215
Chania   18, 27, 48, 50, 53, 78, 108, 140, 194, 195, 202, **207ff.**, 250, 265f.
- Agios Nikolaos-Kirche   211
- Archäologisches Museum s. San Francesco
- Arsenale   210
- Dimitri-Bastion (Shiavo-Bastion)   214
- Folkloremuseum   214
- Fort Firkas   209
- Hafen   208f.
- Janitscharen-Moschee   209
- Markthalle   214
- minoische Ausgrabungen   210
- San Francesco   210, **212**
- San Rocco   212
- Santa Maria dei Miraculi   210
- Skridlof   214
- Stadtpark   215
- Trimartyri   214
- Türkisches Bad   212
- Venezianisches Palais   210

Chersonissos 104
Chiona 181
Chora Sfakion 19, **239**, 266
Chrissoskalitissa **252f.**, 266
Chrysolakkos 106

Daedalus 39, 45
Dalialis, General 243
Damaskinos, Michael 48, 84, 108
Damnoni 206
Daskalojannis 49, 194f., 239
Dassin, Jules 155
Deutsche 18, **53**, 138, 222f., 224, 230, 236, 239, 248, **250f.**, 252
Dikti-Gebirge 17, 19, 126, 171, 172
– Dikti-Höhle 17, 22, **161ff.**, 266f.
Dorier 17, **44f.**, 156
Drapano-Halbinsel 201
Dreros (Ruinen) 158

El Greco s. Theotokopoulos, Domenikos
Elafonissi **253**, 267
ELAS (Partisanenorganisation) 251
Elounda 14, **151**, 267
Elytis, Odysseas 54
EOK (Partisanenorganisation) 251
Evans, Sir Arthur 93, 94, 96, 98, 99, 101, 156

Faure, Paul 95f.
Ferma 169
Fodele 31, **108ff.**, 267
Fourni-Hügel 119f.
Fournou Korfi-Hügel 171
Frangokastello 195, **243f.**, 268
Frankreich 50, 51

Gaius Decius, Kaiser 126
Galanakis, Irineos 225
Galatas 222
Gavdos 16, **253**, 268
Genuesen **46**, 147, 174, 207
Georg, Prinz 199
Georg, Prinz (Sohn von Georg I.) 50, 199, 215, 218, 236
Georgioupolis **199ff.**, 268
Giaboudakis, Konstantinos 191, 193
Giamalakis (Arzt) 93
Gingilos 233
Gonia (Kloster) 13, 223, **224f.**, 268f.
– Orthodoxe Akademie Kretas 225
Göring, Hermann 251

Gortys 17, 45, 54, **127ff.**, 137, 142, 269
Gournia 91, **166f.**, 269
Gouverneto (Kloster) **217**, 269
Gramvousa (Halbinsel) 226
Gregorios V., Patriarch 225
Griechen 51, 52
Griechenland 18, 29, 50, **52ff.**, 250
Großbritannien 49, 51

Hazzidakis (Archäologe) 111
Hl. Johann 219
Homer 38

Ida-Gebirge 16, 19, 112, 115, 126, 138, 202
– Ida-Höhle 17, 22, 38, **115f.**
Ierapetra 18, 31, **167ff.**, 269f.
Imbros 241
– Imbros-Schlucht **241f.**, 270
Iraklion 18, 27, 31, 46, 49, 50, 52, 54, **76ff.**, 127, 140, 154, 194, 239, 250, 270f.
– Agia Ekaterini-Kirche 83, 108
– Agios Markos-Kirche 81
– Agios Minas-Kathedrale 83
– Agios Minas-Kirche 83
– Agios Titos-Kirche 80
– Archäologisches Museum (AMI) 41, **85ff.**, 133, 141, 163, 183
– Bembo-Brunnen 83
– Historisches Museum 66, 83, 84f., 154
– Loggia 90
– Marktgasse 81
– Martinengo-Bastion 83, 85
– Morosini-Brunnen 81, 118
– San Pietro-Kirche 84
Istro **166**, 271
Italien 50
Italiener 53, 250
Itanos **179**, 271
Izzedin 221

Jouchtas **120**, 122
Jugoslawien 250

Kadros **248f.**, 271
Kakodiki **248**, 271
Kalamaki 137
Kalatas 221
Kallergis, Alexios 48
Kallergis, Johannes 48
Kallinikos, Patriarch 225
Kalo Chorio 166

Kamares 138, 272
- Kamares-Höhle 22, **138f.**
Kamilari 137
Kandanos **248**, 272
Kap Kakomouri 206
Kap Korakias 198, 199
Kap Stravos 206
Karfi 44
Kastelli (Mittelkreta) 124
Kastelli (Kissamos, Westkreta) **226f.**, 228, 272
Kastri 181
Katharina II. 49
Katharo-Hochebene 17, 22, **155**
Katholiko **217**, 272
Kato Karouzana **124f.**, 272
Kato Zakros 43, 90, 93, 95, **183ff.**, 272f.
Katre-Schlucht 241
Kavertzas, Frangias 178
Kavoussi 227f.
Kazantzakis, Nikos 14, 54, 65, **82ff.**, 121, 155, 161, 168, **194ff.**, 251
Kean, Victor 88
Kedros-Gebirge 202
Kera **164**, 273
Keratokambos **172,** 273
Kissamos s. Kastelli
Knossos 17, 40, 41, 42, 43, 87, 88, 89, 92, **93ff.**, 105, 131, 133, 183, 273
Kokkino Chorio 201
Kokkinos Pirgos 136
Kolimvari 224
Komitades 241
Kommos 137
Konstantin I., König 51, 209, 219
Konstantin, Kaiser 45
Konstantinopel 17, 46
Kornaros, Johannes 178
Kornaros, Vitzenzos 84, 173
Kotsifou-Schlucht 202
Koufos 230
Kouresmenos 181
Kournas 54
Kournas-See **201**, 273
Kourtaliotiko-Fluß 205
Kourtaliotiko-Schlucht 205
Koutsounari **168f.**, 273
Koutsouras **170**, 273f.
Krapis-Ebene 241
Krasi **164**, 274
Kreipe, General 113, 223

Kri-kri (kretische Bergziege) **26**, 215, 222, 233
Kritsa 82, 153, **155**, 274

Lakki **230**, 236
Lassithi-Hochebene 17, 22, 48, 50, 155, 156, **158ff.**, 164, 195
Lato 147, **155f.**, 274
Leigh-Fermor, Patrick 223
Lendas **130**, 274
Levka Ori (Weiße Berge) 17, 19, 230, 239, 240
Limin Chersonissou **103**, 154, 274f.
Limnes **156f.**, 275
Lissos **247f.**, 275
Loutro **238f.**, 275

Makrygialos **170**, 275f.
Maleme 250, 251, 276
- Soldatenfriedhof 13, **222f.**
Malia **104f.**, 276
- Minoischer Palast 42, 87, 88, 93, 95, **105**, 183
Margarites 34, **196**, 276f.
Matala **137f.**, 277
Melchisedek, Bischof von Chania 195, 211
Melidoni 197
- Melidoni-Höhle 195, **197**, 277
Messara-Bucht 136, 205
Messara-Ebene 22, 31, 42, **126ff.**
Metaxas, General Joannis 53
Milatos **106**, 195, 277
Miller, Henry 12, 76
Minoer 17, **42ff.**, 44, 90
minoische Kultur **41ff.**, **87ff.**, 92, 95, 96, 105f., 111f., 118ff., 127ff.,131ff., 137, 161, 166, 175, 181, 183ff., 202, 205, 207, 210
Minos, König 93
Mirabello-Bucht **146f.**, 151, 166
Mires **130**, 140, 277
Mitsotakis, Kostas 54
Mochlos 42, **173f.**, 277f.
Mochos **104**, 164
Moni **247**, 278
Morosini, Francesco 81
Mykener **44ff.**, 91
Myrtia 83, **121**, 278
Myrtos **171**, 278

Naher Osten 183
Napoleon 168

Neapolis 158
Neuseeländer 250
Nida-Hochebene 17, 22, 31, **114f.**

Olous 45, 151
Omalos-Hochebene 17, 22, 228, **230f.**, 236
- Omalos **231**, 278
Orino 170
Oros-Gebirge 173
Orthodoxe Kirche 18, 48, **54ff.**
Osmanisches Reich **48ff.**, 51
Otto (Sohn Ludwig I. von Bayern) 50

Pachia Ammos **167**, 279
Pagomenos, Johannes 240
Palaiosouda 221
Palekastro **181**, 279
Paleochora 236, **249,** 279
Panagia Kera-Kirche (bei Kritsa) **153**, 279
Panagia Kera-Kloster (bei Kera) **164**
Pandeleimon-Kloster 110
Papadopoulos, Georgios 53, 224
Parthenios, Mönch 224
Pascha, Mustafa Naili 214
Pascha, Veli 214
Paulus 45, 128
Perama 197
Petra 175
Phaistos 41, 42, 88, 89, 93, 95, 127, **131ff.**, 137, 183, 280
Phalassarna 227, **228**, 280
Phokas, Nikephoros 46, 127, 201
Piskofalo 91
Piskokefalo 175
Piskopiano **104**, 280
Piso Moni Preveli (Kloster) 205f.
Pitsidia **137**, 280
Plakias **206**, 280f.
Platanias 222, 281
Platanos 227
Platon 184
Plemeniana **248**, 281
Polyrinia 228
Prevelakis, Pandelis 54, 188
Preveli (Kloster) **205**, 245, 281
Profitis Ilias (Venizelos Grab) 216, 219
Psychoundakis, George 13, 223
Psychro 161
Pyrgos 166
Pyrgos-Hügel 171

Quinn, Anthony 14, 65, 219
Quintus Caecilius Metellos 45, 126

Rabd Al Khandak 45
Red Butterfly Gorge **170**, 282
Rethymnon 18, 48, 50, 140, **188ff.**, 194, 202, 250, 282f.
- Archäologisches Museum 190
- Folkloremuseum 191
- Fortezza 190
- Loggia 189
- Megali Porta 191
- Nerace-Moschee 191
- Rimondi-Brunnen 189
- Souliou-Gasse 188
- Sultan Ibrahim-Moschee 191
- Tesseron Martyron (Kirche) 191
- Venezianischer Hafen 188
Rimondi, Alvise 189
Rodopos (Halbinsel) 222, 224, 226
Roma 36
Romanov, Georg 215
Romanov, Maria 215
Römer 17, **45f.**, 93, 127, 175
Rommel, Erwin 250
Roussolakkos **181**, 283
Rouvas-Schlucht 142
Rußland 50, 51

Sakellarakais, Jannis 89, 92, 115, 119, 120, 123
Sakellarakis, Elfi 119, 120, 123
Samaria-Schlucht 17, 19, 23, 26, **231ff.**, 283f.
- Agios Nikolaos (Kapelle) 233
- Samaria 13, 235, 236
Samiou, Eleni 83
Sanmicheli, Michele 78, 189, 207
Santorin 43, 95
Schliemann, Heinrich 94, 156
Seli-Ambelou-Paß 163, 284
Selinos 248
Sendoni-Höhle 116
Sfakia 60, 194
Sfakioten 49, 239, 241, 243
Sissi **107**, 284
Sitia 18, **173ff.**, 194, 284f.
Sitia-Gebirge 19
Sklavokambos **112**, 285
Skoulas, Alkibiades 114
Smyrna 51, 52
Sorbas, Alexis 54, 65f., 82

Sorbas, Georgis   65
Souda   **221**, 285
- Souda-Bucht   **221**, 250, 251
Sougia   **247**, 285
Spili   **202**, 285f.
Spinalonga-Halbinsel   151
Spinalonga-Kalidona   **151ff.**, 286
Stada   104
Stavros   **219**, 286
Student, General   251

Tal der Toten   **181ff.**, 286
Tanagra-Figuren   212
Tarra   236
Tersanas   219
Theodorakis, Mikis   54, 65
Theotokopoulos, Domenikos (El Greco)
   48, 84, **108ff.**
Thessaloniki   51
Thrakien   51
Thrapsano   34, **124**, 286
Thriptis-Gebirge   169
Tiepolo, Jacopo   46
Timbaki   137
Titus   45, 128
Tizian   108
Toledo   108f.
Toplou-Kloster   **175ff.**, 286
Trapeza-Höhle   163
Trojanischer Krieg   44
Türkei   28, 51, 52
Türken (Osmanen)   17, **48ff.**, 51, 52, 76,
   78, 80, 81, 147, 152, 160, 164,168, 174,
   175, 178, 188, 189, 191, 193, 208, 209,
   210, 212, 214, 218, 220, 224, 230, 233,
   239, 241, 243

Tylissos   **111f.**, 286f.
Tzangarola, Brüder   217
Tzermiado   162, **163**, 287

Vaï   **179**, 287
Valsomonero-Kloster   **142**, 287
Vathypetro   **121**, 287
Venedig   128
Venezianer   17, **46ff.**, 76, 78, 80, 128, 147,
   152, 160, 167, 188, **194ff.**, 197f., 207,
   208, 210, 230, 239, 243
Venizelos' Grab   **216f.**, 219
Venizelos, Eleftherios   50, 51f., 174, 217,
   218f.
Venizelos, Sophokles   217
Viglis (Sippe)   13, 236
Vlachos, Jannis s. Daskalojannis
Vori   **133,** 287
Vorizia   142
Vourvoulitis-Paß   126
Vrondissi-Kloster   142, 288
Vrysses   240, 241, 288

Weiße Berge s. Levka Ori
Wunderlich, Hans-Georg   95

Xerokambos   **185**, 288
Xyloskala   232

Zaimis, Alexandros   218
Zakros   181
Zakros-Schlucht s. Tal der Toten
Zaros   **142**, 288
Zebisch, Herbert   88
Zoniana   116, 288

Titelbild: Im venezianischen Hafen von Rethymnon
Umschlaginnenklappe: Kapelle an der Südostküste
Umschlagrückseite: Alte Frauen in einem Dorf der Levka Ori

Über die Autoren: Sabine Neumann (Jg. 1965) und Horst Schwartz (Jg. 1941) sind Inhaber eines Redaktionsbüros mit dem Schwerpunkt Reisejournalismus. Beide kennen Kreta von vielen Reisen her, Horst Schwartz bereist die Insel seit mehr als 20 Jahren. Beide Autoren haben u.a. Reiseliteratur zu Berlin, Bornholm, Kopenhagen, Malta und Wien verfaßt. Bei DuMont erschien von ihnen außerdem das Reise-Taschenbuch »Bornholm«.

Dieser Reiseführer ist unseren kretischen Freunden Mary und Panagiotis gewidmet

© DuMont Reiseverlag
5., aktualisierte Auflage 2002
Alle Rechte vorbehalten
Satz und Druck: Rasch, Bramsche
Buchbinderische Verarbeitung: Bramscher Buchbinder Betriebe

Printed in Germany   ISBN 3-7701-3445-1